Die 100 coolsten Entdecker-Touren für Kids von 2 bis 12 Jahren

Das große Kinder-Wander-Erlebnis-Buch Oberbayern

J. BERG

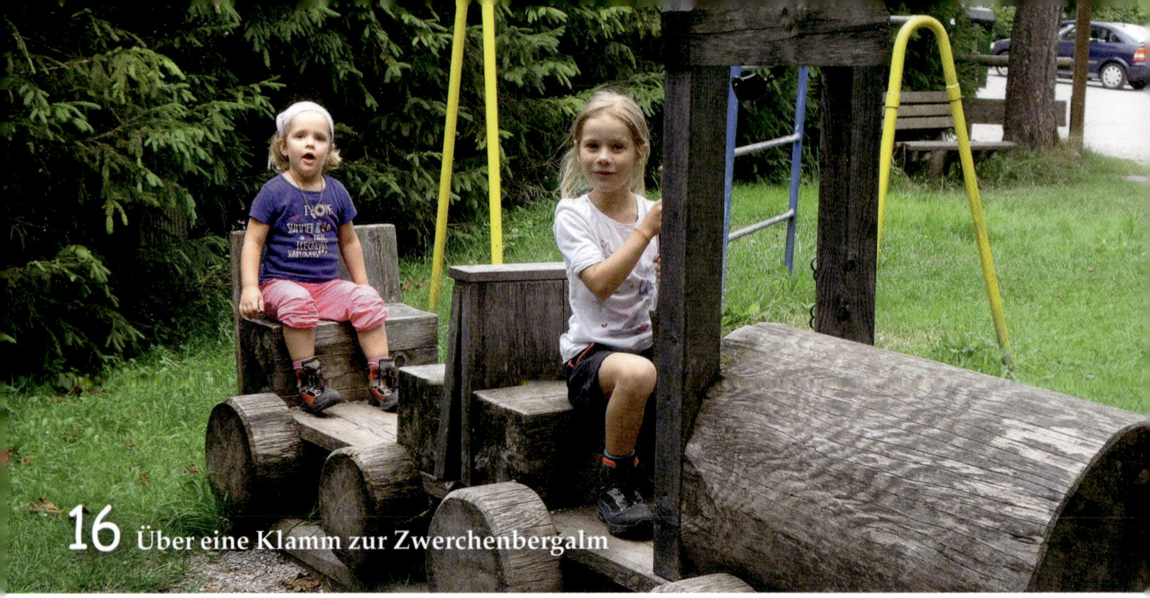
16 Über eine Klamm zur Zwerchenbergalm

Inhalt

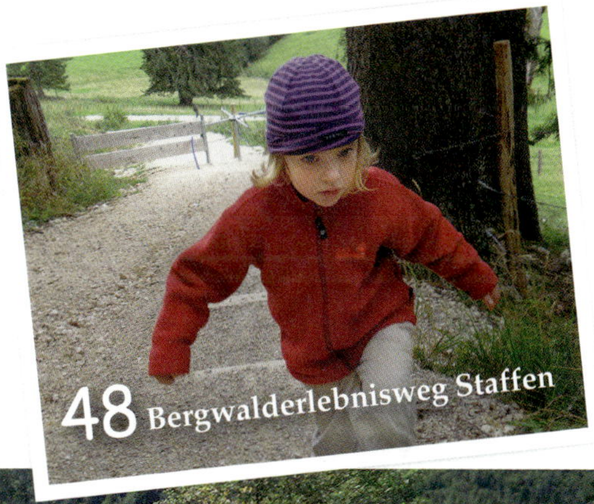

48 Bergwalderlebnisweg Staffen

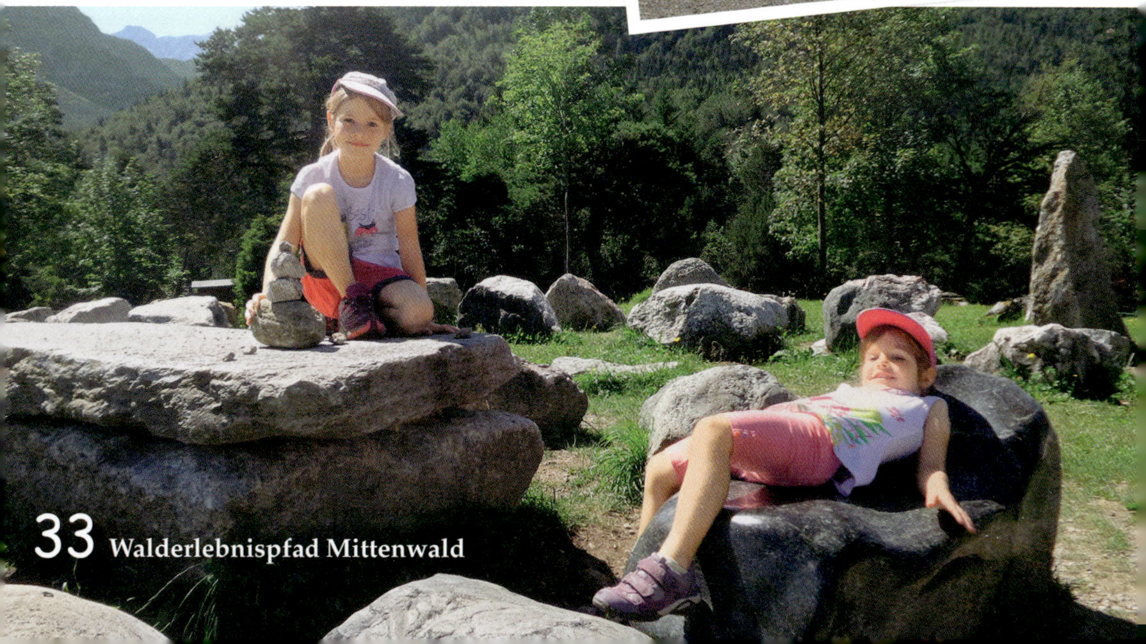

33 Walderlebnispfad Mittenwald

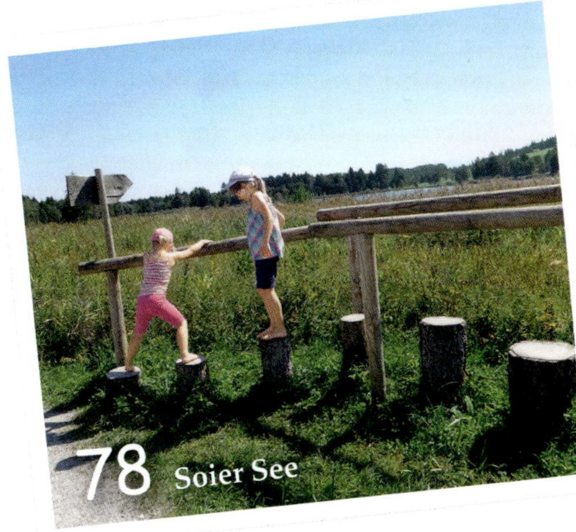

78 Soier See

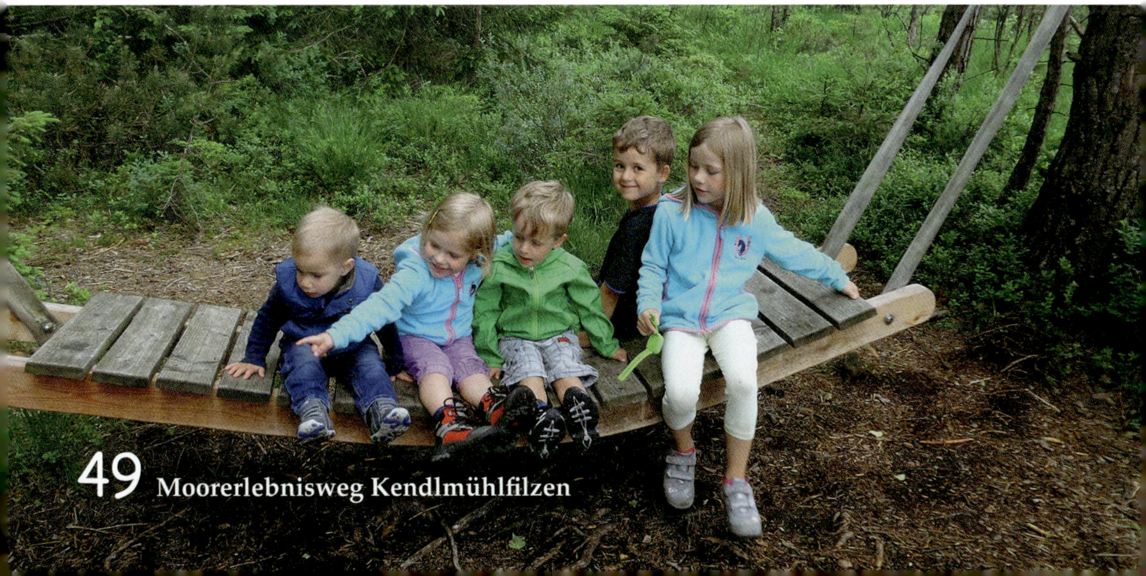

49 Moorerlebnisweg Kendlmühlfilzen

Tourenüberblick

	Tour	km	Hm	Std.	Alter								
1	Schleifmühlenklamm	4 km	350 m	2.30 Std.	ab 4		●			●		●	
2	Höllentalklamm	10 km	600 m	4 Std.	ab 8		●		●			●	
3	Partnachklamm	6,5 km	500 m	2 Std.	ab 4		●		●			●	
4	Archtalschlucht	9 km	800 m	5 Std.	ab 9		●			●			
5	Maisinger Schlucht	14 km	85 m	4 Std.	ab 6		●				●	●	
6	Heldenkreuz und Asamklamm	7,5 km	250 m	2.45 Std.	ab 6		●					●	
7	Leutascher Geisterklamm	4,5 km	100 m	2.30 Std.	ab 5		●			●			
8	Hüttlebachklamm	3,2 km	220 m	1.20 Std.	ab 4		●					●	
9	Schildenstein	12,5 km	820 m	5 Std.	ab 10		●			●			
10	Jenbachschlucht und Farrenpoint	19 km	740 m	5 Std.	ab 8		●					●	
11	Wolfsschlucht bei Neubeuern	9,5 km	40 m	3 Std.	ab 6		●			●		●	
12	Wolfsschlucht bei Flintsbach	4,5 km	200 m	2 Std.	ab 8		●			●	●		
13	Gießenbachklamm, Kieferbach, Hechtsee	13,5 km	180 m	3.45 Std.	ab 8		●				●	●	
14	Wolfsschlucht bei Bernau	8,5 km	430 m	2.30 Std.	ab 6					●			
15	Entenlochklamm und Klobenstein	6 km	100 m	3.45 Std.	ab 6		●				●		
16	Zwerchenbergalm	5,2 km	180 m	1.30 Std.	ab 3		●	●	●			●	
17	Aschauer Klamm	6,5 km	350 m	2.30 Std.	ab 8		●				●		
18	Weißbachschlucht	6,5 km	120 m	3.10 Std.	ab 6		●			●			
19	Lattengebirge und Wappbachschlucht	7 km	250 m	5.15 Std.	ab 9		●					●	
20	Wimbachtal	17 km	720 m	5 Std.	ab 6		●			●	●		
21	Almbachklamm	5,5 km	450 m	3 Std.	ab 4		●			●			
22	Kofel	8 km	500 m	3.20 Std.	ab 4		●					●	
23	Stepbergalm und Kramer	10 km	1200 m	6.30 Std.	ab 12		●	●				●	
24	Ettaler Manndl	2 km	850 m	3.30 Std.	ab 5		●					●	

Tour			km	Hm	Zeit									
25	●	Bergwelt Karwendel	2 km	200 m	0.45 Std.	ab 5		●					●	
26	●	Wendelsteinhöhle	3,5 km	170 m	3.30 Std.	ab 5		●					●	
27	●	Tatzelwurm	12,5 km	850 m	5 Std.	ab 8		●					●	
28	●	Grafenloch, Rossstall und Ponorhöhle	3,2 km	160 m	1.15 Std.	ab 8		●				●		
29	●	Steinerne Agnes	9 km	800 m	5 Std.	ab 7					●		●	
30	●	Bad Kohlgrub	2 km	89 m	1.10 Std.	ab 4		●			●			
31	●	Schloss Linderhof	4 km	40 m	1 Std.	ab 2	●				●		●	●
32	●	Themenweg Grainau	2,8 km	130 m	2.50 Std.	ab 4		●			●			
33	●	Walderlebnispfad Mittenwald	2 km	40 m	0.45 Std.	ab 2	●	●				●	●	●
34	●	Barfußpfad Mittenwald	7 km	550 m	2 Std.	ab 4		●			●	●		
35	●	Naturkundepfad Benediktbeuern	7 km	0 m	3 Std.	ab 8		●			●	●		
36	●	Barfußpfad Penzberg	1,5 km	30 m	0.45 Std.	ab 2		●				●	●	
37	●	Kräuter-Erlebnispark Bad Heilbrunn	1 km	40 m	0.30 Std.	ab 2	●	●		●	●			●
38	●	Walderlebnispfad Wolfratshausen	2 km	170 m	1.30 Std.	ab 3							●	
39	●	Plankenweg Leutstetten	9 km	0 m	3.30 Std.	ab 8		●			●			
40	●	Gleißental	8 km	0 m	2 Std.	ab 4		●			●	●		
41	●	Taubenberg	2 km	100 m	0.50 Std.	ab 2	●	●	●	●			●	
42	●	Ruine Hohenwaldeck	3,5 km	280 m	1.50 Std.	ab 4		●		●	●			
43	●	Auwald-Biotop	1,3 km	20 m	0.45 Std.	ab 2	●				●	●		
44	●	Bienenlehrpfad Kleinhöhenrain	2,8 km	65 m	1.30 Std.	ab 2	●	●	●	●	●		●	
45	●	Maxlrain	3,5 km	40 m	1 Std.	ab 2	●	●		●			●	
46	●	Moorerlebnispfad Bad Feilnbach	6 km	0 m	2 Std.	ab 4		●			●	●		
47	●	Naturerlebnispfad Brannenburg	3 km	20 m	0.50 Std.	ab 2	●			●	●		●	
48	●	Bergwalderlebnisweg Staffen	4,5 km	50 m	1.30 Std.	ab 3		●	●	●			●	●

Tour			km	Hm										
49	●	Moorerlebnisweg Kendlmühlfilzen	1,3 km	10 m	0.30 Std.	ab 2	●	●	●	●	●		●	●
50	●	Natur-Barfußpark Reit im Winkl	1 km	60 m	0.30 Std.	ab 2	●						●	
51	●	Moor-Erlebnispfad Inzell	3 km	20 m	1 Std.	ab 2	●				●		●	●
52	●	Tierwanderweg Taching	3 km	50 m	1 Std.	ab 2	●	●	●				●	●
53	●	Märchenpfad Bischofswiesen	2 km	30 m	1.10 Std.	ab 4					●	●		
54	●	Pössinger Au Landsberg	7 km	150 m	2.30 Std.	ab 4		●	●	●	●			
55	●	Kochelberg-Alm	3 km	150 m	0.40 Std.	ab 2	●	●	●	●			●	●
56	●	Brunnsteinhütte	5,6 km	600 m	3.25 Std.	ab 9		●	●				●	
57	●	Maxhütte	2 km	80 m	0.45 Std.	ab 4		●		●			●	
58	●	Blomberg	7,2 km	490 m	1.45 Std.	ab 6		●		●				
59	●	Reiseralm	3,8 km	200 m	1 Std.	ab 3	●	●	●	●			●	●
60	●	Aquadome Tegernsee	6 km	0 m	2 Std.	ab 4		●				●		
61	●	Wallberg	3,5 km	340 m	1.50 Std.	ab 4		●					●	
62	●	Hafner-Alm und Lukas-Alm	2,5 km	190 m	1.50 Std.	ab 4		●	●					
63	●	Schliersbergalm	1 km	200 m	0.45 Std.	ab 4		●		●				
64	●	Walderlebniszentrum Grünwald	2,8 km	0 m	2-4 Std.	ab 4		●	●		●			
65	●	Bergtierpark Blindham	2,5 km	25 m	0.40 Std.	ab 2	●	●	●	●				
66	●	Mangfalltal-Alm	8 km	140 m	1.45 Std.	ab 4		●				●	●	
67	●	Gutshof Mareis	3 km	50 m	0.40 Std.	ab 2	●	●	●	●	●			
68	●	Schlipfgrubalm	4,3 km	210 m	1 Std.	ab 2	●	●	●				●	
69	●	Wagneralm	3,2 km	160 m	1 Std.	ab 2	●	●					●	●
70	●	Moser-Boden-Alm	6 km	225 m	3.35 Std.	ab 4		●		●			●	
71	●	Wildpark Wildbichl	1,3 km	40 m	0.50 Std.	ab 2	●	●	●	●			●	●
72	●	Frasdorfer Hütte	8 km	290 m	1.45 Std.	ab 3	●	●	●	●			●	●
73	●	Bärnsee und Café Pauli	5 km	60 m	1 Std.	ab 2	●	●	●	●			●	●
74	●	Ratzinger Höhe	5,4 km	80 m	1.15 Std.	ab 3	●	●		●	●		●	

Tour			km	Hm	Zeit									
75	●	Hefteralm	2 km	190 m	1.15 Std.	ab 4		●	●					
76	●	Röthelmoos-Almen	8 km	180 m	2 Std.	ab 4	●	●					●	
77	●	Moaralm Inzell	1 km	30 m	0.25 Std.	ab 2	●	●	●	●			●	
78	●	Soier See	2,5 km	40 m	1 Std.	ab 2	●	●		●		●		●
79	●	Eibsee	7 km	80 m	2 Std.	ab 4		●				●	●	
80	●	Ruine Werdenfels	5 km	200 m	1.15 Std.	ab 4		●			●			
81	●	Kuhfluchtfälle Farchant	4,5 km	200 m	2 Std.	ab 4		●			●	●		
82	●	Ammersee-Ostufer	6,5 km	0 m	2.30 Std.	ab 6		●			●			
83	●	Wörthsee	11 km	70 m	2.45 Std.	ab 5		●		●		●		
84	●	Flößerspielplatz Krün	beliebig	beliebig	beliebig	ab 2	●	●		●				●
85	●	Kochelsee	6 km	100 m	1.30 Std.	ab 6		●				●		
86	●	Isartal	10,5 km	110 m	3.30 Std.	ab 6						●	●	
87	●	Kirchsee	4 km	70 m	1 Std.	ab 2	●	●				●	●	●
88	●	Hackensee	4 km	140 m	1 Std.	ab 2	●				●	●		
89	●	Valley	3,8 km	100 m	1.30 Std.	ab 3		●			●			●
90	●	Goldbach in Vagen	2 km	200 m	0.45 Std.	ab 2	●	●		●		●		
91	●	Blecksteinhaus	9,2 km	100 m	3 Std.	ab 6		●				●	●	
92	●	Bergcafé Siglhof	4 km	245 m	2.30 Std.	ab 6		●		●		●	●	
93	●	Bichlersee	4,3 km	210 m	1 Std.	ab 2		●				●	●	
94	●	Chiemsee	5 km	20 m	3 Std.	ab 4		●			●	●		
95	●	Höhenweg Gstadt	6,8 km	60 m	1.30 Std.	ab 3	●			●	●	●	●	●
96	●	Höpfling-Runde Siegsdorf	4,2 km	35 m	1 Std.	ab 2	●	●		●			●	●
97	●	Falkensee Inzell	3,2 km	50 m	0.45 Std.	ab 3	●						●	●
98	●	Zauberwald Hintersee	2,4 km	60 m	1 Std.	ab 3							●	●
99	●	Königssee	12,2 km	1190 m	6.30 Std.	ab 10		●					●	
100	●	Fischunkel-Alm	6,5 km	100 m	2.30 Std.	ab 5		●					●	

Erlebnisreiche Ausflüge

Wandern mit Kindern? Aber sicher doch! Während die Jüngsten noch im Kinderwagen oder in der Kraxe mit auf Wanderschaft gehen, haben Minis mit zwei Jahren häufig schon einen ausgeprägten Bewegungsdrang. Und auch ältere Kinder lassen sich schnell begeistern, wenn es nur etwas Spannendes zu erleben gibt. Wir haben in diesem Buch abwechslungsreiche Erlebnistouren zusammengestellt, die garantiert keine Langeweile aufkommen lassen.

Herausgekommen ist eine bunte Mischung für alle Altersstufen von zwei bis zwölf Jahren. So lässt sich leicht ein passendes Ausflugsziel mit hohem Spaßfaktor finden. Wenn dann vielleicht auch noch befreundete Kinder mit dabei sind, hat der Nachwuchs garantiert keinen Grund zum Nörgeln mehr. Und dann können auch wir Eltern den Tag so richtig genießen.

Die Erlebnistouren in diesem Buch

Alle Touren in diesem Buch sind als Tagesausflüge geplant, die zum Teil auch auf einen halben Tag reduziert oder mehrere Tage ausgedehnt werden können. In der Regel ist bereits der Weg das Ziel, auch wenn am Ende noch ein besonderes Highlight auf die Kinder wartet. Deshalb sollte man sich und den Kindern genügend Zeit lassen, die Wanderung mit allen Sinnen auszukosten. Zur Orientierung haben wir die Touren in verschiedene Kategorien unterteilt, die einen unterschiedlichen Erlebnischarakter bieten und in jedem Fall für Abwechslung sorgen.

Schluchten und Klammen

Abenteuer und Naturerlebnis pur sind angesagt, wenn es gilt, durch zerklüftete Felsen am tosenden Wasser zu wandern. Neben den spektakulären Klammen wie der Partnachklamm oder der Höllentalklamm finden sich hier auch weniger bekannte Klammen und Schluchten, die aber alle eines gemeinsam haben: den hundertprozentigen Erlebnischarakter. Das Wandern in der einmalig schönen Landschaft einer Schlucht ist viel zu aufregend, als dass die Kinderbeine hier müde werden könnten und so ist der erlebnisreiche und spannende Wandertag so gut wie gesichert.

Felsen und Höhlen

Unheimliche Höhlen erforschen oder abenteuerliche Kraxeleien am Klettersteig erproben, das ist für viele größere Kinder ein Garant für nörgelfreies Freizeitvergnügen. Mit der richtigen Ausrüstung lassen sich erste alpine Bergerfahrungen im Fels machen, die garantiert keine Langeweile aufkommen lassen.

Natur und Kultur

Kinder wollen alles wissen und sie lernen gerne, wenn es denn etwas Spannendes zu entdecken gibt. Und so sind die zahlreichen Themen- und Erlebniswege, die mit interessanten Infotafeln und spannenden Spielstationen ausgestattet sind, ein ideales Betätigungsfeld für den kindlichen Forschergeist. Dass nebenbei eine beträchtliche Wegstrecke zurückgelegt wird, bemerken die Kids vor Eifer erst gar nicht.

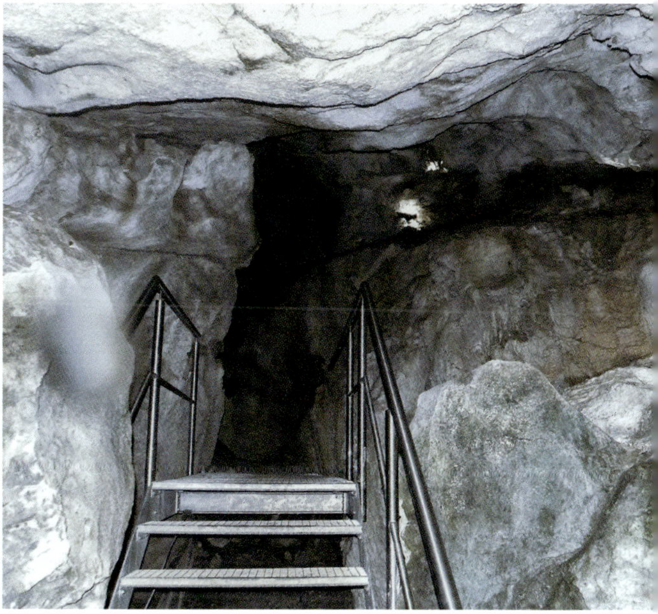

Echte Forscher machen auch vor dunklen Höhlen nicht halt.

Tiere und Almen

Nicht immer ist der Weg das Ziel, manchmal muss man sich auch Ziele setzen, für die es sich zu gehen lohnt. Das Erlebnis liegt dann etwa auf einer Alm und kann vom Streichelzoo bis zur Sommerrodelbahn oder dem unerwartet spannenden Spielplatz, der am Ziel wartet, reichen. Besonders beliebt bei den Kindern sind Naturerlebnisse mit Tieren, weshalb diese natürlich nicht zu kurz kommen dürfen.

Flüsse und Seen

Wo immer sich auf einer Wanderung Wasser in der Nähe befindet, ist der Spaßfaktor schon fast garantiert. Sei es am See oder an einem rauschenden Bergbach – gerade an heißen Sommertagen sind diese Wanderungen ideal, um Bewegung in der frischen Luft mit Bade-, Plansch- und Dammbau-Spaß zu verbinden. Fragt sich nur, ob wir es schaffen, die Kinder auch irgendwann einmal wieder vom Wasser wegzulocken.

Charakteristik der Touren

Die Touren in diesem Buch sind für unterschiedliche Altersstufen in verschiedenen Schwierigkeitsstufen geeignet. Um die Orientierung zu erleichtern, werden zu allen Touren die ungefähre Gehzeit und eine Altersempfehlung angegeben.

Gehzeiten

Die Gehzeiten sind die jeweiligen Gesamtgehzeiten der Tour, sie umfassen sowohl den Hin- als auch den Rückweg. Aber Vorsicht bei der Planung: Es handelt sich um die reine Gehzeit, Spiel- und Entdeckerpausen sind nicht mit eingerechnet. Je nach Kondition, Tageslust und Ablenkfaktor auf dem Weg können die tatsächlichen Zeiten also erheblich von den angegebenen abweichen. Da es sich bei den meisten Touren um eher kurze und gut zu schaffende Wanderungen handelt, sollte genügend Zeit für Pausen und Entdeckungen am Wegesrand zur Verfügung stehen.

Altersangaben

Die Altersempfehlungen verstehen sich als Orientierungshilfe, die Ihnen die Planung der Touren erleichtern soll. Je nach Kondition und Wanderbegeisterung kann das individuelle Alter von den Empfehlungen abweichen. Wenn Sie noch unsicher sind, was die »Wandertauglichkeit« Ihres Nachwuchses betrifft, so halten Sie sich am besten zunächst an die Touren für kleinere Kinder. Im Übrigen bedeutet die Eignung für Kleinere nicht automatisch, dass sich hier die Großen langweilen werden. Im Gegenteil: Alle Touren sind so erlebnisreich, dass sie allen Familienmitgliedern Spaß machen, natürlich auch den Eltern.

Höhenmeter

Nicht alle Touren in diesem Buch führen auf den Berg. Wenn eine Tour nennenswerte Steigungen aufweist, so sind die Höhenmeter dazu angegeben. Für die ersten Wanderungen der Kleinen empfehlen wir, auf einen eher geringen Höhenunterschied zu achten, um ihnen die Lust am Bergaufgehen nicht zu verderben.

Die richtige Ausrüstung

Unabhängig von der Art der Tour ist die richtige Kleidung und Ausrüstung wesentlich für eine gelungene Erlebniswanderung.

Kleidung

Auf bequeme Wanderkleidung und das richtige Schuhwerk sollte man bei jeder Wanderung achten. Für die einfachsten Touren sind auch feste Turnschuhe ausreichend, grundsätzlich sollten aber auch die Kinder bereits Trekking- oder Bergschuhe anziehen, da ihnen diese im Gelände und bei dem ein oder anderen Abstecher beispielsweise an einem Flussbett nötigen Halt und Sicherheit bieten. Bei der Kleidung empfehlen wir den Zwiebellook, also die Möglichkeit, sich bei Bedarf aus einem Kleidungsstück zu schälen, wenn es mal wärmer wird. Insbesondere bei den Höhlen-, Klamm- und Schluchtwanderungen sollte man wärmere und regensichere Kleidung auch im Hochsommer dabeihaben. Wechselkleidung für die Kinder sollte immer dann im Rucksack sein, wenn uns Wasser oder Matsch auf der Tour begleiten ...

Proviant

Die meisten Touren in diesem Buch bieten Einkehrmöglichkeiten auf dem Weg. Dennoch empfehlen wir Ihnen, in den Rucksack immer auch etwas Proviant für unterwegs einzupacken. Das kann von einem kompletten Picknick bis zu den obligatorischen Riegeln, Obst oder Gummibärchen reichen. Sollte es den Kindern auf der Wanderung doch einmal zu mühsam werden, hat ein kleiner Snack schon so manche Eltern gerettet. Auf keinen Fall fehlen im Rucksack sollte auf jeder Tour ausreichend zu trinken für die ganze Familie.

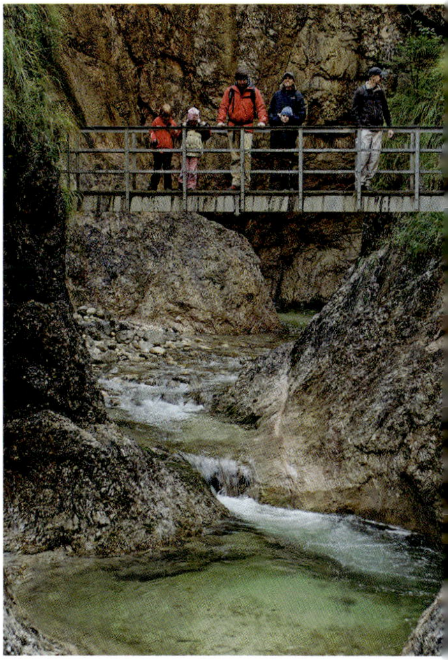

Je abenteuerlicher der Weg, umso kürzer ist die gefühlte Gehzeit.

Sonstiges

Wenn der Rucksack noch nicht zu schwer ist – Kinder sollten im Übrigen nur einen eigenen Rucksack tragen, wenn sie das unbedingt möchten – kann man noch ein paar zusätzliche nützliche Erlebnisutensilien einpacken. Für größere Kinder ist ein Taschenmesser meist eine gute Idee, um sich einen schönen Wanderstock zu schnitzen. Aber bitte nur Totholz verwenden und keine gesunden Äste abschneiden oder Bäume fällen! Für kleine Forscher empfiehlt sich eine Becherlupe sowie ein Fernglas. Auch ein Pflanzen- oder Tierbestimmungsbuch kann auf so mancher Tour für noch mehr Freude am Entdecken der Natur sorgen.

Und nun wünschen wir Ihnen viel Spaß beim Erlebnis Wandern!

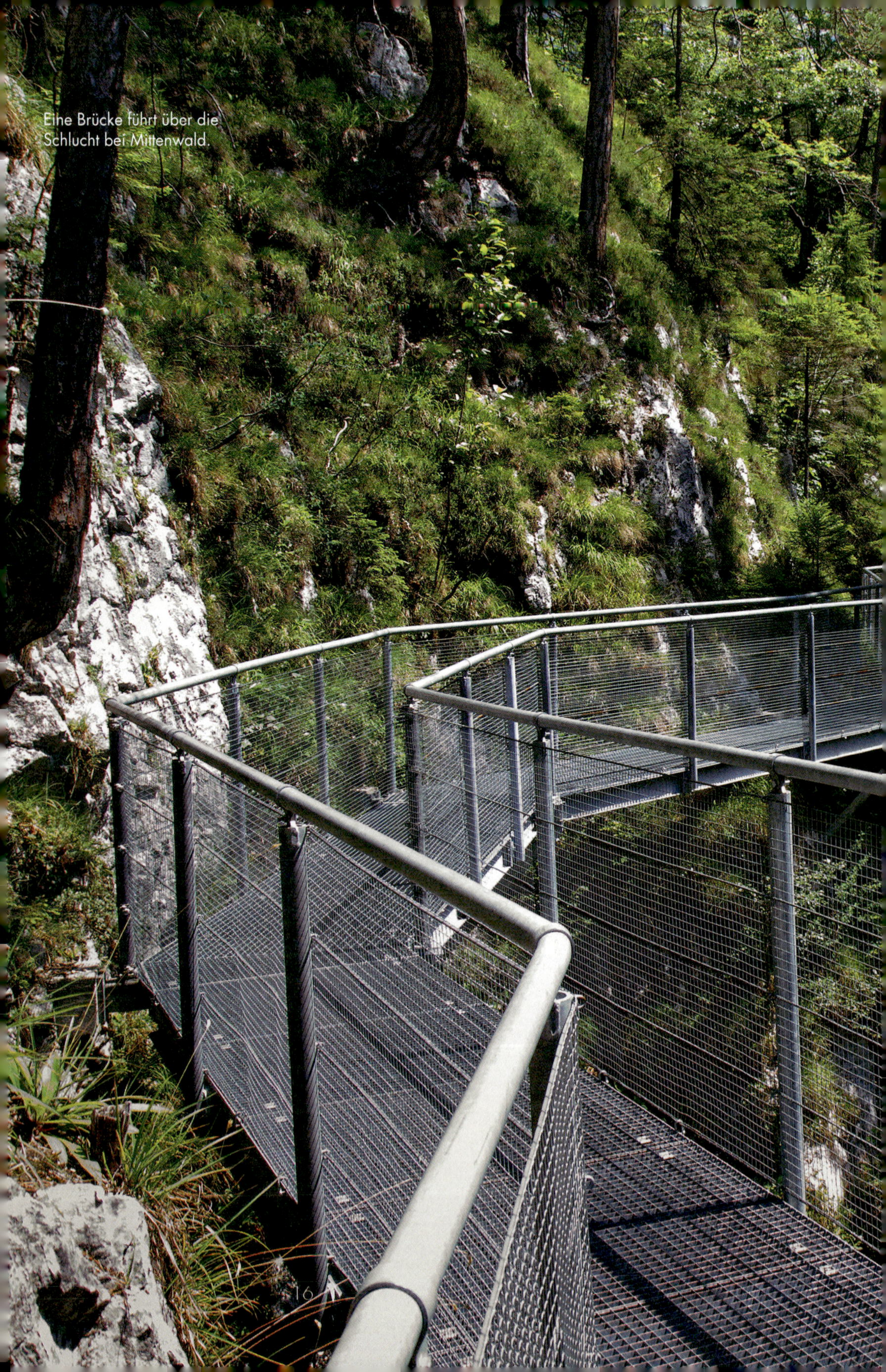

Eine Brücke führt über die Schlucht bei Mittenwald.

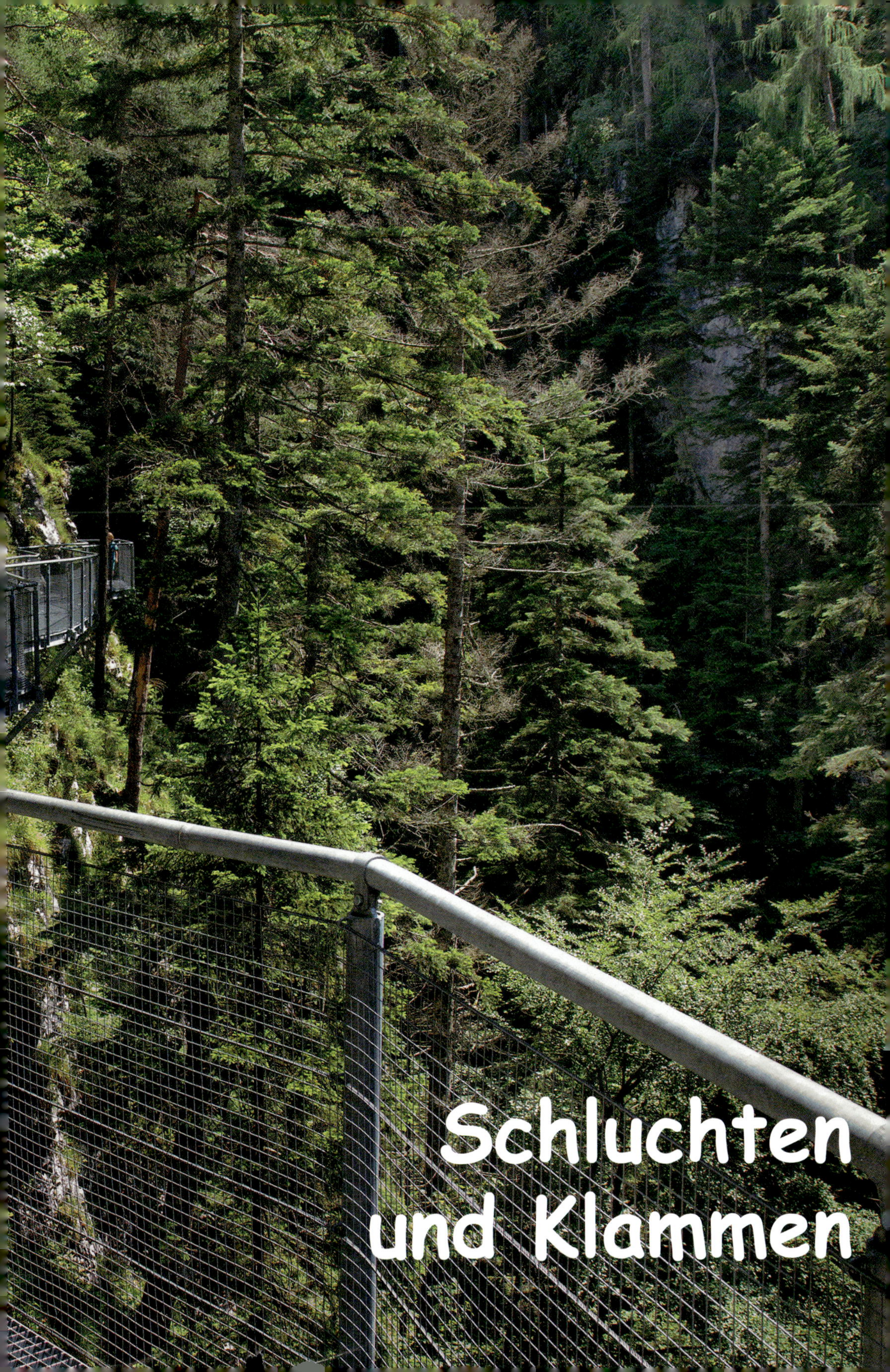

Schluchten und Klammen

1 Die Schleifmühlenklamm

Wetzsteine und Schleifmühlen unter dem Steckenberg

Leicht | 4 km | 350 m | 2.30 Std.

Alter
Ab 4 Jahren

Tourencharakter
Zunächst breiter, später schmaler, gut gesicherter Klammweg; Weg zum Gipfel zunächst auf Grat, später flacher

Ausgangs-/Endpunkt
Unterammergau, Wanderparkplatz nach der Pürschlingbahn

Anfahrt
Auto: A 95 München–Garmisch bis zum Autobahnende in Eschenlohe und weiter über die Bundesstraße nach Oberau und über Ettal und Oberammergau nach Unterammergau. Bahn: München–Innsbruck bis Murnau; dann weiter Murnau–Oberammergau bis Unterammergau

Einkehr
Gasthaus Schleifmühle

Karte
Topografische Karte 1:50 000, Blatt Karwendelgebirge

Information
Verkehrsamt Unterammergau, Dorfstr. 23, 82497 Unterammergau, Tel. 08822/64 00

Bereits im 16. Jahrhundert begann in Unterammergau die Wetzsteinherstellung, die im 19. Jahrhundert ihre Blütezeit erlebte. Für die Herstellung der Wetzsteine, die man unter anderem für das Schärfen von Sensen brauchte, wurde das Wasser aus der Schleifmühlenklamm zum Antrieb des Wasserrades abgeleitet.

Vom kostenpflichtigen Wanderparkplatz am Ende der Pürschlingbahn-Straße gehen wir wenige Meter bergauf und zweigen dann gleich rechts dem Schild zur Schleifmühlenklamm folgend ab. Zunächst geht es auf breiter Forststraße über die Brücke und den tobenden Bach. Eine Brücke und eine Furt (mit kleinem Brücklein) weiter erreichen wir schon kurz darauf das Schleifmühlengebäude. An dem Brücklein geht es auf dem schmalen Klammweg weiter. Als nächstes Highlight für die Kinder erreichen wir einen Wasserfall. Nach dessen Besichtigung gehen wir nach links auf den Stufenweg, der uns auf die Ebene oberhalb des Wasserfalles führt. Ein paar Brücklein (stets gut mit doppeltem Geländer gesichert) und Stufen weiter geht es kurz nach einer ausgesetzten und mit Seil gesicherten Stelle in die letzte Kehre, und so erreichen wir nach den letzten Höhenmetern die breite Forststraße. Das erste Drittel ist geschafft und es bestünde nun die Möglichkeit, auf der Forststraße wieder zum Parkplatz zurückzukehren.

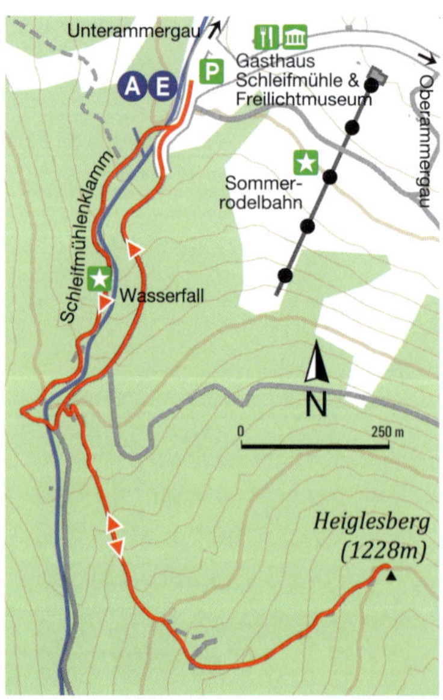

Wir gehen jedoch nur etwa 25 Meter auf der Forststraße

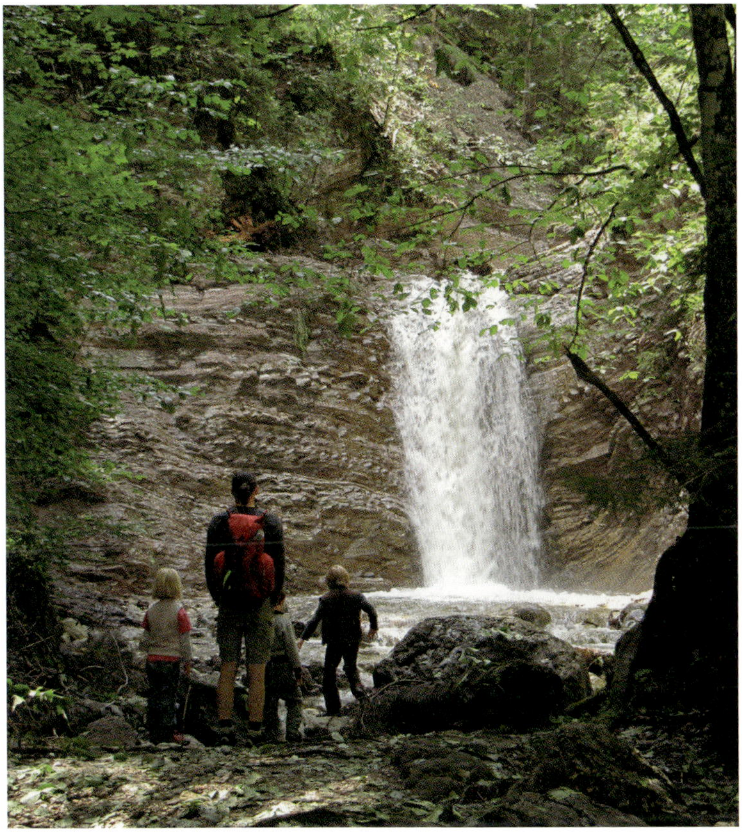

Naturschauspiel ohne Eintritt

bergab und zweigen dann rechts auf den kleinen Pfad zum Steckenbergkreuz (40 Minuten) ab. Der Pfad windet sich in ein paar Serpentinen über die ersten Höhenmeter und führt dann stets auf dem Grat zu einer weiteren breiten Forststraße. Diese überqueren wir anschließend und gehen bei der Markierung (grünes Dreieck) in den zunächst kaum ansteigenden Nadelwald. Kurz darauf geht es abermals etwas anstrengender bergauf und nach etwa zehn Minuten erreichen wir das große silberne Kreuz des Steckenberges.

Wir genießen die Aussicht über Unterammergau, dann gehen wir zurück zur Forststraße beim Klammweg und folgen der Forststraße bergab zurück zum Parkplatz. Unterhalb desselben bietet sich das Gasthaus Schleifmühle mit dem kleinen Freilichtmuseum und dem Kinderspielplatz noch als lohnendes Abschlussziel an. Für die Größeren gibt es wenige Meter weiter unten eine Sommerrodelbahn.

Wintersport

Im Winter finden Familien hier am Steckenberg ein schönes Familienskigebiet vor.

2 Durch die Höllentalklamm

Schlucht-Tour zum tollen Hochtal

Mittel | 10 km | 600 m | 4 Std.

Alter
Ab 8 Jahren

Tourencharakter
Landschaftlich einmalige, aber an Wochenenden stark frequentierte Wanderung. Gutes Schuhwerk und regenfeste Kleidung sind in der oft nassen Klamm anzuraten

Ausgangs-/Endpunkt
Zughaltestelle bzw. Parkplatz in Hammersbach

Anfahrt
Auto: Von München über A 95 und B 2 Richtung Garmisch-Partenkirchen und hier in Richtung Ehrwald/Reutte abbiegen. Kurz nach dem Ortsende von Garmisch links zum Ortsteil Hammersbach. Bahn: Von München direkt nach Garmisch. Hier umsteigen in die Bayerische Zugspitzbahn und mit dieser bis Haltestelle Hammersbach fahren

Einkehr
Höllentalanger-Hütte (DAV), Tel. 08821/8811, geöffnet von Mitte Mai bis Mitte Oktober

Karte
Topografische Karte 1:50 000, Blatt Werdenfelser Land

Information
grainau.de

Unangefochtener Star unter den Wildbachschluchten des Wettersteingebirges ist die Höllentalklamm. Durch diese beeindruckend enge und steile Felsenschlucht führt ein aufgrund unzähliger Tunnels und Brücken unschwer zu gehender Fußweg, an dem Spritzwasser an heißen Tagen angenehme Erfrischung verspricht. Angesichts des großen Aufwandes, die Holzplanken und Drahtseilsicherungen in Stand zu halten, sollte man für die Eintrittsgebühr Verständnis haben.

Von der Zughaltestelle geht man parallel zu den Gleisen in Richtung Westen weiter, bis man auf den Hammersbach trifft (unweit davon befindet sich auch der Parkplatz). Hier wendet man sich nach links und steht kurz darauf vor einer Kapelle. Hier sehen wir auch schon den Wegweiser zu Höllentalklamm und Höllentalanger-Hütte. Wir gehen an der von unten gesehen linken Seite des Baches auf einem guten Weg weiter. Dieser wechselt mit einer Brücke bald auf die andere Seite, wo es im Wald steiler bergauf und vom Bach weg geht. Sobald es ebener wird, stoßen wir auf einen breiten Fahrweg, dem man geradeaus weiter Richtung Süden folgt. Man kommt an der Materialseilbahn der Höllentalanger-Hütte vorbei. Es wird steiler, dann noch einmal flacher. Schließlich sieht man schon die kleine Hütte vor sich, die wie ein Adlerhorst am Eingang zur Höllentalklamm zu kleben scheint. Bis man den Eingang erreicht, sind aber noch einige Höhenmeter zurückzulegen (Abzweigung nach rechts zum Stangensteig ignorieren). Gleich hinter dem Klammeingang beginnt der kühn angelegte

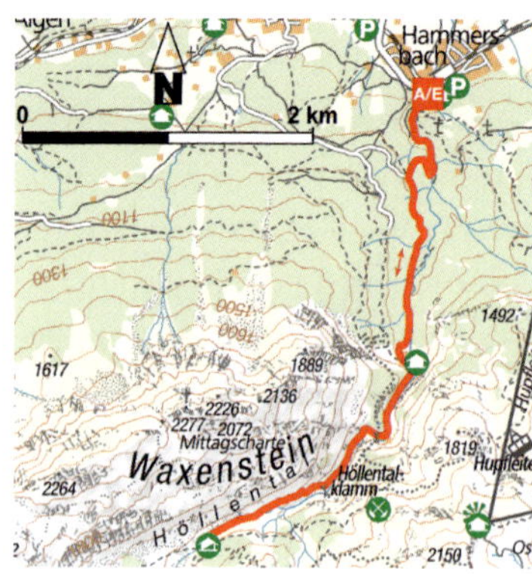

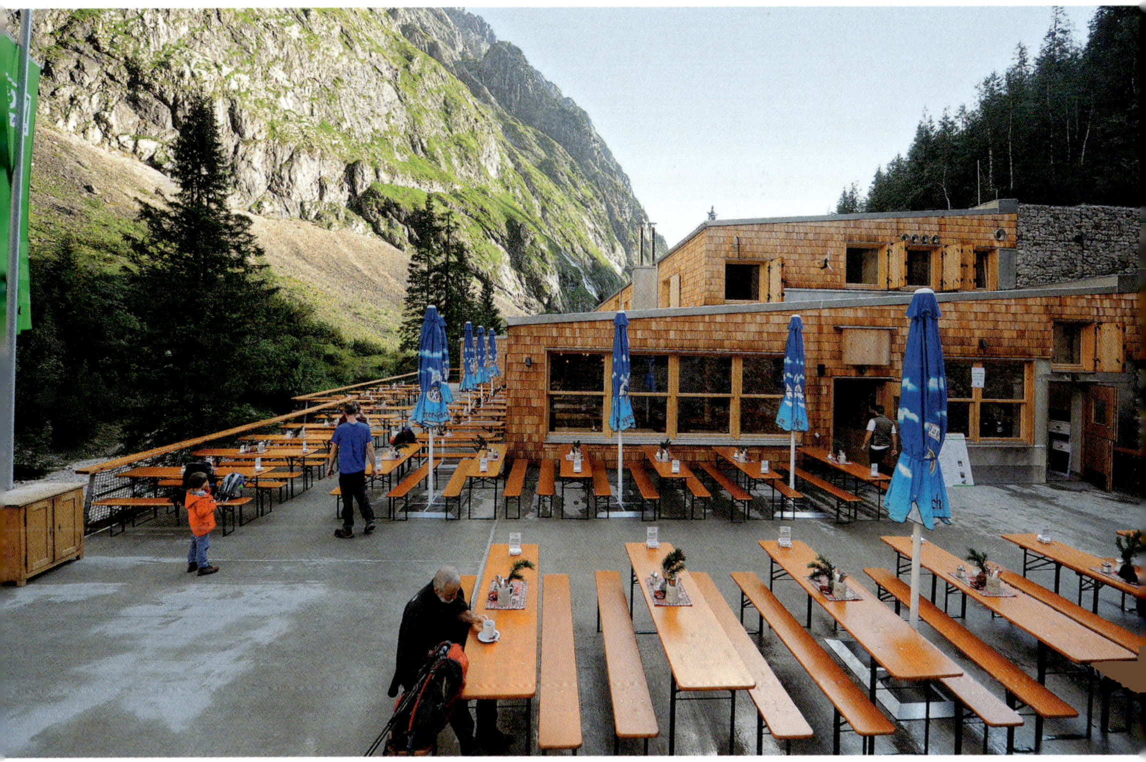

Die Wanderung führt zur wunderschön gelegenen Höllentalanger-Hütte.

Weg durch die Klamm: Auf unzähligen Stegen bzw. Brücken und in den Fels gesprengten balkonartigen Wegstücken und Tunnels steigen wir entlang der vom Wasser senkrecht in den Fels geschnittenen Kalkwände stetig bergan. Dort, wo sich die Klamm etwas öffnet – am sogenannten Schafguffel –, haben wir die Mitte erreicht. Es wird wieder enger und die Klamm zeigt sich von ihrer beeindruckendsten Seite. Wir überwinden letzte steile Stufen, hinter denen sich das Landschaftsbild schlagartig ändert: Die Hänge lehnen sich zurück und der Bach wird ruhiger. Wir gehen noch ein Stück den Bach entlang, bis der Weg auf die rechte Talseite überwechselt. Hier geht es nun noch einmal recht steil in Serpentinen bergan. Bald darauf wird es wieder flacher und man gelangt, durch Latschen- und Birkenwäldchen hindurchwandernd, in den wunderschönen, von riesigen Felswänden eingerahmten Talboden des Höllentalangers. Keine zehn Minuten später steht man auch schon vor der Höllentalanger-Hütte, wo man einen beeindruckenden Blick in Richtung Talschluss mit den darüber liegenden Bergen Höllentalferner und Hoher Riffel hat. Der Abstieg erfolgt auf gleichem Weg.

3 Durch die Partnachklamm

Rauschendes Wasser und eine Kutschenfahrt

Leicht | 6,5 km | 500 m | 2 Std.

Alter
Ab 4 Jahren; Sommerrodelbahn ab 8 Jahren, ansonsten nur auf dem Schoß der Eltern

Tourencharakter
Eine Wanderung, zu der auch gehfaule Kinder zu bewegen sind. Als Zuckerl locken viele Attraktivitäten am Wegrand.

Öffnungszeiten
Partnachklamm täglich von 8–18 Uhr, Sommerrodelbahn April bis Nov. 10–18 Uhr

Preise
Partnachklamm: Erwachsene 6 €, Kinder von 6 bis 16 Jahren 3 €; Sommerrodelbahn: Erwachsene 2,50 €, Kinder von 3 bis 14 Jahren 2 €

Ausgangs-/Endpunkt
Olympiastation Garmisch-Partenkirchen

Anfahrt
Auto: A 95 nach Garmisch bis Autobahnende, weiter nach Garmisch. Parken an den Skisprungschanzen oder dem Olympiastadion. Bahn: Zug nach Garmisch, vom Bhf. etwas mehr als 1 km zum Stadion

Karte
Topografische Karte 1:50 000, Blatt Werdenfelser Land

Information
ga-pa.de

Kein Kind muss hier stundenlang auf einer öden Bergtour hinter seinen Eltern herhecheln und sie permanent mit dem Satz bombardieren: »Ich kann nicht mehr …« Geradezu magisch werden unsere Sprösslinge vom Element des Wassers angezogen.

Vom Parkplatz des Olympiastadions können wir wählen, ob wir bequem in einer der Pferdekutschen bis zum Beginn der Klamm gefahren werden oder vom Start weg auf Schusters Rappen marschieren (30 Min. zusätzlich). Nachdem wir am Klammhäuschen Eintritt gezahlt haben, wird es dunkel und unheimlich. Die Partnach rauscht, tobt und brodelt, Wasserfälle stürzen von

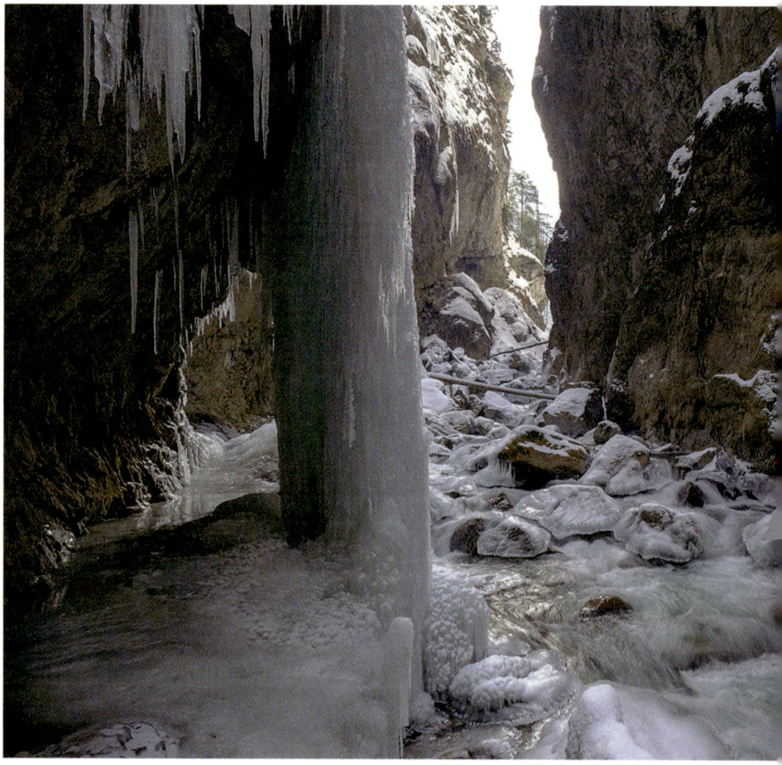

den steilen Felswänden herab. Manchmal tröpfelt es nur, dann kommt es einer Dusche gleich. Auf sicheren hölzernen Brücken und Stegen wandern wir mal mehr und mal weniger nah am Wasser entlang und gewinnen dabei unmerklich an Höhe. Auf 800 Meter Länge hat sich der Wildbach Partnach ein bis zu 80 Meter tiefes Bett senkrecht in den Fels gegraben.

Das bereits 1912 zum Naturdenkmal erklärte Schauspiel fasziniert nicht nur unsere kleinen Abenteurer. Die Klamm ist eine der großen Tourismus-Attraktionen von Garmisch. Dort, wo sich die Schlucht weitet, haben wir ihr Ende erreicht und bereits hier bietet sich ein schöner Rastplatz an. Im breiten, steinigen Bachbett können unsere Hydroexperten Wasser stauen, Kanäle anlegen, kleine Tümpel mit Rinnsalen verbinden oder nur so vor sich hin planschen und nass werden. Weiter geht es Richtung Vordergraseck.

Abenteuerspielplatz

Wer noch einen schönen Abschluss sucht, findet den Wald- und Abenteuerspielplatz »Am Waldrand« unterhalb des Philosophenweges und der St. Antoniuskapelle im Ortsteil Partenkirchen.

Linke Seite: Auch im Winter ist der Ausflug in die Partnachklamm ein Erlebnis. Unzählige Eiszapfen dekorieren die Wände.

Im Sommer sind die Felswände von einer wilden Schicht aus Moos und Gräsern bewachsen.

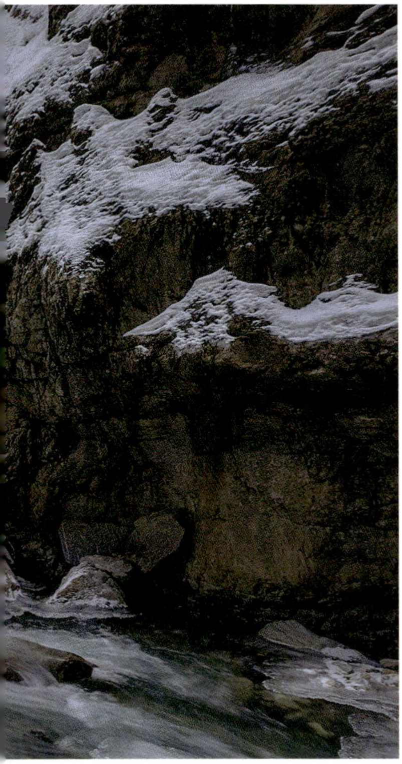

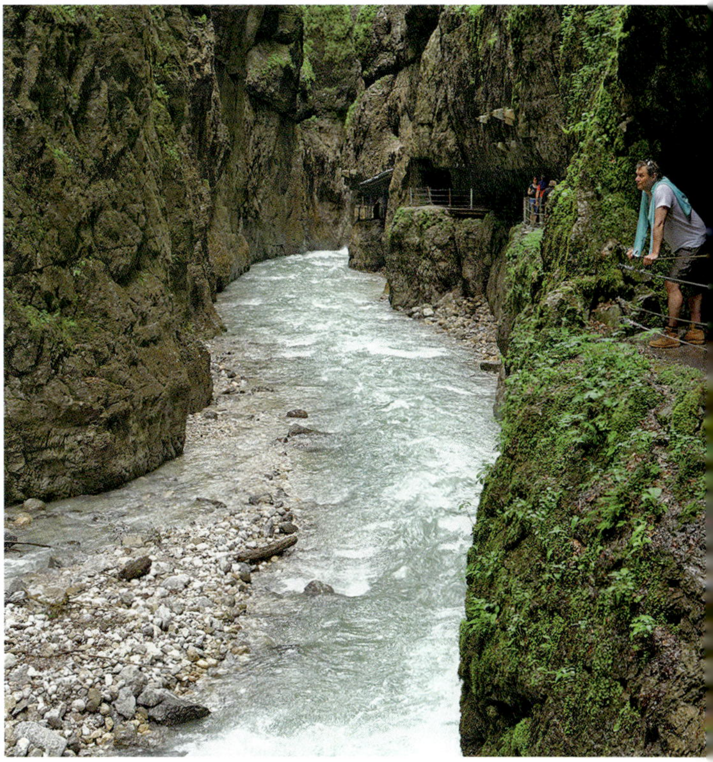

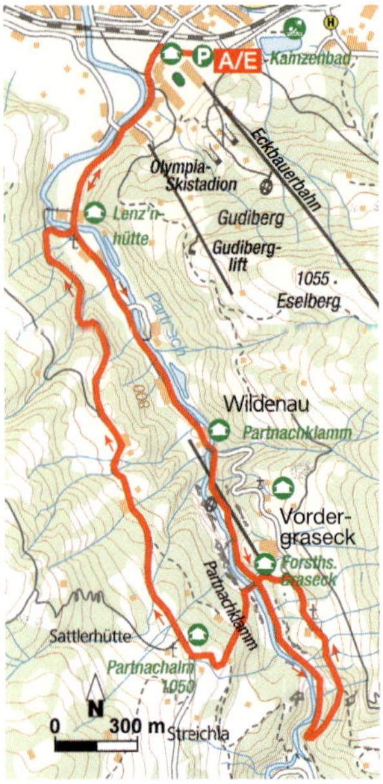

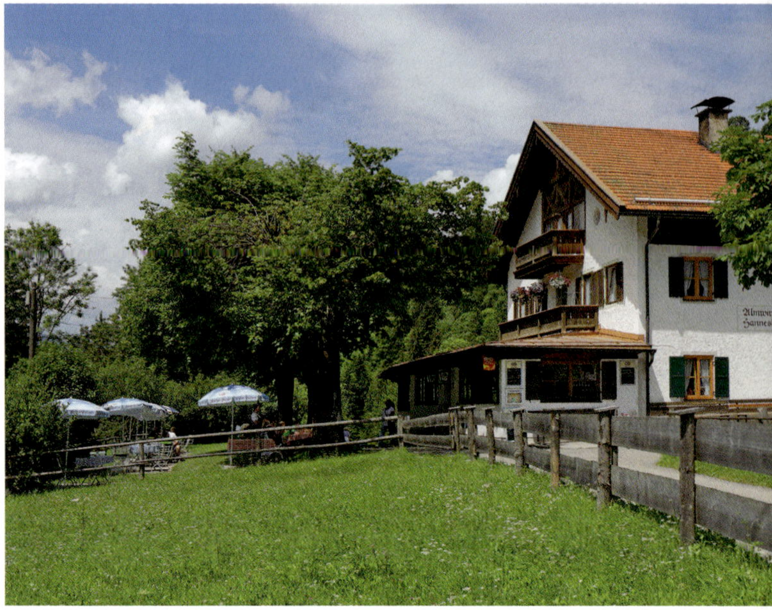

Nach der Klammwanderung lohnt sich der Abstecher zu einer der zahlreichen gemütlichen Hütten wie der Hanneslabauer Almwirtschaft.

Nun gilt es, die nächste Entscheidung zu treffen. Wandern wir von hier über die Eiserne Brücke oberhalb der Klamm direkt bis zum Ausgang der Schlucht zurück oder wählen wir den längeren Weg und wandern zum Berggasthof Eckbauer? Mit seiner sonnigen, grandiosen Aussichtsterrasse und dem kleinen Kinderspielplatz ist die Wirtschaft hervorragend für eine Einkehr geeignet. Gratis dazu bekommen wir die beeindruckende Sicht auf das Estergebirge und das Wettersteinmassiv. Sie verleiht das unmittelbare Gefühl, als ob wir uns in einer dramatischen, felsigen Bergwelt bewegen.

Wer jetzt immer noch Power genug in den Knochen hat, kann vom Eckbauer über den Ort Wamberg bis nach Garmisch absteigen. Kinder sind von dem schönen, aber eben auch längeren Umweg nicht immer ohne Weiteres zu überzeugen. Die Tour lässt sich aber problemlos durch die Eckbauer-Seilbahn stark verkürzen. Die gesparten zwei Stunden können wir noch gut an der Talstation der Seilbahn für die Sommerrodelbahn brauchen.

Einkehr

Unterwegs kann man zwischen dem Gasthof Wamberg, dem Gasthof Eckbauer, der Kaiserschmarrn-Alm oder dem Gasthaus Graseck wählen, daneben gibt es noch eine Reihe kleinerer Hütten und Gasthäuser, sodass man auf dieser Tour wirklich nicht verhungern muss; in der Ortsmitte von Garmisch gibt es für jeden Geschmack etwas.

Rechte Seite: Steil und fast unheimlich ist an manchen Stellen die enge Partnachklamm.

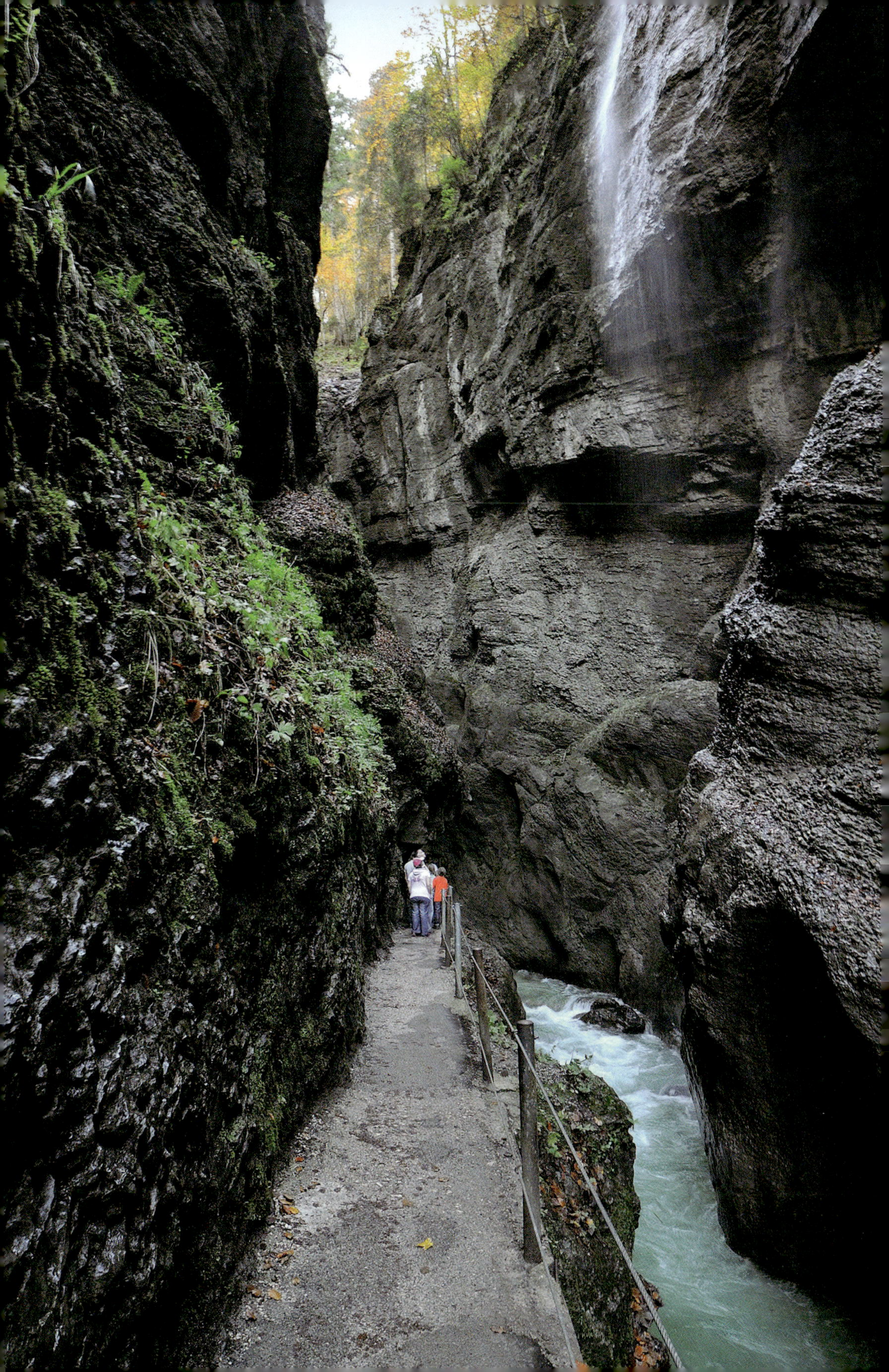

4 Durch die Archtalschlucht

Felsen, Schluchten und tiefe Wälder

Schwer	Auto: 9 km Bahn: 13 km	Auto: 800 m Bahn: 850 m	Auto: 5 Std. Bahn: 6 Std.

Alter
Ab 9 Jahren

Tourencharakter
Steigähnliche Wanderpfade, die teilweise steil bergauf führen, absolute Trittsicherheit erforderlich, schöne Tiefblicke in das Murnauer Moos

Ausgangs-/Endpunkt
Auto: Sportheim Eschenlohe.
Bahn: Bahnhof Eschenlohe

Anfahrt
Auto: A 95 nach Garmisch bis Eschenlohe; am Bahnübergang geradeaus nach Eschenlohe; dort rechts in die Garmischer Straße über die Loisachbrücke, rechts der Mühlstraße folgen; an einer weiteren Straßengabelung führt das Schild Archtalschlucht links in die Siemensstraße bis zum Sportheim, dort Parkgelegenheit. Bahn: Zug nach Garmisch bzw. Innsbruck – Reutte bis Eschenlohe

Einkehr
In Eschenlohe Gasthof zur Brücke oder Taverne Athen

Karte
Topografische Karte 1:50 000, Blatt Karwendelgebirge

Information
eschenlohe.de

Sie möchten einen Tag auf abenteuerlichen Wegen, fernab der bekannten Trampelpfade, verbringen? Dazu wild zerklüftete Felsabbrüche mit stillen Bergwäldern, in die sich eher eine Gams als ein Wanderer verirrt? Dann sind Sie auf der heutigen Tour richtig.

Die schmalen Wanderpfade erfordern nicht nur Trittsicherheit, sondern auch ein Gespür für den Wegverlauf, was die Abenteuerlust Ihrer Kinder noch verstärken dürfte. Von Eschenlohe aus führt der Weg zunächst zum romantischen Schluchteingang des Archtales. Von dort geht es in vielen Kehren steil bergauf. Im Mittelteil der Tour ist der Weg in das Archtal eben, bevor es dann in weiteren Kehren wieder bergauf bis an die Schotterfelder unter den Felsabbrüchen der Hohen Kisten geht. Hier ist auch der End- und Rastpunkt, da der weitere Weg unter die Felsabbrüche der Hohen Kisten führt, wovon wir dringend abraten.

Bahnfahrer folgen vom Bahnhof aus rechts der Dorfstraße in die Ortsmitte. Dort geht es auf der Garmischer Straße über die Loisachbrücke. Gleich danach gehen wir rechts in die Mühlstraße. An einer Straßenkreuzung gehen wir dann links und folgen dem Wegweiser Archtalschlucht in die Siemensstraße bis zum Sportheim. Hier beginnt auch der Wegverlauf für die Autofahrer. Vom Sportheim folgen wir dem Wegweiser »Archtalschluchtweg«, der uns an einer Weggabelung halbrechts den breiteren Weg entlangführt, der sich im weiteren Verlauf zu einem Wanderpfad verengt und steil bergauf geht. An der Einmündung auf einen

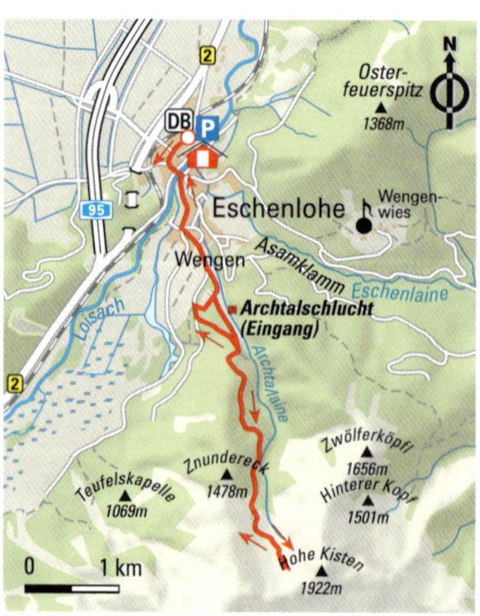

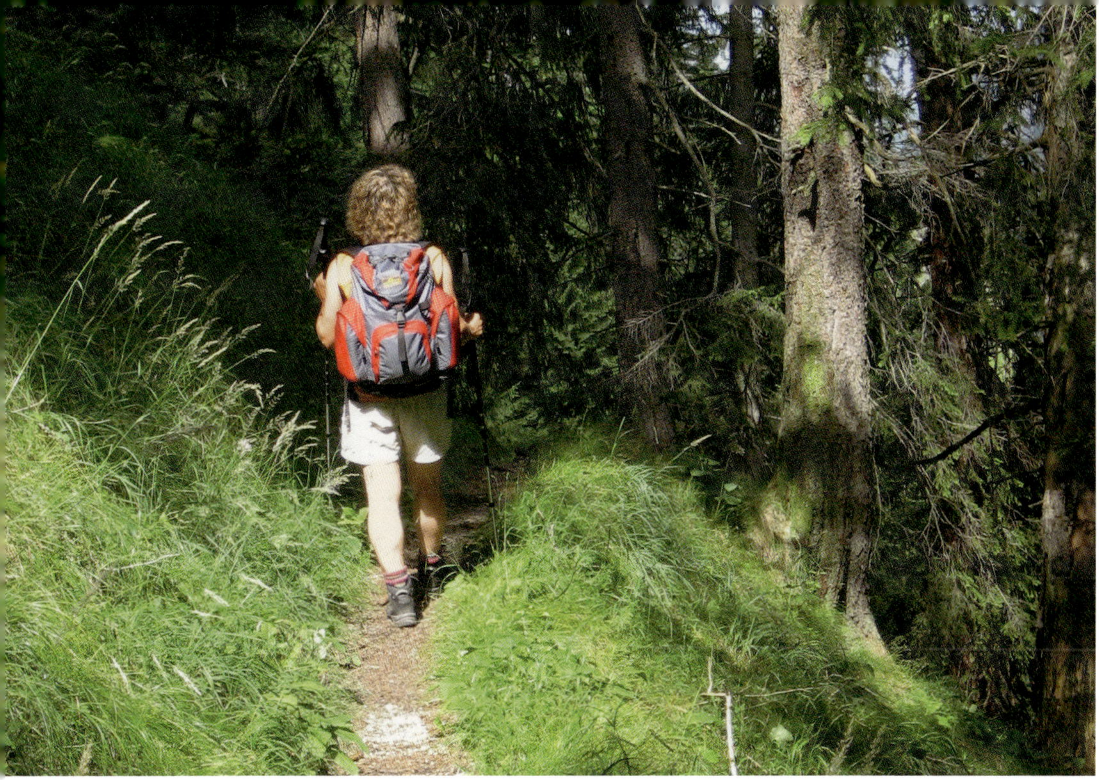

Des Wanderers Glück – einsame Wege in der Archtalschlucht

Forstweg folgen wir diesem ein Stück links bergauf. Nach etwa 400 Metern ist der Forstweg zunehmend mit Gras bewachsen, dort gehen wir ohne Beschilderung rechts einen schmalen Bergpfad weiter bergauf. Dann folgt ein ebener Wegabschnitt. An einer Gabelung des schmalen Wanderweges folgen wir diesem weiter geradeaus ohne Beschilderung. Der Weg führt nun wieder bergauf, wir passieren dabei eine Jagdhütte, wenig später erreichen wir offenes Gelände mit Schotterfeldern und Latschenkiefern. Wir befinden uns nun an unserem Endpunkt der Wanderung. Beim Rasten sollten wir uns vor eine Latschenkiefer setzen, falls Steine über die Schotterfelder hinunterstürzen.

Für den Rückweg gehen wir zunächst ein Stück des Hinweges bergab. An einem breiten Forstweg angekommen, folgen wir diesem nun bergab. An Weggabelungen gehen wir hier stets rechts bergab ohne Beschilderung. An einer weiteren Weggabelung folgen wir dann dem Wegweiser »Archtalschlucht, Asamklamm«, vorbei am Gelände des Sportplatzes zurück zum Parkplatz.

Spielplätze

Am Eingang der Archtalschlucht gibt es auf den weiten Kiesbänken Gelegenheit zu spielen und für ein ausgiebiges Picknick. Hier können Sie an Sommertagen auch im Wasser planschen, vor allem nach Regenfällen, wenn der Bach etwas mehr Wasser führt. Achten Sie darauf, einen Platz mit seichten Stellen für Ihre Kinder zu finden.

5 Durch die Maisinger Schlucht

Unterm Laubdach zum Moorbiotop

Leicht | 14 km | 85 m | 4 Std.

Alter
Ab 6 Jahren

Tourencharakter
Gemütliche Wanderung am Bach entlang mit viel Schatten und Bademöglichkeit im Maisinger See

Ausgangs-/Endpunkt
Bhf. Starnberg (See) bzw. Starnberg, Maisinger-Schlucht-Straße

Anfahrt
Auto: Von München über die A 95 und A 952 nach Starnberg und der Hauptstraße bis zur Kreuzung Richtung Söcking folgen. Hier rechts der Söckinger Straße nach, dann links in die Maisinger-Schlucht-Straße. Am Ende parken. Bahn: Mit der S6 zur Haltestelle Bhf. Starnberg (See).

Einkehr
In Maising: Gasthaus Georg Ludwig, Di, Mi Ruhetag; am See: Maisinger Seehof, April bis Oktober: Mo Ruhetag

Karte
Topografische Karte 1:50 000, Blatt Ammersee – Starnberger See

Information
sta5.de

Der traumhaft schöne Weg zum Maisinger See hat zu jeder Jahreszeit seinen besonderen Reiz. Während im Frühling hübsche Märzenbecher und Leberblümchen die Schlucht verzieren, lädt im Sommer der See zum Baden ein. Im Herbst ist das Laub der umgebenden Mischwälder aufs Großartigste gefärbt und im Winter kann man auf dem See oft Schlittschuh laufen.

Wer mit der S-Bahn angereist ist, startet direkt am Starnberger See, wo man vor allem an klaren Herbst- und Frühlingstagen eine

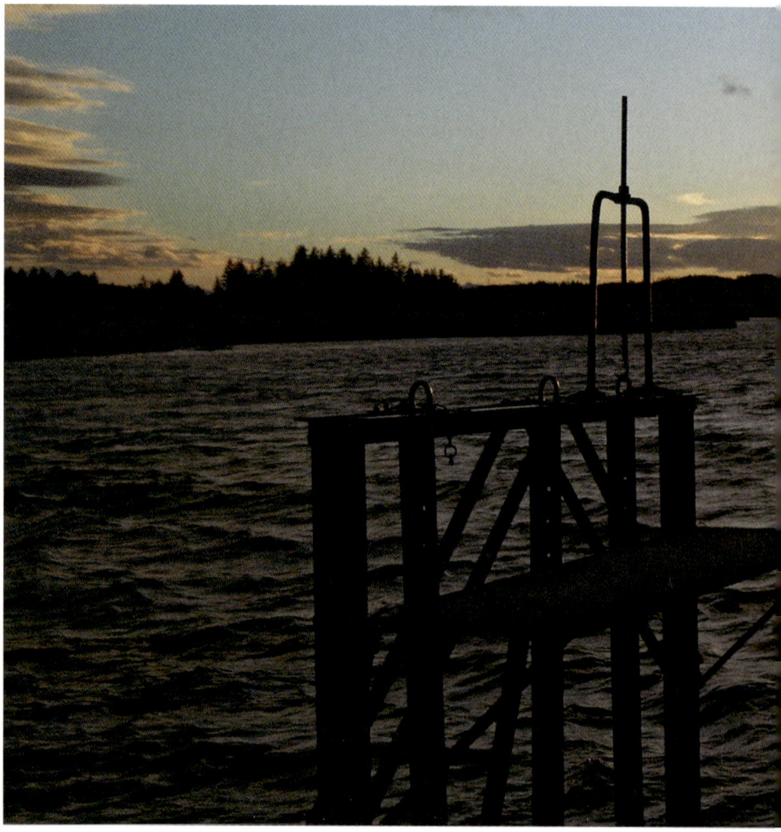

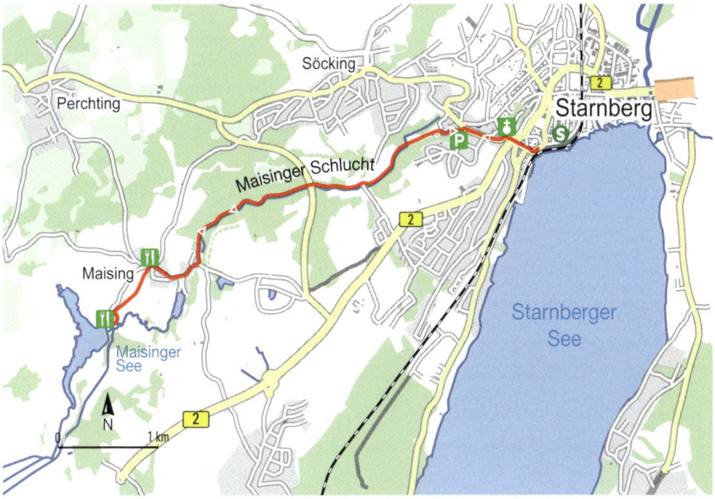

tolle Bergsicht inklusive Zugspitzblick hat. Dafür gilt es, zunächst eine Viertelstunde durch Starnberg zu wandern.

Am Bahnhof gehen wir die Bahnhofstraße links und in einer Kurve weiter einen Berg hinauf. Nun kreuzen wir die Hauptstraße und folgen der Söckinger Straße, um ein Stück später links in die Maisinger-Schlucht-Straße abzuzweigen. Hier beginnen auch die Autofahrer mit der Wanderung. Der gut ausgeschilderte Weg durch die Maisinger Schlucht ist nicht zu verfehlen. Zunächst bildet

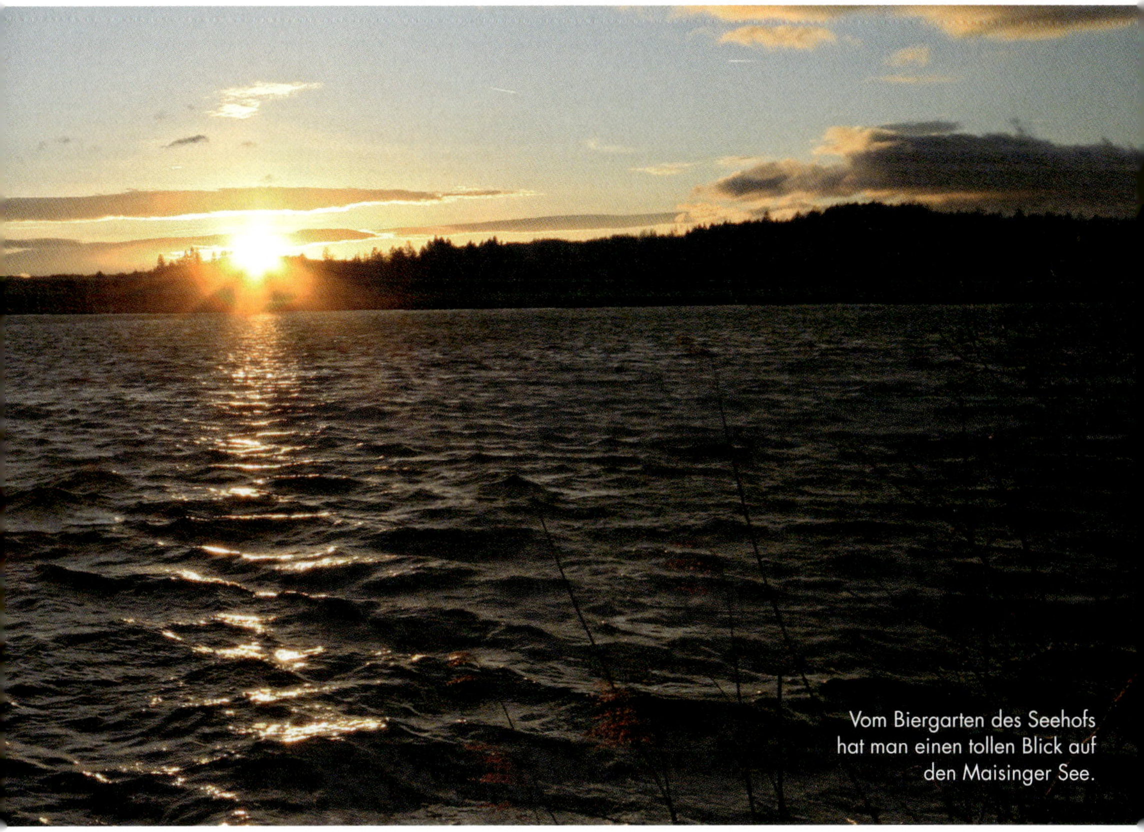

Vom Biergarten des Seehofs hat man einen tollen Blick auf den Maisinger See.

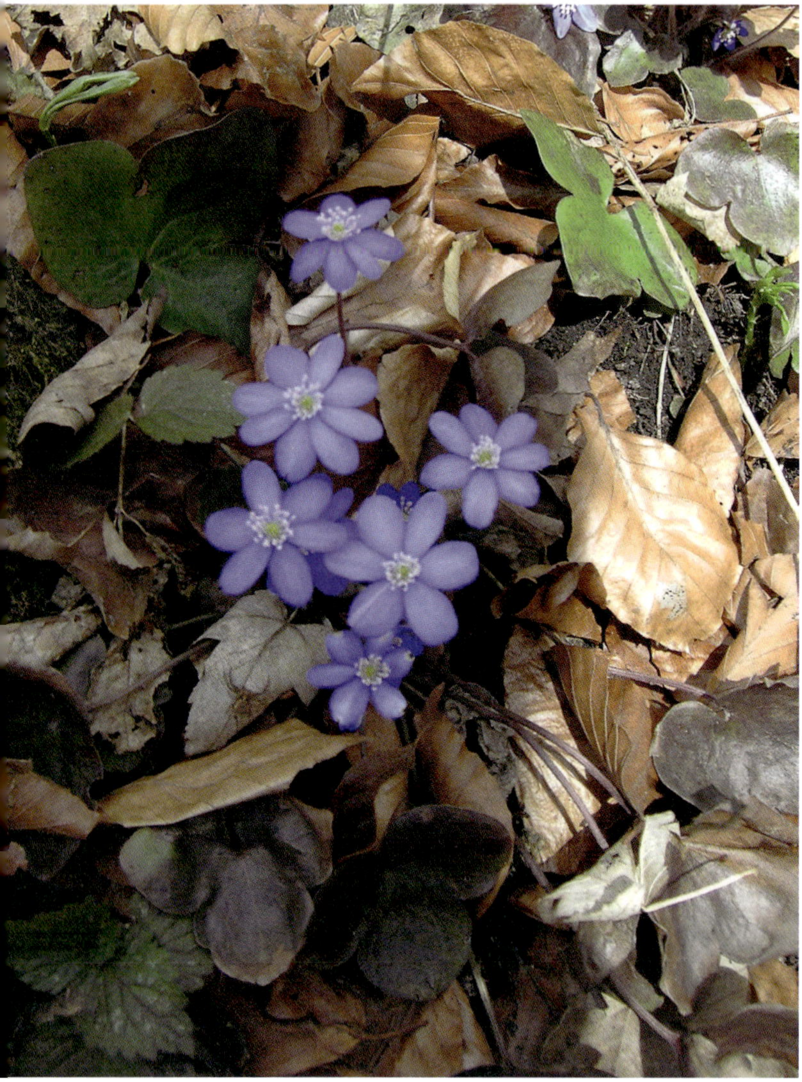
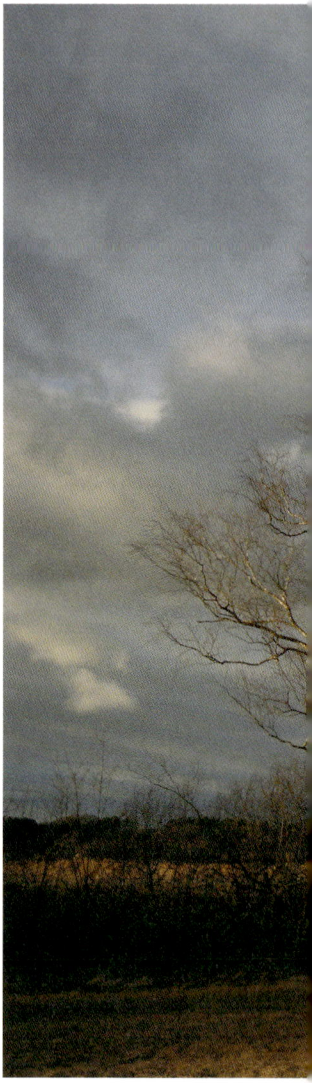

Weil dann weniger los ist, sind sowohl das Frühjahr …

die Schlucht ein offenes Wiesental, wird dann aber immer waldiger und auch enger. Indem wir dem Bach folgen, bewegen wir uns sozusagen im untersten erdgeschichtlichen Stockwerk der Region. Während der Großteil des Fünfseenlands von jüngerem Eiszeitschotter bedeckt ist, hat der Fluss hier mehr als zwei Millionen Jahre alte tertiäre Schichten angeschnitten.
Wir wandern schließlich aus der Schlucht heraus und folgen in Maising der Hauptstraße nach rechts. In Höhe des empfehlenswerten Gasthauses Ludwig biegen wir links in einen Fußweg, der über freie Wiesen zum Maisinger See hinüberführt. Der See

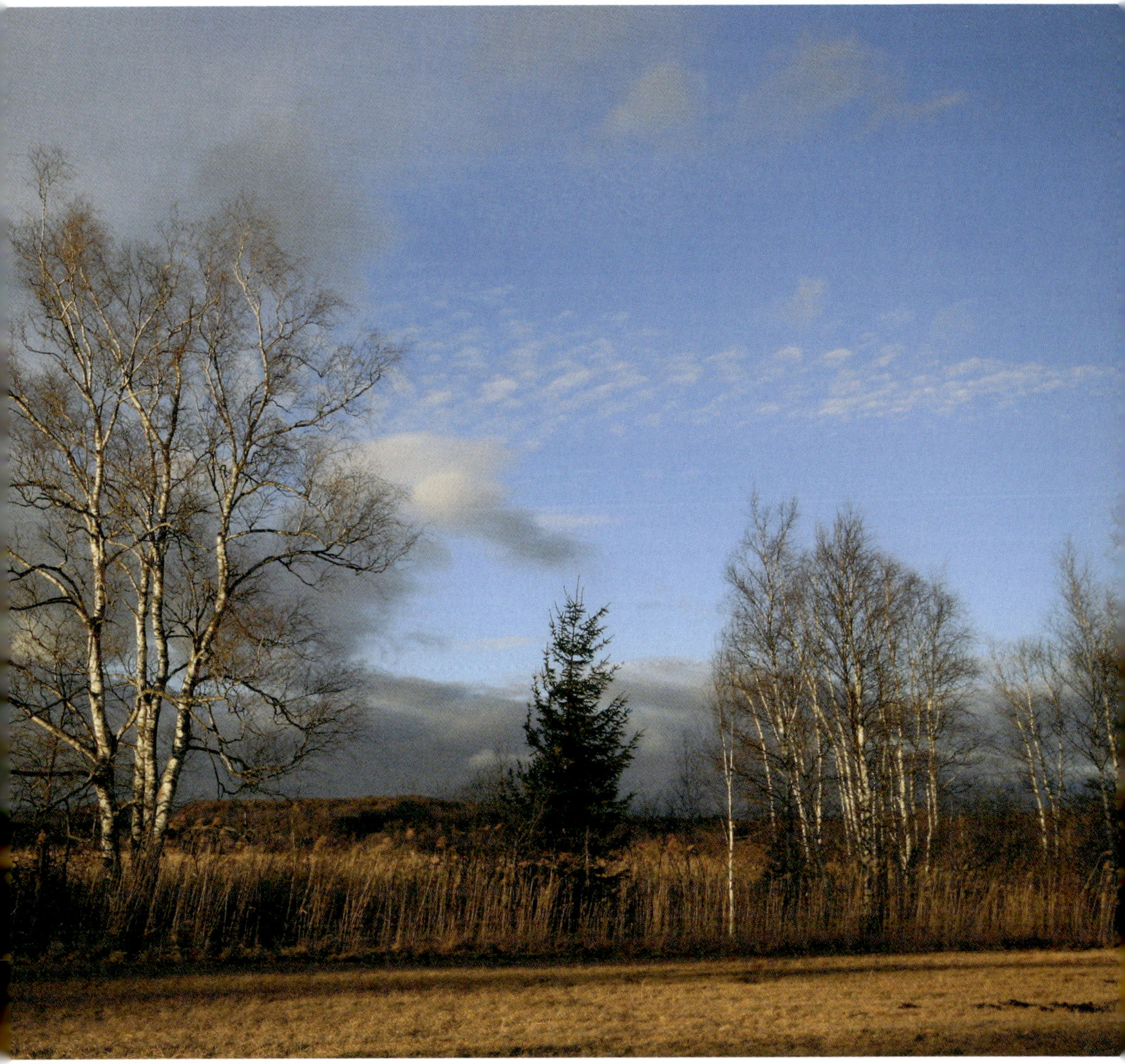

wurde um 1680 vom Kloster Dießen zur Verbesserung der Nahrungsversorgung (Stichwort: Fischzucht) der umliegenden Bevölkerung aufgestaut. Seine Fläche war damals größer als heute. 1825 betrug sie 55 Hektar, doch aufgrund starker Verlandungsvorgänge hat der See heute nur noch eine offene Wasserfläche von höchstens zehn Hektar.

... als auch der Herbst für diese Tour besonders zu empfehlen.

Der See und seine Ufer sind heute ein Moorbiotop und wichtiges Rückzugsgebiet für heimische Vogelarten. Deshalb sollte man ausschließlich die direkt beim Seehof gelegene kleine Badestelle benutzen.

6 Heldenkreuz und Asamklamm

Zugspitzblick mit Loisachtal

Mittel | 7,5 km | 250 m | 2.45 Std.

Alter
Ab 6 Jahren

Tourencharakter
Schmale Wanderwege, interessanter Schluchtweg sowie ruhige Nebenstraßen in Eschenlohe. Vom Heldenkreuz aus schöne Tiefblicke in das Loisachtal zum Zugspitzmassiv

Ausgangs-/Endpunkt
Bahnhof Eschenlohe

Anfahrt
Auto: A 95 München–Garmisch bis Ausfahrt Eschenlohe; am Bahnübergang geradeaus nach Eschenlohe; in der Ortsmitte links in die Garmischer Straße bis zum Bahnhof, dort gibt es Parkmöglichkeiten.
Bahn: München–Garmisch bzw. Innsbruck bis Eschenlohe

Einkehr
Am Ende der Tour in Eschenlohe an der Loisachbrücke Gasthof zur Brücke oder Taverne Athen

Karte
Topografische Karte 1:50 000, Blatt Karwendelgebirge

Information
eschenlohe.de

Lust auf eine kleine, beschauliche Tour durch schöne Bergwälder mit herrlichen Ausblicken vom Gipfelkreuz und abenteuerlicher Schluchtwanderung? Dann legen wir die heutige Tour ans Herz.

Von Eschenlohe aus gehen wir in Kehren durch den sonnigen, lichten Bergwald zum Heldenkreuz. Es wurde zum Gedenken an die gefallenen Soldaten des Zweiten Weltkrieges errichtet. Dort schweift der Blick nach Süden, hinunter in das Loisachtal zum steil aufragenden Zugspitzmassiv. Eingerahmt wird diese Kulisse links vom Estergebirge mit den markanten Gipfeln der Hohen Kisten, des Krottenkopfes und des Hohen Frickens, und rechts von den Bergen der Ammergauer Alpen mit Kramer und dem Ettaler Manndl, einer markanten Felsnadel am Eingang des Loisachtales. Nun steigen wir auf dem Hinweg wieder zurück, dann zweigen wir zur Asamklamm ab. Der gleichnamige Klammsteg führt uns schwindelerregend über die Schlucht. Wagen Sie ruhig einige Tiefblicke in die Klamm von der Brücke aus. Anschließend steigen wir in die Schlucht ab. Bewundern Sie noch einmal den Klammsteg von unten, bevor wir dem Schluchtweg flussabwärts folgen und über den Wengenhof zurück nach Eschenlohe gehen. Dort stehen Ihnen an der Loisachbrücke mehrere Einkehrmöglichkeiten zur Verfügung. Guten Appetit!

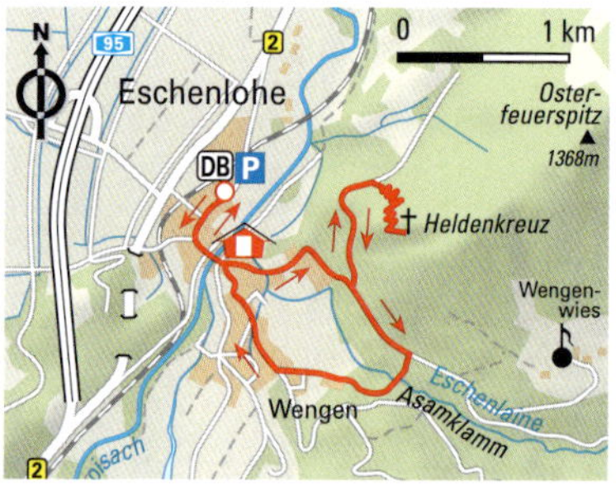

Vom Bahnhof aus folgen wir rechts der Dorfstraße in die Ortsmitte. Dort gehen wir entlang der Garmischer Straße über die Loisachbrücke. Gleich danach gehen wir links die Hauptstraße entlang, bevor wir dann an der nächsten Straßengabelung dem Wegweiser Heldenkreuz nach rechts folgen. Diesem Wegweiser

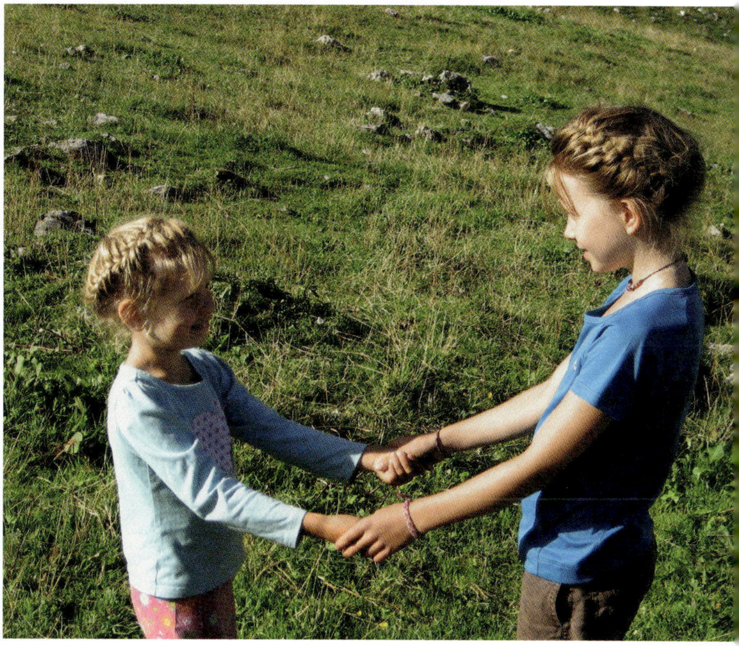

»Schwesterntanz« auf Bergwiese

folgen wir an der nächsten Straßengabelung links in einen Forstweg, der uns nun leicht bergauf führt. Dann zweigt ein Wanderweg rechts bergauf vom Forstweg ab. Achtung: Hier ist der Wegweiser Heldenkreuz an der Rückseite von anderen Wegweisern angebracht und schwer zu erkennen. Der Wanderweg führt nun in Kehren bergauf, wir folgen immer dem kleineren, mit Stufen versetzten Weg bis zum Gipfel des Heldenkreuzes.

Für den Rückweg vom Heldenkreuz folgen wir zunächst dem Hinweg bergab. An der Einmündung in die geteerte Fahrstraße gehen wir nun links und folgen dem Wegweiser Asamsteg, dabei ignorieren wir den Wegweiser Katzensteg und gehen weiter geradeaus die geteerte Fahrstraße. Dann folgen wir rechts dem Wegweiser Asamsteg über die Schlucht. Bitte achten Sie beim Überqueren des Steges darauf, diesen nur mit maximal drei Personen gleichzeitig zu betreten. Nach dem Steg folgen wir an einer Weggabelung zunächst ohne Beschilderung dem rechten Wanderweg, bevor wir erneut rechts dem Wegweiser Asamschluchtweg bergab folgen. In der Asamklamm können wir bei Niedrigwasser über die Kiesbänke in die Schlucht bis unter den Holzsteg gehen. Mystisch ragen hier die Wände der Schlucht empor. Ein idealer Naturspielplatz für die ganze Familie, der sich an warmen Tagen auch für ein Picknick eignet. Wir folgen dem Asamschluchtweg flussabwärts, bevor wir dann wieder einige Stufen bergauf gehen und zum Wengenhof gelangen. Dort ignorieren wir die Wanderwegweiser Katzensteg rechts und folgen der geteerten Fahrstraße, die in der Folge als Krottenkopfstraße beschildert ist. Die restliche Wegstrecke entspricht dem Hinweg.

Tipp

Die Asamklamm sollte nur außerhalb der Winterzeit begangen werden, da sich hier auch gefährliche Eisreste im Schatten der Schlucht halten.

7 In die Leutascher Geisterklamm

Rundtour auf einem Sagen- und Naturlehrpfad

Leicht | 4,5 km | 100 m | 2.30 Std.

Alter
Ab 5 Jahren

Tourencharakter
Abwechslungsreiche Rundwanderung, zuerst auf schmalen Serpentinen, dann auf einem hoch über der Klamm angelegten Steg und zuletzt auf Forstwegen

Ausgangs-/Endpunkt
Isarbrücke an der Innsbrucker Straße (wenig südlich von der Abzweigung der Leutascher Straße)

Anfahrt
Auto: A 96 nach Garmisch-Partenkirchen, weiter auf der B 2 bis Mittenwald. Am besten fährt man am Ort vorbei und zweigt erst bei der Ausfahrt Mittenwald-Süd von der Hauptstraße ab. Nun in den Ort hinein und bei der zweiten, über die Isar führenden Brücke an der Innsbrucker Straße parken. Bahn: Zug nach Mittenwald, in ca. 15 Min. über Bahnhof-, Karwendel- und Innsbrucker Straße zum Ausgangspunkt

Einkehr
Kiosk am Ende der Klamm

Karte
Topografische Karte 1:50 000, Blatt Werdenfelser Land

Information
markt-mittenwald.de

Im Gegensatz zu ihren berühmten Nachbarn Höllental- und Partnachklamm lag die Leutascher Klamm gewissermaßen im Dornröschenschlaf, bis 2006 ein aufwändig installierter Steg eröffnet wurde, der die Klamm auf einer Länge von 800 Metern durchzieht.

Gute Informationstafeln berichten von der (nach)eiszeitlichen Entstehung der Klamm, über das Leben in und rund um das Wasser und von einem Klammgeist, den die Einheimischen seit jeher in der Klamm vermuten. Bei der Isarbrücke folgt man dem Schild Richtung Leutaschklamm. Entlang eines Kanals geht es nun auf breitem Weg nach Süden. Bald kann man dem Schild »Fußweg Leutaschklamm« folgend auf einem schmaleren Weg oberhalb im Wald weitergehen. Am Ende der Leutaschklamm erreicht man einen Kiosk. Hier steht eine Übersichtstafel mit den drei vorgeschlagenen Klammwegen. Empfehlenswert ist es, die lange Rundwanderung gegen den Uhrzeigersinn zu unternehmen. So kommt man am schnellsten in die Klamm.
Direkt vor dem Kiosk stehend, wenden wir uns nach rechts und steigen in Serpentinen im Bergwald aufwärts. In jeder Kehre erzählt ein sogenanntes Eiszeittagebuch von den wichtigsten Stadien der Vergletscherung. Sobald es flacher wird, kommen Informationstafeln zu den Themen Bergmischwald und über die Geschichte der schon bei den Römern bedeutenden Porta Claudia hinzu. Man bleibt immer auf dem deutlich erkennbaren Weg und steigt dann über eine Treppe zur Panoramabrücke, die über die Klamm führt, hinab. Wir bleiben aber auf derselben Klammseite und gehen auf einem Steg hoch

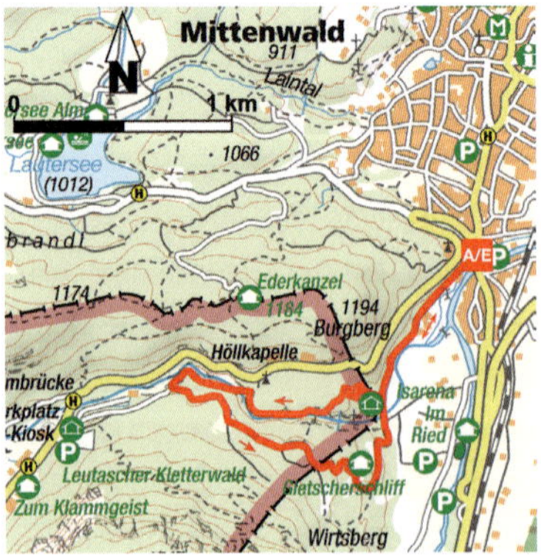

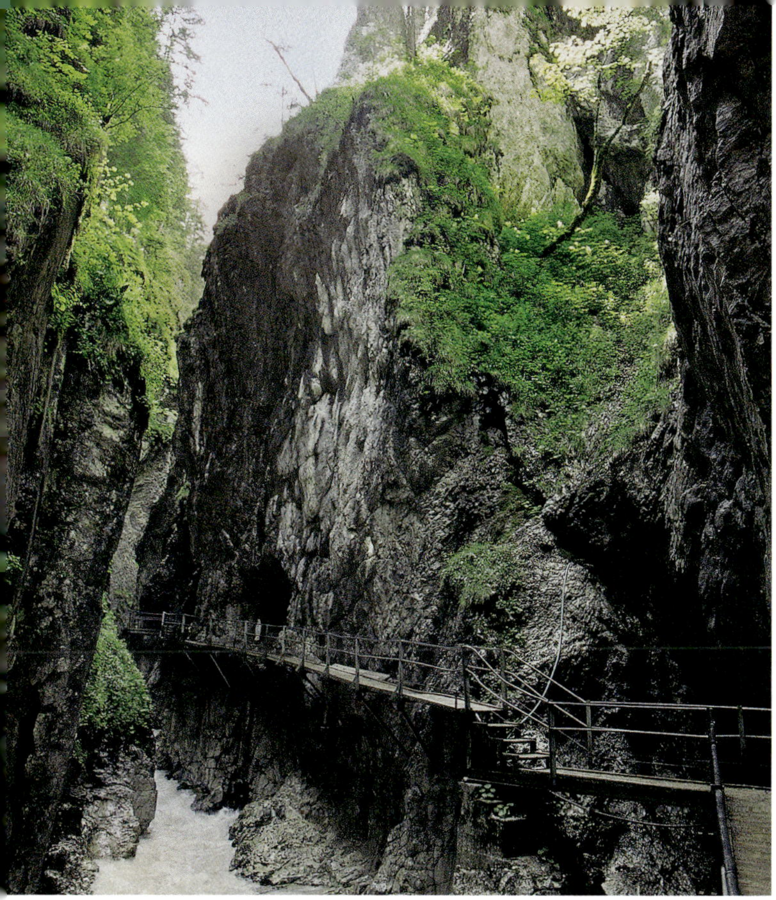

Der alte Klammsteg verläuft nur wenige Meter oberhalb der sprudelnden Leutasch.

über der Leutaschklamm weiter. Wo der Steg über eine zweite Brücke auf die andere Seite wechselt, kann man einen Abstecher zur Höllkapelle unternehmen. Immer dem Steg folgend, gelangt man zum Ende des Klammweges, wo an einer Bank die Sage zur Klamm nachzulesen ist. Fantasievolle Infotafeln zum Thema Wasser, versteckte Klammgeister, Lichtreflexionen und eine Feenharfe sind einige der ideenreichen Ausstattungen dieses Teils der Rundwanderung. Der Weg führt nun ansteigend von der Klamm weg und stößt auf einen breiten Forstweg. Hier geht man nach links in Richtung Gasthof Gletscherschliff. Immer dem breiten Weg folgend, kommt man an weiteren Naturerfahrungs-Stationen vorbei. Bei der Abzweigung zur Panoramabrücke geht man weiter geradeaus und erreicht den derzeit leider geschlossenen Gasthof Gletscherschliff. Hier folgt man nach rechts einem breiten Fahrweg, der zuletzt zum Ausgangspunkt zurückführt.

Sagenweg

Auf dem letzten Stück wird auf einigen Tafeln die Sage vom Klammgeist – allerdings in anderer Gehrichtung – erzählt. Wem die richtige Reihenfolge der Sage wichtig ist, der muss also von der Tafel 1 aus wieder ein Stück zurückgehen bzw. gleich die Tour im Uhrzeigersinn angehen.

8 Von Krün durch die Hüttlebachklamm

Kleine Schlucht im stillen Karwendel

Mittel | Auto: 3,2 km, Bahn: 4,5 km | 220 m | Auto: 1.20 Std., Bahn: 1.50 Std.

Alter
Ab 4 Jahren

Tourencharakter
Klammweg mit einigen Stufen, durch Geländer gesichert, schöne Tiefblicke.

Ausgangs-/Endpunkt
Auto: Wanderparkplatz Krün, Soiernstraße. Bahn/Bus: Bushaltestelle Krün, Ortsmitte

Anfahrt
Auto: A 95 nach Garmisch bis Großweil; links nach Kochel; dort rechts über die Kesselbergstraße Richtung Innsbruck bis Krün; dort folgen wir links dem Wegweiser Tourist-Information in die Schöttlkarspitzstraße; vorbei an der Tourist-Info folgen wir an einer Straßengabelung einem Wanderparkplatzschild in den Griesweg. Bahn/Bus: Zug nach Garmisch bzw. Innsbruck bis Tutzing; dort weiter mit dem Zug nach Kochel; Bus 9608 Richtung Garmisch-Partenkirchen bis Krün Ortsmitte (alternativ München–Innsbruck bis Mittenwald und von dort mit Bus 9608 Richtung Kochel bis Krün Ortsmitte)

Karte
Topografische Karte 1:50 000, Blatt Karwendelgebirge

Information
kruen.de

Im Karwendel ist es still, heißt es in Bergsteigerkreisen. Auf dieser Tour können Sie das selbst erfahren und Ihre Kinder können ungestört im Wasser mit den Füßen planschen und den Lauf des Wassers verfolgen.

Von Krün aus gehen wir entlang der rauschenden Isar nach Süden. Oft ist ihr Wasser türkisfarben. Immer wieder verändert sie nach einem Hochwasser ihren Lauf. Dann führt ein gut angelegter Wanderweg über einige Stufen durch die Hüttlebachklamm. Kleine Wasserfälle laden zum Verweilen ein und lassen uns staunen, was die Natur hier geschaffen hat. Oben angelangt, laden viele Bänke zur Brotzeit ein. Sollte es zu regnen beginnen, ist eine davon sogar überdacht. Dann geht es wieder bergab nach Krün. Dabei gibt es immer wieder wunderschöne Ausblicke über das Werdenfelser Land hinüber zum Massiv des Wettersteingebirges. Hier sehen wir die formschöne Alpspitze, dahinter ragt die Zugspitze auf. Bei Föhn sieht man den Höllentalgletscher gestochen scharf.

Bahn- und Busfahrer gehen in Krün auf der Hauptstraße ein kurzes Stück südwärts. Dann biegen wir links in die Schöttlkarspitzstraße ein und folgen dem Wegweiser Richtung Tourist-Info. Wir passieren diese, bevor uns die Straße bergab zu einer Weggabelung führt. Hier gehen wir geradeaus in die Soiernstraße und sind nun am Wegverlauf angelangt, der auch für die Autofahrer gilt.

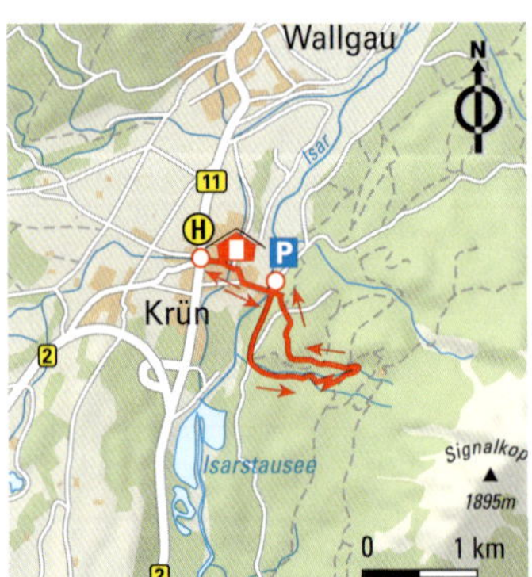

Wir gehen den Griesweg ein Stück zurück und biegen an einer Straßengabelung links in die Soiernstraße ein. Dann überqueren wir die Isarbrücke und gehen gleich danach rechts mit dem Wegweiser Richtung Hüttlebachklamm auf einen breiten

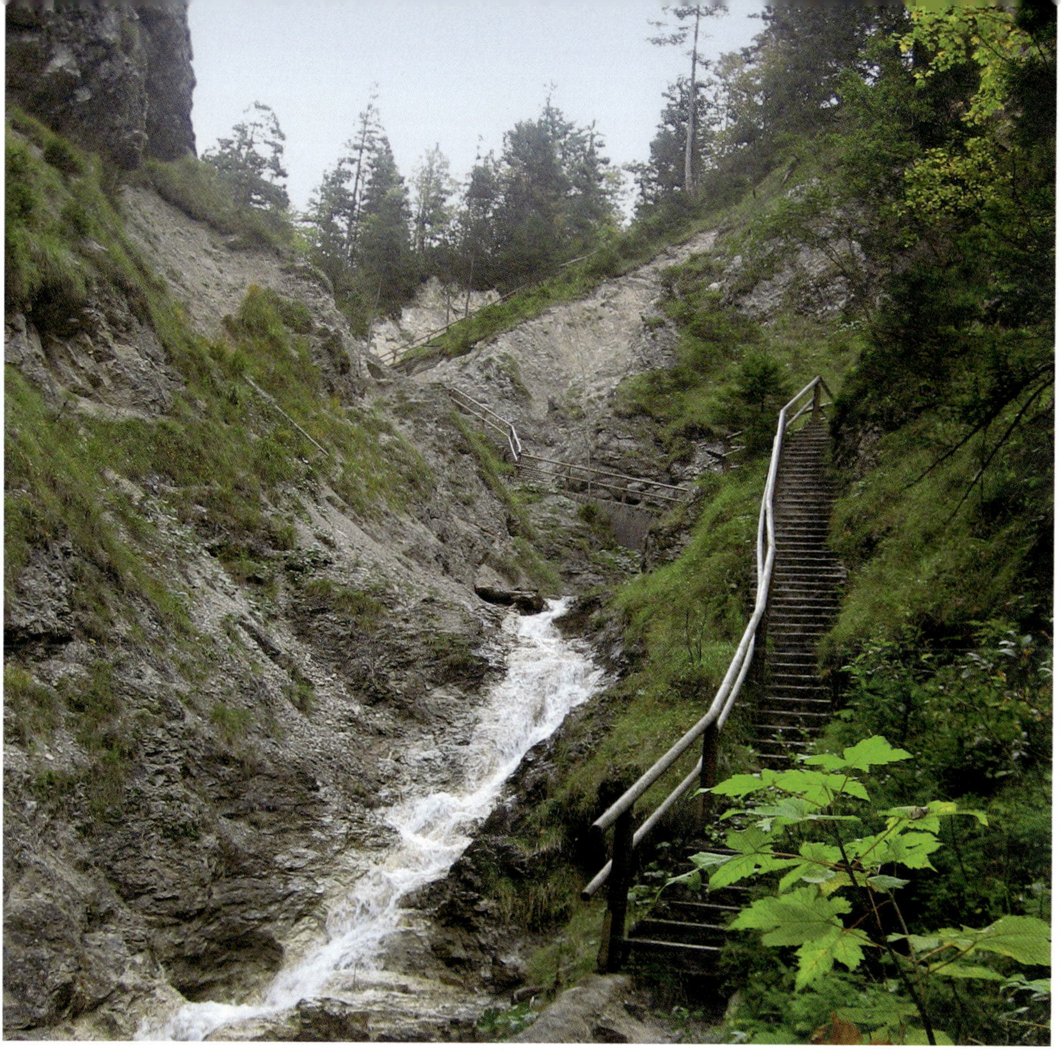

Spannender Aufstieg durch die Hüttlebachklamm

Schotterweg. Eine Weggabelung – hier zweigt ein Fußweg mit dem Wegweiser Isarstausee, Mittenwald rechts ab – ignorieren wir. Stattdessen gehen wir weiter geradeaus und folgen dem breiten Schotterweg. An der nächsten Weggabelung führt uns der Wegweiser Richtung Hüttlebachklamm links durch die Schlucht über einige Stufen bergauf. Oben angelangt, wandern wir an einer Weggabelung links mit dem Wegweiser Krün, Schwarzkopf. Hier gibt es einige Bänke, die zum Pausemachen einladen.

Für den Rückweg folgen wir an der nächsten Weggabelung dem Wegweiser Krün bergab. An einer Wegkreuzung führt uns erneut der Wegweiser Richtung Krün. Die restliche Wegstrecke entspricht dem Hinweg.

Einkehr

Mehrere Möglichkeiten in Krün: Parkrestaurant Kurhaus, Tel. 08825/1544; Block's Post, Café, Mi Ruhetag, Walchenseestr. 4, Tel. 08825/321; Gasthof Schöttlkarspitz, Tel. 08825/2005

9 Von Wildbad Kreuth zum Schildenstein

Romantische Ecken und ein toller Gipfelblick

Schwer | 12,5 km | 820 m | 5 Std.

Alter
Ab 10 Jahren

Tourencharakter
Bis zur Wolfsschlucht einfache Wanderung, im Wildbett der Felsweißach Geröll (robustes Schuhwerk erforderlich); Steilanstieg zur Blaubergscharte mit seilversicherten Passagen und exponierten Wegstellen verbunden, die Trittsicherheit und Schwindelfreiheit erfordern; Anseilen von Kindern empfohlen

Ausgangs-/Endpunkt
Wildbad Kreuth, Wanderparkplatz an der B 307

Anfahrt
Auto: A 8 München–Salzburg bis Ausfahrt Holzkirchen, über Warngau nach Gmund, dort Richtung Achensee über Bad Wiessee bis Wildbad Kreuth.
Bahn/Bus: BOB nach Tegernsee, dort mit RVO-Bus 9556 Richtung Kreuth/Achensee bis Wildbad Kreuth

Einkehr
Siebenhüttenalm, Königsalm, Blaubergalm (Abstecher)

Karte
Topografische Karte 1:50 000, Blatt Mangfallgebirge

Information
kreuth.de

Bei der Wanderung entlang der Felsweißach lassen sich auf den großen Kiesbetten viele Entdeckungen machen. Anspruchsvoll, aber auch aufregend wird es mit der Durchschreitung der Wolfsschlucht. Kleinere Kinder gehören hier ans kurze Seil.

Die Schildenstein-Tour beginnt auf dem Großparkplatz neben der B 307 bei der Abzweigung nach Wildbad Kreuth. Zuerst geht es über die Weißach, dann rechts in Richtung Siebenhütten und auf einem Forstweg zur Alm-Einkehr. Hinter Siebenhütten folgt man

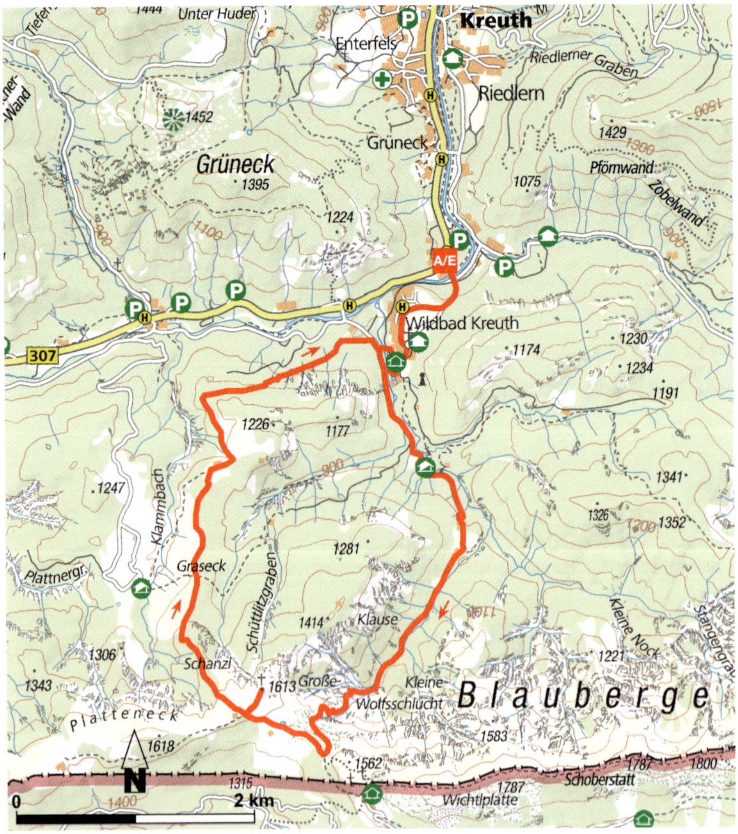

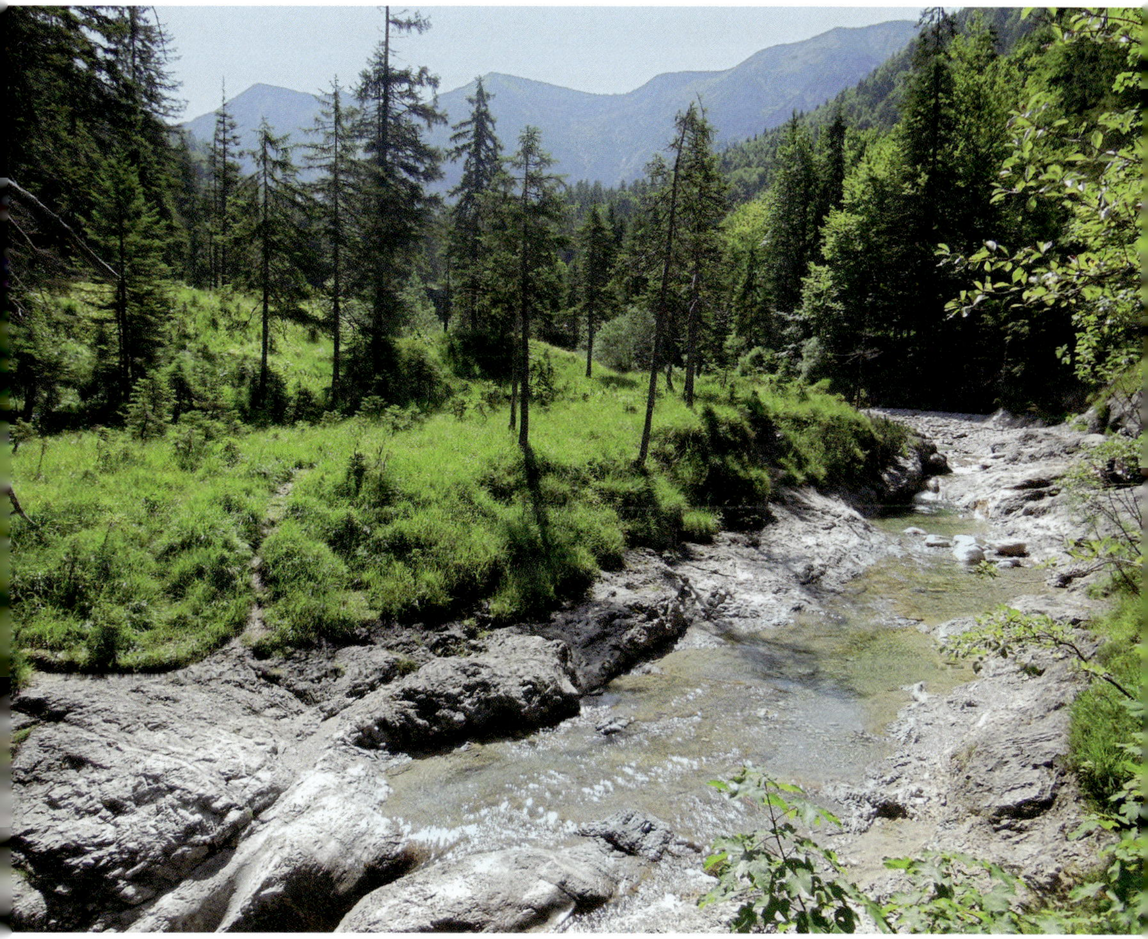

Auf dem Weg nach Siebenhütten mit Blick zu den Blaubergen

bei der Wegteilung dem Schild zum Schildenstein und steigt zu einer Almwiese hinauf, die man überquert. Am Südrand der Weidefläche geht es leicht bergab zum Wildbett der Felsweißach und entsprechend einiger Punktmarkierungen zum düsteren Talschluss der Großen Wolfsschlucht vor den Blauberg-Nordabstürzen. Hier scheint die Welt zu Ende zu sein. Dennoch führt hinter den Gumpen ein Serpentinenpfad den steilen Hang hinauf, der zwischendrin mit exponierten Wegstellen und seilversicherten Passagen aufwartet.

Für den Abstieg benutzt man den Weg im Sinne einer Rundwanderung zur Königsalm (unterhalb des Wegs) und zur Geißalm. Anschließend umgeht man den Gernberg links und kehrt zuletzt im Rechtsbogen auf waldschattigem Weg wieder zur Weißach und zum Startplatz bei Wildbad Kreuth zurück.

10 Jenbachschlucht und Farrenpoint

Tiefe Schlucht und hoher Berg

Mittel | 19 km | 740 m | 5 Std.

Alter
Ab 8 Jahren

Tourencharakter
In der Schlucht sowie am Jenbachsteig steigähnliche Wege, die absolute Trittsicherheit erfordern, sonst Wanderwege und breite Schotterwege im Wechsel sowie ein kurzes Straßenstück

Ausgangs-/Endpunkt
Busbahnhof Bad Feilnbach

Anfahrt
Auto: A 8 München–Salzburg bis Ausfahrt Bad Feilnbach; rechts nach Bad Feilnbach; in einer Linkskurve rechts zur Ortsmitte fahren; nach etwa 300 Metern rechts an der Tourist-Info abbiegen; hinter dem Busbahnhof parken. Bahn/Bus: München–Holzkirchen–Rosenheim bis Bad Aibling; in Bad Aibling mit RVO-Bus 9580 nach Bad Feilnbach; es verkehren am Wochenende nur wenige Kurse

Karte
AV-Karte 1:50 000, Blatt BY 16 Mangfallgebirge

Information
bad-feilnbach.de

Das kaum bekannte Jenbachtal mit seiner Schlucht ist unser Zustieg zu einer eindrucksvollen Rundwanderung hinauf zum Farrenpoint. Von hier oben haben wir einen fantastischen Rundblick vom Alpenvorland bis zum Kaiser. Beim Abstieg schließt der sogenannte Malerwinkl die Wanderung stimmungsvoll ab.

Schon bei der Anfahrt grüßt uns der Wendelstein. Auf der Tour geht es am Jenbach zunächst beschaulich entlang. Später werden wir dann in seinem Tal von steilen Bergflanken eingerahmt. Nun folgt der Aufstieg über den Jenbachsteig. Anschließend führt der Weg durch die enge Schlucht. Liebevoll wurden Regenrinnen aneinandergelegt und betoniert, um einen gangbaren Weg durch die eher unbekannte Schlucht zu finden. Highlight sind hier die abbrechenden Wasserfälle, unter denen man an heißen Tagen auch baden kann. Dann geht es auf dem idyllischen Nigglsteig hinauf, bevor wir die letzten Höhenmeter zum Farrenpoint nehmen. Er hat als erster Vorberg natürlich seine Privilegien. Vom Alpenvorland geht der Blick in die Berge hinein, beginnend mit dem markanten Kaisergebirge im Südosten über das Mangfallgebirge mit Rampoldplatte, Hochsalwand und Wendelstein bis hinüber zum Felsstock des Breitensteins, um nur die wichtigsten Gipfel zu nennen. Hier oben liegt die

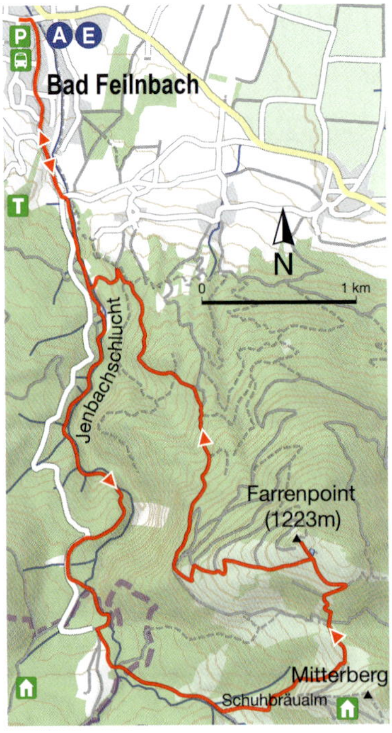

Huberalm romantisch an einem kleinen Weiher. Der Abstieg verläuft über den Malerwinkl am Eingang des Jenbachtales mit dem wohl schönsten Wendelsteinblick, bevor es dann wieder am Jenbach zurück nach Bad Feilnbach geht. Wirklich eine schöne Runde, die viel Abwechslung bietet.

Einkehr

Vor oder nach der Tour mehrere Gasthöfe in Bad Feilnbach, während der Tour Abstecher zur Schuhbräualm, Tel. 08034/2391, oder zur Wirtsalm, Tel. 08066/431, möglich

Vom Busbahnhof und den dahinterliegenden Parkplätzen gehen wir in südlicher Richtung vorbei an der Tourist-Info zur Kufsteiner Straße. Dieser folgen wir links über den Jenbach auf die andere Uferseite. Hier orientieren wir uns an den Wegweisern »Malerwinkl, Farrenpoint« in südlicher Richtung. In Höhe Altofing wechseln wir über eine Brücke die Bachseite und gehen nun am anderen Ufer ohne Beschilderung weiter flussaufwärts. Zumeist auf breiten Schotterwegen passieren wir eine Geschiebesperre und einen kleinen Stausee. Tief im Jenbachtal angelangt, geht es nun rechts steil bergauf mit dem Wegweiser »Jenbachsteig«. Am Ende des Steiges, der Trittsicherheit erfordert, erreichen wir eine geteerte Fahrstraße, der wir ein kurzes Stück nach links folgen. Dann zweigt unser Weg

Auf dem Farrenpoint

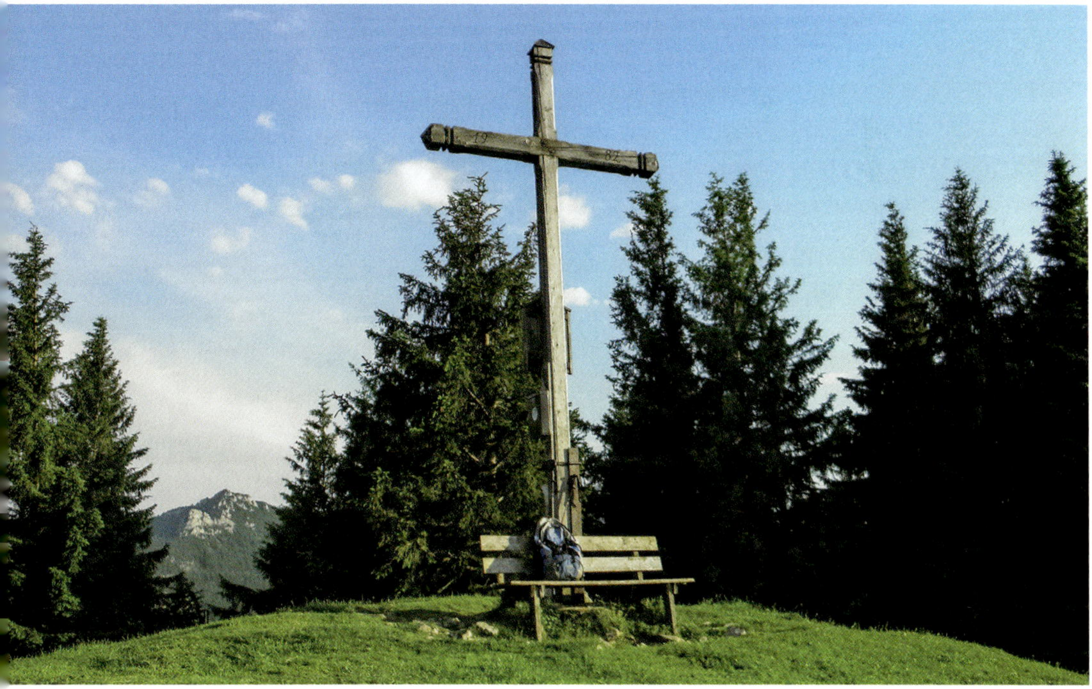

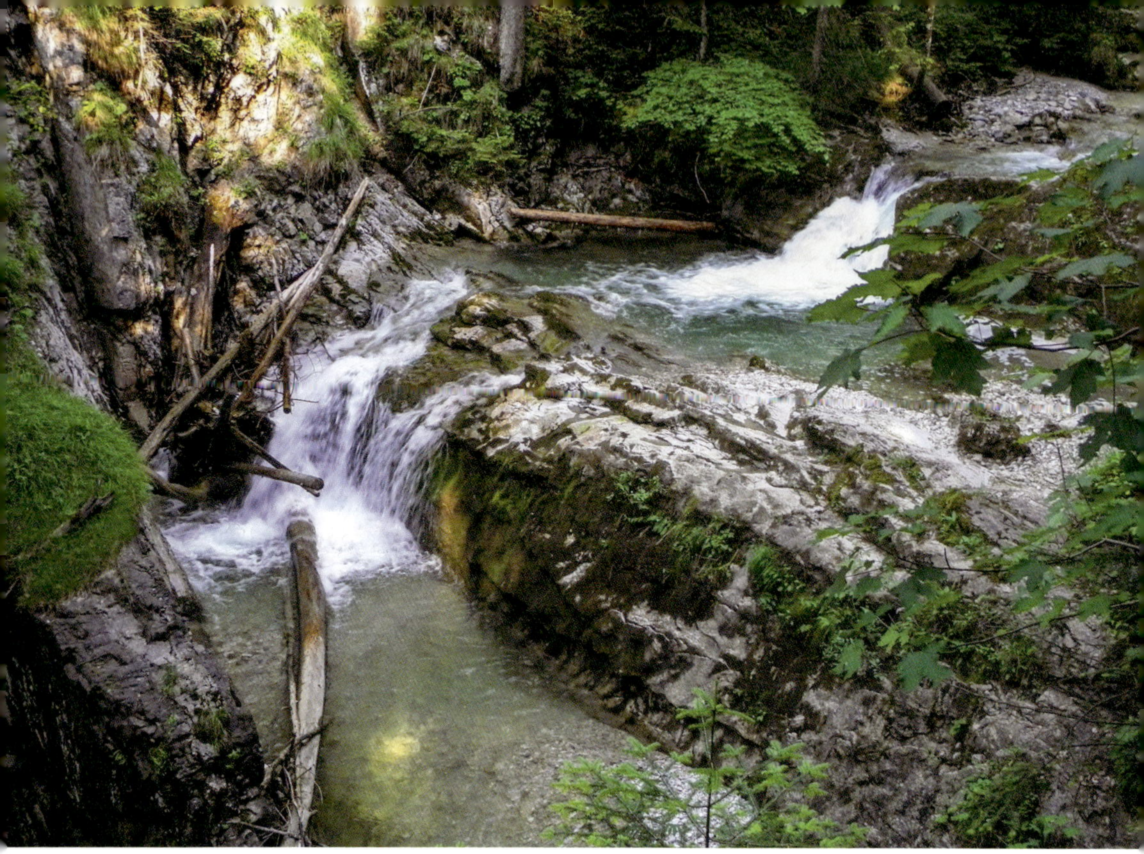

In der Jenbachschlucht

links mit dem Wegweiser »Wasserfälle« in die Schlucht ab. Der Schluchtweg führt nun über zum Teil betonierte Regenrinnen wieder an den Jenbach. An seinen Wasserfällen verläuft der Weg über etwas brüchige Stufen und Geländer bergauf. Am Ende des Schluchtwegs leitet uns der Wegweiser »Farrenpoint« an einer Weggabelung nach links. Wir überqueren den Jenbach und folgen an der nächsten Verzweigung dem Wegweiser »Farrenpoint, Steig« anschließend rechts. Wir gehen nun auf einem breiten Schotterweg leicht bergauf. An der nächsten Weggabelung folgen wir dann einem steigähnlichen Wanderweg und dem Schild »Nigglsteig« links bergan. Wir überqueren eine Bergwiese und steigen bergauf in den Wald. Hier ignorieren wir den Wegweiser »Antretteralm« und gehen geradeaus weiter. Nun mündet der Wanderweg auf einen breiten Schotterweg, dem wir nach links weitgehend eben Richtung Farrenpoint folgen. Dann geht es weiter mit den Schildern »Farrenpoint« über weites Almgelände bergauf. An der letzten Weggabelung vor dem Gipfel gehen wir ohne Beschilderung nach links zur Huberalm. Von hier aus sind es schließlich nur noch wenige Meter bis zum Farrenpoint-Gipfelkreuz.

Wir gehen nun den Hinweg zurück bis zur Huberalm. Dann folgen wir dem Wegweiser »Kutterling, Altofing, Bad Feilnbach« auf einem breiten Schotterweg bergab und an der nächsten Weggabelung nach rechts. An den folgenden beiden Abzweigungen richten wir uns nach dem Hinweisschild »Altofing, Bad Feilnbach«. Der Wegweiser »Bad Feilnbach« führt an der nächsten Gabelung nach links in einen Wanderweg. Am folgenden Abzweig gehen wir ohne Beschilderung links weiter nach Bad Feilnbach. Zur Orientierung: Hier steht in der Gegenrichtung das Schild »Farrenpoint, Schuhbräualm, Hochsalwand, Rampoldplatte«. Kurz darauf, an einer weiteren Weggabelung, geht es über beide Wege zu einer Holzhütte. Mit dem Schild »Bad Feilnbach« führt der Weg vorbei am Malerwinkl. An einem Anwesen vorbei folgen wir dem Schild »Bad Feilnbach« weiter geradeaus. Über viele Stufen führt der Weg nun hinunter zum Jenbach und zurück nach Bad Feilnbach.

Spiel und Spaß

Ein Kinderspielplatz passend zum alten Bahnort Bad Feilnbach befindet sich in der Nähe des Ausgangspunktes. Wir gehen hierzu in die Bahnhofstraße und dann links in die Straße Am Osterbach.

Blick vom Weiher an der Huberalm hinüber zum Breitenstein

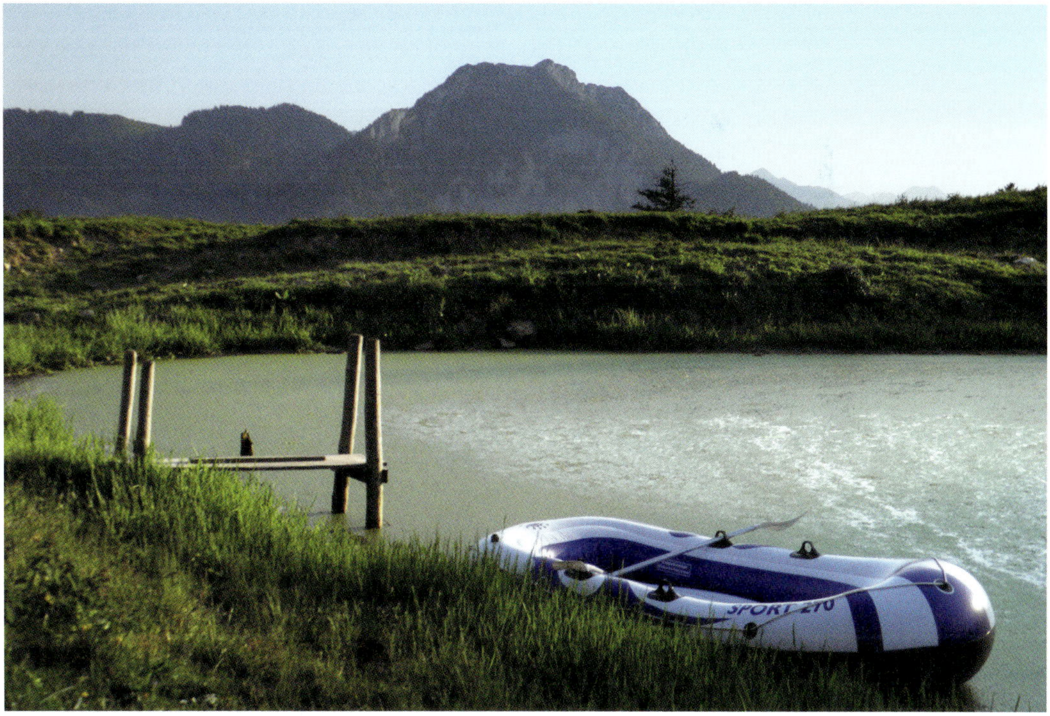

11 Zur Wolfsschlucht bei Neubeuern

Ortsrundgang mit abenteuerlicher Schlucht

Leicht | 9,5 km | 40 m | 3 Std.

Alter
Ab 6 Jahren

Tourencharakter
Breite Schotter- und Teerwege, um die Höhle gut angelegte Spazierwege

Ausgangs-/Endpunkt
Bahnhof Raubling

Anfahrt
Auto: A 8 München–Salzburg bis Ausfahrt Rosenheim; am Kreisverkehr nach Raubling; in Raubling durch die Bahnunterführung rechts nach Nicklheim; nach der Bahnunterführung gleich wieder links zum Bahnhof. Bahn: München–Kufstein bis Raubling

Karte
Topografische Karte 1:50 000, Blatt Mangfallgebirge

Einkehr
Gasthaus Stangenreiter Neubeuern, Tel. 08035/34 66; Haschls Gasthaus, Tel. 08035/983 71 35

Information
neubeuern.de

Die Wolfsschlucht bei Neubeuern ist ausnahmsweise keine natürliche Schlucht. Sie ist ein ehemaliger Steinbruch. Die Steine wurden bereits im Schlossturm von Neubeuern verbaut. Eine Durchgangshöhle entstand beim Einsturz der südlichen Felswand. Diese Wanderung führt durch die reizvollen Innauen, verbunden mit einem Ortsrundgang in Neubeuern, der uns Ausblicke bis zum Kaiser und zum Großvenediger ermöglicht.

Wer würde schon hinter dem beschaulichen Neubeuern eine Schlucht vermuten? Beim Ortsrundgang in Neubeuern können Sie zum Schloss aufsteigen, dem heutigen staatlich anerkannten Internatsgymnasium, das auch schon Schauplatz für einige Filme war. Von hier oben haben Sie eine faszinierende Aussicht, wenn nicht die schönste. Über dem Inntal erheben sich die im Frühjahr noch frisch verschneiten Felszacken des Wilden Kaisers. Dahinter ragt eine wie aus Elfenbein geschnitzte Eispyramide auf, das ist der Großvenediger, der zweithöchste Berg der Tauerngipfel. Beim Bummel durch Neubeuern selbst lohnt ein Abstecher in die Wallfahrtskirche, deren Turm das Ortsbild bestimmt. Auf dem Marktplatz davor findet alljährlich im August

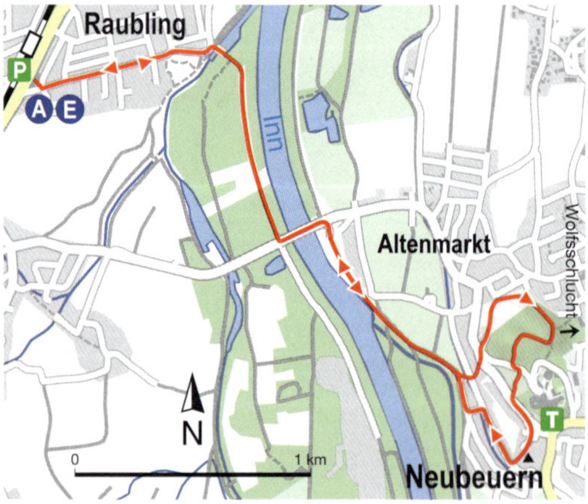

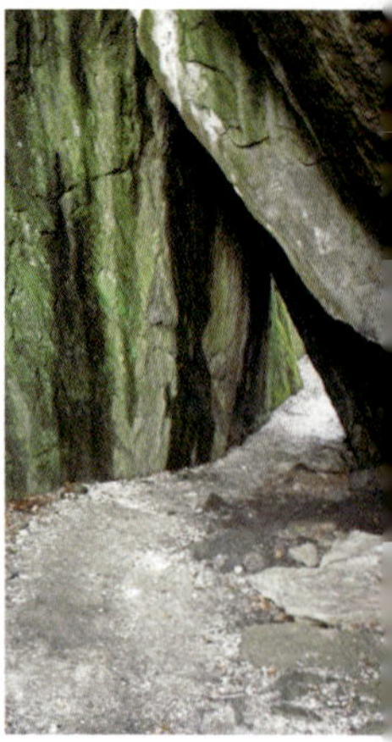

Rechts: Kleine Forscher sind bei schmalen Höhlen klar im Vorteil.

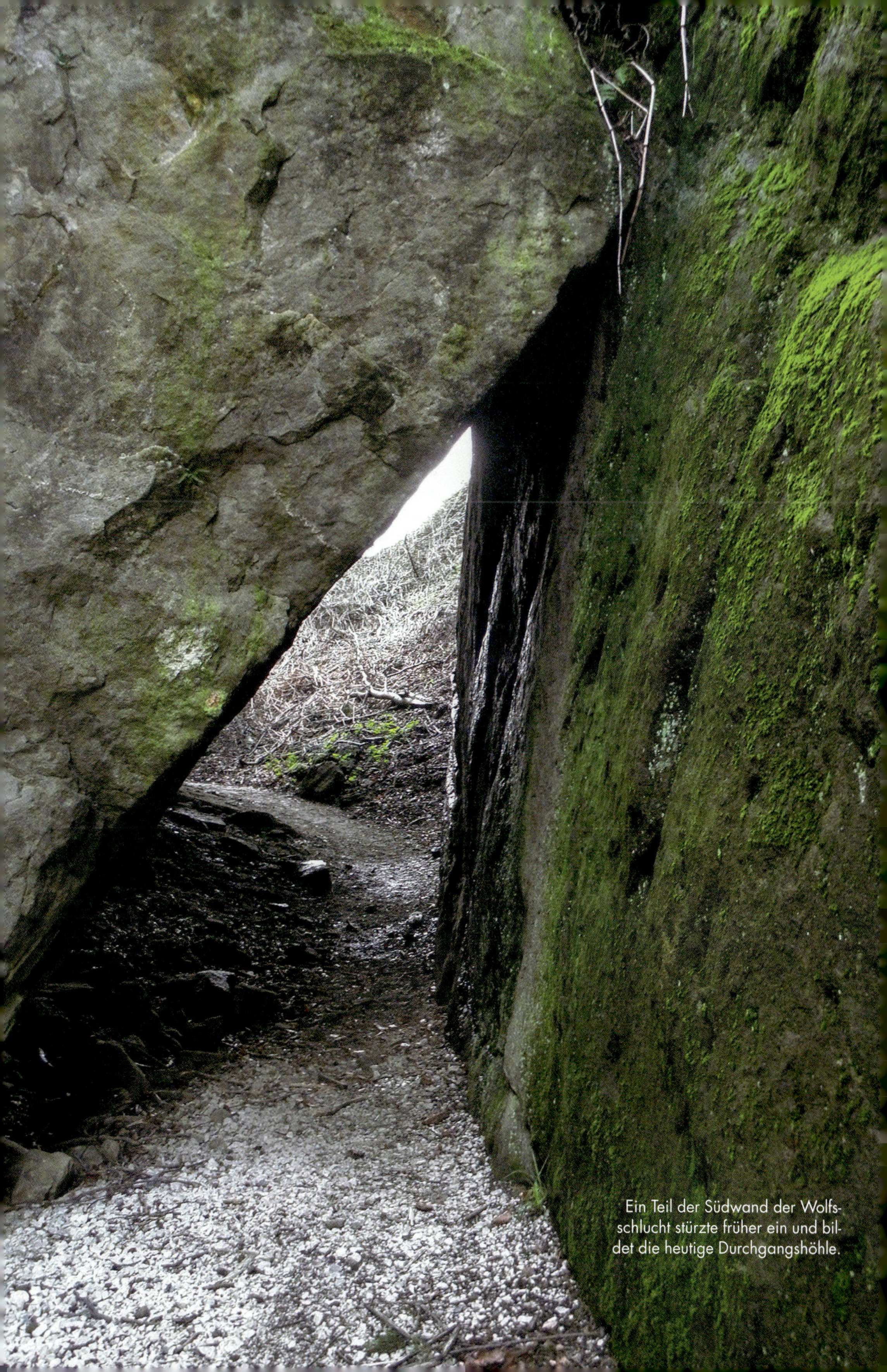

Ein Teil der Südwand der Wolfsschlucht stürzte früher ein und bildet die heutige Durchgangshöhle.

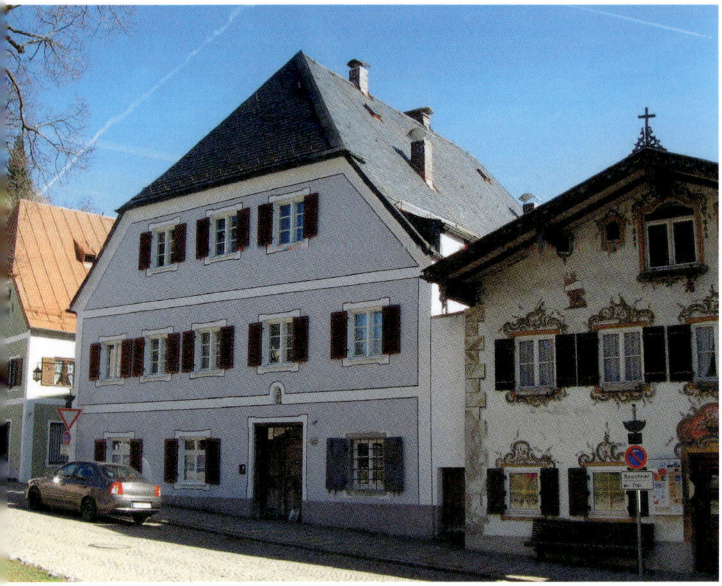

Der Marktplatz von Neubeuern

das Lichterfest statt. Dann erstrahlt der ganze Ort im Schein von Tausenden Kerzen. Wer noch Lust auf einen Kaffee hat, sollte in Haschls Gasthaus gehen. Von hier aus geht es über den historischen Stufenweg zurück zum Inndamm. Dort gibt es noch einige beschauliche Plätze am Inn, mitten in den Innauen. Eine wirklich abwechslungsreiche Wanderung, die wir Ihnen heute ans Herz legen wollen.

Vom Bahnhof aus gehen wir durch die Unterführung zur Hauptstraße und überqueren diese an der Fußgängerampel. Dann geht es rechts vorbei an einer Tankstelle und wir biegen nach links in die Innstraße ein. An einer abschüssigen Weggabelung geht es rechts in den Fährweg. In Höhe der Hausnummer 5 steigen wir über die Stufen auf den Inndamm. Dort gehen wir auf einer Brücke über den Nebenarm des Inns mit dem Wegweiser »Brannenburg, Neubeuern«. Auf diesem Abschnitt können Sie auch auf Seitenwegen direkt durch die Innauen gehen. Nach etwa zwei Kilometern gelangen wir an die Innbrücke. Deren Hauptstraße unterqueren wir, dann geht es auf der südlichen Seite auf einem Fußgängerweg neben der Straße über den Inn. Danach wandern wir auf der anderen Flussseite mit dem Wegweiser »Neubeurer See, Nußdorf« auf dem Inndamm entlang. Nach etwa eineinhalb Kilometern, in Höhe eines Kinderspielplatzes, biegen wir in den Erlenweg ein und gleich darauf nach rechts in die Eichenstraße. An deren Ende geht es links in die Sailerbachstraße, der wir bis zur Schopperstraße folgen. Wir spazieren nun rechts durch die Schopperstraße bis zu deren Ende. Dort überqueren wir die Hauptstraße und folgen einem Fußgängerweg ohne Wegweiser. Zur Orientierung: Hier ist in der Gegenrichtung das Schild »23« angebracht. Am Fuße eines Hanges gehen wir nun zur nächsten Weggabelung. Dort folgen wir dem Wegweiser »Wolfsschlucht 250 m« nach rechts bergauf. Wir durchqueren die Schlucht und gehen durch eine kleine Höhle.

Jetzt geht es auf der anderen Schluchtseite wieder bergab. Über die Stufen folgen wir dem Schild »Neubeuern« nach rechts zur Hauptstraße. Hier gehen wir links bis in das Ortszentrum. Am Durchfahrtstor können Sie noch einen Abstecher zum Schloss Neubeuern machen (siehe Kasten). In Neubeuern gehen wir zur Kirche und dort an ihrer rechten Seite vorbei. Zwischen Haschls Gasthaus und dem Café Burgdacherl führt ein Stufenweg hinunter. Am Ende des Stufenweges gehen wir ohne Beschilderung nach rechts in die Sailerbachstraße und biegen links in den Eichenweg ein. Die restliche Wegstrecke entspricht wieder dem uns bekannten Hinweg.

Sehenswertes Neubeuern

Ein Ortsrundgang durch Neubeuern rundet diese Tour ab. Vom westlichen Tor führt ein schmaler Stufenweg bergauf zum Schloss, dem heutigen Internat. Vom Schlossgarten auf der Südseite haben Sie eine wunderschöne Aussicht. Nach dem Abstieg in den Ort empfehlen wir Ihnen noch einen Abstecher zum Marktplatz. Hier können Sie die vielen alten Häuser für schöne Fotomotive nutzen. Dann dürfen Sie sich noch zum Kaffee in Haschls Gasthaus stärken.

Majestätisch thront das Schloss über dem Ort.

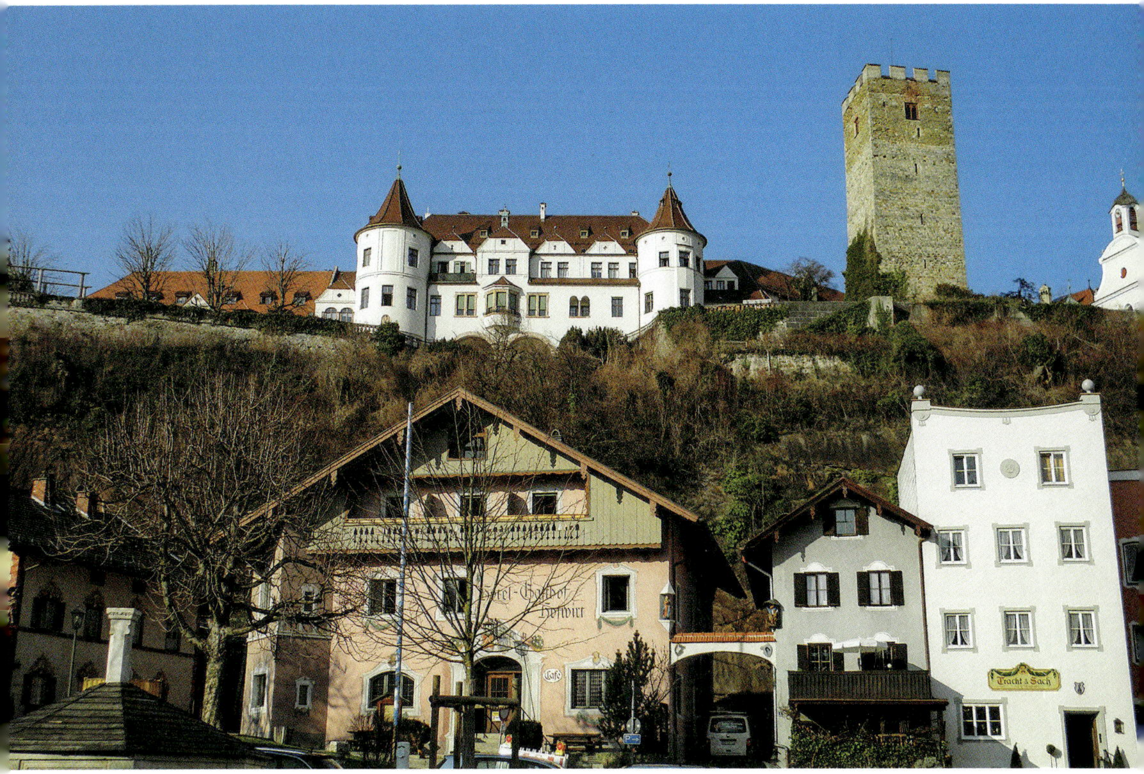

12 In die Wolfsschlucht bei Flintsbach

Höhlen, Wasserfälle und eine alte Burg

Leicht	Auto: 4,5 km Bahn: 6 km	200 m	Auto: 2 Std. Bahn: 3 Std.

Alter
Ab 8 Jahren

Tourencharakter
Breite Schotterwege, in der Schlucht typische, mit Stufen und Geländern gut angelegte Wanderwege

Ausgangs-/Endpunkt
Auto: Wanderparkplatz Hohe Asten. Bahn/Bus: Bahnhof Flintsbach

Anfahrt
Auto: A 93 Inntalautobahn bis Ausfahrt Brannenburg; links nach Brannenburg; in Brannenburg an der Ampelkreuzung links in Richtung Flintsbach; in Flintsbach rechts in den Astenweg einbiegen; Wanderparkplatz rechts am Ende des Weges. Bahn: München–Kufstein bis Flintsbach

Einkehr
Vor oder nach der Tour mehrere Gasthöfe in Flintsbach

Karte
AV-Karte 1:50 000, Blatt BY 16 Mangfallgebirge Ost

Information
flintsbach.de

Die Wolfsschlucht bei Flintsbach ist eine eher unbekannte Schlucht. Gesäumt von romantischen Wasserfällen und einer kleinen Höhle, eignet sie sich gerade für Familien mit Kindern als Abenteuertour.

Der sogenannte Philosophenweg war für die früheren Sommerfrischler der besseren Gesellschaft angelegt worden, die hier ihren Urlaub verbrachten. Der Weg führt über die Burg Falkenstein und ermöglicht uns schöne Ausblicke in das Inntal.
Bahnfahrer dürfen schon auf dem Hinweg die alten charakterstarken Bauernhöfe in Flintsbach bewundern. Sie wurden aus dem Nagelfluhgestein der nahen Biber gebaut und verbreiten eine schöne Atmosphäre. Dann geht es an der Burg Falkenstein vorbei. Deren markante Gemäuer mit dem Burgturm bieten einen schönen Kontrast beim Ausblick in das Inntal. Hier gibt es auch schon den ersten Wasserfall zu bewundern. Dann wandern wir über einen im Frühjahr mit Bärlauch gesäumten Weg zu einem Steinbruch, den wir durchqueren. So gelangen wir auf den reizvollen Weg der Wolfsschlucht. Am Eingang der Schlucht passieren wir einen Fischteich. Schließlich können wir die vielen Kaskaden der Wasserfälle bewundern. Der Obere Wasserfall ist hier wohl der schönste. Eine kleine Höhle dürfen wir auf dieser Tour auch inspizieren. Mit einer Stirnlampe können Kinder gefahrlos bis zum Ende des Höhlenganges krabbeln. Das darüberliegende Höhlentor sollten sie nicht erkunden, denn es befindet sich in einem weglosen Steilhang und ist

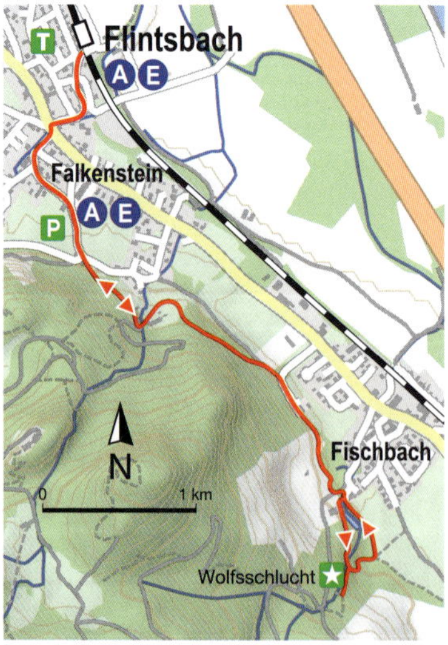

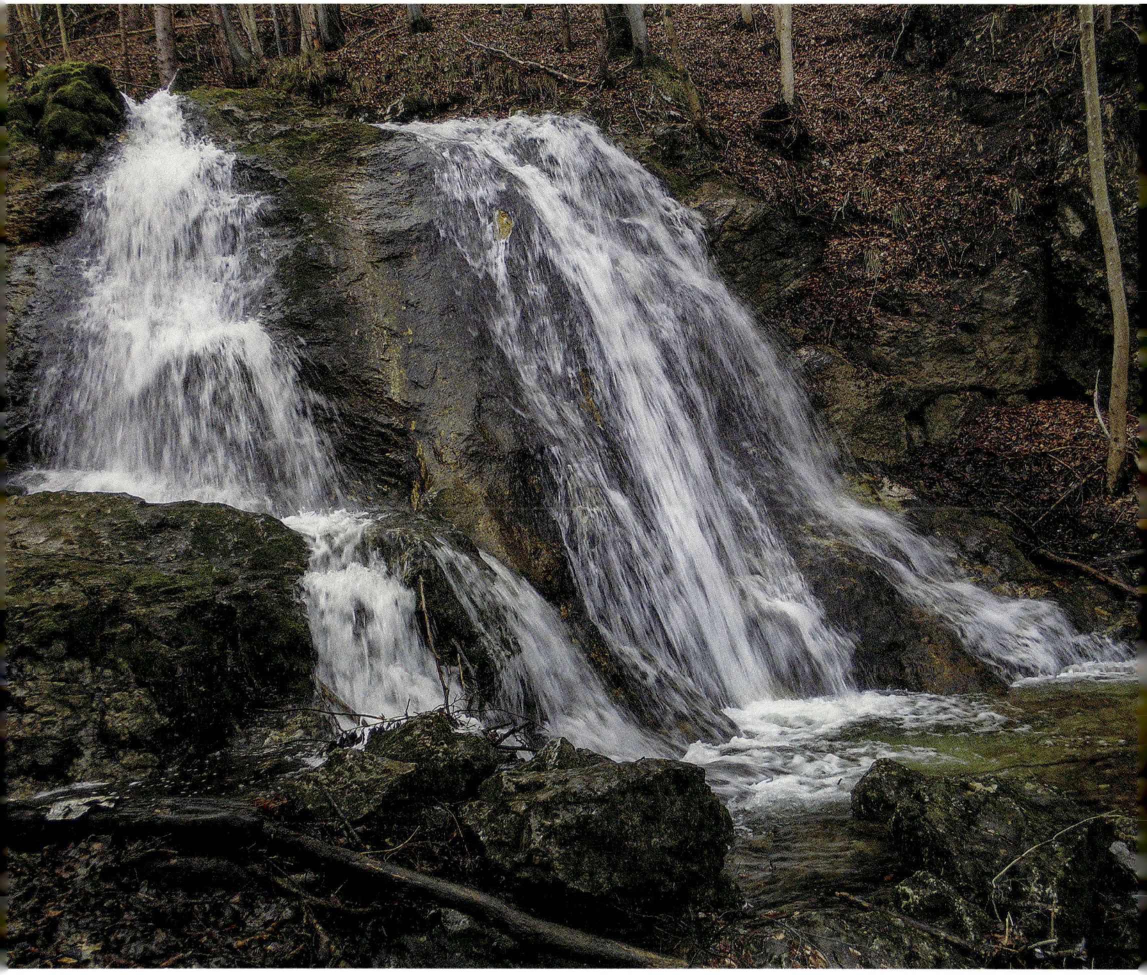

Die Wasserfälle der Wolfsschlucht

nicht gefahrlos zu erreichen. Der Rundweg bietet uns beim Abstieg am Waldrand schöne Ausblicke in das Inntal, hinüber zum markanten Heuberg mit der Wasserwand und dem formschönen Kitzstein. Eine kurze, aber sehr interessante Wanderung, die sich gerade deshalb für Familien mit abenteuerhungrigen Kindern eignet.

Bahnfahrer gehen am Bahnsteig ein Stück in Fahrtrichtung und dann rechts in einen Fußweg. An dessen Ende am Ahornweg gehen wir links eine Straße entlang. An der nächsten Straßengabelung folgen wir der Innstraße bis zur Hauptstraße. Diese überqueren wir und folgen dem Wegweiser Richtung Petersberg in die Maiwandstraße. Dann geht es nach links mit dem gleichen Wegweiser in den Petersbergweg. An der nächsten Kreuzung

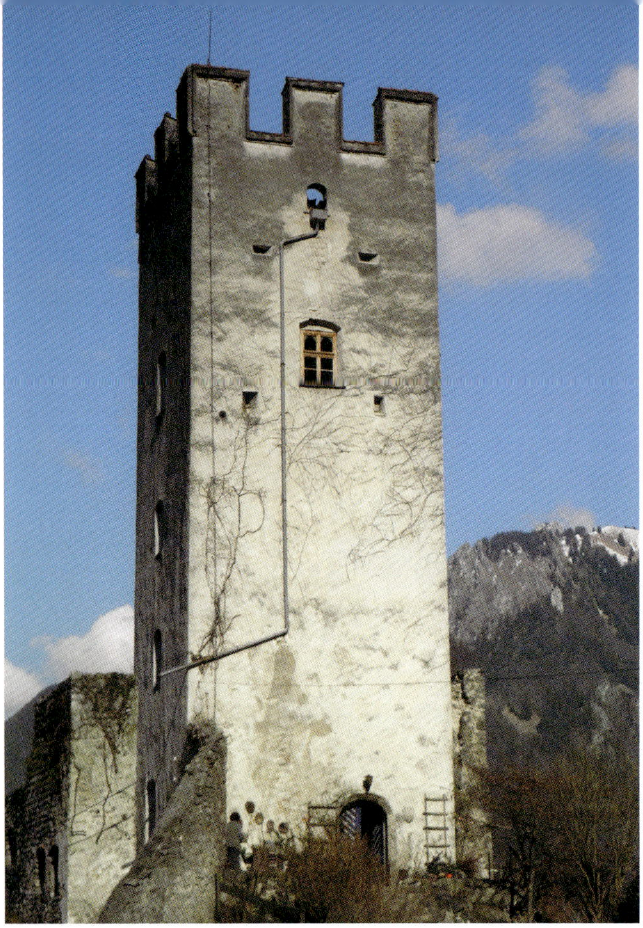

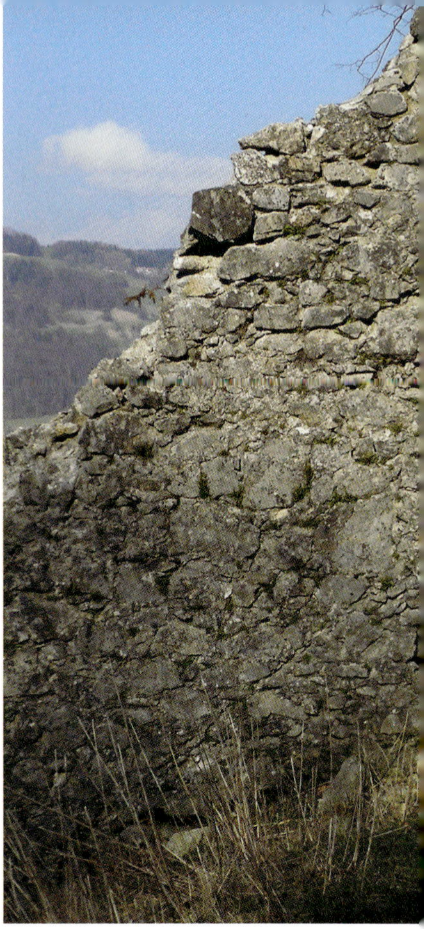

Der Turm der Burg Falkenstein

Rechts: Markanter Torbogen an der Burg Falkenstein

gehen wir rechts in den Astenweg. Ab hier gilt die Wegbeschreibung auch für Autofahrer. Am Wanderparkplatz folgen wir dem breiten Schotterweg bergauf, vorbei an einem Schaukasten mit Infos zu den Berggasthöfen Petersberg und Hohe Asten. An der Burg Falkenstein gehen wir links ohne Beschilderung durch zwei Holzgatter unter dem Torbogen der Burgmauer. Weiter geht es nun wieder bergab durch den Wald auf einem Wanderweg. An der nächsten Weggabelung folgen wir einem breiten Schotterweg nach rechts. Zur Orientierung: Hier steht in der Gegenrichtung die Hinweistafel »Riesenkopf, Bichlersee, Petersberg«. Der Wegweiser »Hafnach, Kirnstein, Wasserfälle« leitet uns an der folgenden Kreuzung rechts in eine geteerte Fahrstraße. Wir durchqueren einen Steinbruch. An dessen Ende folgen wir dem Schild »Rundweg« ein kurzes Stück bergab nach links. Dann geht es rechts über eine Brücke mit dem Hinweis »Wasserfälle, Wolfsschlucht«. Wir folgen nun dem Bach, vorbei an einem Fischteich, hinein in die Schlucht. Nach dem ersten Wasserfall, an einer kleinen Höhle, gehen wir an einer Weggabelung rechts und ohne

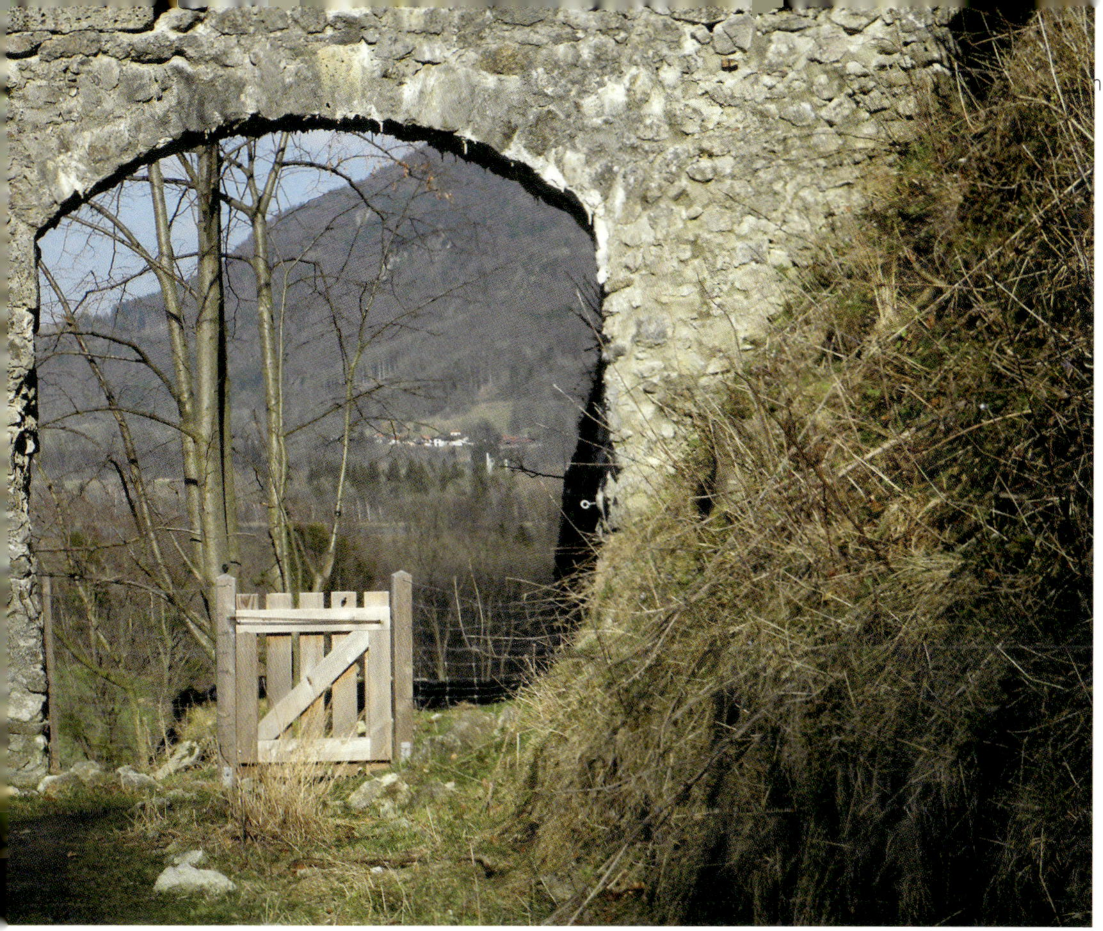

Beschilderung weiter bergauf, vorbei am zweiten Wasserfall. Danach geht es über weitere Stufen hinauf. Hier sind wir am dritten Wasserfall, den wir von dem Steg aus am besten sehen.

Wir folgen nun zunächst dem Hinweg über die Stufen wieder bergab. Nach dem zweiten Wasserfall gehen wir an einer Weggabelung jetzt geradeaus. Der Weg führt uns an den Waldrand zu einer Kreuzung. Hier gehen wir ohne Beschilderung links am Waldrand zurück zum Beginn des Schluchtweges. Zur Orientierung: Hier steht in der Gegenrichtung der Wegweiser »Rundweg, Hafnach, Kirnstein, Wasserfälle, Wolfsschlucht«. Der restliche Weg entspricht dem bereits bekannten Hinweg.

Freibad Flintsbach

Das Freibad Flintsbach, ein natürlich angelegter Badesee mit 10 000 Quadratmeter Wasserfläche und aufgrund des durchlaufenden frischen Bergwassers auch in bester Wasserqualität, lädt an warmen Tagen zur erfrischenden Abkühlung ein. Außerdem gibt es hier ein Imbisslokal sowie einen Minigolfplatz. Sie erreichen das Schwimmbad, indem Sie in Flintsbach der Kufsteiner Straße in die Ortsmitte folgen. Dann zweigt nach rechts die Kirchstraße ab, der Sie bis zum Auweg folgen.

13 Gießenbachklamm, Kieferbach, Hechtsee

Dreimal am Wasser im Inntal

Mittel	13,5 km	180 m	3.45 Std.

Alter
Ab 8 Jahren

Tourencharakter
Breite Schotterwege und Wanderwege im Wechsel, in der Klamm mit Stufen und Geländern gut angelegter Weg, zwischen Hechtsee und Gießenbachklamm auf einer Nebenstraße

Ausgangs-/Endpunkt
Bahnhof Kiefersfelden

Anfahrt
Auto: A 93 Inntalautobahn bis Ausfahrt Kiefersfelden; in der Ortsmitte von Kiefersfelden links in die Wilhelm-Kröner-Straße abbiegen und zum Bahnhof fahren. Bahn: München–Kufstein bis Kiefersfelden

Einkehr
Schopperalm, Tel. 08033/ 6091 16

Karte
Topografische Karte 1:50 000, Blatt Mangfallgebirge

Information
kiefersfelden.de

Die Vordere Gießenbachklamm ist eine eng eingeschnittene Klamm mit tiefen, überhängenden Felswänden, unter denen der Gießenbach gurgelt. Hat man die Klamm durchquert, öffnet sich das Tal. Die Kiesbänke laden zum Baden ein und die Schopperalm zur Brotzeit. Der Kieferbach begleitet den Hinweg, am Hechtsee entlang führt der Rückweg.

Diese Tour führt fast ausschließlich am Wasser entlang. Zunächst begleitet uns der beschauliche Kieferbach zur Gießenbachklamm. Nach vielen Stufen können wir tief hinab in die Schlucht schauen. Überhängende Felswände mit Moosen, von denen das Wasser in kleinen Rinnsalen hinunter in die Klamm tropft, bilden dabei einen stimmungsvollen Blickfang, den Sie vom Schluchtweg ausgiebig genießen sollten. Oben angelangt, öffnet sich das Tal mit weiten Kiesbänken am Gießenbach, die im Sommer zum Baden, oder besser gesagt zum Planschen einladen. Deshalb ist diese Tour durchaus familientauglich. Zudem wartet die Schopperalm mit Brotzeiten sowie Kaffee und Kuchen auf. Ein Kinderspielplatz, ein Streichelzoo und ein kleiner Bach sorgen für Kurzweil bei den Kindern. Anschließend geht es durch

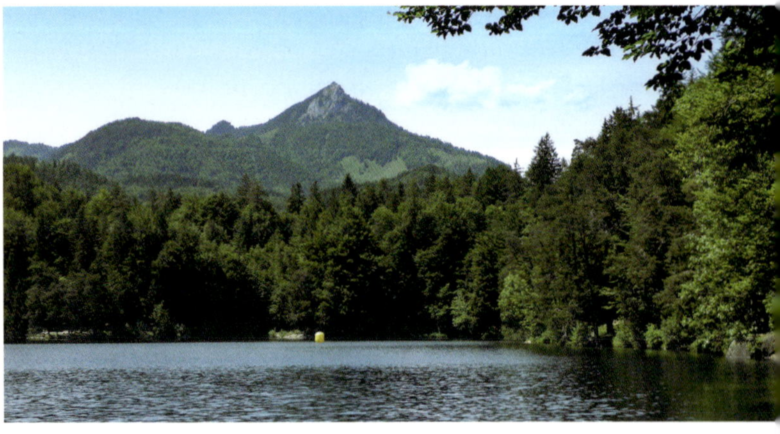

Der Hechtsee mit dem Brünnstein

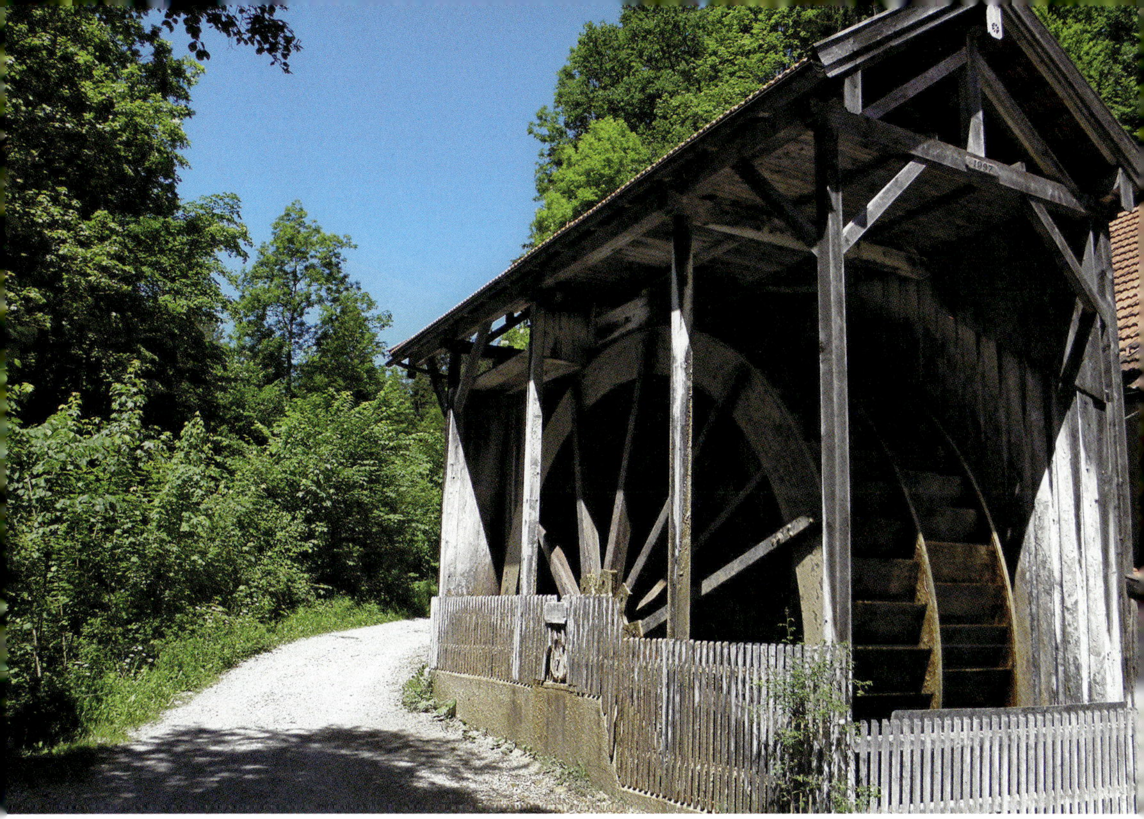

Die Bleiersag am Eingang der Gießenbachklamm

die Schlucht zurück. Es folgt der kurze Aufstieg zum Hechtsee, dessen Wasserfälle im tiefen Laubwald ein einmaliges Fotomotiv bieten. Nicht wundern, wenn es hier »riecht«, denn der Hechtsee führt sein sauerstoffarmes und schwefelhaltiges Tiefenwasser über die Wasserfälle zum Kieferbach ab. Dann geht es am linken Hechtseeufer entlang. Hier lohnt ein Abstecher zum unteren Weg, der romantisch direkt am Wasser verläuft und Ausblicke nach Westen zum Großen Traithen und zum Brünnstein freigibt. Wer noch einen Kaffee trinken möchte, kann im Restaurant am Hechtsee die Idylle noch einmal genießen, bevor es dann zurück nach Kiefersfelden geht.

Vom Bahnhof aus gehen wir rechts und gleich wieder links in die Wilhelm-Kröner-Straße. An deren Ende folgen wir der Hauptstraße nach rechts durch den Ort. In den Egelseeweg biegen wir am Wegweiser »Hechtsee« links ab und kommen an einem Wasserkraftwerk vorbei. Über eine Siedlung gelangen wir in den Wald. Wir folgen immer dem Uferweg entlang

Hechtsee

Nutzen Sie doch an heißen Sommertagen den Hechtsee auf dem Rückweg zu einem Badeaufenthalt. Das gepflegte Badegelände mit einem Nichtschwimmerbereich und einem Segelschiff als Spielplatz eignet sich besonders für Familien.

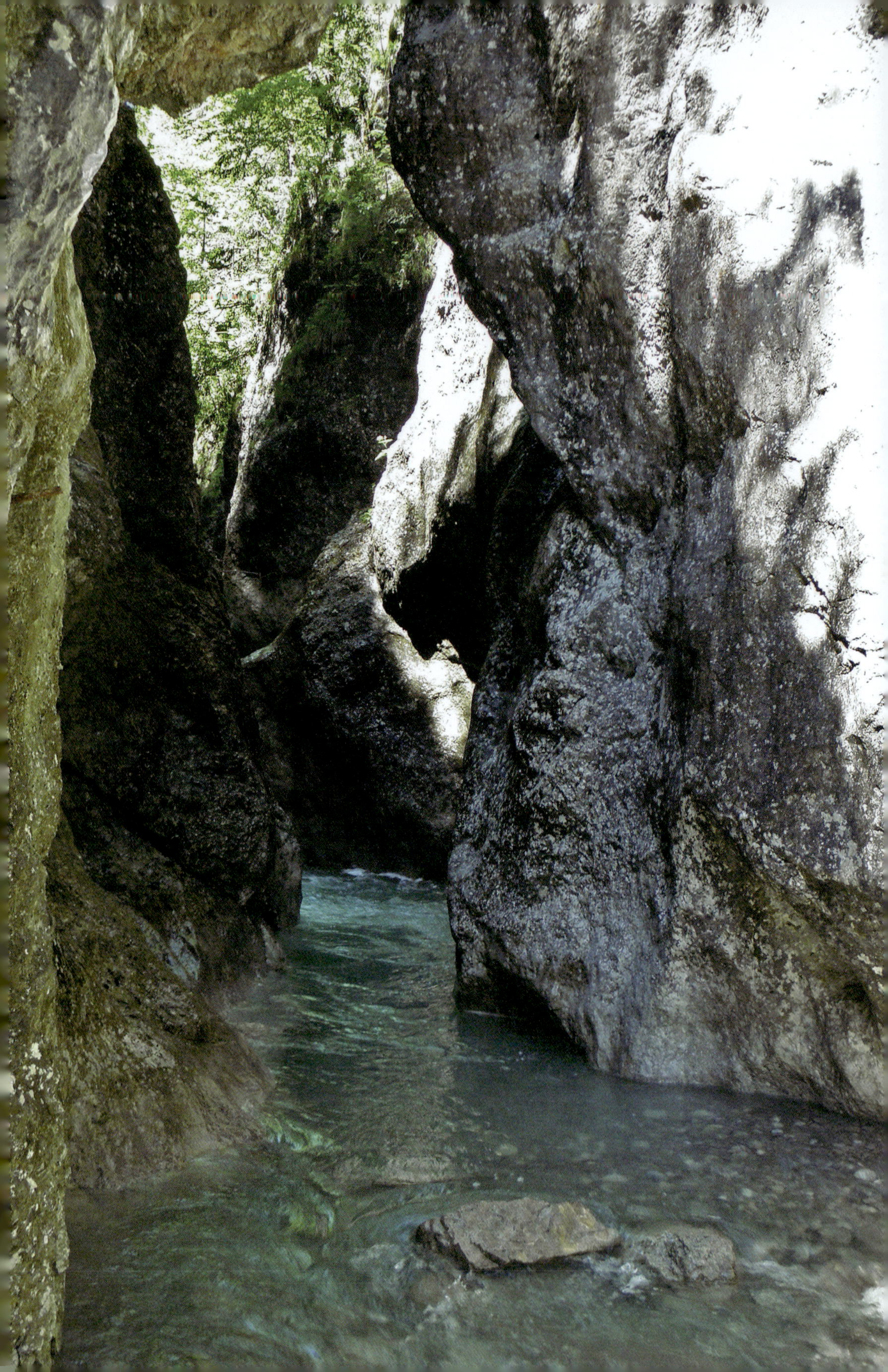

des Kieferbaches. Dabei ignorieren wir die Brücke rechts sowie mehrere Abzweige nach links. An den Wasserfällen führt uns der Wegweiser »Wasserrad Gießenbachklamm« über die Kieferbachbrücke. Nun geht es auf einer Nebenstraße bis zur Bleiersag mit ihrem Wasserrad. Hier folgen wir dem Schild »Rundwanderweg Gießenbachklamm« rechts auf einen breiten Schotterweg. Wir überqueren an einer Weggabelung die Gießenbachbrücke ohne Beschilderung und gehen bis zum Kraftwerk. Nun führt uns der Wegweiser »Gießenbachklamm« an den oberen Rand der Schlucht, die wir jetzt durchqueren. Am Ende der Schlucht gehen wir über die Brücke an der Staumauer. Weitere Wegweiser zur Schopperalm führen uns bis zur Einkehrmöglichkeit auf unserer Tour, ebenso können Sie kurz vorher schon auf den Kiesbänken des Gießenbaches ein Picknick machen.

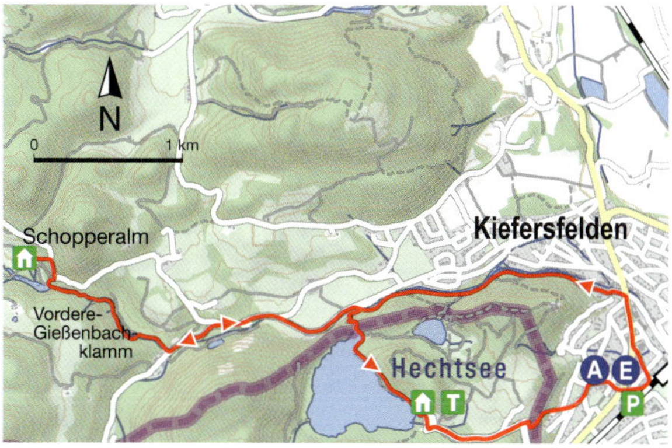

Der Rückweg entspricht zunächst dem Hinweg bis zu den Wasserfällen unter dem Hechtsee. Hier folgen wir dem Wegweiser Richtung Hechtsee über einige Stufen am Wasserfall hinauf. Am Hechtsee angelangt, folgen wir dem linken Uferweg. Dabei lohnt es sich, auf dem kleineren Uferweg direkt am Wasser zu gehen, der dann wieder hinauf zu dem breiteren Schotterweg führt. Wir überqueren anschließend den Hechtsee-Parkplatz. An seinem Ende folgen wir dem Wegweiser Richtung Kiefersfelden ein kurzes Stück entlang der Straße, dann zweigt ein Waldweg parallel dazu rechts ab. Wir gehen weiter auf diesem Weg bis zu einer scharfen Rechtskurve der Straße, überqueren dort diese mit Vorsicht und gelangen mit dem Schild »Kiefersfelden Bahnhof« auf einen breiten Schotterweg. Dieser gabelt sich wenig später. Hier folgen wir wieder mit dem Wegweiser »Kiefersfelden Bahnhof« dem Weg steil bergab. An der nächsten Straßengabelung ignorieren wir das Schild »Bergfriedhof« und gehen ohne Beschilderung den Hechtseeweg weiter bergab. Wir kommen an die König-Otto-Straße, der wir nach links am Gruberhof vorbei folgen. Dort geht es dann rechts in die Bahnhofstraße. An der Fußgängerampel überqueren wir die Hauptstraße und folgen weiter geradeaus der Bahnhofstraße, bis wir am Bahnhof Kiefersfelden, unserem Ausgangspunkt, angelangt sind.

Linke Seite: Tief unten in der Gießenbachklamm

14 Die Wolfsschlucht bei Bernau

Über die Salintreppen zur ersten Pipeline der Welt

Mittel	Auto: 8,5 km Bahn: 12,5 km	Auto: 430 m Bahn: 480 m	Auto: 2.30 Std. Bahn: 3.30 Std.

Alter
Ab 6 Jahren

Tourencharakter
Typische Wanderwege, breite Schotterwege und im Wechsel dazwischen kurze Straßenstücke

Ausgangs-/Endpunkt
Auto: Wanderparkplatz Kraimoos. Bahn: Bahnhof Bernau

Anfahrt
Auto: A 8 München–Salzburg bis Ausfahrt Bernau; über Bernau Richtung Reit im Winkl; am Ortsende nach dem Penny-Markt rechts dem Wegweiser Richtung Kraimoos in die Kreuzstraße folgen bis zum Wanderparkplatz an einer Weggabelung am Waldrand. Bahn: München–Salzburg bis Bernau

Einkehr
Gasthaus Seiseralm, Tel. 08051/98 90, Herrenalm

Karte
Topografische Karte 1:50 000, Blatt Chiemsee

Information
bernau-am-chiemsee.de

Die eher unbekannte Wolfsschlucht bei Bernau ist kaum zugänglich, weshalb diese Tour als Rundweg über der Schlucht geführt wird. Sie liegt idyllisch in den Vorbergen der Kampenwand, dabei gehen wir über zwei sogenannte Salintreppen.

Es gibt wirklich viele Schluchten, die Wolfsschlucht genannt werden. Wahrscheinlich, weil sie dunkel und bedrohlich wirken. In der Bernauer Wolfsschlucht befand sich die Entnahmestelle des Wassers, das für den Antrieb der Solepumpanlage benötigt wurde. Die Soleleitung ging von Bad Reichenhall nach Rosenheim und hatte eine Länge von 108 Kilometern. Sie war die erste Pipeline der Welt. An den Salintreppen bei Bernau und zwischen dem Seiserhof und Hintergschwendt sehen wir noch die alten eisernen Gussrohre, in denen die Sole damals floss. Dann machen wir einen Abstecher hinunter in die Wolfsschlucht, zur bereits erwähnten Wasserentnahmestelle, bevor es auf einem Rundweg um die Schlucht herum geht. Besonders stimmungsvoll sind die Ausblicke hinter der Herrenalm über die Schlucht hinaus in das Alpenvorland. Dabei sehen wir auch die Kampenwand im Süden. Der Abstieg führt durch den Wald wieder zurück nach Kraimoos und weiter nach Bernau.

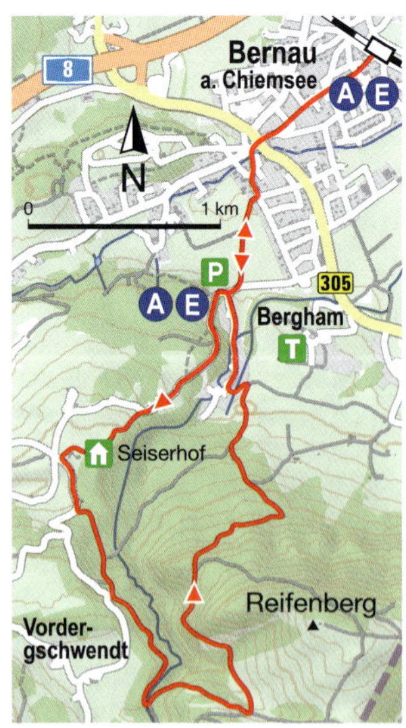

Bahnfahrer spazieren rechts am Bahnhofsgebäude vorbei und biegen sogleich links in die Schwärzstraße mit dem Wegweiser Richtung Ortsmitte ein. An der nächsten Straßengabelung gehen wir rechts und folgen dem Schild »Kurgarten«. Nun biegen wir nach links auf den Fußweg ein und wandern

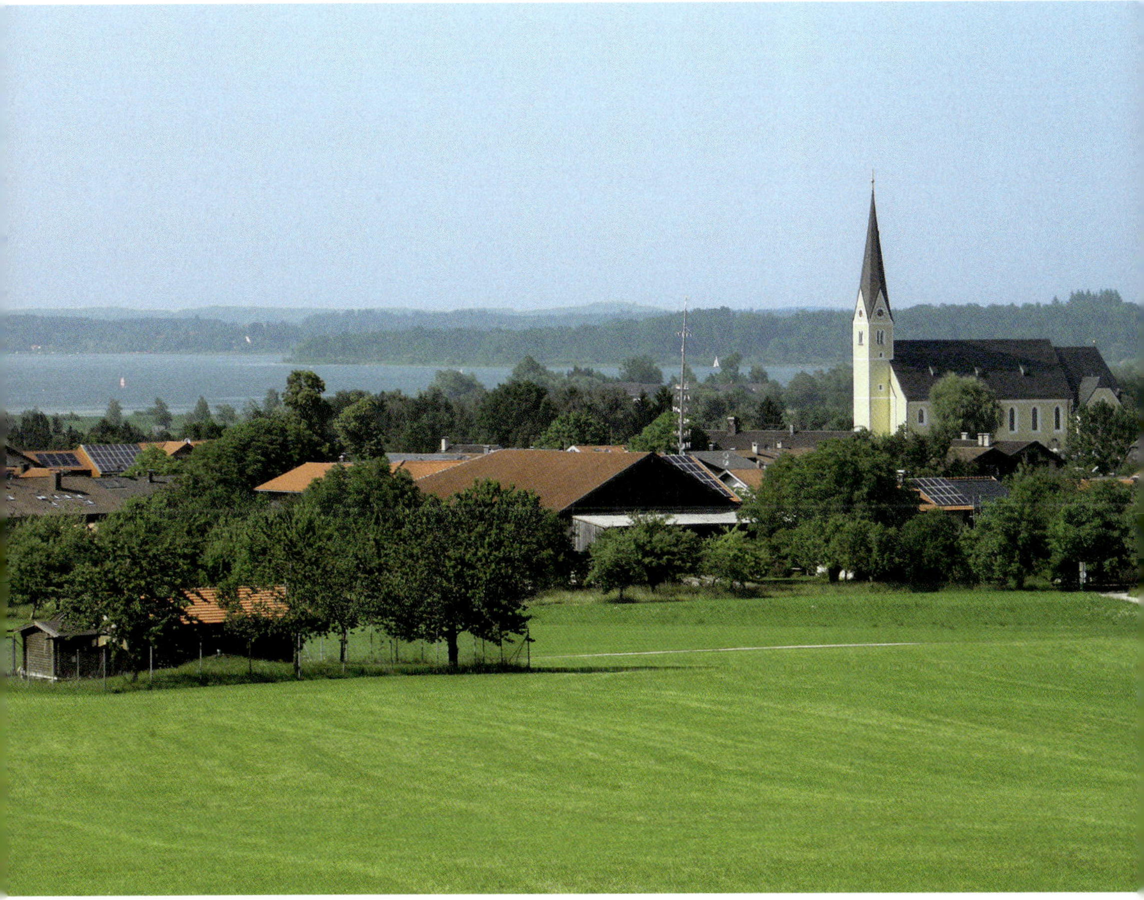

Blick vom südlichen Ortsrand auf Bernau mit dem Chiemsee

über den Kurgartenhügel. Es geht rechts weiter zwischen dem Bonnschlössl und der Kirche zu einer Ampel an der Straßenkreuzung. Hier folgen wir der Rottauer Straße ein kurzes Stück nach links und biegen dann rechts in einen kleinen Fußweg mit dem Schild »Bachweg, Westerham« ein. Am Haus Mitterweg 3 gehen wir links in den Mitterweg. An der Kreuzung an der Mairhausenstraße wenden wir uns nach rechts, folgen der Straße bis zu deren Ende und biegen auf einen Fußweg nach links ein. An der Einmündung in eine Teerstraße führt der Wegweiser »Mariengrotte« nach rechts zum Wanderparkplatz an der nächsten Straßengabelung.

Ab hier gilt die Wegbeschreibung auch für Autofahrer. Zunächst können wir die Mariengrotte über dem Wanderparkplatz besichtigen. Dann gehen wir wieder zum Wanderparkplatz zurück und folgen dem Schild »Salinenweg Bernau-Rottau« auf der Teer-

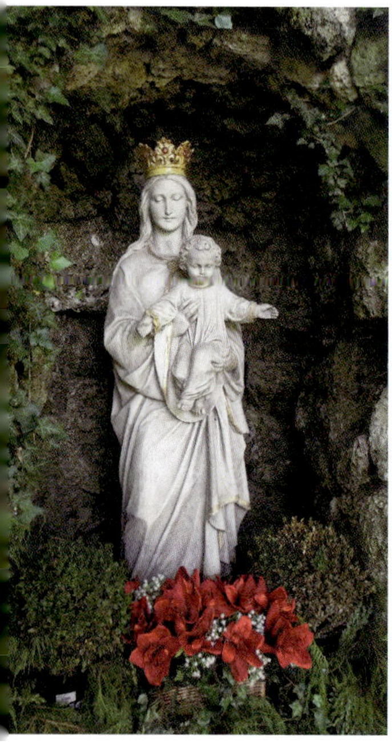

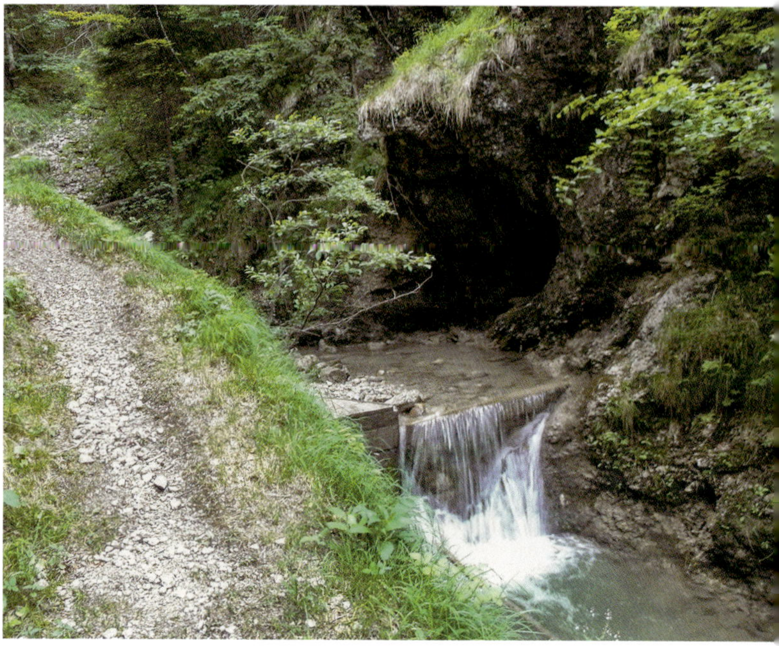

Die Mariengrotte bei Bernau ist Ausgangspunkt der Wanderung.

Rechts: In der Bernauer Wolfsschlucht

straße nach Kraimoos. Nun geht es rechts mit dem Wegweiser »Salintreppe, Stocka« über viele Stufen bergauf. Oben angelangt führt der Weg mit dem Schild »Seiserhof« nach links weiter. Wir folgen diesem Wegweiser eine Teerstraße bergauf und später einen Spazierweg nach links. In Höhe des Seiserhofes gehen wir ein kurzes Stück bergauf auf der Teerstraße links mit dem Wegweiser »Lindlalm«. Dann biegen wir in den zweiten Abzweig mit dem Schild »Salintreppe, Wolfsschlucht« nach links in den Wald ein. Nun leitet uns die Beschilderung »Salinenweg, Bernau« weiter. Der Wegweiser Richtung Bernau führt bergab über den Salinensteg und gleich darauf ohne Beschilderung nach rechts auf einen kleinen Pfad zur Wasserentnahmestelle für die Solepumpe. Der Weg endet hier. Ein Weitergehen im weglosen Schluchtgelände ist hier nicht zu empfehlen, weil die umliegenden Berghänge sehr steil sind.

Wir gehen also über den Salinensteig zurück und folgen ihm aufwärts. An der nächsten Weggabelung gehen wir links über die zweite Salintreppe mit dem Wegweiser Richtung Lindlalm steil bergauf. Oben angelangt, folgen wir dem Schild Richtung Lindlalm links weiter. Achtung, hier bitte nicht den rechts danebenliegenden Weg nach Hintergschwendt nehmen. Weiter geht es mit den Wegweisern Richtung Lindlalm auf einem breiten Wander-

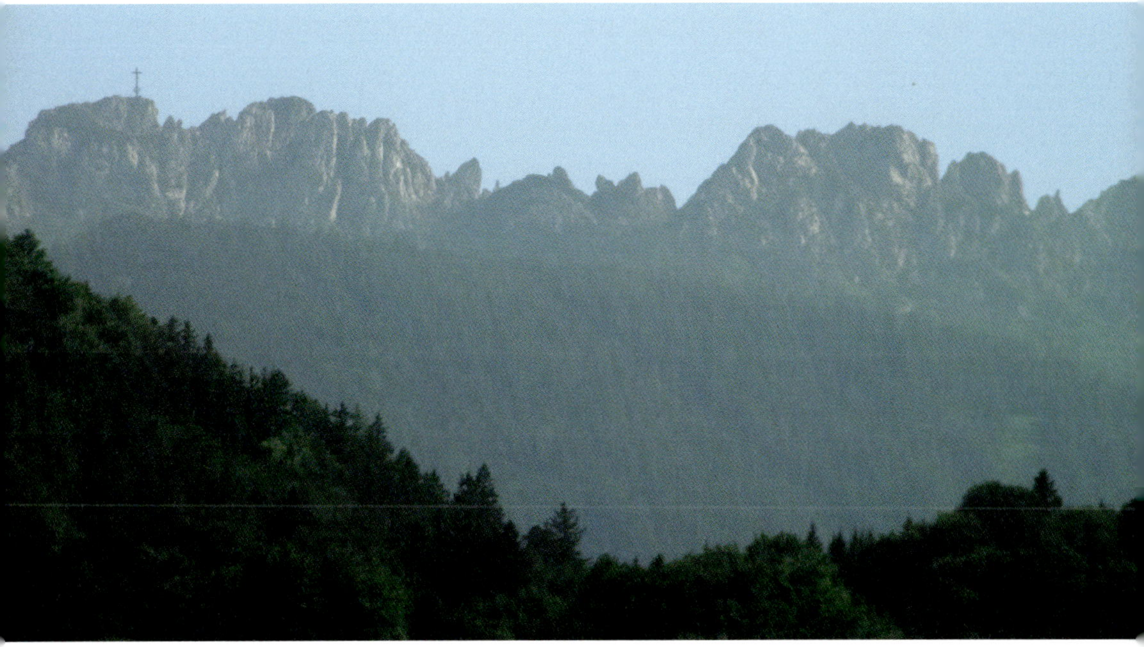

Die Kampenwand steht hoch über der Bernauer Wolfsschlucht.

weg und später nach rechts auf einem Pfad zur Lindlam. Hier wandern wir nun linksherum mit dem Schild »Bernau, Stachl-Abling« hoch über der Wolfsschlucht. An der nächsten Weggabelung folgen wir geradeaus dem Schild »Bernau-Kraimoos« weiter bergab durch den Wald. An der zweiten Weggabelung wenden wir uns nach links. Etwas Spürsinn ist hier mangels Beschilderung erforderlich. Zur Orientierung: Hier steht in der Gegenrichtung der Wegweiser »Lindlalm, Herrnalm«. Nun bleiben wir immer auf dem Hauptweg, kleinere Abzweige ignorieren wir. An einer Wegkreuzung, erneut ohne Beschilderung, gehen wir dann wieder nach links. Auch hier steht in der Gegenrichtung der Wegweiser »Lindlalm, Herrnalm«. An der nächsten Weggabelung folgen wir dem Schild »Salinenweg Rottau-Bernau« weiter. An der anschließenden Verzweigung geht es mit dem Wegweiser »Bernau, Kraimoos« nach links und am folgenden Abzweig nach rechts. So gelangen wir wieder zum Wanderparkplatz. Bahnfahrer folgen dem Hinweg zurück zum Bahnhof.

Wasserturm Bergham

Kurz vor Kraimoos kann man am Ende des Abstieges noch einen Abstecher zum weithin sichtbaren Wasserturm bei Bergham machen. Von dort hat man einen wunderschönen Ausblick über den Chiemsee. Hier geht es dann wieder zurück zum Wanderweg.

15 Durch die Entenlochklamm zum Klobenstein

Abwechslungsreiche Tour für die ganze Familie

Leicht	Auto: 6 km Bahn: 8 km	100 m	Auto: 3.45 Std. Bahn: 4.15 Std.

Alter
Ab 6 Jahren

Tourencharakter
Unschwierige Familienwanderung, die aufgrund des Waldes auch im Hochsommer angenehme Kühle verspricht. Am Weg liegen ein schöner Rastplatz an der Tiroler Ache sowie eine nette Waldwirtschaft.

Ausgangs-/Endpunkt
Parkplatz der Geigelsteinbahn in Ettenhausen (gebührenpflichtig)

Anfahrt
Auto: A 8 bis Bernau, weiter nach Schleching. Dahinter noch ein Stück bis zum Ortsteil Ettenhausen, dann zum Parkplatz an der Geigelsteinbahn.
Bahn/Bus: Zug nach Übersee, mit Bus 9509 Richtung Reit im Winkl nach Ettenhausen

Einkehr
Gasthof Klobenstein, im Sommerhalbjahr die ganze Woche über geöffnet

Karte
Topografische Karte 1:50 000, Blatt Chiemsee – Chiemgauer Alpen

Information
schleching.de

Die Wanderung durch die Entenlochklamm hat alles zu bieten, was sich die Familie nur wünschen kann. Einen schönen Waldweg, eine spektakuläre Hängebrücke, eine nette Kiesbank am Fluss und eine wunderschöne Gastwirtschaft.

Die Gastwirtschaft befindet sich direkt unterhalb eines großen gespaltenen Felsblocks. Früher konnten sich die Leute einen solch gewaltigen Riss im festen Gestein nicht erklären, die naturwissenschaftliche Erklärung ist allerdings einfach. Der riesige Felsbrocken ist irgendwann einmal von den Bergen herabgestürzt und hier liegen geblieben. Das Besondere daran ist, dass er in zwei Teile zerbrochen ist, zwischen denen man wie durch eine enge Schlucht hindurchgehen kann.
Busfahrer folgen in Ettenhausen der Geigelsteinstraße zur Geigelsteinbahn. Vom obersten Parkplatz der Geigelsteinbahn folgen nun auch die Autofahrer dem Schild »Schmugglerweg« nach links. Nach einer Weile stößt man auf einen weiteren Fahrweg, dem man nach rechts in Richtung Süden folgt. Bei einer Kehre hinter einer Brücke verlässt man den breiten Fahrweg und folgt dem Schild »Kössen/Klobenstein Hängebrücke«. Nach ei-

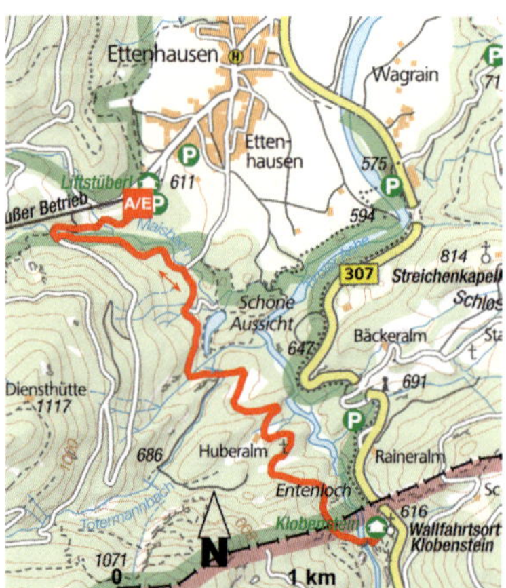

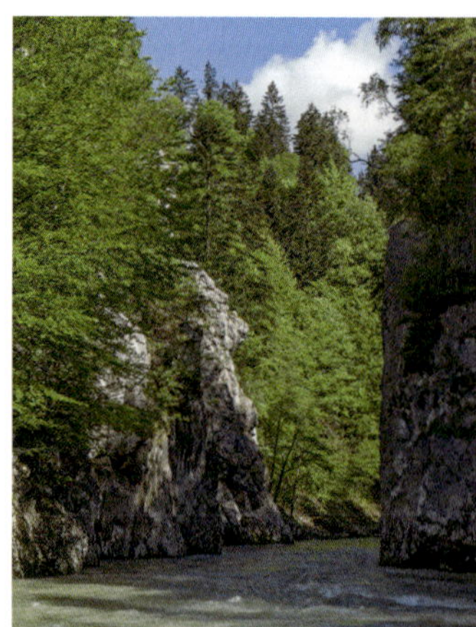

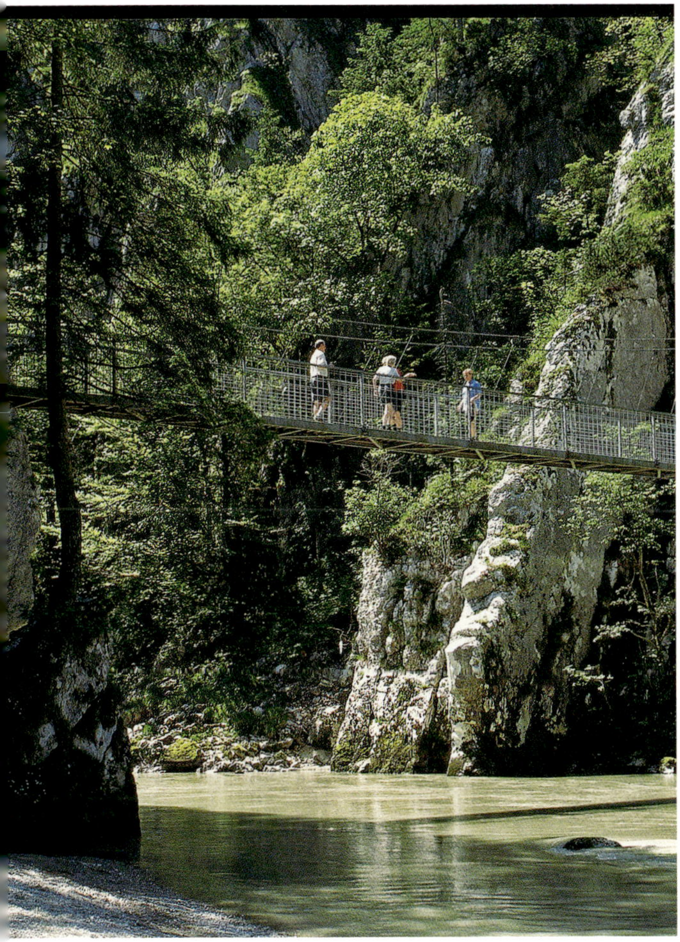

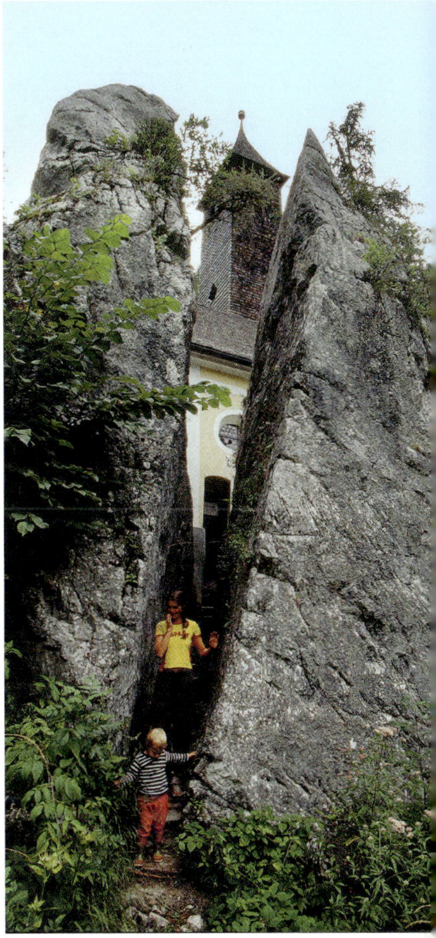

niger Zeit endet der nun breite Fußweg bei einer Bank und es geht leicht bergan. Man erreicht die Landesgrenze. Bald macht ein Schild auf die Abzweigung zur »Hängebrücke/Klobenstein« aufmerksam. Ein gut angelegter Weg führt hinab zur Tiroler Ache, die auf der Hängebrücke überquert wird. Auf der anderen Flussseite lädt eine Kiesbank zum Rasten und Hartgesottene zu einem Sprung in die kühle Tiroler Ache ein. Man folgt auf der anderen Talseite dem Fußweg bergan und geht bei einer Gabelung links (Schild »Taverne Klobenstein«). Nach einem kurzen Anstieg hat man die Gaststätte erreicht, die sich direkt unterhalb des gespaltenen Klobensteins befindet. Vor oder nach der Einkehr sollte man die kleine Kapelle sowie die Wallfahrtskirche mit ihren Votivtafeln besichtigen. Man kehrt auf demselben Weg zum Ausgangspunkt zurück.

Die Spaltung des Klobensteins geht der Sage nach auf überirdische Kräfte zurück.

Links: Eine breite, aber schwankende Hängebrücke überspannt die Tiroler Ache.

Linke Seite: In das kühle Nass wagen sich nur »unverfrorene« Draufgänger.

16 Über eine Klamm zur Zwerchenbergalm

Durch eine wilde Schlucht zu einer urigen Alm

Mittel	5,2 km	180 m	1.30 Std.

Alter
Ab 3 Jahren

Tourencharakter
Wanderweg

Ausgangs-/Endpunkt
Parkplatz Blindau

Anfahrt
Autobahn München–Salzburg (A 8), Ausfahrt Grabenstätt, Richtung Marquartstein, auf der B 305 nach Reit im Winkl, weiter nach Ruhpolding, nach Ortskern rechts nach Blindau

Einkehr
Zwerchenbergalm, Blindauerstr. 39, 83242 Reit im Winkl, geöffnet Mitte Mai bis Oktober, Do Ruhetag, Tel. 08640/88 26

Karte
Topografische Karte 1:50 000, Nr. 95 Grenzenlos zwischen Chiemsee und Kaisergebirge (Fritsch)

Information
reitimwinkl.de

Diese Tour ist für kleine Bergziegen. Wer will, kann die Tour auch gut in zwei Etappen aufteilen, da sowohl die Alm als auch die Klamm für sich allein genommen schöne Ausflugsziele sind.

Für Kinderwagen ist die Klamm überhaupt nicht, die Zwerchenbergalm nur bedingt geeignet. Kleinere Minis könnten mit dem Klammweg überfordert sein. Hier sollten sich Eltern darauf gefasst machen, die Kleinen zu tragen, was beim Träger eine gewisse Trittsicherheit voraussetzt. Wir beginnen am Wanderparkplatz Blindau in der Nähe von Reit im Winkl. Am Parkplatz steht ein Wegweiser und wir folgen rechts dem Schild zur Klausenbachklamm. Kurz nach dem Parkplatz kommen wir am sehr schön gelegenen Abenteuerspielplatz »Blindau/ Klausenbergweg« vorbei. Hier gibt es viele schöne Spielgeräte, die zum Ausprobieren geradezu herausfordern.

Gut zu Fuß

Festes Schuhwerk ist für diese Tour unabdingbar!

Am Abenteuerspielplatz gilt es, über den Weiterweg zu entscheiden: Linker Hand führt die Forststraße zur Zwerchenbergalm. Geht man rechts im Wiesengrund vorbei, gelangt man auf den Weg zur Klamm. Welchen Weg man wählt, bleibt dem persönlichen Geschmack überlassen, beide Wege führen vor der Alm wieder zusammen.

Wir folgen zuerst der Forststraße zur Alm links den Berg hinauf. Nach etwa einem Kilometer biegt der Weg rechts in die Klamm hinein. Wir lassen die Abzweigung aber vorerst rechts liegen und laufen auf der Straße ein kurzes Stück weiter bis zu einer T-Kreuzung. Hier zweigen wir links zur Zwerchenbergalm ab. Die Zeitangabe (20 Minuten) auf dem Holzschild ist genauer als die auf den Wanderschildern. Bei der Abzweigung beginnt nun

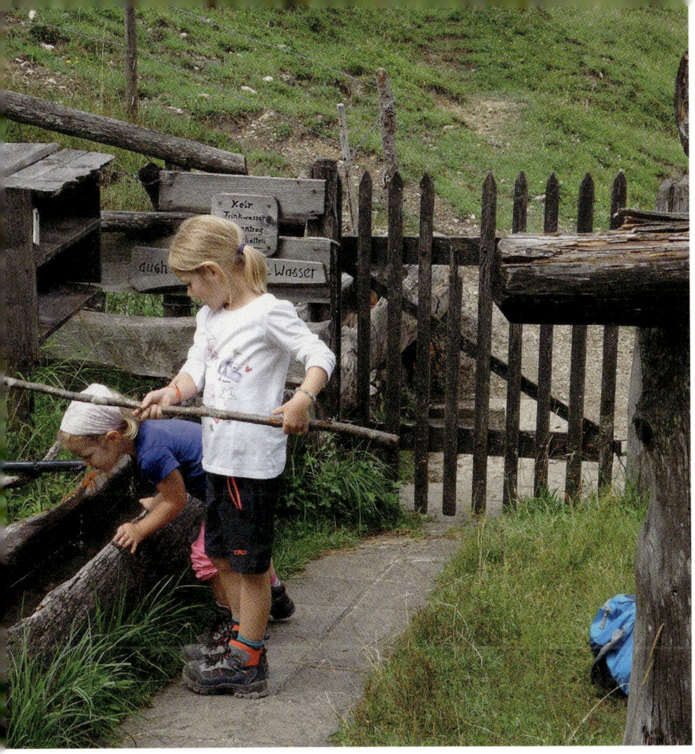

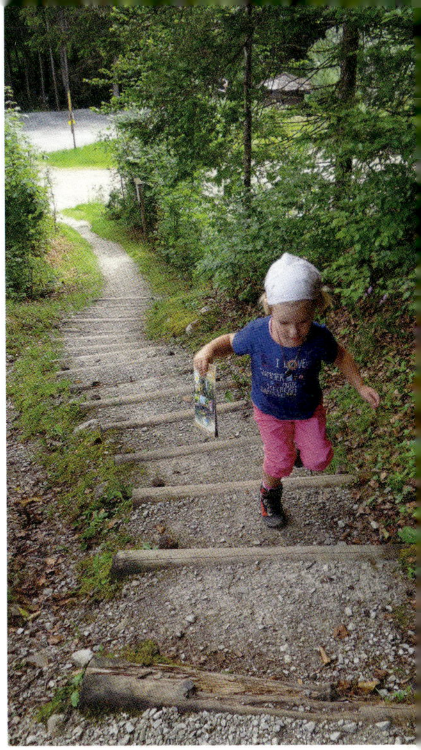

»Ich komm' ja schon mit der Karte!«

Links: Eine Tränke für alle – eine Hälfte für Kühe, eine für Minis.

auch das steilste Stück – mit einem Kinderwagen sehr beschwerlich bis nahezu »unschiebbar«. Die Forststraße ist jedoch sehr gut ausgebaut und lässt sich gut gehen.

Nach einem Gatter sind wir bereits auf dem Almgebiet, können die Kühe hören und die Alm sehen. Auf der urigen Alm warten Ponys und ein Berner Sennenhund, der eventuell einmal bellt, aber ansonsten sehr gutmütig ist. Nach einer kleinen Stärkung geht es den Weg wieder zurück bis zur vorhin erwähnten Abzweigung in die Klamm. Kleinere Kinder müssen nun unbedingt an die Hand, da der Klammweg eher ein Steig ist. Daher ist diese Strecke nicht für Kinderwagen geeignet und auch Eltern mit Tragehilfe sollten Wanderstöcke oder Ähnliches dabeihaben.

Auf den Serpentinen in die Klamm hinein sehen wir schon die Felsenwand und blicken auf den Klausenbach hinab. Unseren Kindern sind gleich mehrere Stellen aufgefallen, wo Elfen und Trolle hausen könnten. Der Klammweg führt über Brücken und steinige Steige am Bach entlang. Nach einem Stück direkt am Bach geht es wieder rechts auf Serpentinen bergan. An der höchsten Stelle erreichen wir einen gut geschotterten Waldweg, der uns zurück zum Abenteuerspielplatz bringt. Wir halten uns links und sind in fünf Minuten beim Wanderparkplatz.

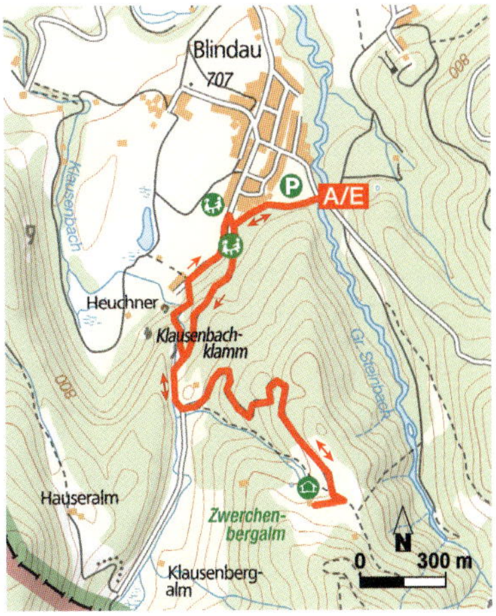

17 Durch die Aschauer Klamm

Rundtour unter den Wänden der Reiteralpe

Mittel	6,5 km	350 m	2.30 Std.

Alter
Ab 8 Jahren

Tourencharakter
In der Klamm zum Teil steigähnliche Wege, die absolute Trittsicherheit verlangen. Im Auf- und Abstieg von und zur Klamm typische Wanderwege

Ausgangs-/Endpunkt
Wendeplatz vor Oberjettenberg

Anfahrt
A 8 München–Salzburg bis Ausfahrt Inzell; Richtung Zell am See, Saalfelden über Inzell nach Schneizlreuth; in Schneizlreuth links nach Berchtesgaden, vorbei am Abzweig nach Bad Reichenhall; im ersten Anstieg in einer Linkskurve dem Abzweig Oberjettenberg nach rechts folgen; Abzweig »Dolomitwerke« ignorieren und weiter geradeaus vorbei am Truppenübungsplatz bis zur Wendeschleife; hier parken

Einkehr
Gasthaus Haiderhof, Tel. 08651/767570

Karte
AV-Karte 1:50 000, Blatt BY 20 Lattengebirge

Information
schneizlreuth.de

Die eher unbekannte Aschauer Klamm ist ein Naturjuwel unter den Wänden der Reiteralpe. Von Oberjettenberg geht es auf einer Rundtour tief in die Schlucht. Viele schöne Gumpen und kleine Wasserfälle locken im Sommer zum Badeaufenthalt, bevor wir uns dann im Haiderhof kulinarisch verwöhnen lassen.

Die Aschauer Klamm ist als Naturschutzgebiet ausgewiesen. Aufgrund unterschiedlicher Klimabedingungen auf engem Raum findet sich in der Klamm eine vielfältige Flora. Beispielsweise gedeihen hier zahlreiche Baumarten wie Zirben, Lärchen, Buchen, Tannen und Fichten.
Wir machen in der Klamm zunächst einen Abstecher nach Süden und wandern durch den Schluchtwald, der an einen Urwald erinnert. Dann verengt sich die Klamm, die mit einem steigähnlichen Wanderweg erschlossen wurde. Hier lohnt es sich, die Mittagsstunden an heißen Tagen mit einem kühlen Bad in den schönen Gumpen und an den Wasserfällen zu nutzen. Nur Mut und hinein ins kühle Nass!

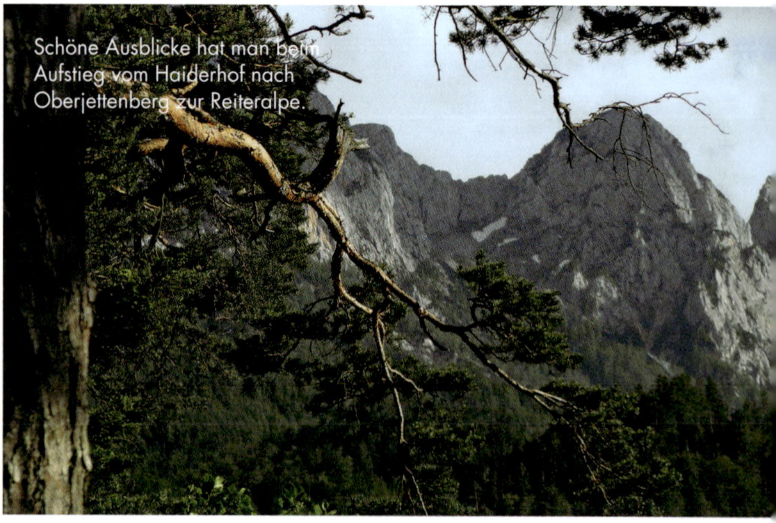

Schöne Ausblicke hat man beim Aufstieg vom Haiderhof nach Oberjettenberg zur Reiteralpe.

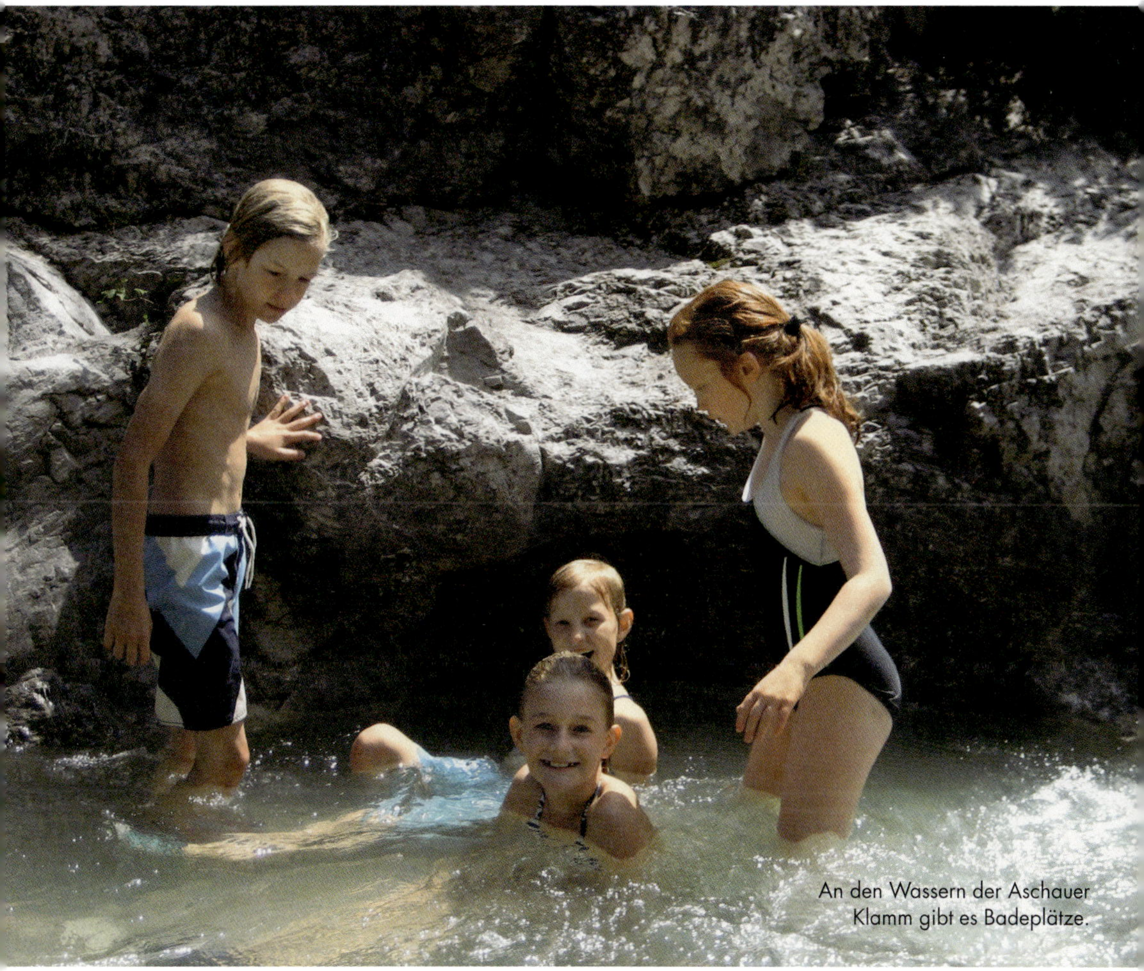

An den Wassern der Aschauer Klamm gibt es Badeplätze.

Nun geht es durch die gesamte Klamm zurück und weiter zum Haiderhof. Hier können wir einkehren, vor allem die hausgemachten Kuchen sind ein Gedicht. Gut gestärkt können wir dann den Aufstieg zurück nach Oberjettenberg in Angriff nehmen. Dabei dürfen wir fabelhafte Ausblicke auf das Felsenhorn des Pflasterbachhörndls und hinüber zum bewaldeten Buckel des Ristfeuchthorns genießen. Eine schöne Klammrunde, die sich auch gut für trittsichere Familien eignet, vor allem dann, wenn man im Sommer in der Klamm das kühle Nass der Gumpen und Wasserfälle genießen kann.

Haiderhof

Der Haiderhof verfügt über Zimmer und Ferienwohnungen. So kann man in dieser schönen Umgebung auch mehrere Tage ausspannen. Infos unter haiderhof.de.

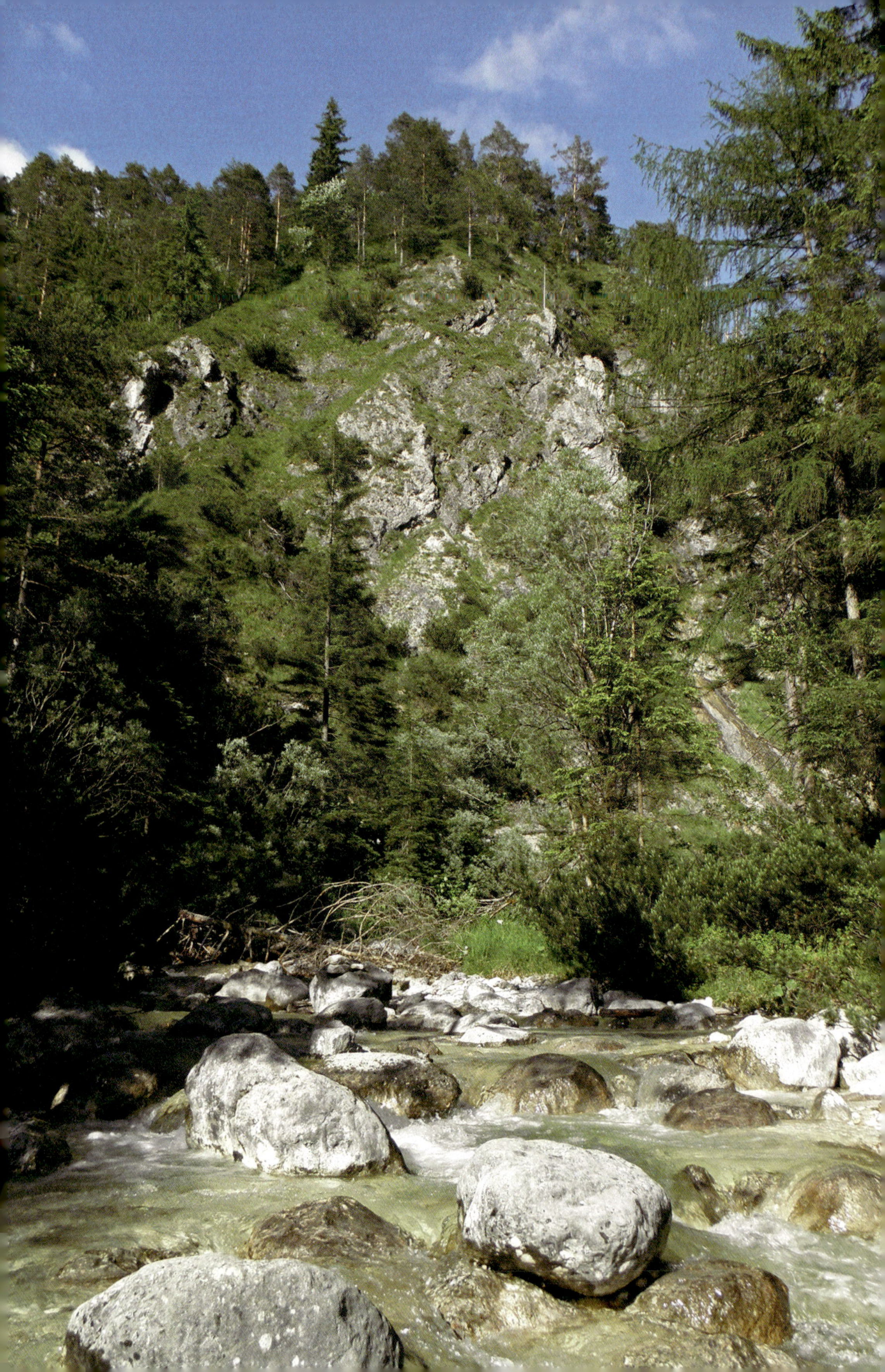

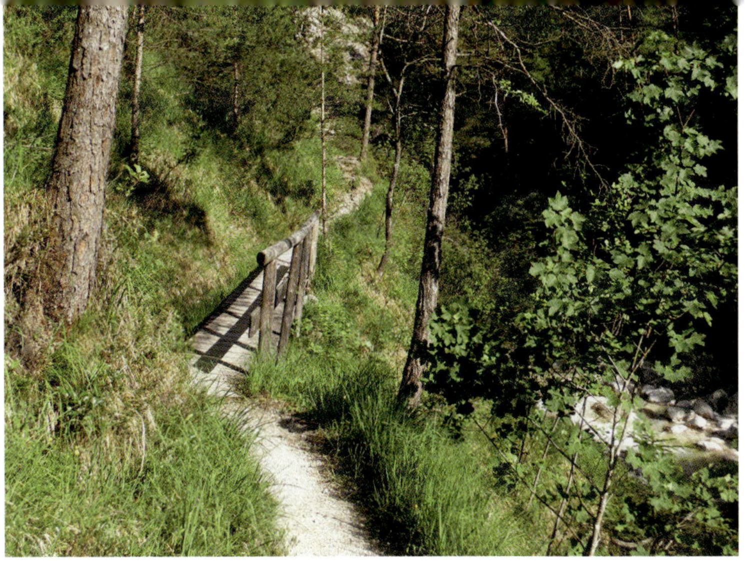

Schöne Wege führen durch die Aschauer Klamm.

Linke Seite: Der Aschauer Bach bahnt sich seinen Weg.

Vom Wendeplatz folgen wir dem Wegweiser Richtung Aschauer Klamm auf einer geteerten Straße. An der nächsten Gabelung geht es dann links auf einem breiten Schotterweg in den Wald. Wir durchqueren einen Holzlagerplatz geradeaus, anschließend geht es in Serpentinen bergab in die Aschauer Klamm. An deren Grund angelangt, wenden wir uns nach links und folgen dem Wegweiser Richtung Aschauer Klamm durch die Schlucht. Zunächst geht es durch den Schluchtwald entlang des Bachs, dann verengt sich die Klamm und führt nun steigähnlich bergauf, an einigen Stellen auch seilversichert. An der letzten Brücke über den Aschauer Bach führt der Weg nun rechts bergauf in den Wald. Hier endet die erste Etappe unserer Tour.

Wir folgen dem Hinweg zurück in die Klamm. Am Abzweig nach Oberjettenberg gehen wir nun, weiter dem Wegweiser »Haiderhof« folgend, durch die Klamm bis zum Haiderhof. Hier führt der Weg kurz vor der Gaststätte mit dem Wegweiser Richtung Oberjettenberg rechts bergauf. An der nächsten Weggabelung im Wald gehen wir ohne Beschilderung nach rechts weiter. Erneut kommen wir an eine Abzweigung und nehmen hier in Höhe einer Holzhütte den linken Weg, ebenfalls ohne Beschilderung. Wir gelangen nun auf eine geteerte Fahrstraße und folgen dem Wegweiser Richtung Jettenberg nach rechts zurück zu unserem Ausgangspunkt, dem Wendeplatz bei Oberjettenberg.

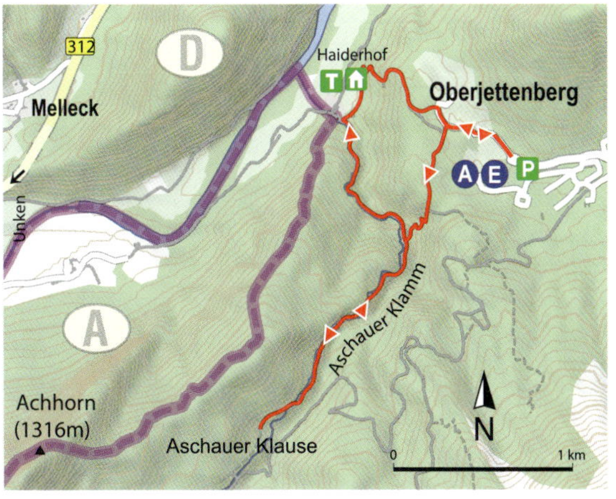

18 Durch die Weißbachschlucht

Wilde Wasser, hohe Berge

Schwer	6,5 km	120 m	3.10 Std.

Alter
Ab 6 Jahren

Tourencharakter
Nicht alle Wegteile sind zum Wasser hin mit einem Geländer gesichert. Deshalb ist es ratsam, nach Regenfällen mindestens einen Tag zu warten, bis die Stege des Weges abtrocknen. Geeignete Wanderzeit: Mai bis Oktober. Auch im Oktober können die Wege rutschig sein.

Ausgangs-/Endpunkt
Bushaltestelle Mauthäusl

Anfahrt
Auto: A 8 nach Salzburg bis Siegsdorf; weiter nach Weißbach, noch etwa ein Kilometer bis Mauthäusl; dort steht an der Bushaltestelle auf der gegenüberliegenden Straßenseite ein Wanderparkplatz zur Verfügung. Bahn/Bus: München–Salzburg bis Traunstein, von dort mit Bus 9526 Richtung Bad Reichenhall bis Mauthäusl; oder München–Salzburg bis Freilassing, weiter nach Bad Reichenhall und mit Bus 9526 Richtung Traunstein bis Mauthäusl

Karte
Topografische Karte 1:50 000, Blatt Chiemgauer Alpen

Information
inzell.de

Das Gasthaus Schneizlreuth liegt am südlichen Ende der Weißbachschlucht. Steil ragen gleich hinter dem Gasthof die Felswände zum Ristfeuchthorn auf, einem wenig bekannten, jedoch sehr markanten Berg der Chiemgauer Alpen.

Manch einem Autofahrer mag der Gasthof wegen seiner hervorragenden Küche auch bekannt sein als Einkehrmöglichkeit auf dem Weg von Lofer nach Bad Reichenhall oder Inzell. Hier kann man im Sommer die Speisen aus Bayerischer Küche unter schattigen Kastanien im Biergarten genießen. Zu erwähnen sind vor allem die Fleischgerichte aus eigener Rinderzucht und Jagd, die einer Küche der höchsten Ansprüche gerecht wird. Die Tour selbst führt ab Mauthäusl hinunter in die Weißbachschlucht, der wir nach Süden hin folgen. Zuerst schlängelt sich ein beschaulicher Wanderweg entlang des Weißbaches. Später verengt sich die Schlucht. Dann geht es über einige Stege und an einzelnen Stellen ist der Weg in den Fels geschlagen. Uns begleitet eine beeindruckende Szenerie. Vielleicht mag der ein oder andere von Ihnen denken, dieser wildromantische Weg möge nicht mehr aufhören. An den Gedanken, dass das Wandern anstrengend

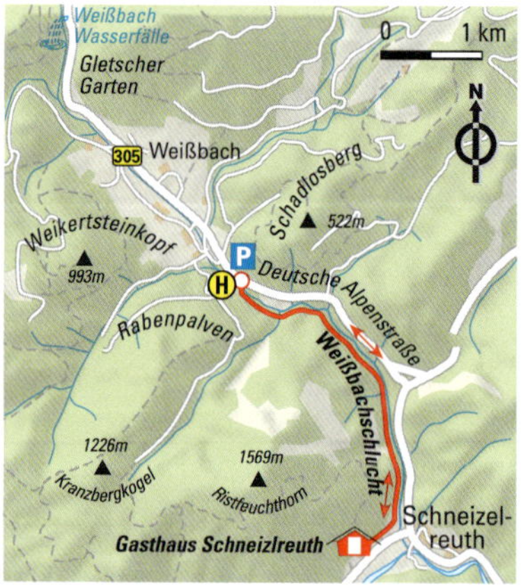

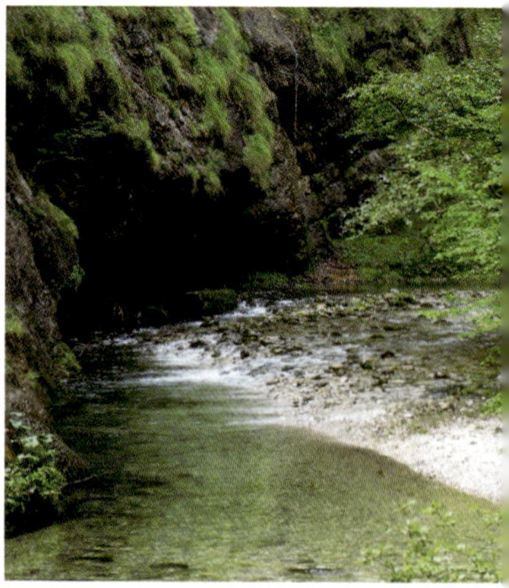

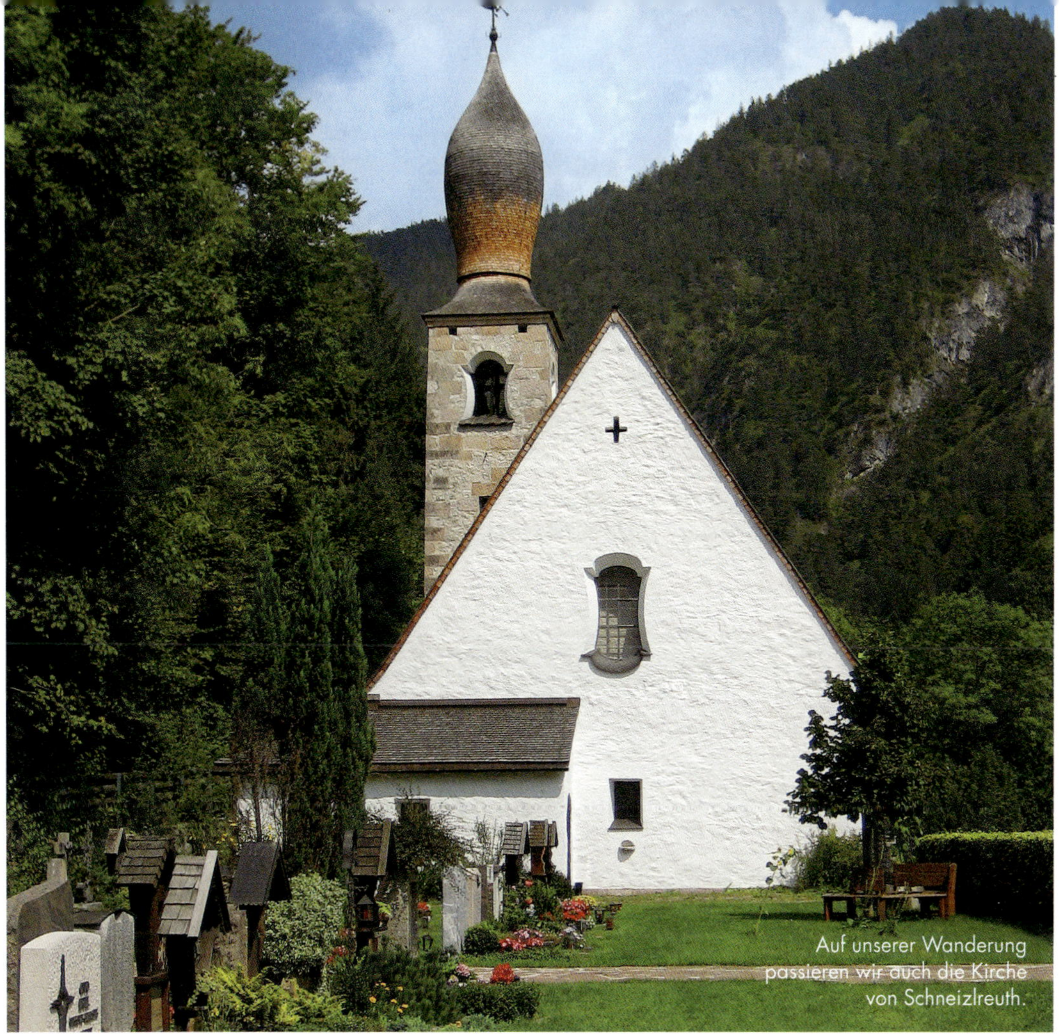

Auf unserer Wanderung passieren wir auch die Kirche von Schneizlreuth.

sein könnte, werden Ihre Kinder auf dieser Tour bestimmt nicht kommen.
Von Mauthäusl aus folgen wir den Wegweisern in die Weißbachschlucht bergab. Nun folgen wir dem Schluchtweg. Am Ende der Schlucht, an der Einmündung zur Hauptstraße, folgen wir dem Wegweiser Richtung Schneizlreuth weiter entlang des Weißbaches auf einem schmalen Wanderpfad. An einer Weggabelung folgen wir dann dem breiten Schotterweg links sowie dem Wegweiser Richtung Schneizlreuth. Wir durchqueren nun das Outdoor-Camp Straub und sind nach etwa 300 Metern am Gasthof Schneizlreuth, unserer Einkehr, angelangt. Der Rückweg ist identisch mit dem Hinweg.

Einkehr

Gasthaus Schneizlreuth, Tel. 08651/ 41 65, Anfang Mai bis Juli Do bis Mo, August bis Mitte September Mi bis Mo, Mitte September bis Ende Oktober Do bis Mo, Ende Oktober bis Anfang Mai Sa, So und an Feiertagen geöffnet

Linke Seite: Stimmungsvoller Abschnitt in der Weißbachschlucht

19 Lattengebirge und Wappbachschlucht

Vier Gipfel und tiefe Schluchten

Schwer | 7 km | 250 m | 5.15 Std.

Alter
Ab 9 Jahren

Tourencharakter
Zum Karkopf und Dreisesselberg auf Wanderwegen, beim Abstieg steigähnliche Wege. Trittsicherheit erforderlich

Ausgangspunkt
Auto: Parkplatz Predigtstuhlbahn. Bahn: Bahnhof Bad Reichenhall-Kirchberg

Endpunkt
Bahnhof Bayerisch Gmain

Anfahrt
Auto: A 8 Richtung Salzburg bis Bad Reichenhall, Berchtesgaden; über Piding nach Bad Reichenhall; dort folgen wir den Wegweisern zur Predigtstuhlbahn. Bahn: München–Salzburg bis Freilassing, von dort Richtung Berchtesgaden bis Bad Reichenhall-Kirchberg

Einkehr
Verschiedene Einkehrmöglichkeiten am Beginn beider Routen; Bergrestaurant und Hotel Predigtstuhl, Tel. 08651/96 85 14; Almhütte Schlegelmulde, Tel. 08651/96 85 13

Karte
Topografische Karte 1:50 000, Blatt Berchtesgadener Alpen

Information
bad-reichenhall.com, predigtstuhlbahn.de

Schon bei der Anreise beeindruckt das Massiv des Lattengebirges mit den hervorstechenden Gipfeln des Dreisesselberges und des Predigtstuhles. Nach der Auffahrt mit der Predigtstuhlbahn, der ältesten erhaltenen Großkabinenbahn, bietet der Gipfelweg wunderschöne Ausblicke.

Hier kann man, zwischen Predigtstuhl, Hochschlegel und Karkopf, schöne Aussichten nach Salzburg sowie in die Felsenwelt der Berchtesgadener Alpen genießen. Bei guter Sicht grüßen von Süden her Watzmann und Hochkalter. Das nordseitig abbrechende Schluchtsystem bietet nach der Gipfelrunde für trittsichere, bergerfahrene Kinder romantische Abenteuerwege in wilder Szenerie. In der Wappbachschlucht hat man das Gefühl, auf einer einsamen Inselwanderung zu sein, so entlegen und schön sind die Eindrücke auf dieser Tour. Das Gestein der schroffen Abbrüche besteht aus Dachsteinkalk und Ramsaudolomit, zersetzt

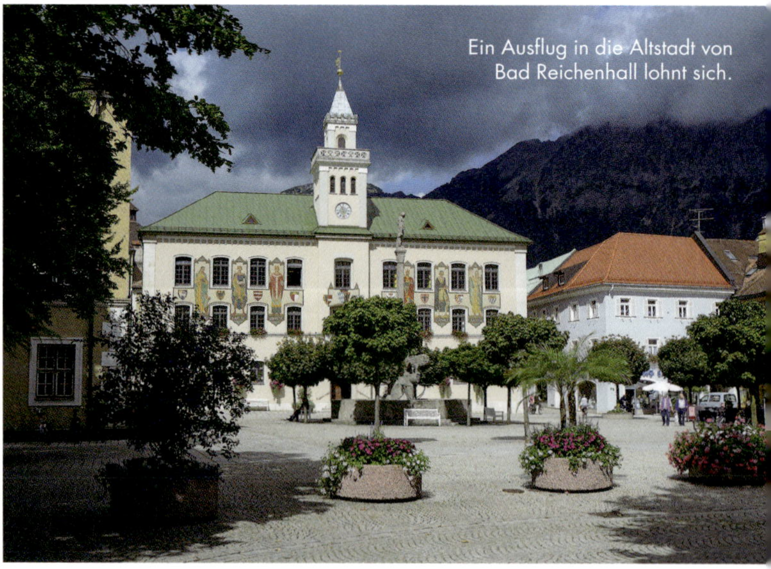

Ein Ausflug in die Altstadt von Bad Reichenhall lohnt sich.

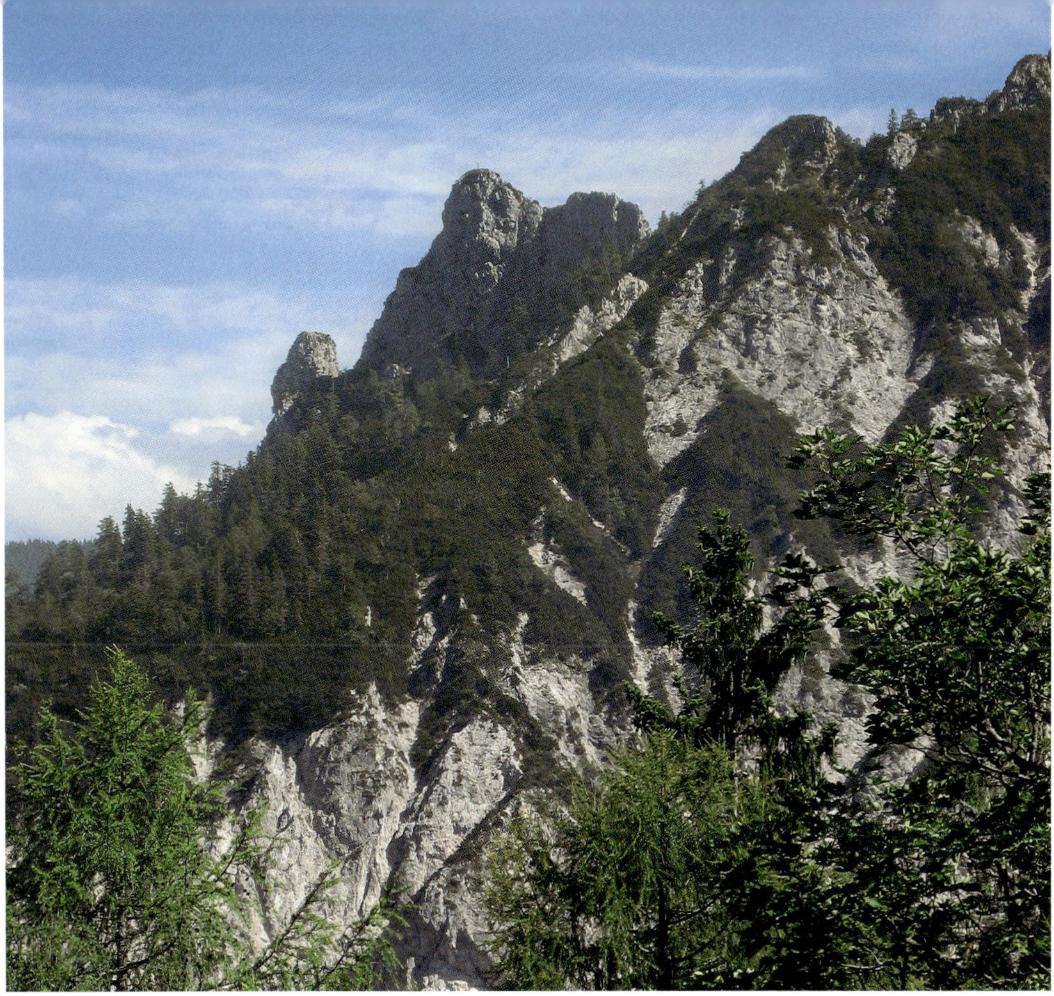

Im »Garten Eden«: der Alpingarten Lattengebirge

von jungeiszeitlichen Gesteinsschichten. Auf ihnen liegt nur eine dünne Humusschicht, die der Grund für diesen Reichtum an verschiedenen Bäumen ist. Bergahorn, Birke, Kiefer, Latsche, Buche und Erle gestalten diese abenteuerliche Landschaft – deshalb auch der Name Alpingarten Lattengebirge.

Bahnfahrer gehen von der Bahnstation durch die Unterführung und weiter über die Saalachbrücke. Danach folgen wir ein Stück links dem Uferweg der Saalach und den Wegweisern Richtung Predigtstuhlbahn. Hier beginnt dann auch für die Autofahrer die Tour. Wir fahren mit der Predigtstuhlbahn zur Bergstation und folgen dort dem Wegweiser »Gipfelweg« zum

Tipp

Die Tour ist nur von Mai bis Oktober zu empfehlen. Auch in dieser Zeit kann es zu Wintereinbrüchen kommen. Vor allem in der Wappbachschlucht können sich noch Altschneemengen halten. Bitte erkundigen Sie sich daher bei unklarer Schnee- und Wetterlage bei der Predigtstuhlbahn. Info: predigtstuhlbahn.de

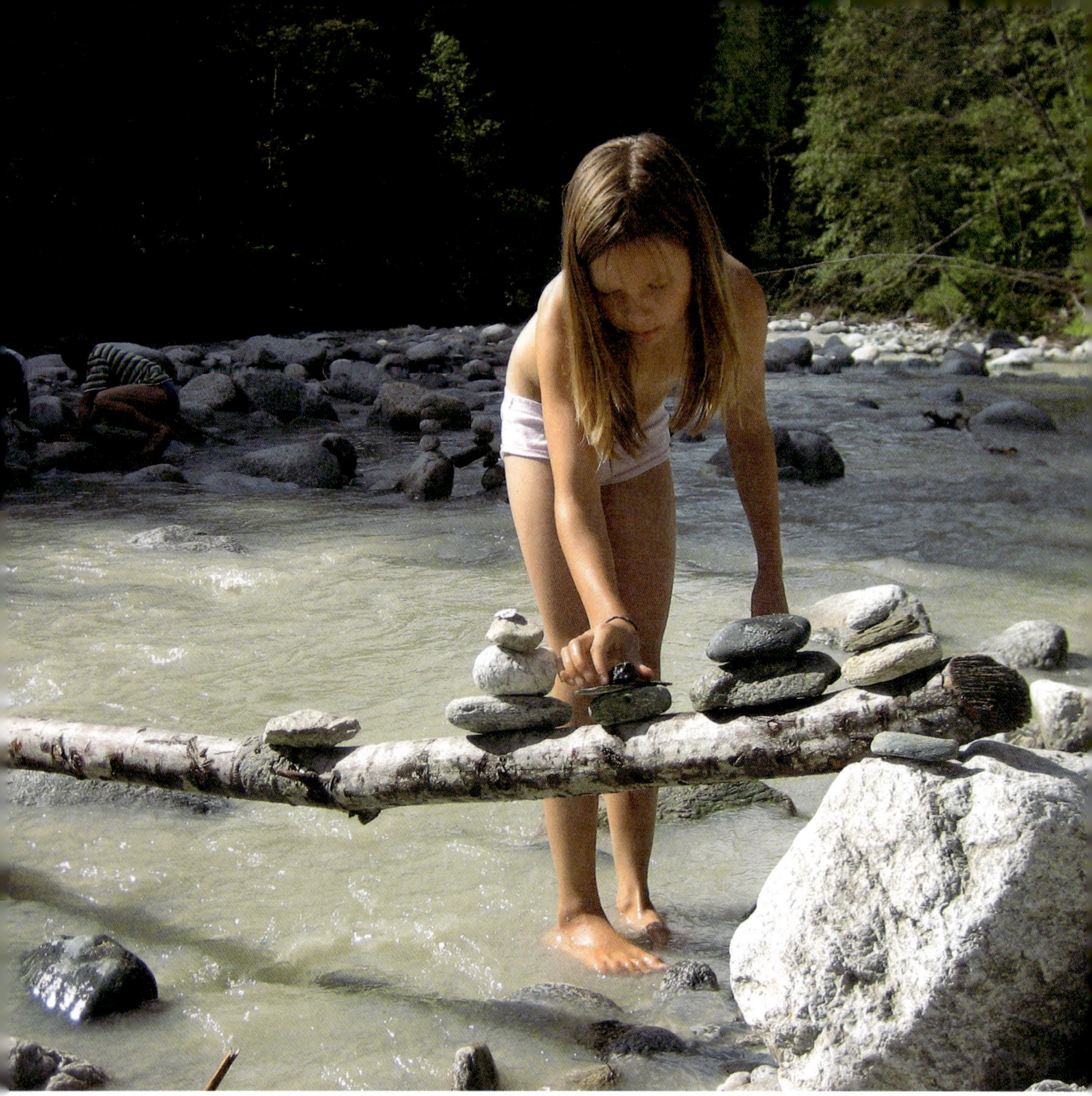

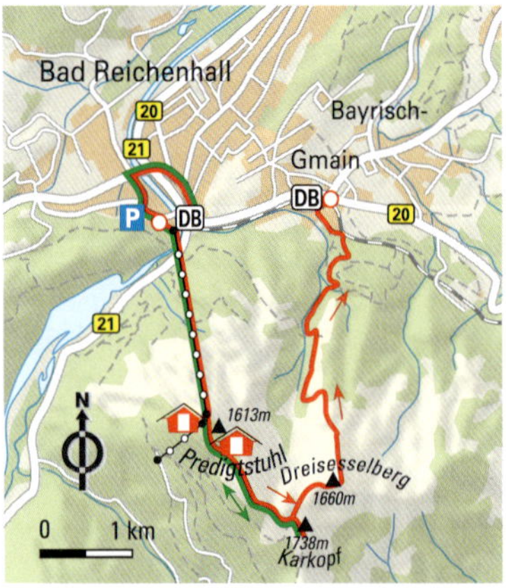

Predigtstuhl, unserem ersten Aussichtspunkt. Dann gehen wir mit dem Wegweiser Panoramaweg zur Almhütte Schlegelmulde. Dort geht es in Serpentinen bergauf zum Hochschlegel, unserem nächsten Aussichtspunkt. Anschließend führt der Weg weiter zum Karkopf, dessen Wegweiser wir dorthin folgen.

Für den weiteren Weg gehen wir nun ein kurzes Stück vom Karkopf wieder auf dem Hinweg bergab zurück. Auf zunächst ebenem Gelände folgen wir dann rechts dem Wegweiser Dreisesselberg, unserem nächsten Gipfel. Von dort aus folgen wir dem Wegweiser »Bayerisch Gmain« auf steigähnlichen Wegen steil bergab. Nach etwa

600 Höhenmetern bergab, an einer Weggabelung im Wald, folgen wir dem Wegweiser Toni-Michl-Steig links bergab in die Wappbachschlucht. An einer Bachbrücke – hier bieten sich gute Möglichkeiten zum Baden und Planschen – mündet der Weg in einen breiteren Wanderweg, dem wir rechts weiter talwärts, immer oberhalb des Wappbaches, nach Bayerisch Gmain folgen. Am Ende des Wanderweges, an einem Wanderparkplatz – hier steht auch eine Infotafel über das Wandergebiet – folgen wir der geteerten Fahrstraße links nach Bayerisch Gmain. In Höhe des Feuerwehrhauses folgen wir dann rechts der Lattenbergstraße. An deren Ende gehen wir ein Stück rechts und dann gleich wieder links in die Obere Bahnhofstraße bis zum Bahnhof. Bahnfahrer können von hier mit Umsteigen in Freilassing bis München fahren. Autofahrer fahren nur eine Station Richtung Freilassing bis Bad Reichenhall-Kirchberg. Wir gehen durch die Unterführung und weiter über die Saalachbrücke. Danach folgen wir links dem Uferweg der Saalach und den Wegweisern zur Predigtstuhlbahn bis zum Parkplatz, unserem Ausgangspunkt.

Tipp

Ein Bummel durch die Altstadt von Bad Reichenhall ist lohnenswert. Der Kurpark mit seinen alten Jugendstilhäusern sowie die Altstadt mit ihrer großen Fußgängerzone laden zum Verweilen ein. Viele Cafés und Gaststätten warten auf Ihren Besuch. Haben Sie schon einmal thailändisch oder indisch nach einer Bergtour gegessen? In Bad Reichenhall ist das möglich, genießen Sie diesen Kontrast. Wasserratten sind hier auch gut aufgehoben. In der Rupertus-Therme mit Solegrotte, Kinderbadebereich und Sole-Thermen-Landschaft mit Innen- und Außenbereich ist der Badespaß für die ganze Familie gesichert. Info: rupertustherme.de

Linke Seite: Kunstwerke im Wasser

Der Bahnhof Bayerisch Gmain ist Endpunkt für alle bergbegeisterten Familien, die durch die Wappbachschlucht gehen.

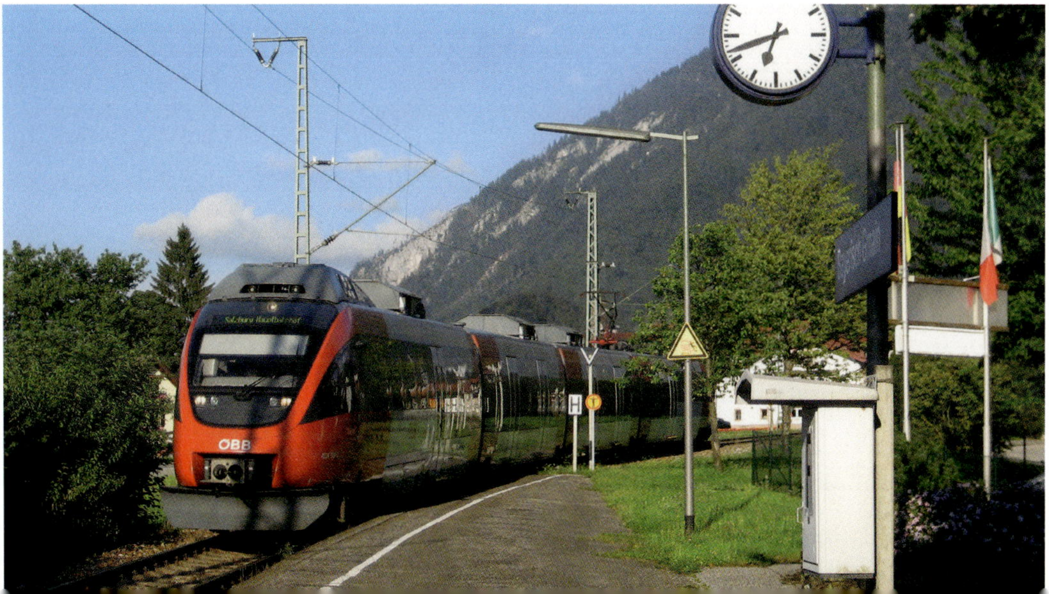

20 Von der Ramsau ins Wimbachtal

Wanderklassiker in der Berchtesgadener Ramsau

Mittel | 17 km | 720 m | 5 Std.

Alter
Ab 6 Jahren

Tourencharakter
Ausgedehnte, wenig anstrengende Talwanderung mit eindrucksvoller Natur, besonders in der Wimbachklamm; Alternative zum Hintersee: Wanderung durch den geheimnisvoll-romantischen Zauberwald zum landschaftlich großartigen Hintersee

Ausgangs-/Endpunkt
Ramsau/Wimbachbrücke (Parkplatz und Bushaltestelle) an der Fahrstraße von Berchtesgaden in die Ramsau

Karte
Topografische Karte 1:50 000, Blatt Berchtesgadener Alpen

Anfahrt
Auto: A 8 München–Salzburg bis Ausfahrt Inzell, über Inzell und Schneizlreuth nach Ramsau. Weiter nach Berchtesgaden bis Parkplatz Wimbachbrücke. Bahn/Bus: Richtung Salzburg bis Freilassing, weiter nach Berchtesgaden, dort mit RVO-Bus 846 nach Hintersee bis Wimbachbrücke

Einkehr
Wimbachschloss, Wimbachgrieshütte, Hintersee

Information
berchtesgaden.com

Rund um Ramsau bieten sich für Kinder viele Naturerlebnisse an: Da ist die tosende Wimbachklamm, die man beim Weg in das Wimbachtal durchschreitet; am Hintersee lockt der Zauberwald; und natürlich kann man dort auch gleich baden oder mit dem Ruderboot fahren.

Von der Wimbachbrücke geht es in Richtung Wimbachklamm zunächst zum Klammeingang, dann auf Treppen durch das

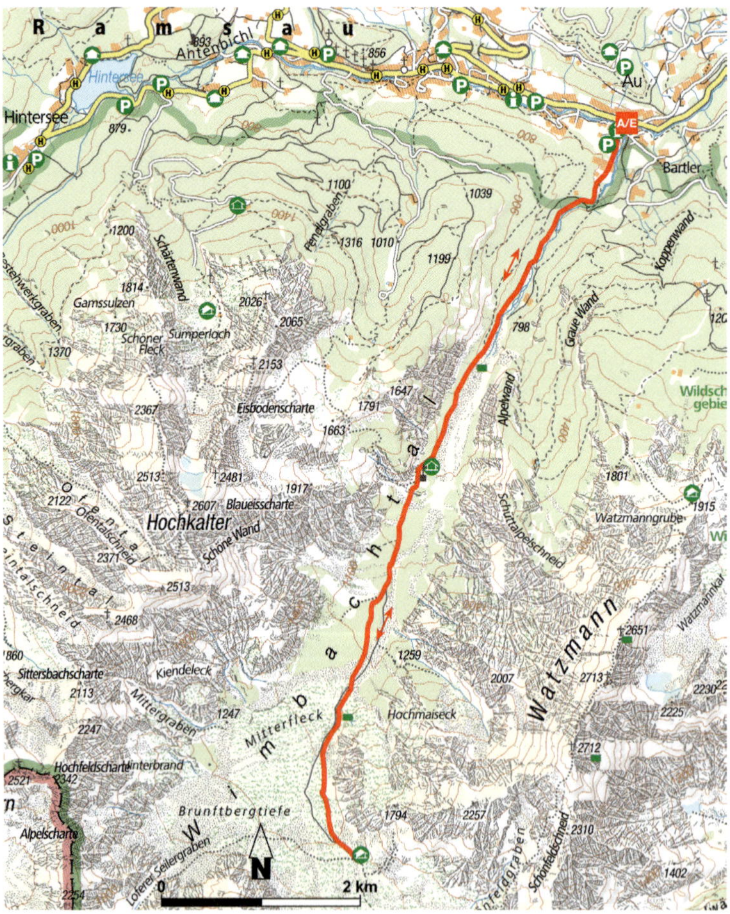

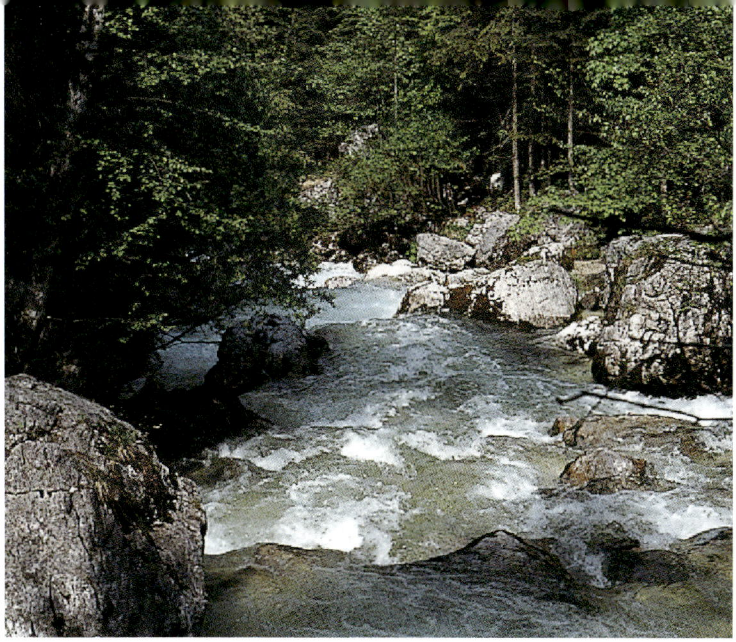

Der romantische Wimbach

rauschende Spektakel, anschließend auf einem gemütlichen Spazierweg zum Wimbachschloss, einem ehemaligen fürstpröpstlichen Jagdschloss und heutigen netten Gasthaus. Dann marschieren wir im Wimbachgries inmitten einer prachtvollen Gebirgslandschaft noch bis zur Wimbachgrieshütte weiter.
Als Alternative bietet sich die dreistündige Wanderung durch den Zauberwald zum Hintersee an. Sie setzt ebenfalls bei der Wimbachbrücke ein und führt zunächst entsprechend der Markierung links der Ramsauer Ache in die westliche Richtung. Der Anstieg wird kaum wahrgenommen, weil sich die 180 Meter Höhendifferenz zwischen Ramsau und Hintersee auf sechs Kilometer Wegstrecke verteilen. Der Weg passiert das Ramsauer Parademotiv mit der malerisch platzierten Kirche, führt später rechts über die Hinterseer Autozufahrt und in den Zauberwald, der als übermooste, walddüstere Felssturzlandschaft den Besucher fast geheimnisvoll berührt. Es folgt bald der nächste Naturhöhepunkt in Gestalt des wildromantischen Hintersees, dessen lohnende Umrundung weitere zweieinhalb Kilometer umfasst. So oder so geht es schließlich auf gleichem Weg nach Ramsau zurück, wenn man nicht mit den Aufstiegen vom Hintersee zur Halsalm oder zur Schärtenalm und Blaueishütte Zusätzliches vorhat.

Zauberwald

Der Zauberwald ist durch einen dramatischen Bergsturz vor Tausenden von Jahren entstanden. Ein Naturlehrpfad führt durch diese schöne wildromantische Landschaft, zahlreiche Tafeln informieren über deren Entstehung und die dort heimischen Pflanzen.

21 Almbachklamm bei Marktschellenberg

Der Lauf des Wassers

Mittel | 5,5 km | 450 m | 3 Std.

Alter
Ab 4 Jahren

Tourencharakter
Klammwanderung und über Wiesen und Wanderpfade; Trittsicherheit erforderlich

Öffnungszeiten
Von Mai bis Okt. täglich 8–18 Uhr, bei schlechtem Wetter geänderte Öffnungszeiten

Preise
Erwachsene 6 €, Kinder 6 bis 18 Jahre 4 €

Ausgangs-/Endpunkt
Almbachklamm, an der B 305 zwischen Marktschellenberg und Berchtesgaden

Anfahrt
Auf der A 8 Richtung Salzburg, Ausfahrt Bad Reichenhall, auf der B 20 über Bad Reichenhall und Berchtesgaden Richtung Marktschellenberg. Der Weg zur Klamm ist ausgeschildert, sie liegt drei Kilometer südlich von Marktschellenberg. Parkplätze vorhanden

Einkehr
Gasthaus Kugelmühle und Mesnerwirt

Karte
Topografische Karte 1:50 000, Blatt Berchtesgadener Alpen

Information
marktschellenberg.de

In einer spannenden Bergklamm laufen Kinder wie von allein und merken gar nicht, dass sie anstrengende Höhenmeter zurücklegen. Die Almbachklamm bietet zusätzlich noch verschiedene weiterführende Wandermöglichkeiten.

Gleich zu Beginn lässt uns die Marmorkugelmühle ein wenig staunen. Einst gab es 40 davon, und sie waren ein ganz kleiner Wirtschaftszweig, der vor allem bei den ärmeren Bergbauern für eine zusätzliche Verdienstmöglichkeit sorgte. In den besten Zeiten wurden im Jahr an die 800 Zentner (ein Zentner waren ungefähr 100 Kugeln) Murmeln, auch Schusser oder Marmeln genannt, durch Wasserkraft produziert. Heute betreiben die Wirtsleute des Gasthauses die Kugelmühle nur noch für Gäste und Touristen, und man kann die marmornen Kunstwerke im Kiosk kaufen.

Gleich hinter der Mühle liegt der Eingang zur Klamm, durch die bis in die 1960er-Jahre noch Baumstämme zur Holzverarbeitung getriftet wurden. Auf gut gesicherten Stegen, Wegen und Brücken geht es nun am rauschenden und brodelnden Wasser entlang. Das Wasser umtost Gesteinsbrocken, bildet tiefgrüne, klare Gumpen, plätschert auch mal sacht dahin und stürzt im nächsten Augenblick über einen Wasserfall in die Tiefe. Wasser kommt nieselnd von oben, die Felswände ragen steil über unseren Köpfen empor. Jetzt können wir uns die Kraft des Wassers am besten vorstellen, erklären und verstehen. Im Laufe der Jahrmillionen hat das Wasser des Almbaches durch mitführendes Geröll das Bach-

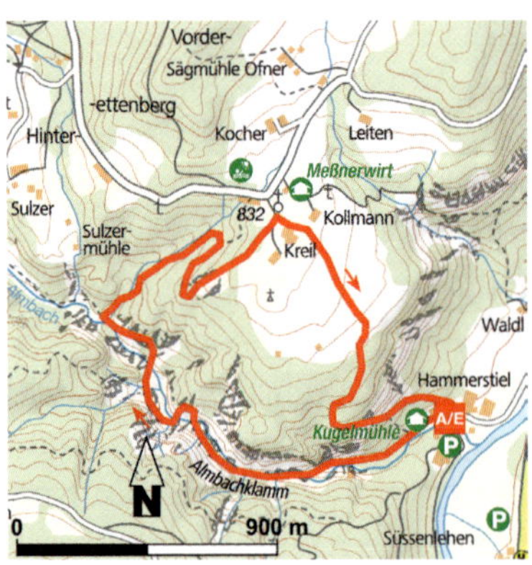

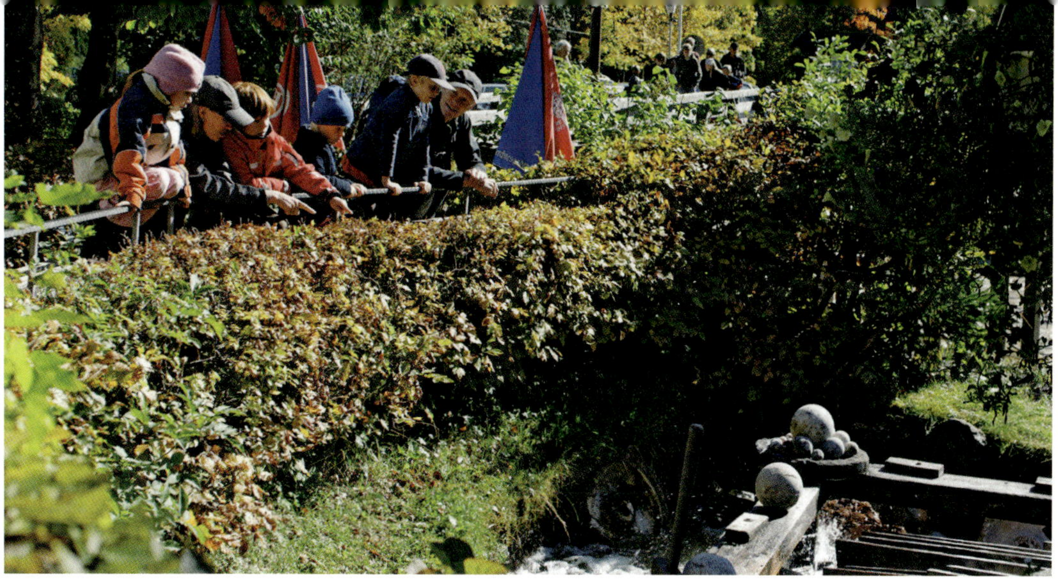

Die Kugelmühle erklärt sich am besten vor Ort.

bett im Gestein so sehr ausgehöhlt, dass eine tiefe Klamm entstand. Ende des 19. Jahrhunderts wurde der erste Weg durch die Klamm für Bergsteiger angelegt. Aber bereits vorher wurde die Klamm mit ihrer Wasserkraft vor allem von den Holzarbeitern genutzt.

1834 entstand am oberen Ende der Klamm eine Staumauer, die Theresienklause. Wenn die Holzknechte Bäume schlugen, wurden die Stämme einfach in die enge Schlucht geworfen. Hinter der Staumauer ließen sich 15 000 Kubikmeter Wasser aufstauen, das dann nach Schleusenöffnung mit großem Schwall durch die Klamm rauschte und alle Holzstämme ins Tal riss. Der Steg am Gasthaus Kugelmühle diente als Auffangbecken für das getriftete Holz. Aber auch ohne Staumauer kann sich das Wasser in der Klamm entfesseln. Nach einem Unwetter im Sommer 1998 wurden die Wege und Befestigungen in der Schlucht fast vollständig zerstört und weggerissen. Mit unvorstellbarer Naturgewalt rauschte das Wasser ins Tal. Heute ist jedoch alles wieder saniert und begehbar. Je weiter wir nach oben gelangen, umso mehr beruhigt sich das Wasserspektakel. Wir kommen zur Abzweigung nach Ettenberg. Hier führt unsere Wanderung dann weiter. Vorher geht es aber noch zwei Stege weiter bis zum Sulzer Wasserfall. Zurück zur Abzweigung steigen wir dann durch den Bergwald hinauf bis zum Mesnerwirt an der barocken Ettenberger Kirche. Von dort geht es zunächst über Wiesen und dann über die Hammerstielwand hinab bis zum Ausgangspunkt.

Hinweis

Nach längeren Regenfällen kann es durch Hochwasser zu Sperrungen oder Umleitungen kommen. Erkundigen Sie sich hierzu in der Tourist-Info Marktschellenberg.

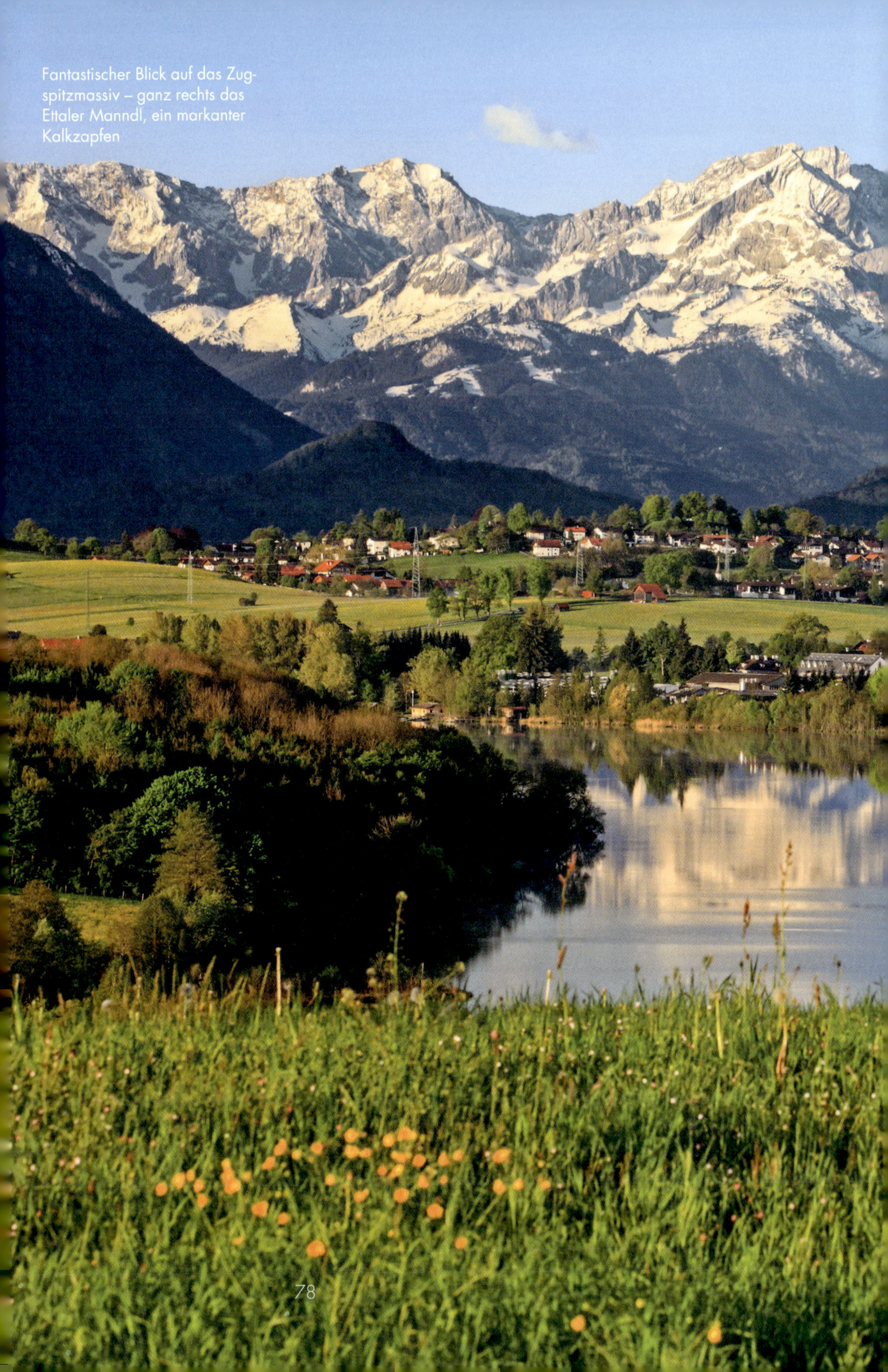

Fantastischer Blick auf das Zugspitzmassiv – ganz rechts das Ettaler Manndl, ein markanter Kalkzapfen

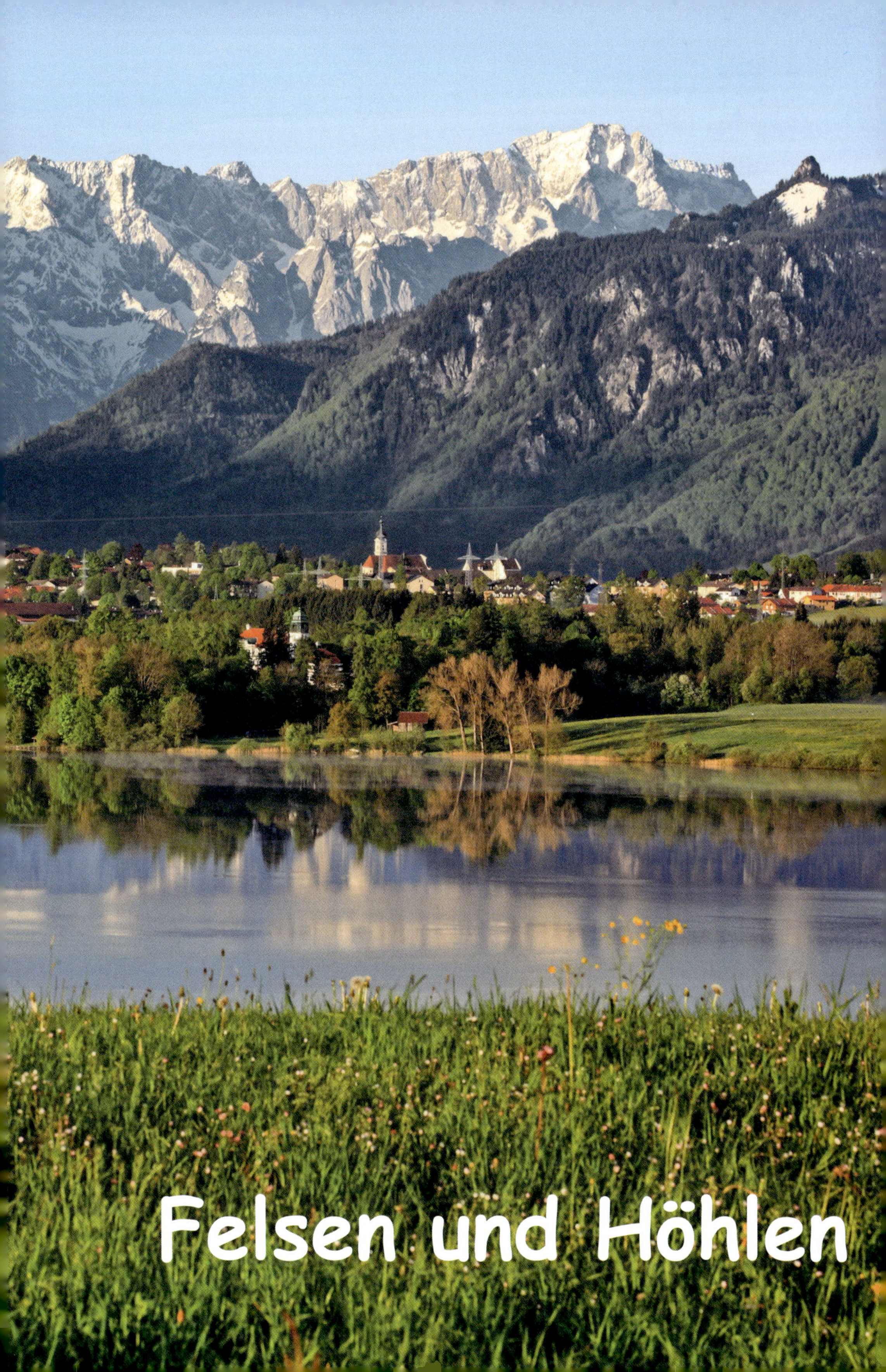

Felsen und Höhlen

22 Auf den Kofel

Klettersteig über Oberammergau

Mittel	8 km	500 m	3.20 Std.

Alter
Ab 4 Jahren

Tourencharakter
Kurzer Klettersteig, auch für Kinder geeignet

Ausgangs-/Endpunkt
Park am Wanderparkplatz

Anfahrt
Auto: A 95 München–Garmisch bis zum Autobahnende in Eschenlohe und weiter über die Bundesstraße nach Oberau. Hier rechts nach Ettal und am Ortsanfang von Oberammergau rechts in Richtung Ortsmitte. Der Ettaler Straße folgen und nach 1,2 km links in die König-Ludwig-Straße, dann nach 250 m links in den Malensteinweg Richtung Friedhof. Unter der Bundesstraße hindurch und links 350 m am Friedhof entlang. Bahn: München–Innsbruck bis Murnau, von dort weiter bis Oberammergau

Einkehr
Kolbenalm

Karte
Topografische Karte 1:50 000, Blatt Karwendelgebirge

Information
oberammergau.de

Nur einen Kilometer Luftlinie vom Ortszentrum von Oberammergau entfernt, genießt man auf dem Kofel einen traumhaften Rundumblick. Der kurze Klettersteig am Gipfel ist im Vergleich zum Klettersteig am Ettaler Manndl deutlich leichter und deshalb für bergtrainierte Kinder als erster Klettersteig geeignet.

Wir starten östlich des Oberammergauer Friedhofs am Parkplatz Döttenbühl auf dem breiten, gestuften Weg, der uns zur Kälberplatte führt. Hinter dem interessanten Namen verbirgt sich eine große Wiese, von der aus man das sehr imposant wirkende Ziel, den Kofel-Gipfel, schon mal bewundern kann. Der Weg führt quer über die Wiese zum Waldrand und dann in vielen Serpentinen bergauf. In der Scharte unterhalb des Gipfels wendet man sich nach rechts und erreicht so den Einstieg in den Klettersteig. Mit Kindern empfiehlt es sich, einen Steinschlaghelm zu tragen, auch wenn dieser hier aufgrund der Neigung nicht unbedingt erforderlich erscheint. Zur Sicherung der Kinder sollten diese aber unbedingt ans kurze Seil genommen werden oder sich selbst mit Klettergurt und Klettersteigset sichern. Wenn man mit einem Klettersteigset nicht umzugehen weiß und die Eltern dies auch nicht zeigen können, sollte man vorher entweder einen Al-

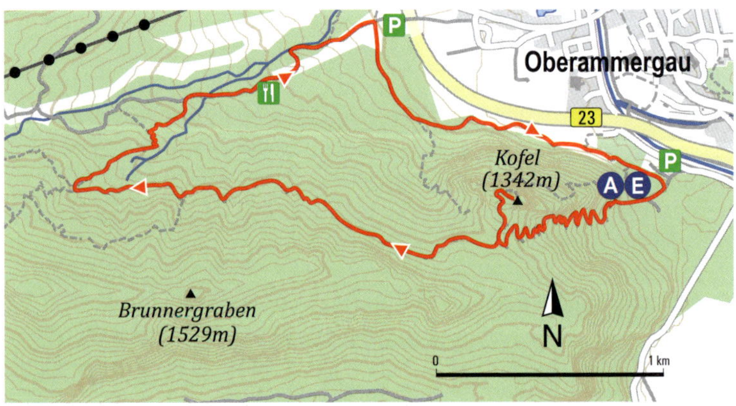

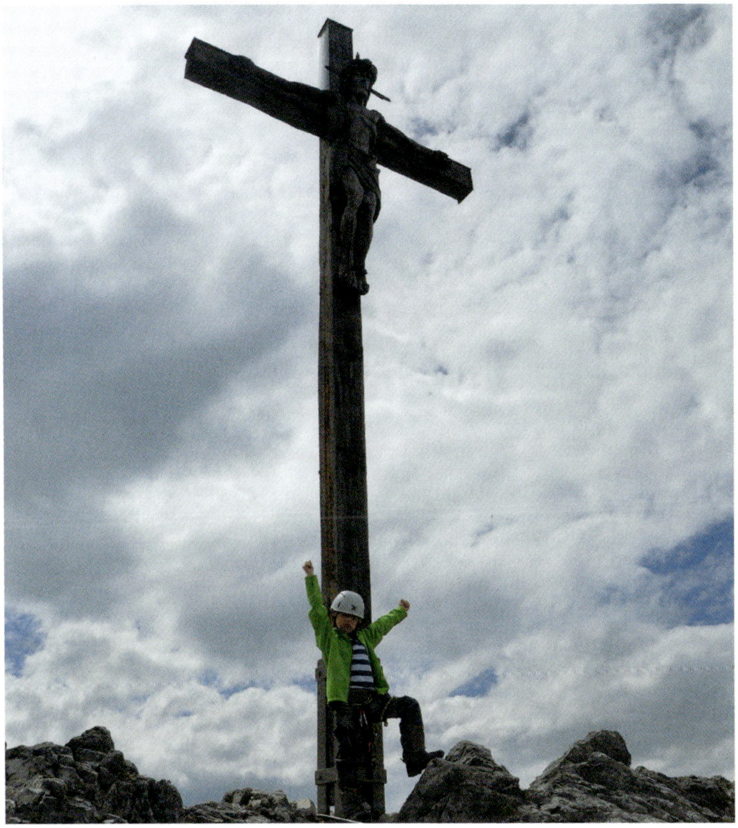

Der Gipfel ist geschafft!

penvereinskurs oder zumindest einen Waldseilgarten besucht haben. Bei Letzterem bekommt man mehr als einmal die wichtige Regel erklärt, dass immer ein Ende des Sets eingehakt bleiben muss.

Nach der Überschreitung des Gipfels, bei der man auch an einem kleinen Unterstand vorbeikommt, und nach dem Klettersteig geht man in der Scharte nicht links zurück zum Parkplatz, sondern über den Königssteg in Richtung Kolbenalm. Die Traverse auf fast gleichbleibender Höhenlinie zieht sich nun etwas, aber die Rast auf der Kolbenalm (Wegweiser beachten) sollte Anreiz genug sein. Die etwas verrümpelt wirkende Alm mag vielleicht abschrecken, aber bei einem Schnitzel mit Pommes kann man nicht viel falsch machen. Anschließend folgen wir der Schotterstraße ins Tal bis zum Parkplatz und gehen dort rechts über die Wiese auf dem schmalen Pfad zum Wald und durch diesen zurück zum Ausgangspunkt.

Wintersport

Im Winter lockt das Familienskigebiet am Kolbenlift.

23 Über die Stepbergalm auf den Kramer

Einkehr mit Zugspitzblick

Schwer	10 km	1200 m	6.30 Std.

Alter
Ab 12 Jahren

Tourencharakter
Bis zur Stepbergalm Wanderwege, dann steigähnliche Wege, die Trittsicherheit erfordern; Kinder sollten hier ggf. angeseilt werden

Ausgangs-/Endpunkt
Garmisch, Maximilianshöhe am Kramerplateauweg

Anfahrt
Auto: A 95 München–Garmisch, weiter Richtung Ehrwald, in Garmisch-Partenkirchen am Ortsende in die Äußere Maximilianstr. fahren, dann links in die Maximilianshöhe abbiegen. Bahn/Bus: Zug nach Garmisch, dort mit Bus-Nr. 1 bis Äußere Maximilianstraße

Einkehr
Stepbergalm (im Sommer einfach bewirtschaftet), Tel. 08821/2238

Karte
Topografische Karte 1:50 000, Blatt Werdenfelser Land

Information
gapa.de

Neben der fulminanten Gipfelaussicht wartet der Kramer noch mit weiteren Qualitäten auf. Beispielsweise mit der idyllischen Stepbergalm, die allein als Brotzeitoase schon den Ausflug lohnt (Kaiserschmarrn!), mit ihren Tieren – Kühe und Schafe – aber auch die Kinder in ihren Bann zieht.

Zur Stepbergalm geht es von der Maximilianshöhe links zum Kramerplateauweg hinauf und noch mal links in Richtung Herrgottschrofen. Bald zweigt rechts eine Fahrstraße ab, die in Richtung Kreuzweg, Stepbergalm beschildert ist und wenig später im Wald verläuft. In der Folge gewinnt man auf steilen, teilweise sonnigen Steigen und Ziehwegen rasch an Höhe. Erst zuletzt und etwa eine Viertelstunde vor der Stepbergalm nimmt uns ein beinahe eben an den Kramer-Südhängen entlangführender Pfad auf, der kurz vor der Almhütte die Hochweide erreicht.

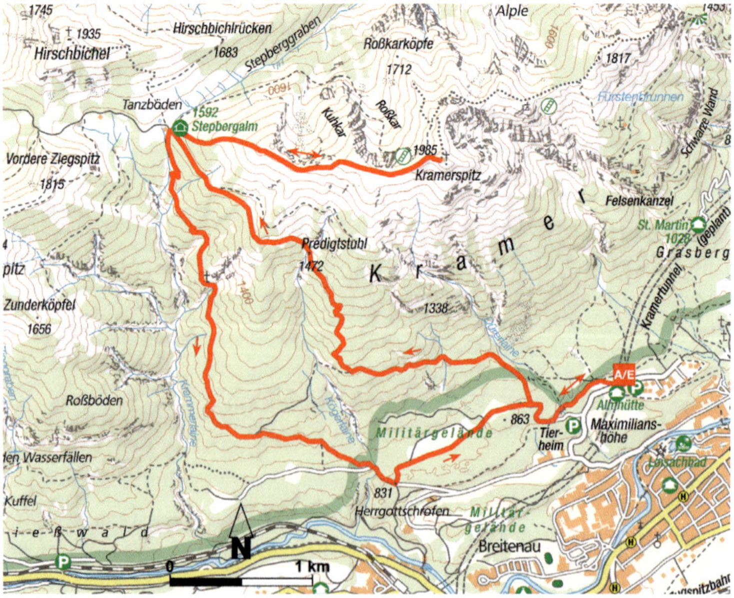

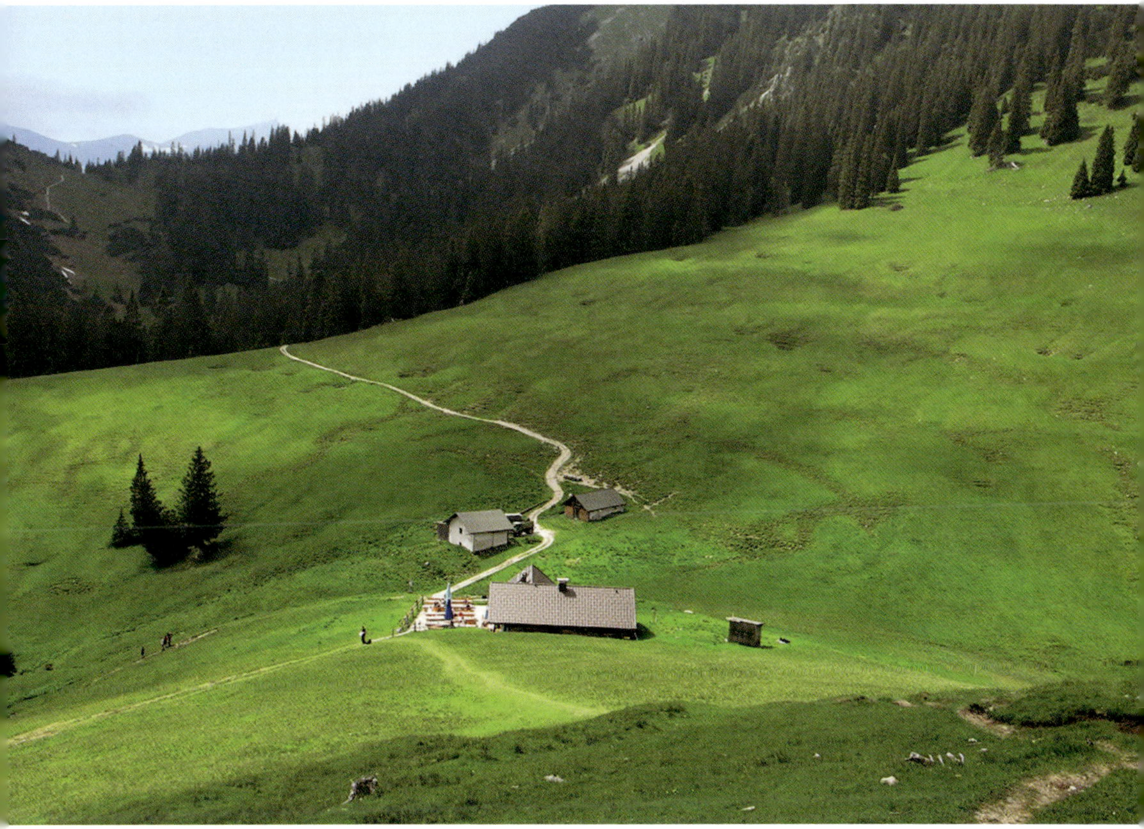

Die Stepbergalm liegt idyllisch auf einer Almwiese.

Der Anstieg zum Kramer beginnt bei der Stepbergalm und führt in die östliche Richtung. Über die westseitigen Latschenhänge kommt man zum Kramergrat und zum Gipfel. Alternativ kann man auch zum Hohen Ziegspitz aufsteigen. Hierzu wandert man von der Stepbergalm zunächst auf einem westwärts gerichteten Sträßchen in Richtung Griesen, passiert eine Diensthütte und kommt zu einem Gatter, vor dem links der Gipfelsteig abzweigt. Auf deutlich erkennbarem Pfad erreicht man zuerst den Vorderen Ziegspitz, dann den Hauptgipfel, den Hohen Ziegspitz.
Für den Rückweg von der Stepbergalm wird man nicht ein zweites Mal den Hinweg wählen, sondern dem nach Garmisch und zum Kramerplateauweg beschilderten Steig westlich der Anstiegsroute folgen, der unmittelbar bei der Stepberg-Almhütte einsetzt, in südlicher Richtung auf die Bäume zuläuft und sich dann hoch über der Kramerlaine zur Garmischer Aussichtspromenade hinabzieht. Auf dem belebten Höhenweg geht es links wieder zum Ausgangspunkt zurück.

24 Das Ettaler Manndl

Einstiegs-Klettersteig

Mittel	2 km	850 m	3.30 Std.

Alter
Ab 5 Jahren

Tourencharakter
Kurzer Klettersteig, auch für Kinder geeignet

Ausgangs-/Endpunkt
Parkplatz bei der Laber-Bergbahn

Anfahrt
Auto: A 95 München–Garmisch bis zum Autobahnende in Eschenlohe und weiter über die Bundesstraße nach Oberau. Hier rechts nach Ettal und am Ortsanfang von Oberammergau rechts zur Laber-Bergbahn. Bahn: München–Innsbruck bis Murnau, von dort weiter nach Oberammergau

Einkehr
Gaststätte bei der Bergstation der Laber-Bergbahn

Karte
Topografische Karte 1:50 000, Blatt Karwendelgebirge

Information
oberammergau.de

Das Ettaler Manndl ragt als markanter Felszacken aus dem Laber heraus. Der klassische Anstieg beginnt direkt beim Kloster Ettal und führt in etwa zwei Stunden durch den Tiefentalgraben zum Ettaler Manndl. Um den Kindern Kraft für den kurzen, aber Konzentration erfordernden Klettersteig zu sparen, nutzen wir zumindest für den Aufstieg die Laber-Bergbahn.

Berg & Bad

Mit dem Doppelticket Berg & Bad kann man während der Sommersaison das Bergvergnügen mit Badespaß im Wellenberg-Bad in Oberammergau kombinieren.

Wir fahren mit der weltweit letzten Großkabinen-Zweiseil-Umlaufbahn vom Ortsteil Sankt Gregor auf den Laber. Das Besondere an der Bahn ist, dass vier nicht ganz so große Großkabinen in einem Umlaufsystem verkehren. Bei der Bergstation gilt es dem Kaiserschmarrn zunächst die kalte Schulter zu zeigen und die Sonnenterrasse der Berggaststätte tapfer zu überqueren. Auf dem kleinen Kiesplatz neben der Sonnenterrasse beginnt der Weg zum Ettaler Manndl. Dieser führt zunächst nach Osten leicht bergab und schließlich in eine Senke. Wenig später zweigt links der Weg zum Soilasee, der auch von Oberammergau heraufführen würde, links ab. Wir gehen rechts und bei der Bank beim großen Felsen, neben dem man einen schönen Tiefblick nach Norden hat, rechts über die Stufen durch zwei Serpentinen bergab. Nun gehen wir den Weg an der Höhenlinie entlang, bis von rechts der Normalweg von Kloster Ettal heraufführt. Wir folgen wieder der Beschilderung zum Ettaler Manndl nach links leicht bergauf bis zur Felswand. Hier erreichen wir bei der Eisenkette den Einstieg in den Klettersteig. Die kurze Passage bis zum Gipfel wäre schnell geschafft,

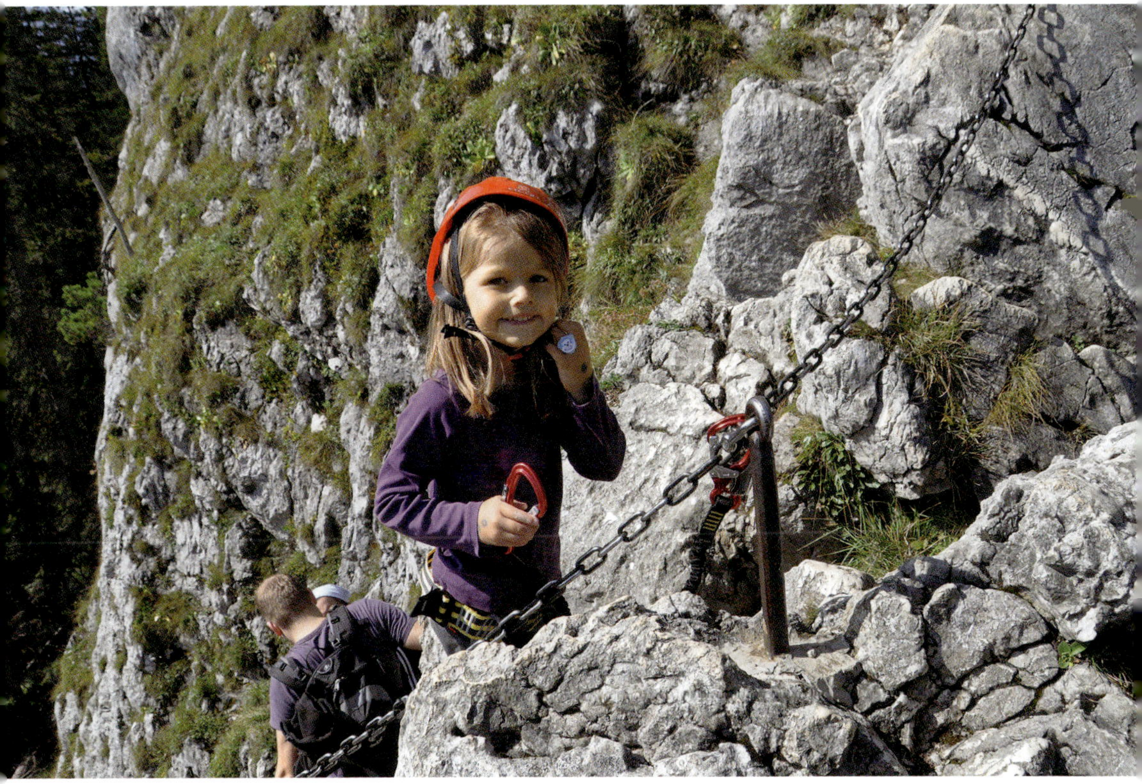

Gerade auch die Kleinsten sind mit Begeisterung dabei.

wäre da nicht der rege Gegenverkehr und die zunächst noch anstehende Rüstzeit. Kinder sollten hier zur Sicherheit ein Klettersteigset nutzen oder ans kurze Seil genommen werden. Ein Steinschlaghelm empfiehlt sich für Groß und Klein. Der Klettersteig ist nicht schwer und hat auch für Kinder keine wirklich anspruchsvolle Schlüsselstelle, aber dennoch handelt es sich um einen steilen, felsigen Aufstieg, der durchgängig mit Ketten gesichert ist. Vom Gipfel hat man einen sehr schönen Blick auf Zugspitze, Garmisch-Partenkirchen, den Hörnle-Höhenzug, das Moor zwischen Eschenlohe und Oberau sowie ins Voralpenland mit dem Staffelsee.

Im Anschluss geht man wieder zurück zur Bergstation oder folgt dem Weg beim Klettersteig-Einstieg weiter über den verlandeten Soilasee nach Oberammergau.

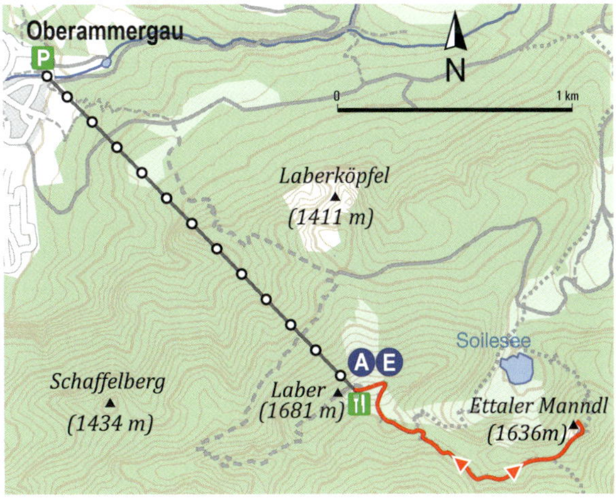

25 Bergwelt Karwendel

Der bayerische Skywalk

Leicht	2 km	200 m	0.45 Std.

Alter
Ab 5 Jahren

Tourencharakter
Panoramarundweg und spektakulärer Ausblick vom Informationszentrum; Auffahrt mit der Karwendelbahn

Öffnungszeiten
Täglich 9–16.30 Uhr

Preise
Erwachsene 34,50 €, Kinder von 6 bis 17 Jahren 23,50 €, Familienkarte (2 Erwachsene, 1 Kind) 77,50 €

Ausgangs-/Endpunkt
Bergstation Karwendelbahn

Anfahrt
Auto: Auf der A 99 Richtung Garmisch, durch Garmisch nach Mittenwald, zweite Ortsabfahrt nach Mittenwald nehmen, der Weg zur Karwendelbahn ist ausgeschildert; unterhalb auch kleiner Mountainbiker-Parkplatz.
Bahn: München–Innsbruck bis Mittenwald; vom Bahnhof 15 Min. bis zur Talstation

Einkehr
Karwendelbahn-Berggaststätte mit großer Sonnenterrasse

Karte
Topografische Karte 1:50 000, Blatt Karwendelgebirge

Information
karwendelbahn.de

Atemberaubend ist der Blick aus dem Fernrohr des Naturinformationszentrums. Unter uns liegen blanke Felswände und das grüne Tal um Mittenwald.

Für diese Tour sind uns viele Überschriften eingefallen: »Adlerhorst im Fels«, »Freier Fall bis unten«, »Wem wird da schon schwindelig«, »Ein bisschen Mut muss sein«. »Der bayerische Skywalk« trifft es aber in Anlehnung an ein ähnliches Bauwerk, den großen Skywalk über dem Grand Canyon in den USA, am besten. Uns schützt nur die dicke Glaswand in Form einer Fernglaslinse vor dem freien Fall. Sensationell und wirklich nur etwas für ganz Mutige. Dabei ist bereits die Auffahrt mit der Karwendelbahn ein Erlebnis. Über nur zwei gesetzte Masten schweben wir in einer Gondel 1200 Höhenmeter nach oben. Wem hier schon mulmig wird, der schaut besser einfach geradeaus Richtung Horizont. Auf der anderen Seite über Mittenwald erhebt sich hinter dem vorgelagerten Kranzberg majestätisch das Wettersteingebirge mit der Alpspitz und der Zugspitze. Oben angekommen, besuchen wir am besten gleich die Ausstellung »Bergwelt im Karwendel«.

Das Naturinformationszentrum gibt einen Einblick in das alpine Ökosystem mit Schwerpunkt auf dem Lebensraum Karwendel. Hier wird uns alles über die besonderen Lebensumstände der Tiere und Pflanzen am Berg erklärt. Die schwierigen Bedingungen einer kurzen Vegetationsperiode sind dafür ein Beispiel. Dem weißen Bergschneehuhn hat man ein ganzes Kapitel gewidmet, ebenso dem Kreislauf des Wassers. Das Informationszentrum ist ein umstrittenes Bauprojekt. So haben sich nicht nur die Kosten für den Bau erheblich erhöht, Naturschützer kritisieren auch Zweck und Ort des Museums. Sie argumentieren, dass das Museum bloß eine Attraktion und somit eine Belebung für die Karwendelbahn selbst ist – was angesichts der nicht gerade billigen Bergbahnkarten nicht von der Hand zu weisen ist. Nichtsdestotrotz ist der Bau allein schon aufgrund

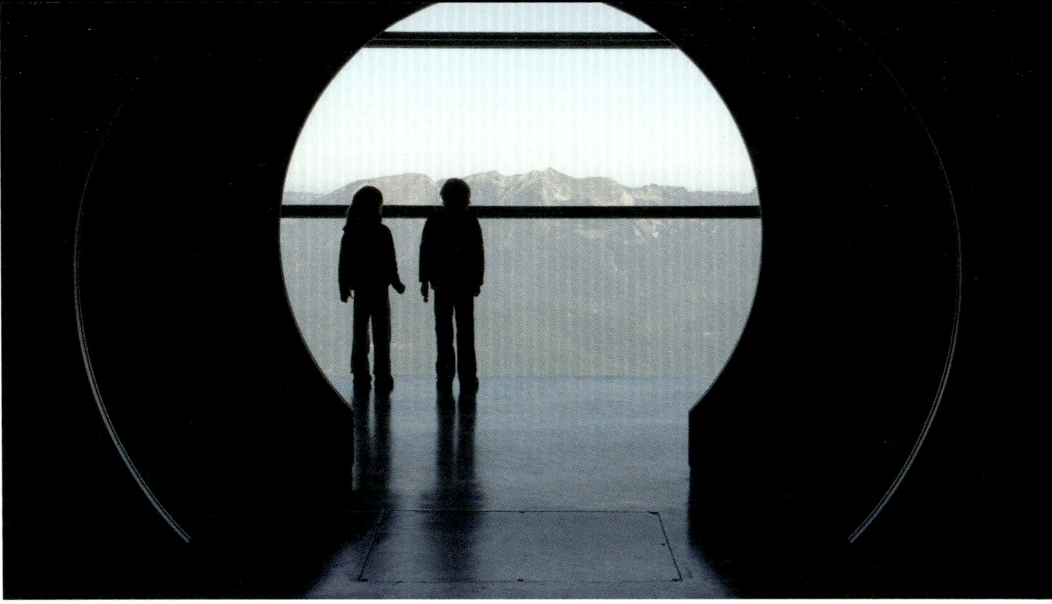

seiner Architektur einen Ausflug wert. Aber nur deswegen rentiert sich der Ausflug eigentlich nicht. Mit den Kindern sollten wir unbedingt noch den kleinen Panorama-Rundwanderweg gehen. Dabei umrunden wir ohne große Höhenunterschiede die Karwendelgrube in knapp 45 Minuten. Von jeder Seite eröffnen sich neue Ausblicke auf die umliegenden Berge und Täler. Testen Sie auf keinen Fall den Abstieg über den Mittenwalder Höhenweg, wenn Sie selbst kein Bergsteiger mit Klettererfahrung, kompletter Kletterausrüstung und absoluter Schwindelfreiheit sind. Mit einer warmen Jacke können wir aber den 400 Meter langen Dammkar-Tunnel durchqueren und sogar über die Dammkar-Abfahrt ins Tal absteigen. Das ist aber nur etwas für bergerfahrene Kinder, die ein wenig Ausdauer für den fast fünfstündigen Abstieg mitbringen.

Am Ende ist der Abgrund.

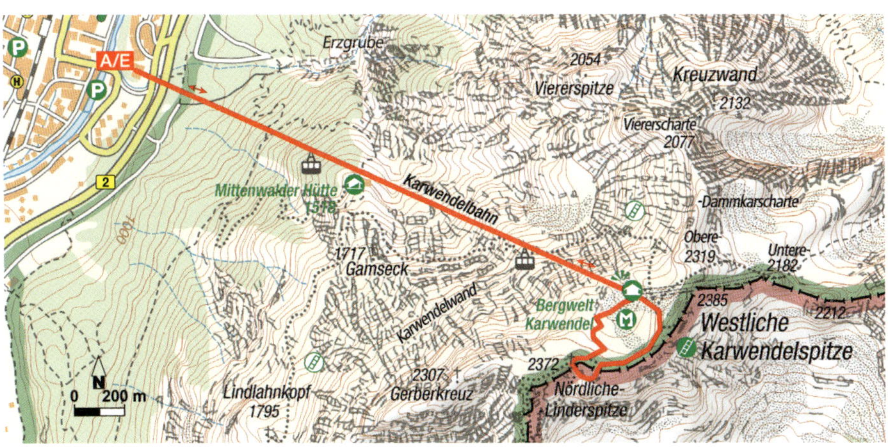

26 Die Wendelsteinhöhle

In die Unterwelten unter Bayerns schönsten Aussichtsberg

Mittel	3,5 km	170 m	3.30 Std.

Alter
Ab 5 Jahren

Tourencharakter
Gut gesicherte Wege in die Wendelsteinhöhle. Gut angelegter Gipfelweg mit Geländern. Im weiteren Verlauf auf dem Panoramarundweg Trittsicherheit und Schwindelfreiheit punktuell erforderlich.

Ausgangs-/Endpunkt
Bergstation der Wendelsteinbahnen

Anfahrt
Auto: A 93 bis Brannenburg; in Brannenburg an der Ampelkreuzung geradeaus Richtung Sudelfeld; am Ortsende von Brannenburg dem Wegweiser zur Wendelstein-Zahnradbahn folgen. Bahn/Bus: München–Kufstein bis Brannenburg; mit Wendelstein-Ringlinie zur Wendelstein-Zahnradbahn-Talstation. Infos unter wendelstein-ringlinie.de

Einkehr
Wendelsteinhaus, Tel. 08023/404

Karte
AV-Karte 1:50 000, Blatt BY 16 Mangfallgebirge Ost

Information
brannenburg.de, wendelsteinbahn.de

Die Wendelsteinhöhle liegt unter dem gleichnamigen Gipfel. Nachdem wir auf dem Gipfel- und Panoramaweg, dem Geologierundweg, die grandiose Aussicht genossen haben, geht es in die dunklen Unterwelten. Wir steigen zuerst über viele Stufen in den eisigen Bauch des Wendelstein, dann vermitteln uns interaktive Infostationen auf unterhaltsame Weise viel Wissenswertes zum Thema Höhle.

Von Brannenburg aus unternehmen wir die wirklich abenteuerliche Fahrt mit der Wendelsteinbahn auf einen der schönsten Aussichtsberge in Oberbayern. Denn der Aufstieg hierher ist

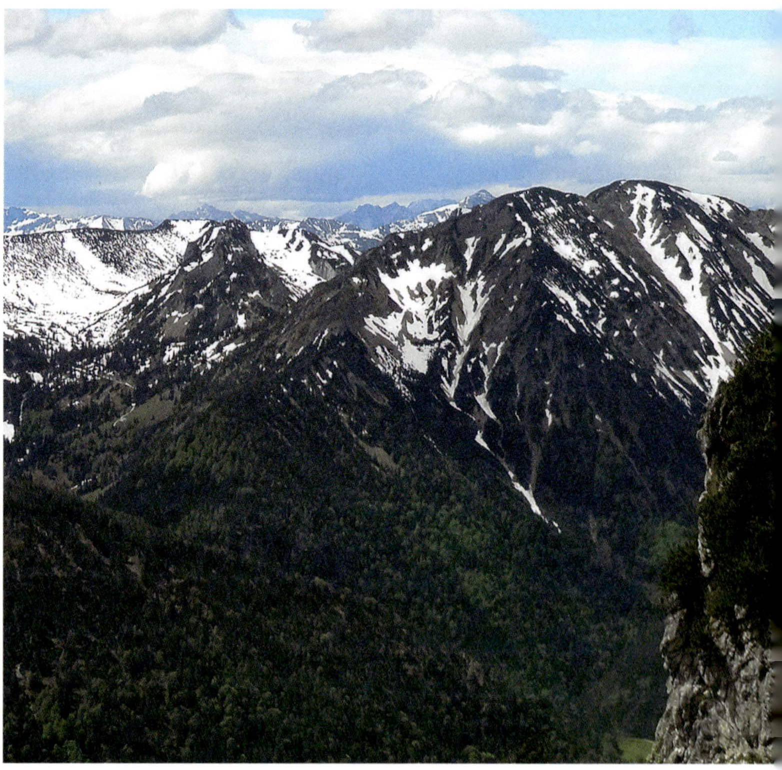

weit, allein von der Talstation der Zahnradbahn sind es schon fünf Stunden, und wir wollen ja schließlich hier oben die Höhle und den Gipfel- und Panoramaweg erkunden. Früher fuhr die Bergbahn vom Bahnhof in Brannenburg ab, das wäre auch heute noch eine wirklich perfekte Anbindung. Doch die langsame, zuckelnde Bahn kreuzte mehrere Straßen und blockierte den Autoverkehr. So wurde sie 1961 zum heutigen Talbahnhof zurückgenommen. Wer aktuell mit der Bahn anreist, kann den Bus der Wendelstein-Ringlinie nehmen oder auf einem beschaulichen Spazierweg in etwa 45 Minuten zur Talstation gelangen. Vom Bahnhof Brannenburg biegen wir links in die Wendelstein-

Die Wendelsteinhöhle

Der gesamte Gipfel des Wendelstein ist von einem Höhlensystem durchzogen. Begeben Sie sich auf eine Entdeckungsreise in die Dunkelheit. Über einen Zugangsstollen hinter dem Bergbahnhof gelangt man in eine sogenannte Kältefalle, in der auch noch im Hochsommer Schnee liegt. In der anderen Richtung öffnet sich nach etwa 200 Metern der imposante »Höhlendom«. Seit 2010 begleiten hier vier interaktive Infostationen den Besucher durch das Innere des Berges.

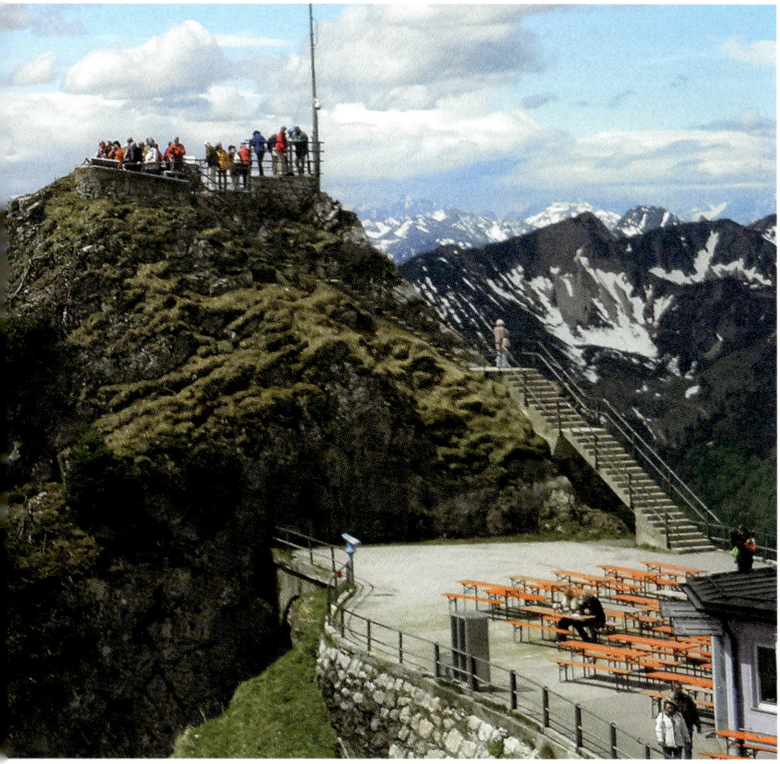

Von der Aussichtskanzel an der Wendelstein-Bergstation geht der Blick über die Schlierseer Berge bis zum Alpenhauptkamm.

Rechte Seite: Ein anschauliches Informationssystem führt durch die Wendelsteinhöhle.

In der Kältefalle, einem Höhlenportal der Wendelsteinhöhle, liegt auch im Sommer noch Schnee.

straße ein. Dann folgen wir nach einer Brücke über den Kirchbach dem linken Uferweg. Wir überqueren nun die Rosenheimer Straße und gehen weiter entlang des Kirchbachs bis zur Mühlenstraße. Hier nehmen wir den Kellerweg und folgen dem Wegweiser »Wendelsteinbahn«. Dann zweigt nach links ein Fußweg ab, dem wir folgen. In Thann gehen wir an einer Straßengabelung links und folgen der Straße. An einer Kreuzung angelangt, geht es geradeaus in einen breiten Schotterweg. Dann folgt eine Weggabelung, an der wir den rechten Weg nehmen und im Anschluss ohne Beschilderung bis zum Bahnhof der Wendelstein-Zahnradbahn weitergehen.

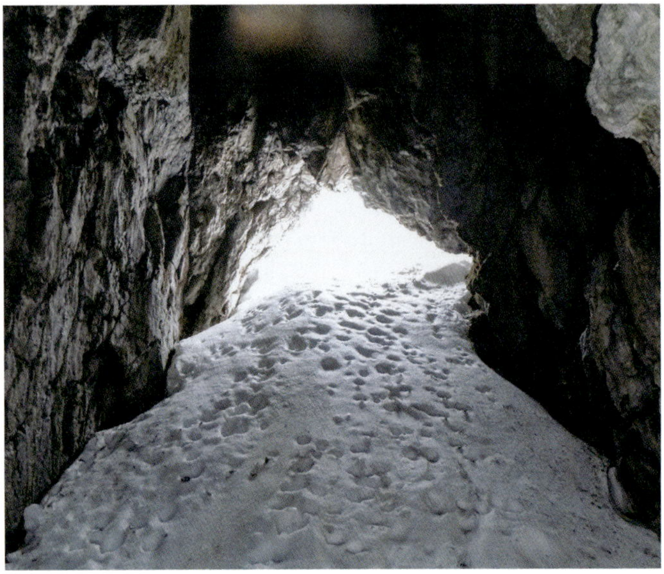

Bei der Auffahrt werden auf 7,66 Kilometer Strecke 1270 Höhenmeter überwunden, davon 6,15 Kilometer an der Zahnstange. Manch einem Fahrgast wird bei dieser Steigung unheimlich, doch keine Angst, das Zahnstangensystem hat sich in 100 Jahren nur um zwei Millimeter abgenützt. Nach der Auffahrt lohnt sich neben der Höhle und dem Gipfel- und Panoramaweg auch ein Abstecher zum Wendelsteinkircherl und zum »Gachen Blick«. Die Aussichtskanzel bietet uns majestätische Ausblicke vom Kaiser über das Rofan und das Karwendel hinüber zum Wetterstein. Im Hintergrund bauen sich die Zentralalpen auf. Was für eine Aussicht!

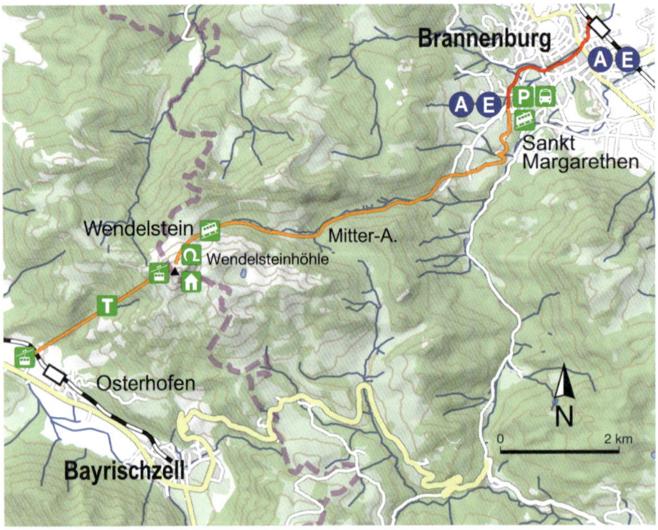

Der Rückweg für Bahnfahrer ohne Busweiterfahrt zurück zum Bahnhof entspricht dem Hinweg. Alternativ kann man mit der Wendelstein-Ringlinie oder diversen Taxidiensten zurück zum Bahnhof fahren.

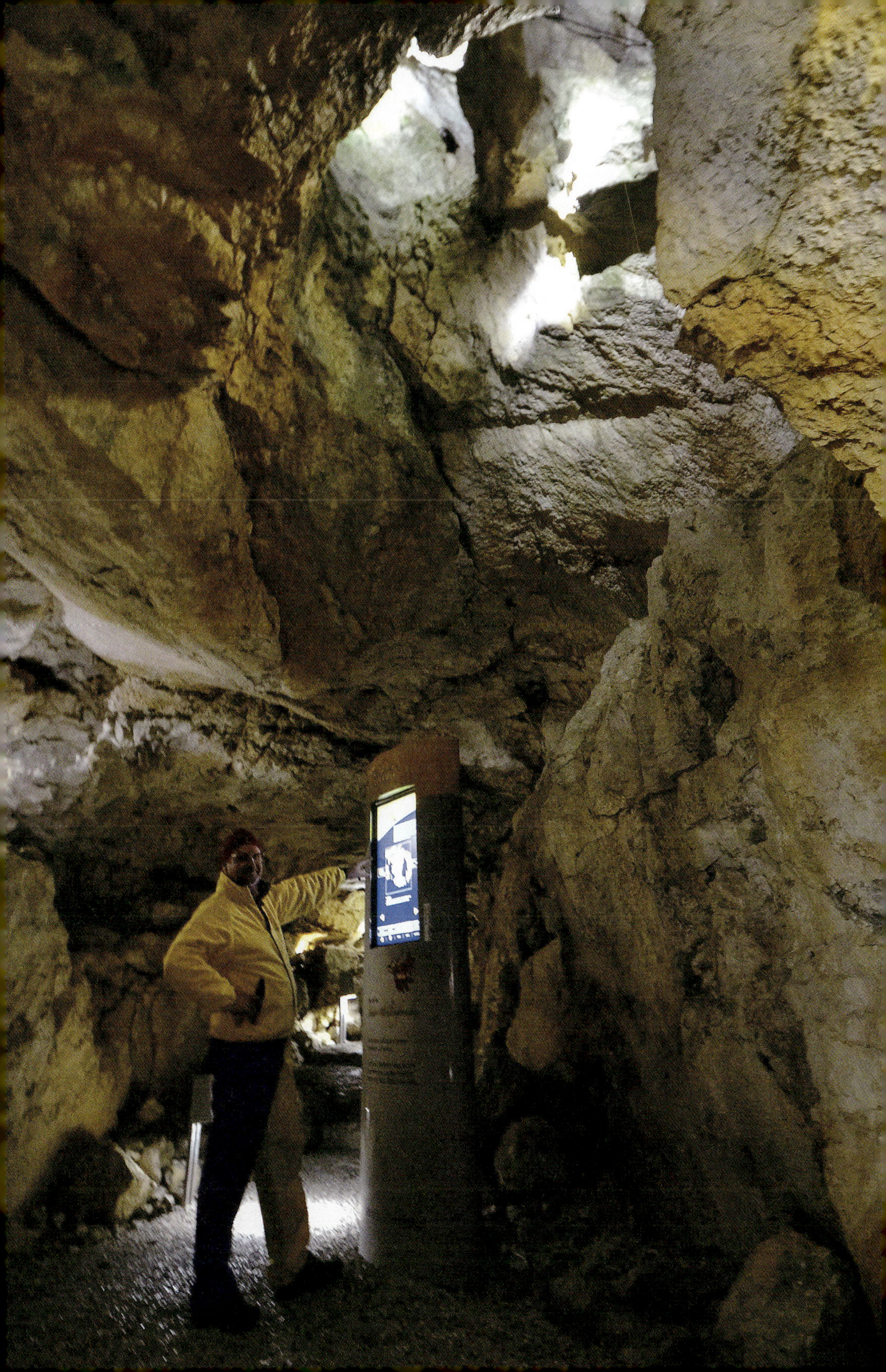

27 Der Tatzelwurm

Aussichtskanzel im Vorfeld des Kaisers

Schwer | 12,5 km | 850 m | 5 Std.

Alter
Ab 8 Jahren

Tourencharakter
Bis zum Brünnsteinhaus einfache Bergwanderung; Dr.-Julius-Mayr-Weg (Klettersteig) und erster Abstieg anspruchsvoller, Trittsicherheit und Schwindelfreiheit erforderlich; Klettersteigset mit Helm mitnehmen, Kinder anseilen

Ausgangs-/Endpunkt
Gasthaus Tatzelwurm, Wanderparkplatz an der B 307 (Sudelfeldstraße)

Anfahrt
Auto: A 8 Salzburg bis Inntaldreieck, A 93 bis Oberaudorf, Richtung Sudelfeld bis zum Parkplatz am Gasthaus Feuriger Tatzelwurm. Bahn: München–Salzburg bis Rosenheim, dort Richtung Kufstein bis Oberaudorf, hier mit Wendelstein-Ringlinie bis Gasthaus Tatzelwurm; BOB nach Bayrischzell, mit Wendelstein-Ringlinie bis Gasthaus Tatzelwurm

Einkehr
Gasthaus-Hotel Feuriger Tatzelwurm, Brünnsteinhaus

Karte
Topografische Karte 1:50 000, Blatt Mangfallgebirge

Information
bayrischzell.de

Der Brünnstein zwischen Bayrischzell und Oberaudorf ist dank seiner separaten Lage ein exquisiter Aussichtsgipfel. Highlight ist der kurze Klettersteig am Gipfel, der bei fehlender Klettersteigerfahrung auch westseitig umgangen werden kann.

Ein viel benutzter Brünnstein-Anstieg beginnt beim Gasthaus Zum feurigen Tatzelwurm, das von Bayrischzell aus auf der Sudelfeldstraße oder von Brannenburg bzw. von Oberaudorf aus zu erreichen ist. Beim Gasthaus folgt man dem Wegweiser zum Wasserfall, passiert zunächst das Naturspektakel, marschiert anschließend von einem Großparkplatz in Richtung Brünnstein weiter und steigt südostwärts über die Schoißeralm und auf Waldwegen zum solide bewirtschafteten Brünnsteinhaus auf.

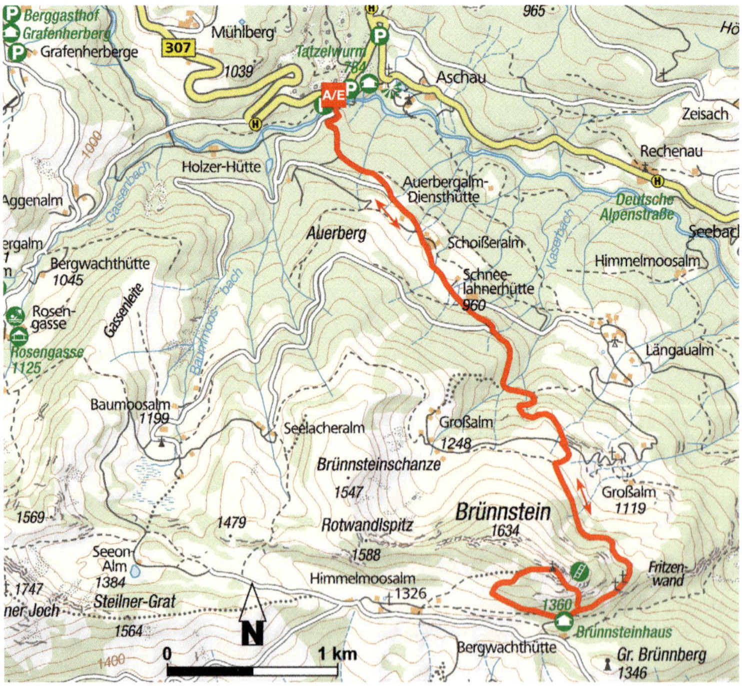

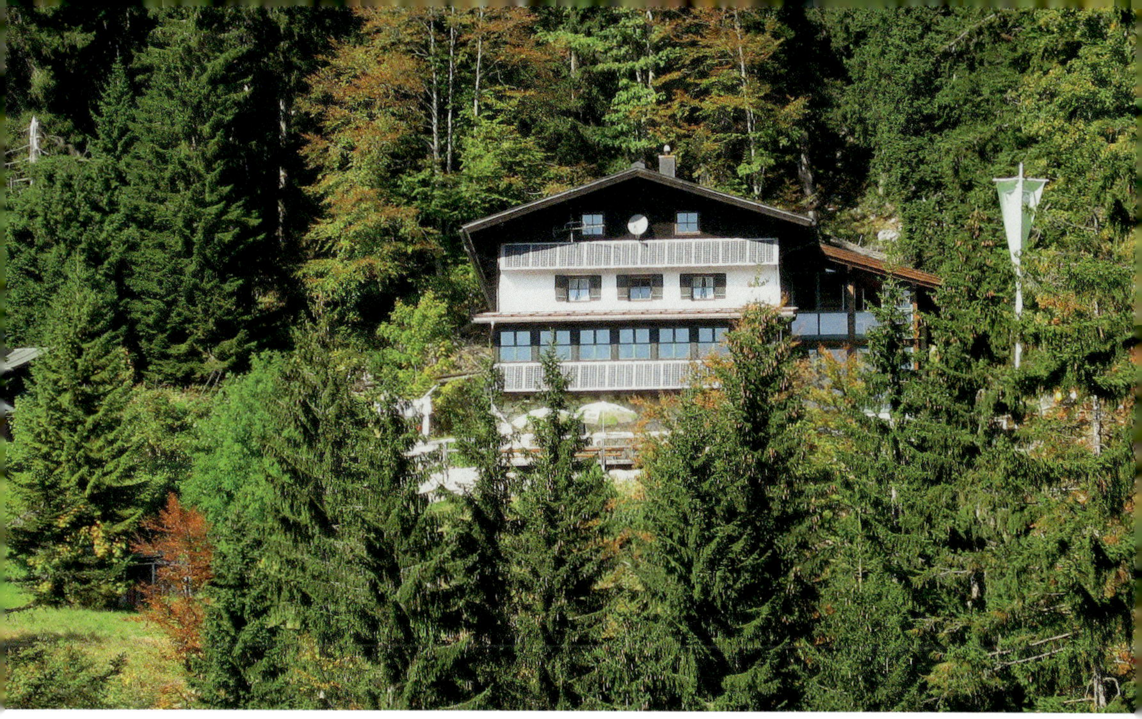

Das Brünnsteinhaus vor dem Felsstock des Brünnsteins ist auch im Winter bewirtschaftet.

Hier trennt sich die Schar der Gipfelaspiranten in die Kraxler und in die weniger abenteuerlustigen Bergwanderer. Dann geht es von der Bergwirtschaft in wenigen Minuten auf einem Waldsteig zum Felsabbruch des Gipfelstocks, man durchschreitet eine 25 Meter hohe, kaum mannsbreite Felsspalte und steht nach weiteren 30 Minuten kurzweiliger Kraxelei auf dem höchsten Punkt. Vom Brünnsteingipfel geht es auf der Westseite über die steilen Schrofen mit Klammern und seilversicherten Wegstücken bergab. Ein schöner Waldsteig folgt. Noch vor der Himmelmoosalm geht es links zum Brünnsteinhaus.
Der Rückweg von dort zum Gasthaus Tatzelwurm entspricht dem Hinweg. Drei weitere Varianten seien genannt. Man kann auch von Mühlau/Dörfl südwestlich von Oberaudorf über die Rechenau zum Brünnsteinhaus hinaufwandern, oder von der Rosengassenhütte südöstlich von Bayrischzell (Anfahrt über B 307, Abzweig ein Kilometer vor dem Gasthaus Tatzelwurm) über die Seeon- und Himmelmoosalmen.
Ein weiterer Brünnstein-Anstieg beginnt bei Wall an der Straße von Oberaudorf zum Tatzelwurm und führt zunächst südwärts nach Buchau, dann südwestlich zum Brünnsteinhaus.

Tatzelwurm und Wasserfall

Am Ausgangspunkt der Tour finden wir neben dem Gasthaus einen großen Drachen aus Holz, den »Tatzelwurm«, und einen Spielplatz. Der in Kaskaden über eine Höhe von knapp 70 Metern herabstürzende Wasserfall ist auf einem Wanderweg in wenigen Minuten zu erreichen.

28 Grafenloch, Rossstall und Ponorhöhle

Drei Höhlen am Luegsteinsee

Schwer	Auto: 3,2 km Bahn: 7,2 km	Auto: 160 m Bahn: 250 m	Auto: 1.15 Std. Bahn: 2.45 Std.

Alter
Ab 8 Jahren

Tourencharakter
Zunächst breite Schotterwege, dann typische Wanderwege. Vor der Höhle seilversicherter Weg und anschließend eine sechs Meter lange Leiter in die Höhle. Trittsicherheit und Schwindelfreiheit sind erforderlich

Ausgangs-/Endpunkt
Auto: Wanderparkplatz Freizeitanlage Luegsteinsee. Bahn: Bahnhof Oberaudorf

Anfahrt
Auto: A 93 Inntalautobahn bis Ausfahrt Oberaudorf; in Oberaudorf links nach Kiefersfelden; am Ortsende von Oberaudorf rechts dem Abzweig Luegsteinsee folgen bis zum dortigen Parkplatz. Bahn: München–Kufstein bis Oberaudorf

Einkehr
Gasthaus Weber an der Wand, Tel. 08033/30 27 33

Karte
Topografische Karte 1:50 000, Blatt Mangfallgebirge

Information
oberaudorf.de

Gleich drei Höhlen befinden sich am Luegsteinsee, einem schönen Badesee bei Oberaudorf. Sie lassen sich auf dieser Tour gut miteinander verbinden. Traumhafte Ausblicke haben wir vom Grafenloch hinüber in das Kaisergebirge. Schließlich darf ein Abstecher zum Gasthaus Weber an der Wand, einer ehemaligen Mönchsklause unter den Felswänden, nicht fehlen.

Oberaudorf, ein bekannter Ort im bayerischen Inntal, ist der Ausgangspunkt für unsere Wanderung. Bahnfahrer dürfen durch den schönen Ortskern und anschließend über einen Bergsattel hinüber zum Luegsteinsee gehen. Klar und türkis schimmert dieser See vor den Felswänden der Luegsteinwand – und in diesen Wänden befindet sich auch das Grafenloch. Abenteurer dürfen sich über den Anstieg freuen, denn auch heute noch gilt es, die mittelalterliche Trutzburg zu erobern. Nach einem kurzen seilversicherten Steig führt eine etwa sechs Meter lange Leiter in die Höhle. Natürlich muss man dazu die entsprechende alpine Erfahrung mitbringen. Daneben liegt das Felsloch des Rossstalles, das trittsichere Wanderer ebenso erkunden werden. Wer nach dem Abstieg immer noch nicht genug hat, kann noch einen Abstecher zur Ponorhöhle machen.

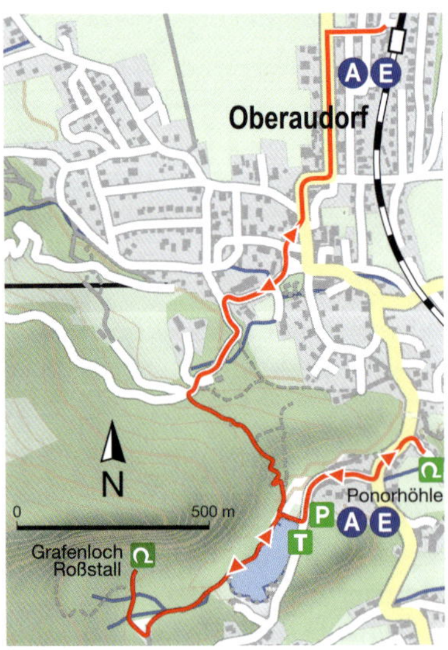

Bahnfahrer folgen vom Bahnhof aus der Reisacherstraße geradeaus zur Hauptstraße, der Rosenheimer Straße, und biegen in diese links ein. Mit dem Wegweiser zur Hocheckbahn geht es dann in der

Ortsmitte rechts in die Lindenstraße. An der nächsten Kreuzung ignorieren wir diese Hinweistafel und gehen ohne Beschilderung geradeaus weiter. Die folgende Straßenabzweigung führt uns mit dem Wegweiser »Berggasthaus Hocheck« auf eine geteerte Fahrstraße bergauf. In Höhe des Abzweiges zum oberen Parkplatz der Hocheckbahn folgen wir einem kleinen grünen Wegweiser »Rundweg 30« nach links in einen Wanderweg bergauf in den Wald. Über einen Sattel geht es dann auf der anderen Bergseite wieder hinunter zum Luegsteinsee.

Baden

An warmen Tagen lohnt natürlich noch ein ausgiebiger Aufenthalt am Luegsteinsee. Dort können Sie sich im kühlen Nass des Sees mit Blick auf die Luegsteinwände entspannen. Er liegt direkt neben dem Wanderparkplatz auf unserer Wanderroute.

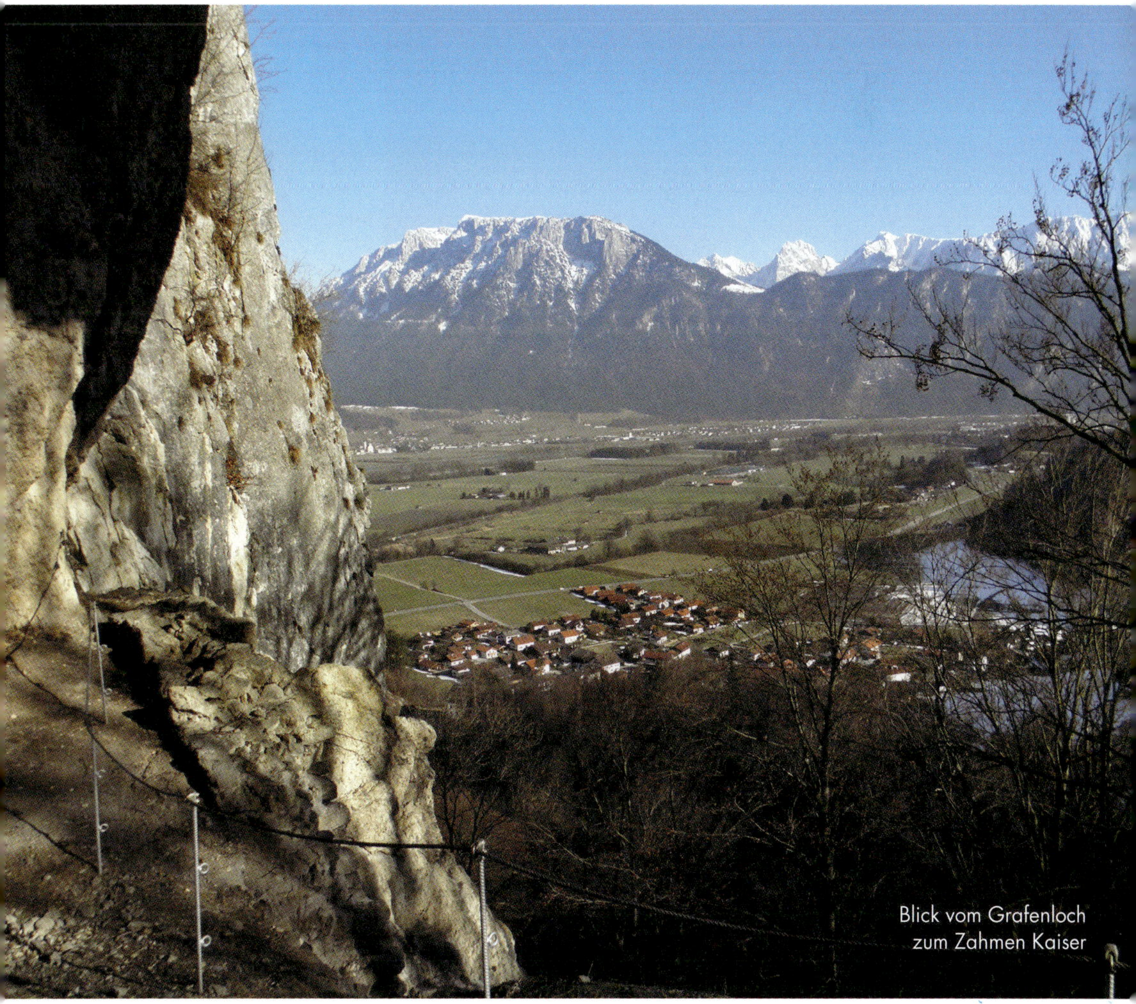

Blick vom Grafenloch zum Zahmen Kaiser

Hier beginnt auch der Anstieg für die Autofahrer. Vom Wanderparkplatz an der Freizeitanlage Luegsteinsee gehen wir zum See. Dort folgen wir dem Wegweiser »Audorfer Rundweg« nach rechts. Am nördlichen Uferweg geht es mit dem Wegweiser »Grafenloch«, der uns auch in der Folge begleitet, bergauf auf einem breiten Schotterweg in den Wald. An einer Weggabelung folgen wir rechts einem schmalen Wanderpfad bergauf. Bleiben Sie hier bitte auf dem neu angelegten Weg, vermeintliche Abkürzer begünstigen die Bodenerosion. Nachdem wir die Schautafel der Höhle passiert haben, geht es an einem seilversicherten Wegstück zur Leiter, die über einen Felsabsatz in die Höhle führt. Die spektakuläre Lage in der senkrechten Wand begeistert. Einer Sage nach wohnte hier der Graf der Auerburg, der nach einem schweren Gewitter, welches seine Burg beinahe zerstörte, in dieser Höhle einen Unterschlupf fand. In der kleineren Höhle unter dem Grafenloch ließ der Graf der Auerburg seine Diener und die Pferde unterbringen. Seit dieser Zeit heißt das Felsloch Rossstall.

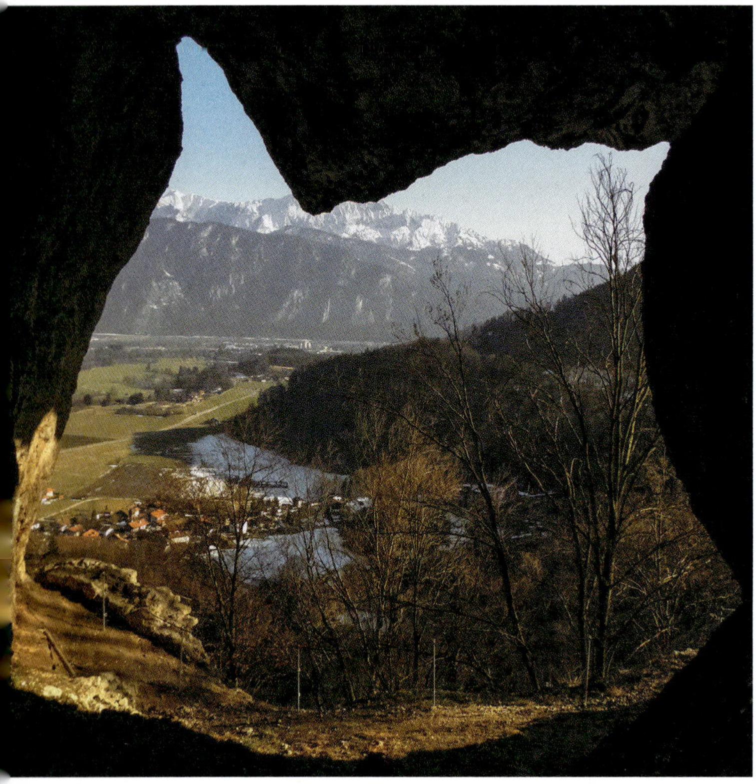

Blick aus dem Grafenloch nach Süden in das Inntal

Rechte Seite: Das Grafenloch ist über eine sechs Meter lange Leiter zugänglich.

Der Rückweg entspricht dem Hinweg. Wer einen Abstecher zur Ponorhöhle machen möchte, geht über den Wanderparkplatz zur Hauptstraße. Dort gehen wir ein kurzes Stück nach links. Dann führt rechts der Wegweiser nach wenigen Metern zum Felsriss der Ponorhöhle. Ein Bächlein, das in den Tiefen des Berges verschwindet, Felsblöcke, die chaotisch verkeilt zwischen den Wänden hängen: Diese Höhle sieht auf den ersten Blick wenig vertrauenerweckend aus. Wir empfehlen Ihnen, vom Höhleneingang aus mit einer Stirnlampe einen Blick in die Höhle zu werfen.

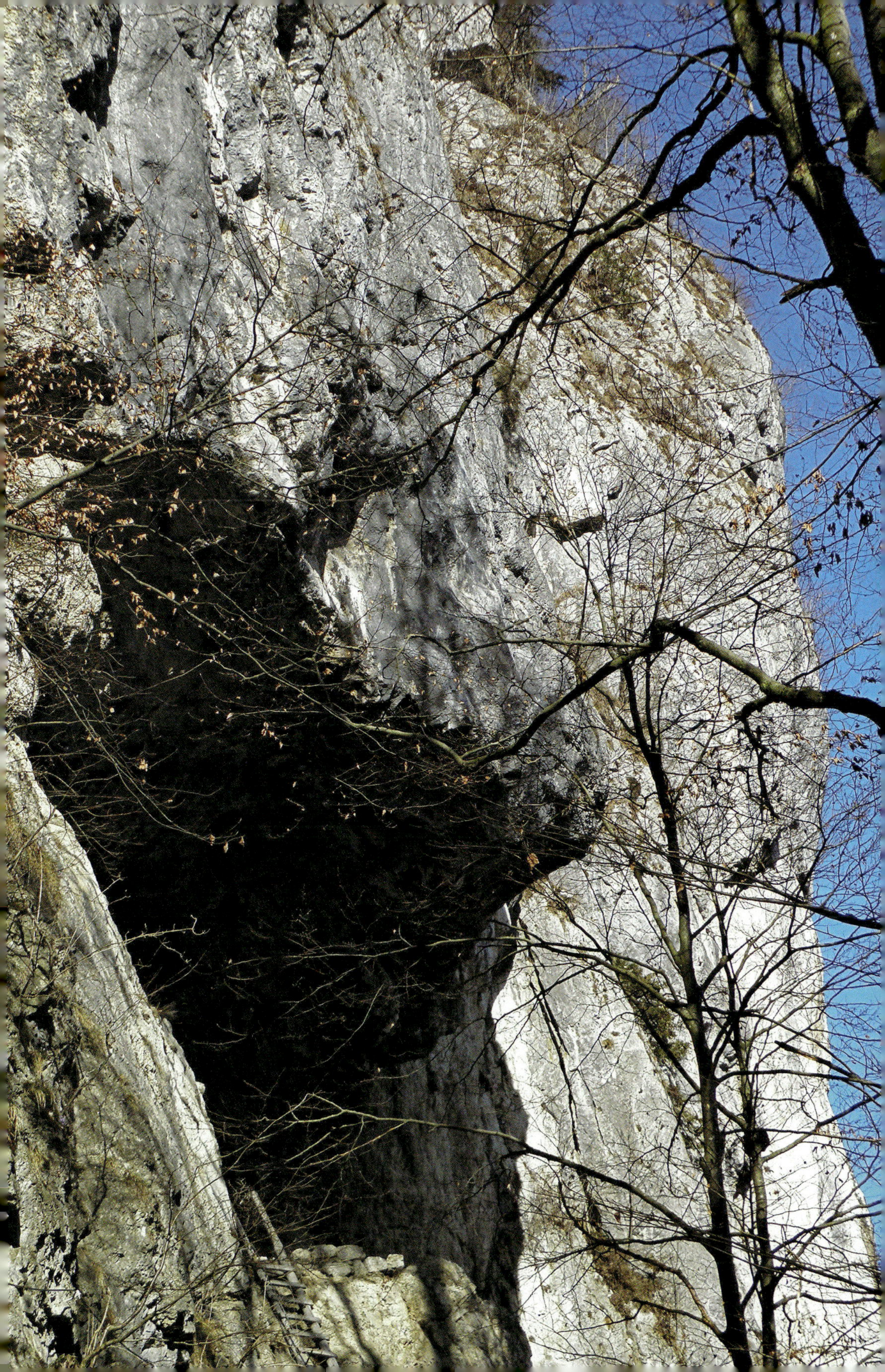

29 Rundwanderung zur Steinernen Agnes

Die Sagengestalt des Lattengebirges

Schwer | 9 km | 800 m | 5 Std.

Alter
Ab 7 Jahren

Tourencharakter
Waldreiche Rundwanderung Fußwegen. Schöne Ausblicke auf die Berchtesgadener Alpen. Der Schlussanstieg erfordert Trittsicherheit und Schwindelfreiheit

Ausgangs-/Endpunkt
Wanderparkplatz auf der Straße von Bad Reichenhall nach Berchtesgaden, wenige Hundert Meter nach dem Bahnübergang Hallthurm

Anfahrt
Auto: Auf der A 8 bis Bad Reichenhall, weiter auf der B 20 in Richtung Berchtesgaden zum Bahnübergang Hallthurm. Wenig später am Wanderparkplatz (blaues Schild »Geologie erleben«) an der rechten Straßenseite parken. Bahn/Bus: Mit Umsteigen in Freilassing nach Bayerisch Gmain; mit dem Bus841 zur Haltestelle Bahnhof Hallthurm. Zu Fuß in zehn Minuten zum Ausgangspunkt

Einkehr
Unterwegs keine Möglichkeit

Karte
Topografische Karte 1:50 000, Blatt Berchtesgadener Alpen

Information
berchtesgaden.de

Die Steinerne Agnes ist eine mächtige Felsspitze, deren Form an eine Sennerin mit Hut erinnert. Der Legende nach war die Agnes eine keusche und sehr reizvolle Magd, die vom Teufel verfolgt wurde. Als der schlimme Bursche sie zu erreichen drohte, wurde sie »gnädigerweise« zu Stein verwandelt, sodass sie nicht vom »Teifi« geschändet werden konnte.

Geologen freilich haben eine profanere Erklärung für die Entstehung des sagenumwobenen Felsens. Die unverwechselbare Form kam durch Materialunterschiede im Gestein zustande, weichere Partien verwitterten stärker als härtere.

Vom Parkplatz folgen wir dem Wegweiser »Steinerne Agnes Rundweg 16« auf einem breiten Fahrweg bergan. Sobald es flacher wird, zweigen wir von dem breiten Weg ab und folgen der Beschilderung »Steinerne Agnes Rundweg Aufstieg« nach rechts in den Wald. Nun geht es durch den schönen Bergmischwald, mal ebener, mal steiler bergauf. Nach einer flacheren Querung bieten sich sehr schöne Ausblicke auf Bad Reichenhall und das Vorland, bevor es noch einmal recht steil zu einem Waldsattel hinaufgeht. Wir überqueren an dieser Stelle

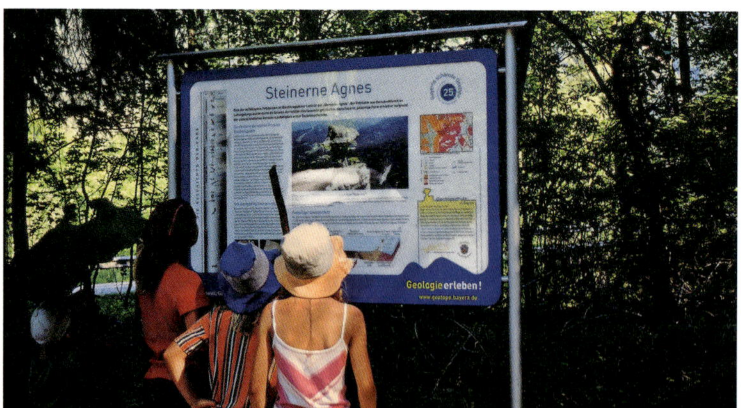

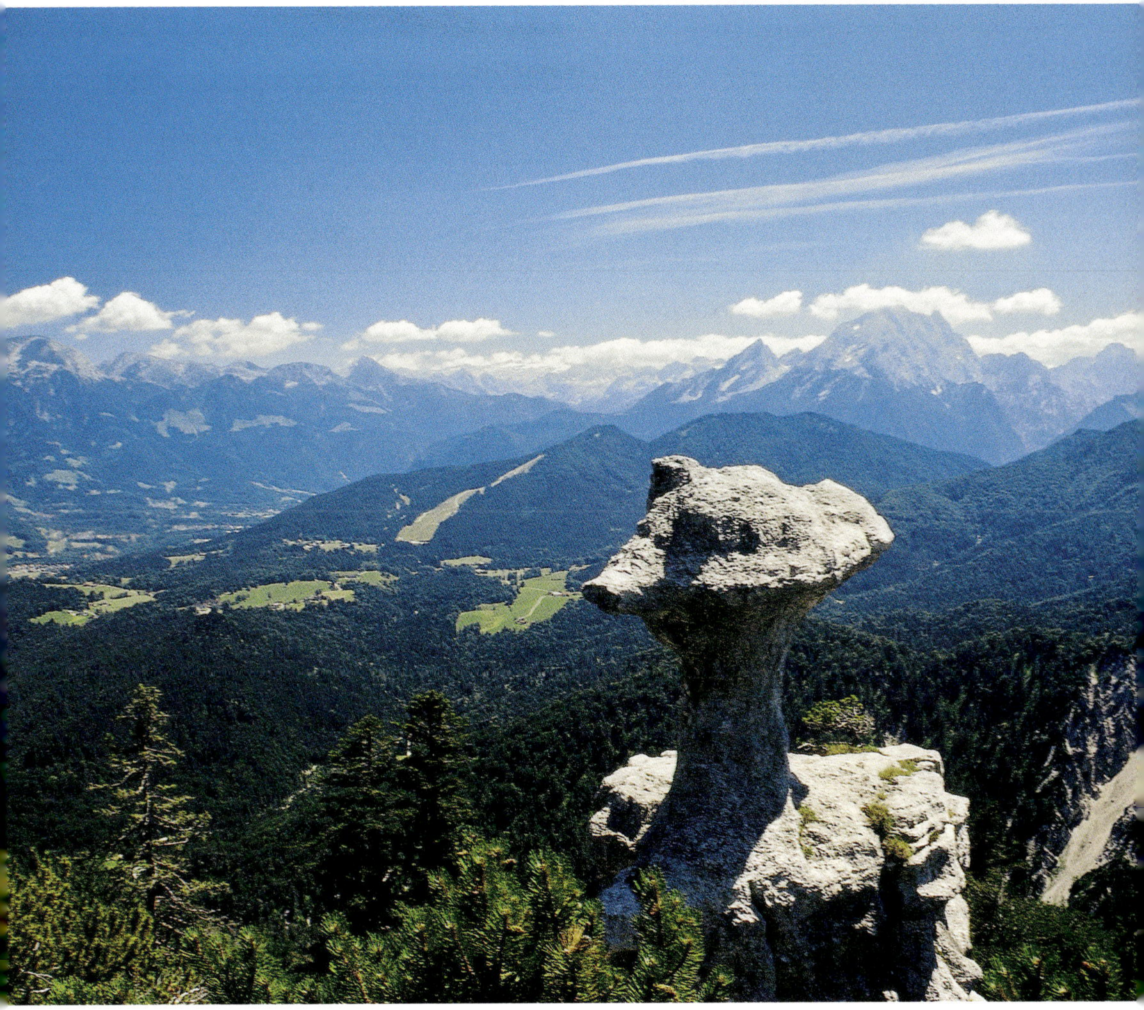

genau den Hals der so genannten »Schlafenden Hexe«. An der dortigen Wegkreuzung folgen wir weiter dem Schild »Steinerne Agnes« und wandern nun angenehm eben auf der Südseite des Bergkammes weiter. Nach einiger Zeit zweigt nach links der Abstieg des Rundweges ab. Wir gehen aber noch geradeaus und folgen somit der Beschilderung »Steinerne Agnes 150 m« nach rechts. Zuerst noch angenehm flach, dann nach rechts ansteigend geht es zuletzt über steile Stufen zum Fuße des Felsens hinauf. Um den besten Blick auf die Steinerne Agnes zu bekommen, wendet man sich hier nach rechts und steigt einen steilen, erodierten Pfad bis zu einem Absatz hinauf. Ein kurzes Stück muss unter Zuhilfenahme der Latschen erklettert

Von der Steinernen Agnes aus bietet sich eine großartige Aussicht auf die Berchtesgadener Alpen mit dem alles beherrschenden Watzmann.

Linke Seite: Eine Infotafel erklärt die Entstehung der Steinernen Agnes.

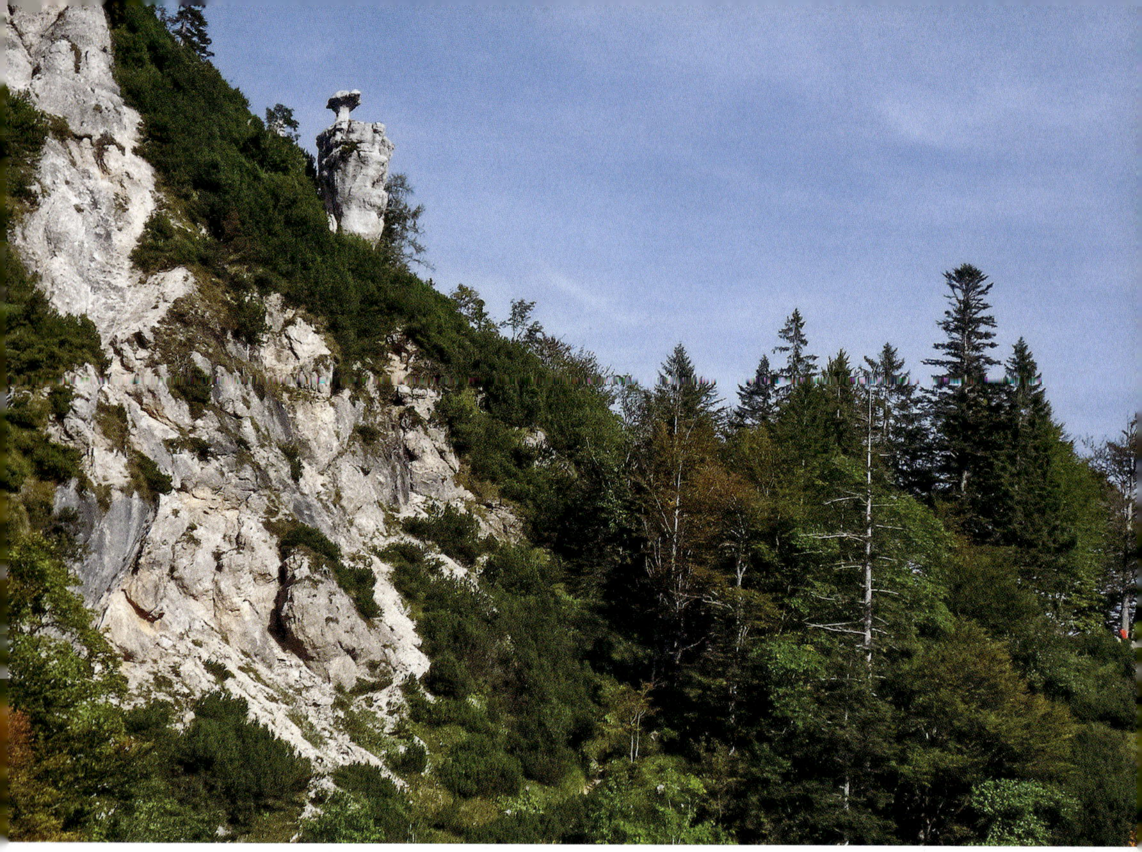

Position der Steinernen Agnes am Hang

Rechte Seite: Blick vom Gipfel des Karkopfes auf die Felsen um die Steinerne Agnes

werden (keine Drahtseile vorhanden). Abgesehen von der Sicht auf die Steinerne Agnes ist der Ausblick auf die Berchtesgadener Alpen einfach atemberaubend. Für den Abstieg gehen wir zur erwähnten Abzweigung zurück und folgen rechts der Beschilderung »Rundweg Abstieg« bergab. Weiterhin sehr schön geht es auf der Südseite des Lattengebirges im lichten Kiefernwald abwärts, bis man auf einen Ziehweg trifft. Diesem folgt man nach links und zu einer Wegkreuzung bergab. Es geht hier über eine Holzbrücke (Beschilderung von nun an auch »Panoramaweg Hallthurm«) und entlang des Waldrandes zurück nach Norden. Nach einer zweiten Brücke verlassen wir den Wald und treffen auf einen Fahrweg, der uns mit einer Linkskurve wieder Richtung Wald führt. Man durchquert ein Gatter und steigt ein letztes Mal bergan. Zum Schluss führt der Fahrweg leicht absteigend zu der Abzweigung vom Anfang der Rundtour und zum Parkplatz zurück.

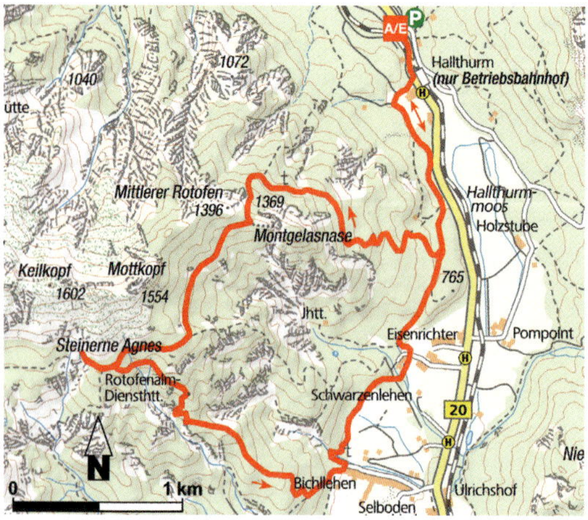

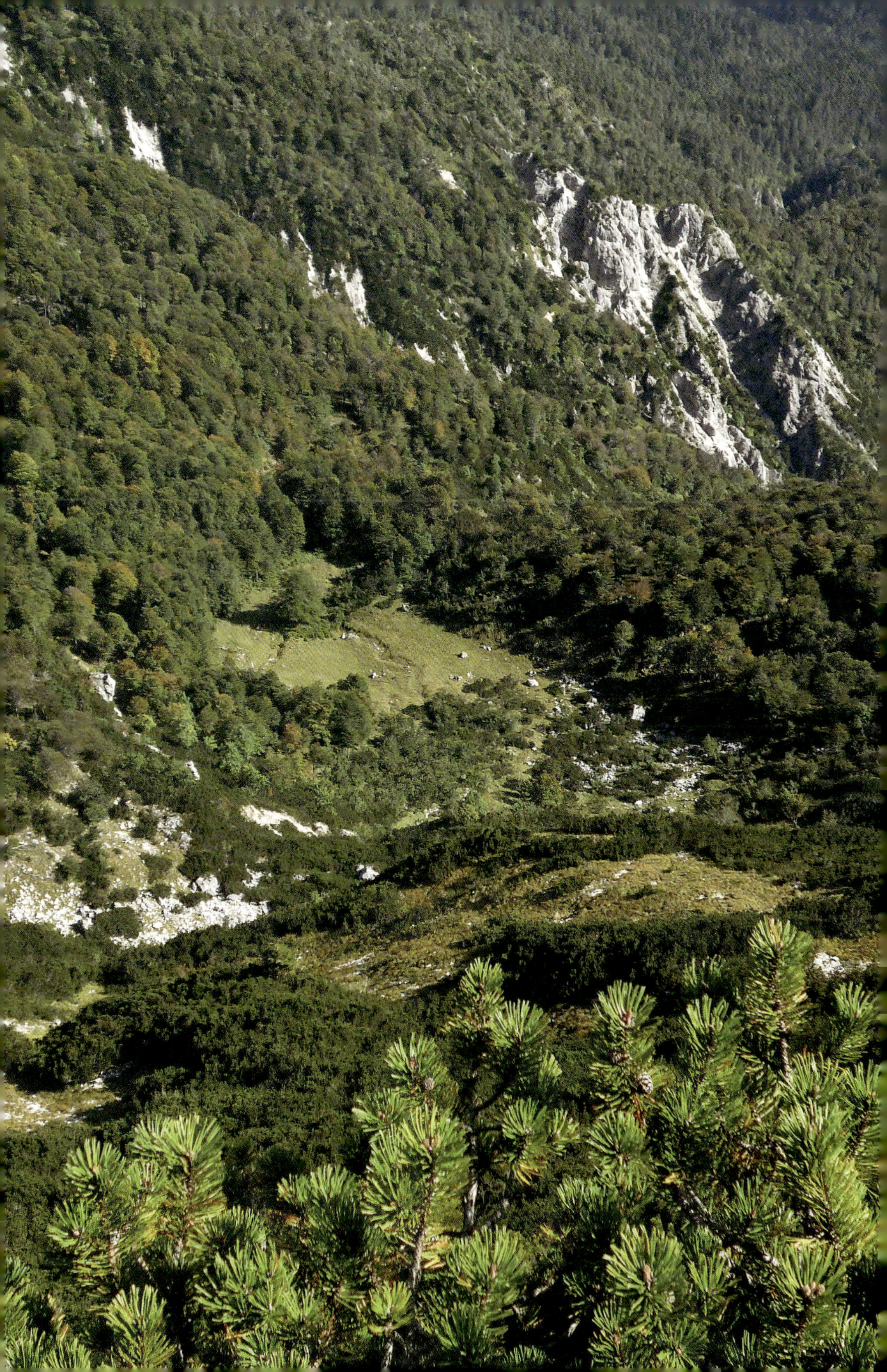

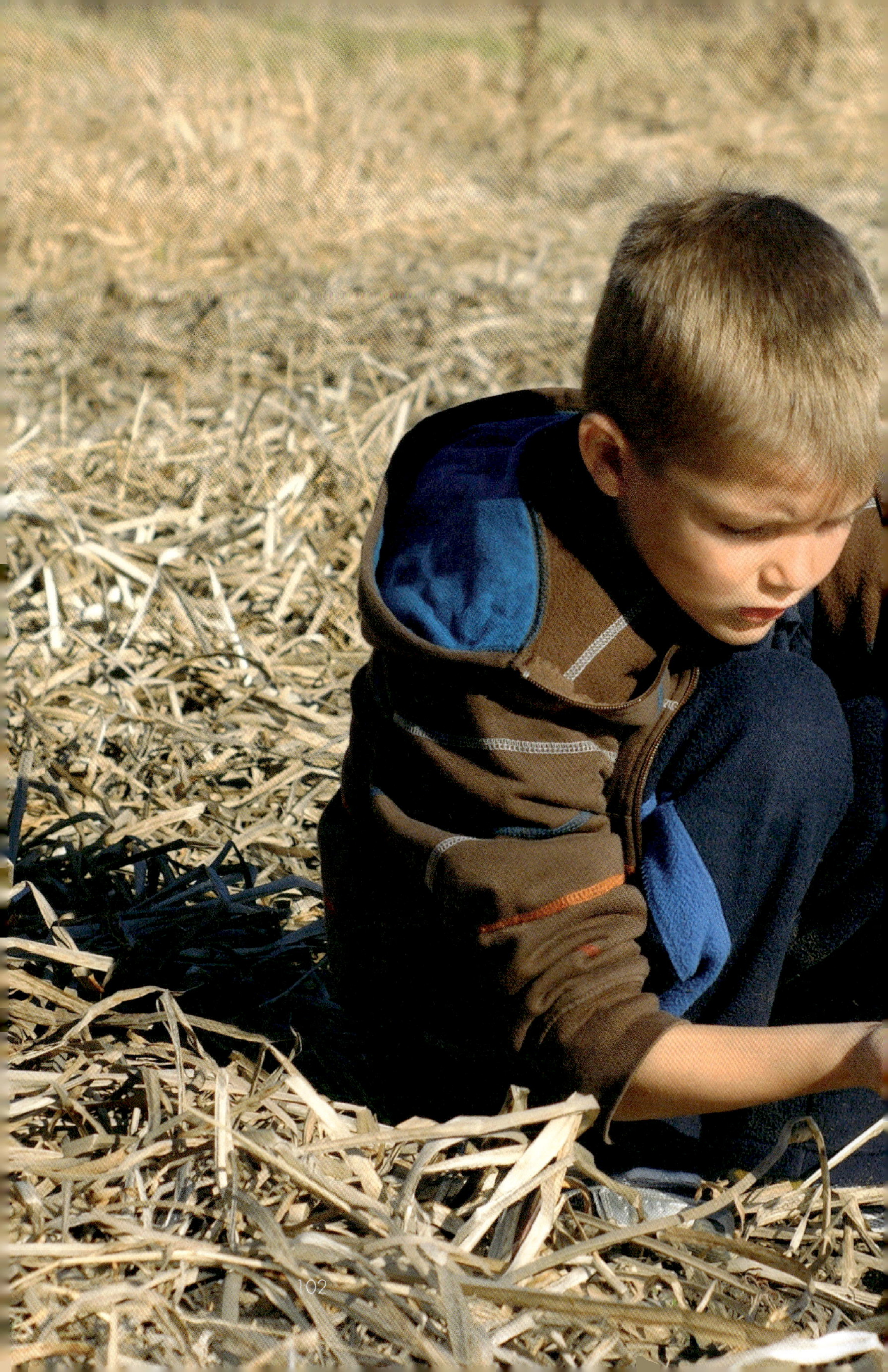

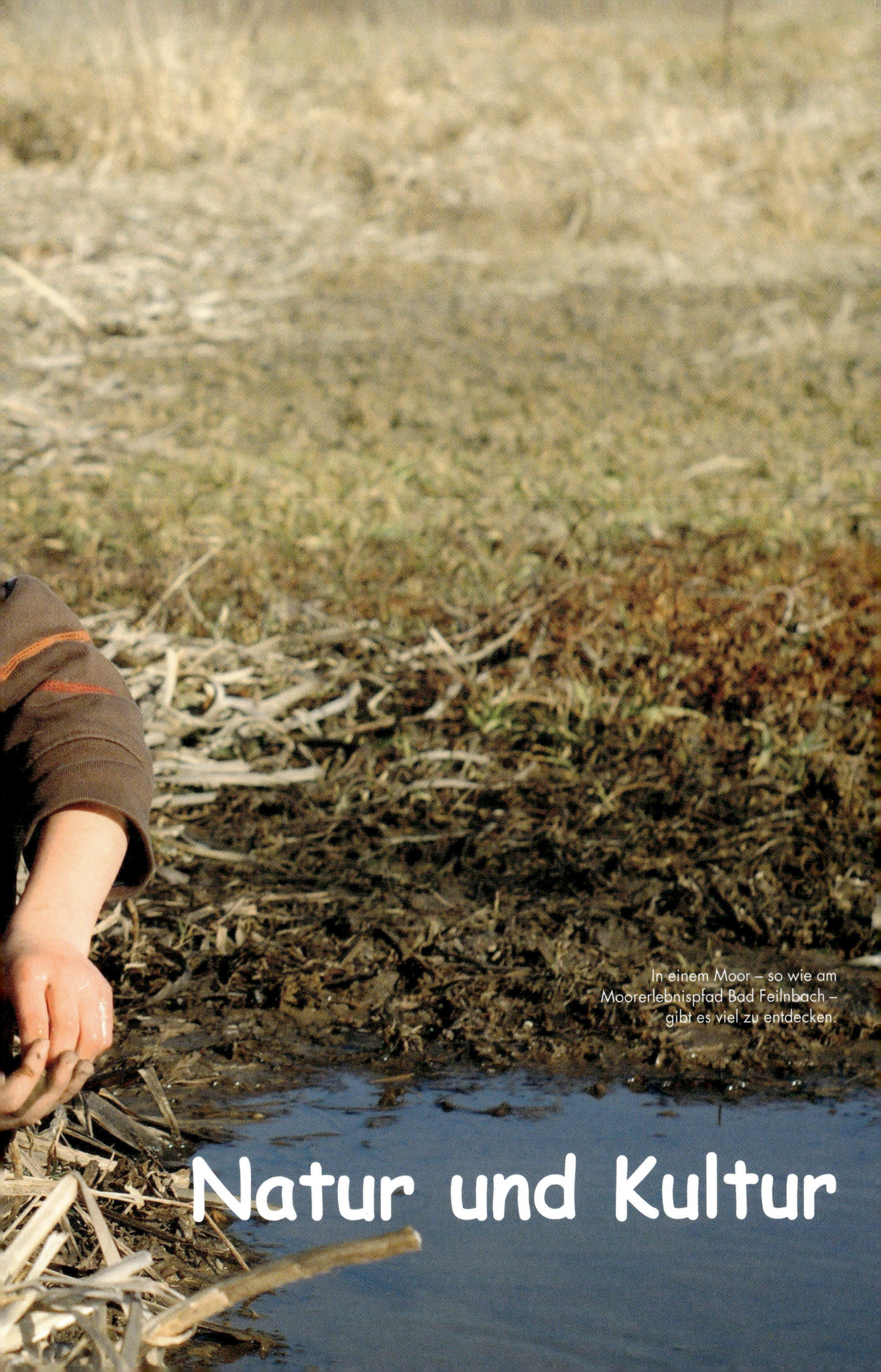

In einem Moor – so wie am Moorerlebnispfad Bad Feilnbach – gibt es viel zu entdecken.

Natur und Kultur

30 Walderlebnispfad Bad Kohlgrub

Durch die Ludwigsschlucht

Leicht | 2 km | 89 m | 1.10 Std.

Alter
Ab 4 Jahren

Tourencharakter
Abwechslungsreiche Rundtour auf schmalen, ungefährlichen Pfaden

Ausgangs-/Endpunkt
Parkplatz an der Hörnlebahn

Anfahrt
Auto: A 95 München–Garmisch bis zur Ausfahrt Murnau und weiter nach Bad Kohlgrub. Im Ort links der Beschilderung zur Hörnlebahn folgen.
Bahn: München–Innsbruck bis Murnau, dort weiter Richtung Oberammergau bis Bad Kohlgrub

Einkehr
In Bad Kohlgrub

Karte
Topografische Karte 1:50 000, Blatt Karwendelgebirge

Information
ammergauer-alpen.de/bad-kohlgrub

Der Timberland Trail durch die Ludwigsschlucht bei Bad Kohlgrub führt über 20 Stationen durch ein Schluchtwaldbiotop. Seinen Namen verdankt er der Tatsache, dass die gleichnamige Firma Mitarbeiter freistellte, um diesen Weg anzulegen.

Wir starten am Parkplatz der Hörnlebahn und entscheiden uns heute für die Variante mit weniger Höhenmetern, also gegen den sogar mit Kinderwagen gut zu bewältigenden Aufstieg auf das Hörnle. Auf der Anfahrtsstraße gehen wir weiter in Anfahrtsrichtung auf der Fallerstraße stets geradeaus. Ein Feldweg führt uns schließlich aus Bad Kohlgrub hinaus. So erreichen wir bei den Bäumen die Brücke über die Ludwigsschlucht. Es geht weiter nach links auf den kleinen Steig hinter in die Schlucht und auf den Timberland Trail. Wir folgen stets dem Bachlauf, bis wir wieder eine Straße (die Ludwigstraße) erreichen. Hier gehen wir rechts Richtung Großenast und nach rund 250 Metern bei den Bäumen links auf der Schotterstraße über den Köhlerweg bergab. Quasi im Vorbeigehen erfährt man noch Interessantes über die Arbeit der Köhler. Bei der T-Kreuzung geht es weiter nach links und so zurück nach Bad Kohlgrub. Wir gehen geradeaus weiter durch die Prentstraße und stoßen schließlich auf die Ludwigstraße. An dieser großen Gabelung gehen wir links in den Kurpark hinein. Nach wenigen Metern erreichen wir im Kurpark den kleinen Barfußpfad, den wir natürlich auch erfühlen wollen. Zur Abkühlung geht es noch durch das Kneippbecken. Wir ge-

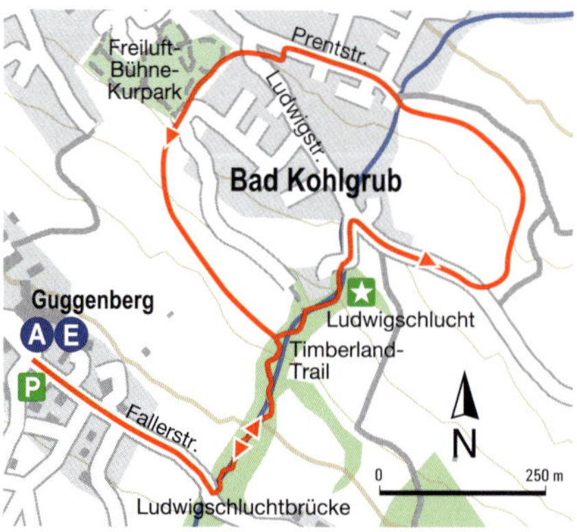

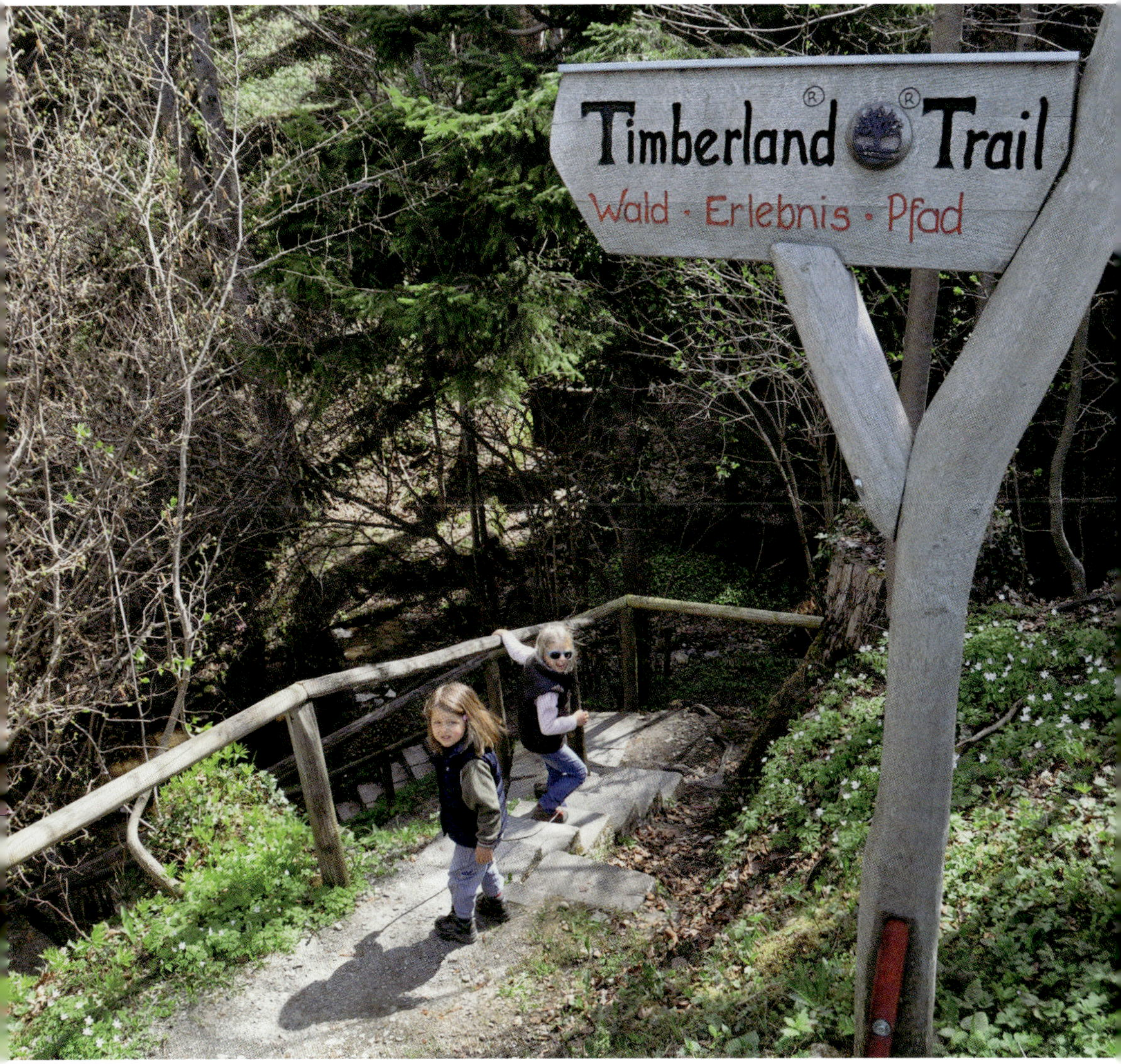

Der Einstieg ins Erlebnis

hen im Kurpark weiter bergauf und verlassen diesen in der linken oberen Ecke. Durch einen Bachgraben geht es nun über den Mythenweg an den Stationen dieses Lehrpfades entlang. Das kleine Tal verlassen wir nach links, gehen oberhalb einer Wiese auf dem kleinen Pfad weiter an der tollen Panoramaschaukel vorbei und schließlich wieder zurück zur Ludwigsschlucht. In der Schlucht gehen wir rechts bergauf und erklimmen so wieder auf bekannter Strecke den Feldweg, der uns zurück zum Parkplatz bei der Hörnlebahn führt.

Tipp

Auf dem Hörnle lässt es sich je nach Jahreszeit gut wandern oder rodeln.

31 Spaziergang zum Schloss Linderhof

Auf ungewohnten Wegen zu König Ludwig II.

Leicht | 4 km | 40 m | 1 Std.

Alter
Ab 2 Jahren

Tourencharakter
Forststraße; für Sportkinderwagen und Laufrad geeignet

Ausgangs-/Endpunkt
Parkplatz Sägertal

Anfahrt
A 95 München–Garmisch bis zum Autobahnende, über die B 2 nach Oberau, dort über die B 23 nach Ettal, Ausschilderung Schloss Linderhof folgen, nach dem Schloss noch ca. 1,8 km bis zum Parkplatz

Einkehr
Unterwegs keine; Gröbl-Alm, Am Raut 1, 82488 Graswang, Tel. 08822/6434, groebl-alm.de

Karte
Wanderkarte 1:50 000, WK 6 Alpenwelt Karwendel (Kompass)

Information
ammergauer-alpen.de

An König Ludwigs Sehnsuchtsort laden nicht nur der Park und das Schloss zu einem Besuch ein, auch die Linder und der abwechslungsreiche Weg zu den Sehenswürdigkeiten sorgen für manche Überraschung.

Unser Spaziergang startet am Wanderparkplatz Sägertal. Nach einigen Metern überqueren wir die Linder über eine Brücke. An der Brücke kann man auch direkt kurz an den Fluss gehen und Steine werfen oder Steintürme bauen. Ganz mutige Minis können durchaus auch mal ihren Fuß oder die Hand in das kalte Wasser der Linder halten. Direkt nach der Brücke biegen wir rechts in eine gut ausgebaute Forststraße ab (Achtung: Wir

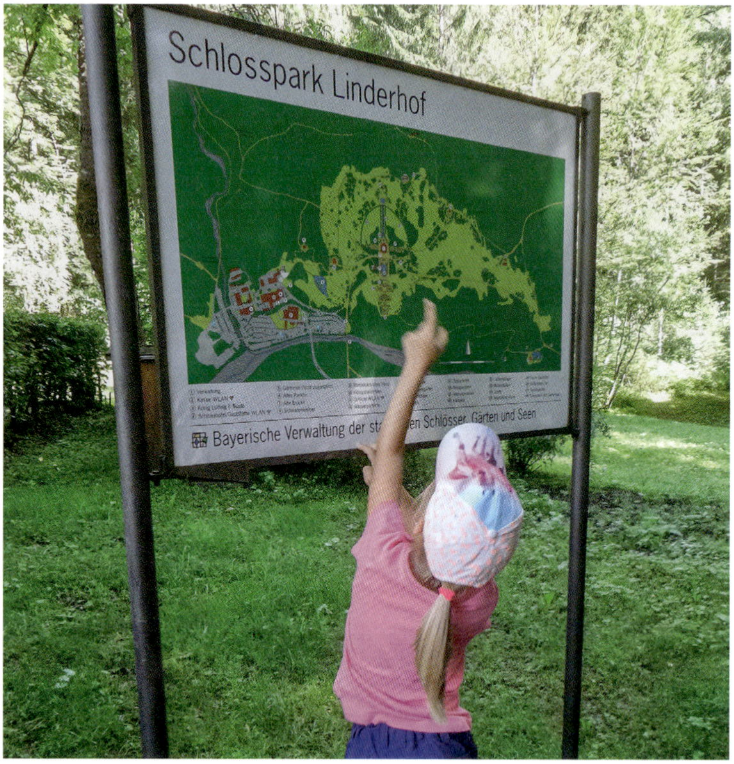

sind auf diesem Weg einigen Radfahrern begegnet). Dieser Forststraße folgen wir nun stets geradeaus bis zum Schloss Linderhof. Durch den Auwald eröffnen sich ab und zu schöne Ausblicke auf die Berge des Ammergebirges. Nach etwa eineinhalb Kilometern erreicht man schließlich die Parkplätze und die Wirtschaftsgebäude des Schlosses. Hier halten wir uns links und gehen durch die Wirtschaftsgebäude sowie am Schlosshotel vorbei zum Eingangskiosk des Schlosses. Hier kann man sich nun entscheiden, ob man die »Königliche Villa« besuchen oder nur den überaus sehenswerten Schlosspark besichtigen möchte. Empfehlenswert ist die Schlossführung aber auf jeden Fall. Mit einer Dauer von 25 Minuten strapaziert sie auch nicht die Aufmerksamkeit der Kinder über. Unsere beiden Mädchen fühlten sich im Schloss wie kleine Prinzessinnen und kamen aus dem Staunen gar nicht mehr heraus. Auch die Venusgrotte (die jedoch leider bis voraussichtlich 2024 restauriert wird und daher nicht besichtigt werden kann), der Maurische Kiosk, die Wasserkaskaden sowie der Neptunbrunnen hinter dem Schloss, der Musikpavillon oder die Hundinghütte sind einen Besuch wert. Nach der Besichtigung des Schlosses und des Parks kann man auch noch einen kurzen Abstecher zur Linder machen, die sich hier weiter öffnet. Der Rückweg entspricht dem Hinweg.

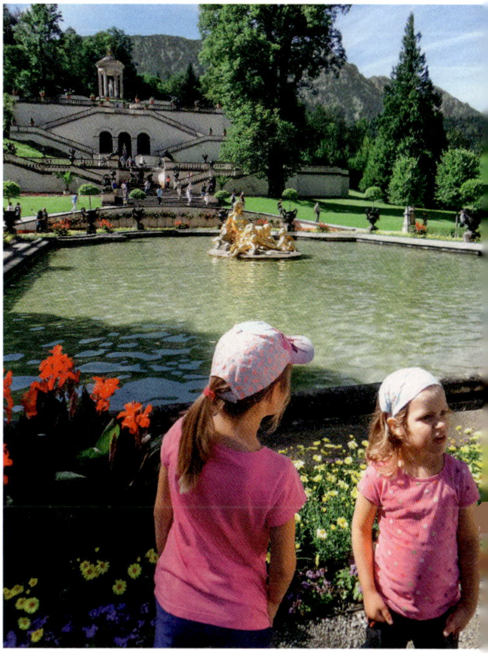

Wasserkaskaden und Terrassengärten im Schlosspark Linderhof

Linke Seite: »Da müssen wir hin!«

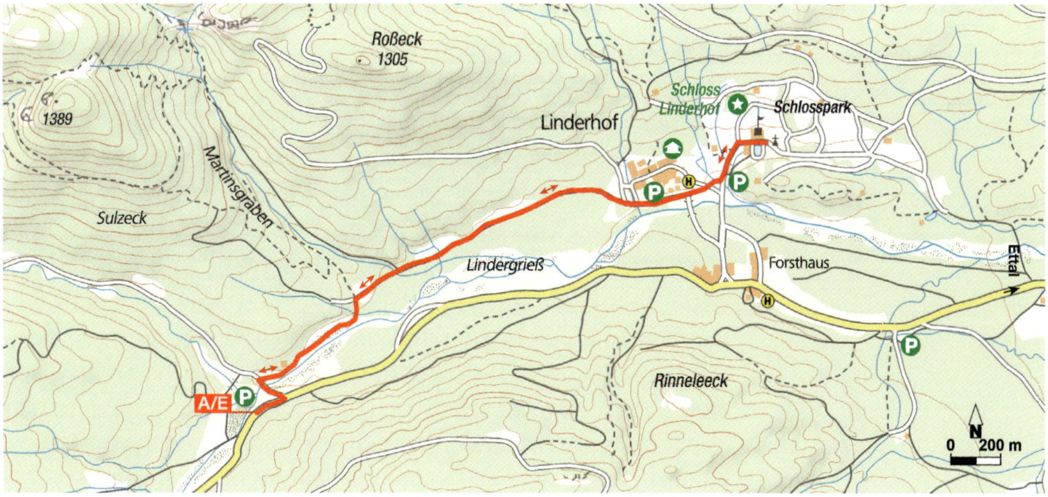

32 Grainaus Themenweg für Kinder

Der sagenhafte Bergwald

Leicht | 2,8 km | 130 m | 2.50 Std.

Alter
Ab 4 Jahren

Tourencharakter
Schattige Bergwaldtour mit 14 Stationen für Kinder; teils Stufen, teils Pfade, teils Schotterstraße

Ausgangs-/Endpunkt
Hammersbach, gebührenpflichtiger Wanderparkplatz in der Höllentalstraße

Anfahrt
A 95 München–Garmisch bis zum Autobahnende in Eschenlohe, dann über die Bundesstraße nach Garmisch und weiter Richtung Fernpass. Nach dem Ortsende von Garmisch links Richtung Grainau und Hammersbach und von der Zugspitzstraße links Richtung Hammersbach in die Höllentalstraße

Einkehr
Mehrere Möglichkeiten in Grainau und Hammersbach

Karte
Topografische Karte 1:50 000, Blatt Karwendelgebirge

Information
grainau.de

Wenn man es sich genau überlegt, ist Grainau wie geschaffen für einen Naturerlebnispfad. Umringt von mächtigen Bergen (der Kramer im Norden, der Waxenstein im Süden) sowie in unmittelbarer Nähe des Eibsees hat Grainau herrliche Wege und Pfade durch wunderbar moosgrüne Wälder zu bieten.

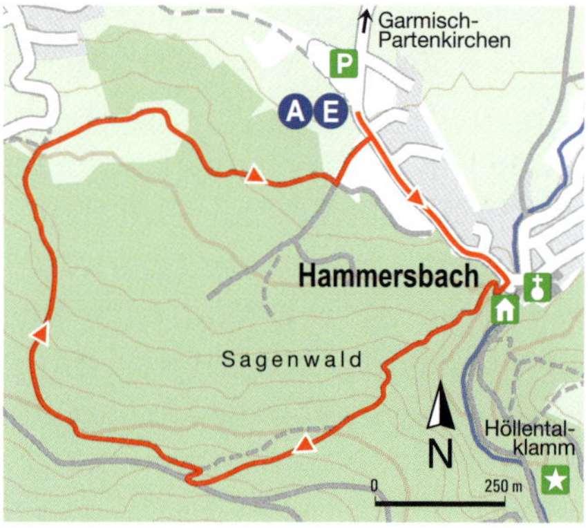

Wir starten unsere Tour am Wanderparkplatz in Hammersbach, den man am Wochenende ab dem späten Vormittag trotz der Gebührenpflicht meist nur noch belegt vorfindet, starten hier doch auch die Wanderer in die nahe Höllentalklamm oder gar als Erweiterung zu dieser über den Gletscher bis auf den Zugspitzgipfel. Mit unseren Kindern wollen wir nicht so hoch hinaus und finden den Einstieg in den Sagenwald, wenn wir der Anfahrtsstraße noch etwa 360 Meter weiter folgen. Gegenüber dem Bauernhaus Zum Niklos zweigt ein geschotterter Weg von der Teerstraße ab, auf welchen wir der Beschilderung »Sagenwald« folgend einbiegen. Nach etwa zehn Metern markiert eine Sagenwald-Infotafel den Start des Naturlehrpfades. Links geht es über Stufen auf einem etwas schmäleren, aber sehr gut zu gehenden Weg bergauf. Es scheint, als sei es die Taktik der Grainauer Wegplaner gewesen, gleich alle Höhenmeter auf den Beginn des Rundweges zu legen, was so mancher Durchhalteparolen bedarf. Guten Gewissens kann man den Kindern aber 14 abwechslungsreiche Stationen versprechen, für die auch unser Nachwuchs sich mit zunehmender Wegstrecke mehr und mehr begeistern konnte. Zwar hält die Tourist-Info für

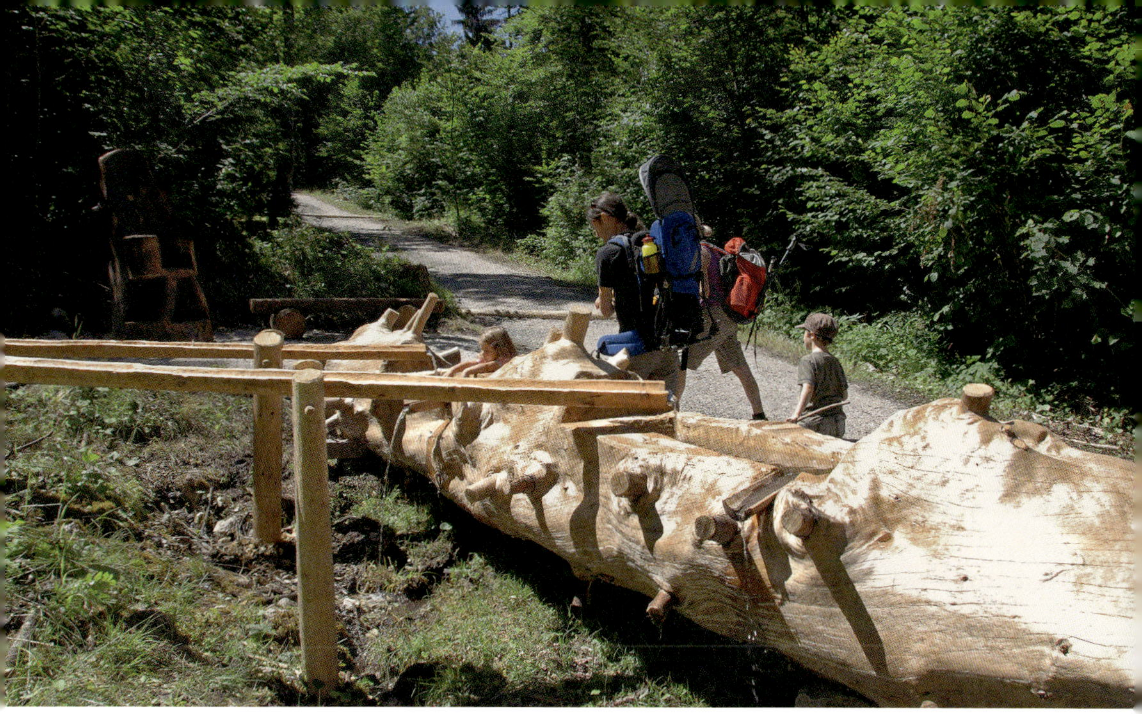

zwei Euro eine »Informationsbroschüre mit spannenden Sagen« bereit, aber ohne kommt man mindestens genauso gut über den Rundweg. Alle 14 Stationen aufzuführen würde zu weit führen, weswegen hier nur ein paar Highlights Erwähnung finden sollen. Das Baumtelefon kennen die Kinder vielleicht schon vom nur 9 Kilometer Luftlinie entfernten Walderlebnispfad in Farchant (siehe auch Tour 81), vermutlich nicht jedoch die Station Waldschützen, wo es Tannenzapfen durch eine Art Leiter hoch oben zwischen zwei Bäumen zu werfen gilt. Ein Brunnen darf natürlich nicht fehlen, zumal er immer Garant für schier endlose Wasserspiele ist. Wenige Meter nach dieser Station sind dann auch alle Höhenmeter geschafft und rechts neben der breiten Schotterstraße findet sich der Einstieg in den Abstieg auf dem nun schmäleren und idyllischeren Pfad. Nach einem für Kinder jeglichen Alters leicht zu erreichenden Jägerstand geht es hinab zu einer kurzen Passage auf einer Teerstraße, von der wir aber schon bald wieder rechts abgehen und noch unter anderem an der Weitsprunganlage und dem Barfußpfad vorbeikommen.

Kurz darauf führt der Rundweg wieder zum Startpunkt zurück (Abkürzung zum Parkplatz über den Weg quer über die Weide). Einem erfrischenden Bad im nahen Eibsee steht nun nichts mehr im Wege.

Wo Wasser ist, da sind auch spielende Kinder.

Höllentalklamm

Mit größeren Kindern lohnt ein Abstecher in die Höllentalklamm und zur Höllentalangerhütte (siehe auch Tour 2).

33 Walderlebnispfad Mittenwald

Spiel, Spaß und Wissenswertes im Wald

Leicht | 2 km | 40 m | 0.45 Std.

Alter
Ab 2 Jahren

Tourencharakter
Wanderweg; für Kinderwagen bedingt geeignet, nicht für Laufrad geeignet

Ausgangs-/Endpunkt
Parkplatz Talstation Kranzberg-Sesselbahn

Anfahrt
A 95 München–Garmisch bis zum Autobahnende, über die B 11 oder die Queralpenstraße B 23 nach Mittenwald, der Ausschilderung zur Kranzbergbahn folgen

Einkehr
Mehrere Möglichkeiten am See

Karte
Wanderkarte 1:50 000, WK 6 Alpenwelt Karwendel (Kompass)

Information
alpenwelt-karwendel.de

Rechte Seite: »Schnell weg, da sind Ameisen!«

Der Walderlebnispfad am Lautersee mit seinen zwölf abwechslungsreichen Stationen ist als Rundweg angelegt und kann von verschiedenen Punkten aus erkundet werden. Pirschpfad, Balancierstrecke, Waldliegen, eine Vogelkanzel und vieles mehr bietet dieser Entdeckerpfad.

Diese Strecke beginnt man wie die Strecke zum Lautersee am Kranzbergsessellift. Auch der Hinweg zum Pfad führt, wie der Weg zum Lautersee, über den geologischen Lehrpfad. Über den Lainbachwasserfallweg geht es bis zu einer Brücke, die auf die südliche Seite des Lainbachs führt (Wegweiser Richtung Grünkopf). Hier führt uns ein Waldsteig über Stock und Stein zur Station Hörstudio des Walderlebnispfades. Nun sind wir schon mitten im Pfad und auch gleich an einem großen Übersichtsplan zum Pfad. Man wendet sich entweder rechts in westlicher Richtung direkt zum Lautersee oder links in südlicher Richtung zu den weiteren Stationen. Wir sind in südlicher Richtung gegangen und haben dann nach den Stationen Vogelkanzel, Wald und Weide, Waldliegen (sehr bequem), Voller Durchblick und Baumarten den eigentlichen Startpunkt des Pfades erreicht. Wanderer, die mit dem Wanderbus vom Bahnhof Mittenwald gestartet sind, starten hier an der Haltestelle Kreuzung Lautersee. Wir sind nach einem Balancierpfad und einer Gewichtsmessungswippe (Ist Papa wirklich so schwer wie zwei Minis, oder muss die Mama noch mit drauf?) rechts zum Lautersee abgestiegen. Hier haben wir nach den Stationen Ohne Schutzwald geht's bergab sowie Wald und Wasser das östliche Ufer des Lautersees erreicht.

An dieser Stelle kann man die Tour mit der Lauterseetour kombinieren, was sich besonders für die Wanderbusnutzer anbietet. Diesseits erreicht man auch die verschiedenen reizvollen Einkehrmöglichkeiten am Lautersee.

Abschließend geht man dann an den Stationen Holzpilze, Pirschpfad, Tierisch weit, Klangstation und Hörstudio vorbei wieder

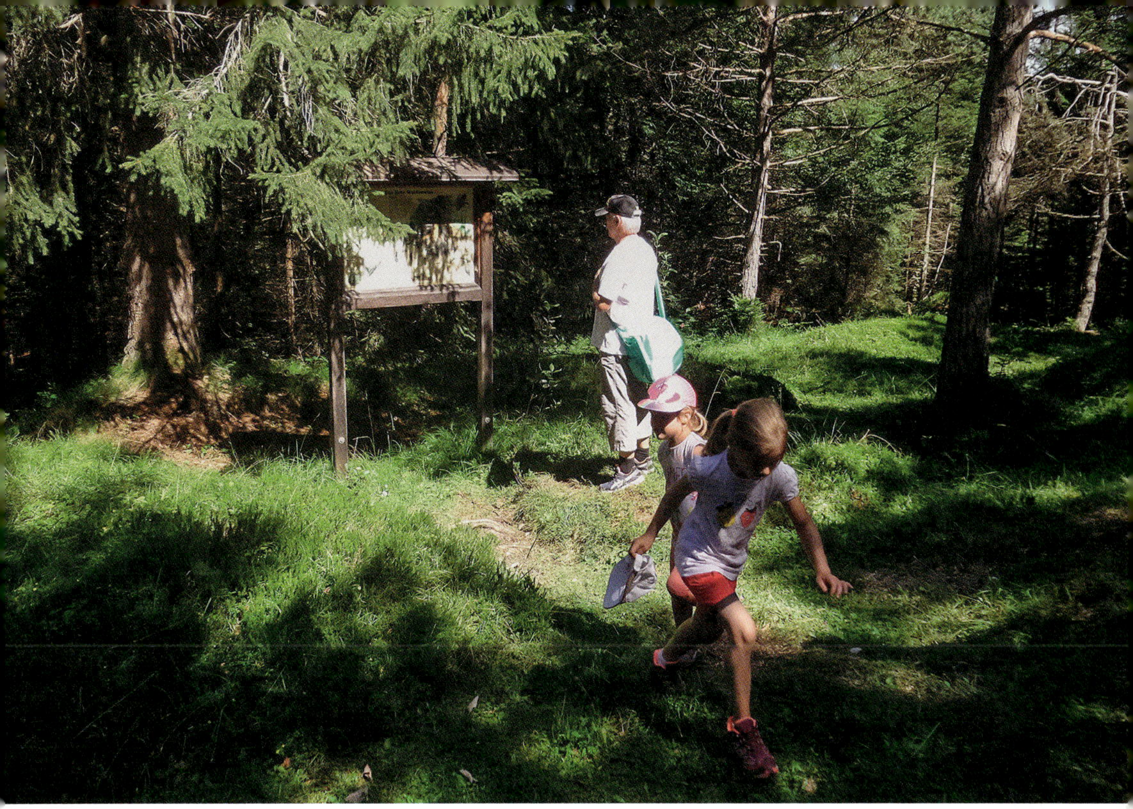

zurück zum Parkplatz. Wanderbusnutzer können auch ohne Weiteres mit Kinderwagen oder Laufrad gehen, da die Lauterseerunde und der Walderlebnispfad aus gut geschotterten, relativ ebenen Wanderwegen bestehen. Der Pfad ist von Mitte Mai bis Oktober begehbar (witterungsabhängig).

Nicht vergessen

Unbedingt Badesachen einpacken!

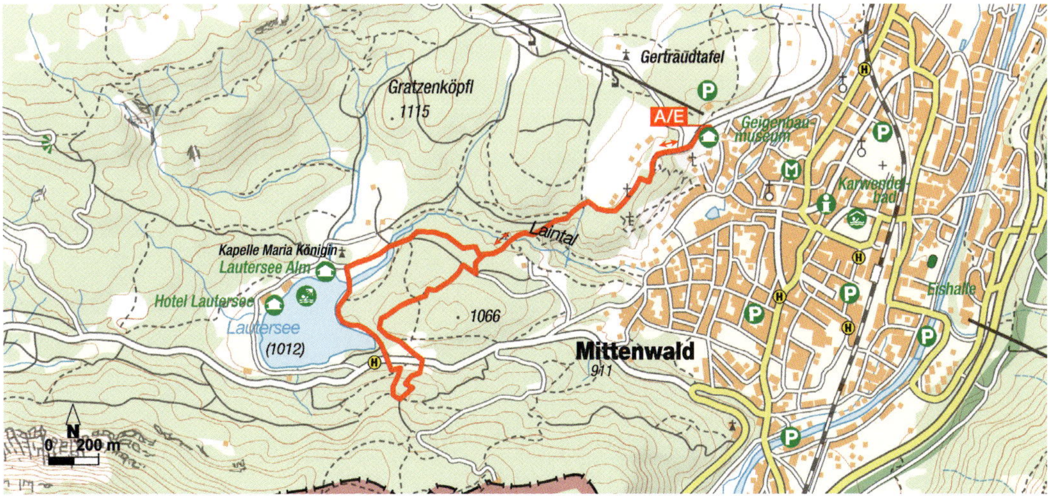

34 Barfußpfad am Kranzberg in Mittenwald

Zeigt her eure Füße …

Leicht | 7 km | 550 m | 2 Std.

Alter
Ab 4 Jahren

Tourencharakter
Kurzweiliger Rundweg auf dem Barfußpfad; Auf- und Abstieg auf gut ausgeschildertem Wanderweg

Öffnungszeiten
Kranzberglift täglich 9–16.30 Uhr

Preise
Berg- und Talfahrt Erwachsene 8,50 €, Kinder 4,50 €

Ausgangs-/Endpunkt
Talstation der Kranzbergbahn

Anfahrt
Auto: Von München auf der A 99 über Garmisch nach Mittenwald; am Ortseingang ist der Weg zur Kranzbergbahn ausgeschildert; gebührenpflichtige Parkplätze gibt es direkt an der Kranzbergbahn.
Bahn: München–Innsbruck bis Mittenwald

Einkehr
Gasthaus St. Anton, Tel. 08823/8001

Karte
Topografische Karte 1:50 000, Blatt Karwendelgebirge

Information
mittenwald.de

Für die Füße ist diese Tour eine reine Wohltat. Befreit von jeglichem einengendem Schuhwerk und verschwitzten Socken werden alle unsere Fußreflexzonen angeregt. Denn auf dem 1,7 Kilometer langen Rundweg werden unsere Fußsohlen von den unterschiedlichsten Materialien massiert.

Anfangs kostet es ein wenig Überwindung, angesichts einer, wenn auch klitzekleinen, Bergtour die Schuhe in das extra dafür bereitgestellte hölzerne Regal am Gasthaus »St. Anton« zu stellen. Aber dann geht es auch schon los. Vorbei an insgesamt 22 verschiedenen Stationen laufen wir über Bergwiesen, Tannenzapfen, gekieste Steige, Moos, Rinde, Wackelbalken, Holzbohlen, Felssteine oder Riesel. Eine Herausforderung stellt sich gleich zu Anfang mit der Durchwatung eines etwas schlammig moorigen Bergsees. Ganz zu schweigen von der anschließenden batzigen und erdigen Wegstrecke, die bei unseren Kindern wohliges Gelächter hervorruft und bei uns selbst eher zwiespältige Gefühle weckt. Die matschige, zwischen den Zehen hervorquellende Erde erinnert zwar stark an die eigene Kindheit, wir bezweifeln jedoch, dass wir angesichts unserer Füße je wieder in Socken und Bergschuhe steigen können. Hinweistafeln erklären uns einige Barfußspiele, bei denen die Geschicklichkeit unserer Füße gefragt ist. Gar nicht so einfach, nur mit den Zehen einen Knoten in ein Stück Schnur zu ziehen. Vielleicht liegt es aber auch an dem immer noch zwischen den Zehen klebenden Schlamm.

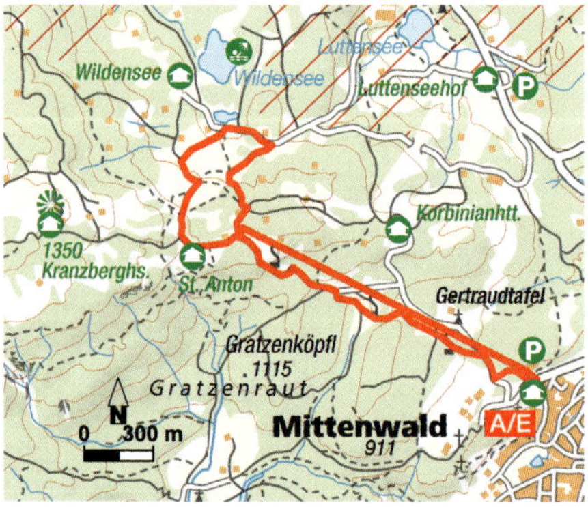

Der kurze Weg verläuft spannend und

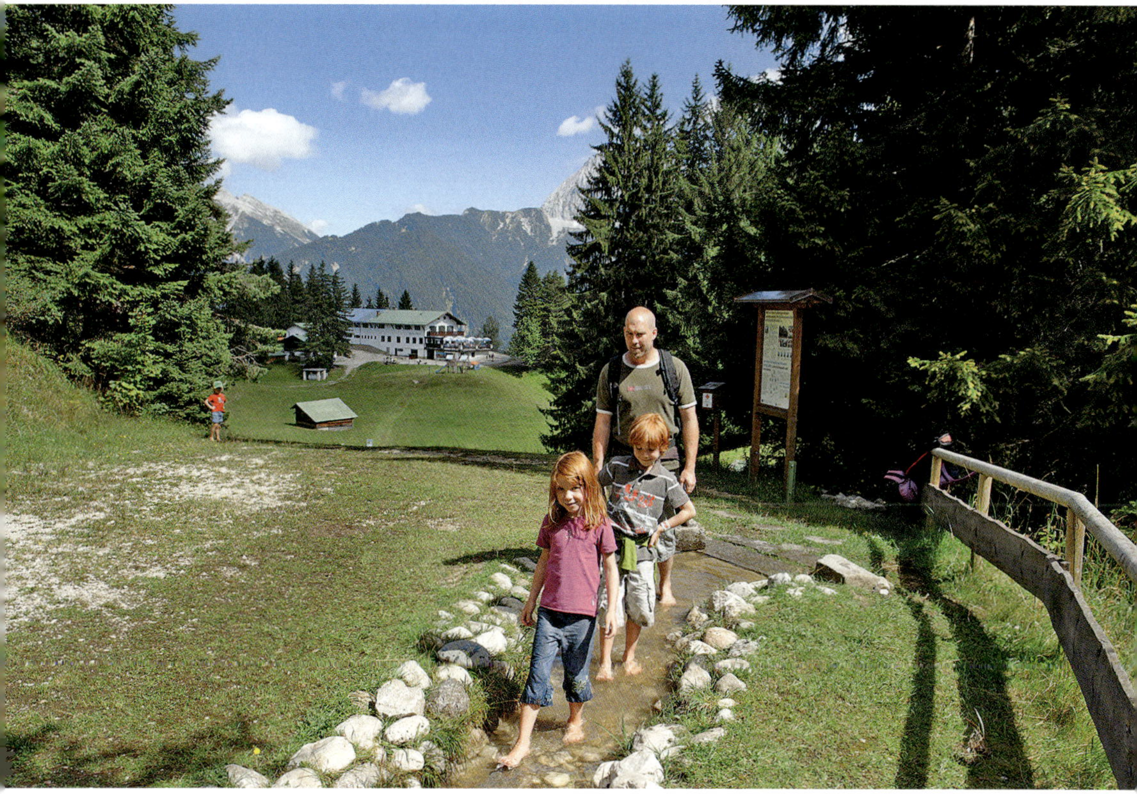

Vom Schuhzwang befreit

abwechslungsreich mit herrlicher Aussicht auf die Berge um Mittenwald, vor allem auf das gegenüberliegende mächtige Karwendelmassiv, die man von einem Panorama-Aussichtspunkt mit Ruhebänken genießen kann. Selbst an die Schlammbefreiung haben die Erbauer des Weges gedacht. Eine der letzten Stationen ist ein erfrischendes Kneippbecken mit klarem, kaltem Quellwasser. Dann geht es nur noch über grüne Bergwiesen hinab zum Ausgangspunkt. Da für größere Kinder der Rundweg zu kurz ist, bietet es sich an, in ca. 45 Minuten von der Talstation zu Fuß auf dem gut ausgeschilderten Wanderweg zum Startpunkt des Barfußpfades hinaufzusteigen. Umgekehrt kann man den Aufstieg auch mit dem fast schon historisch gemütlichen Kranzbergsessellift abkürzen, um dann im Anschluss hinabzuwandern. In dieser Richtung haben wir immer das felsige Karwendelmassiv vor Augen. Selbst mit bloßem Auge ist das neue Informationszentrum an der Bergstation der Karwendelbahn zu sehen (siehe Tour 25). Abwärts geht es sowieso fast wie von allein, und in weniger als 40 Minuten sind wir wieder in Mittenwald.

35 Naturkundepfad Benediktbeuern

Frösche, Schlangen, Echsen und Insektenhotels

Mittel	7 km	0 m	3 Std.

Alter
Ab 8 Jahren, das Museum ZUK ist für Kinder ab 6 Jahren

Tourencharakter
Eine 12 Kilometer lange Rundtour durch das Kochelmoor entlang der Loisach. Den Abschluss krönt die Erkundung des Feuchtbiotops am Kloster oder der Besuch des Museums ZUK.

Öffnungszeiten
Die Rundwege sind immer offen.

Preise
Der Großteil ist kostenlos, die Veranstaltungen im ZUK haben unterschiedliche Preise.

Ausgangs-/Endpunkt
Kloster Benediktbeuern

Anfahrt
Auto: Auf der A 95 München–Garmisch bis Ausfahrt Sindelsdorf, weiter Richtung Bichl/Bad Tölz, dann nach Benediktbeuern; das Kloster ist ausgeschildert und hat einen großen kostenlosen Parkplatz. Bahn: Von München Richtung Kochel, Haltestelle Benediktbeuern, von dort in fünf Minuten zu Fuß zum Kloster

Information
kloster-benediktbeuern.de, zuk-bb.de

Stolz wirkt das Kloster Benediktbeuern, das seine zwei Zwiebeltürme aus dem Loisachmoor gegen den mächtigen Bergrücken der Benediktenwand reckt. Kunsthistorisch ist es ein wahres Kleinod.

Bereits der große barocke Klosterinnenhof mit seinen mächtigen Arkadengängen lockt zu einem Rundgang. Die prächtige Klosterkirche wurde von Zucalli erbaut und ist mit Stuck und Fresken von H. G. Asam verziert. Wer nach dem heutigen Rundgang und dem Besuch im Zentrum für Umwelt und Kultur ZUK noch Zeit hat, sollte unbedingt eine Klosterführung zum Alten und Neuen Festsaal und in die Bibliothek einplanen. Schon der Kloster-Außenbereich hat viel zu bieten – die bezaubernden Gärten mit Kräuterschnecke und Bodenmosaiken, das große Meditationslabyrinth, den neu renovierten Meierhof, in dem das Zentrum für Umwelt und Kultur liegt, die Fraunhofer-Glaswerkstät-

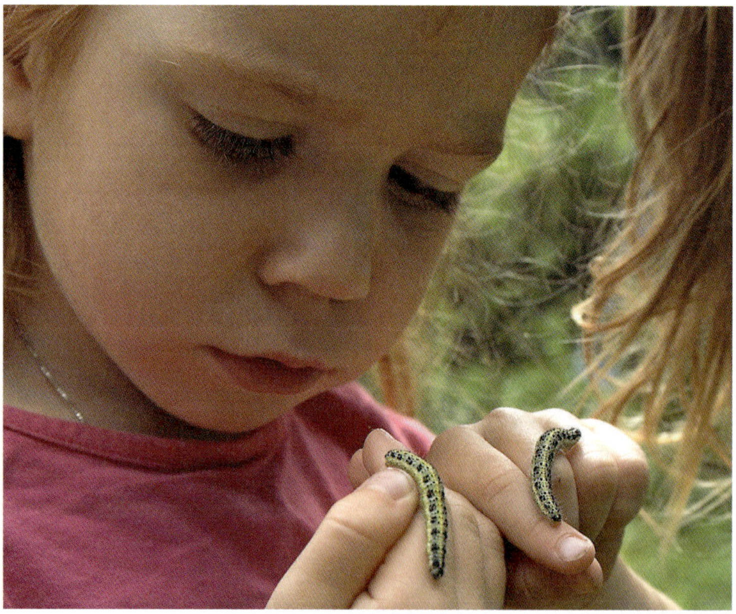

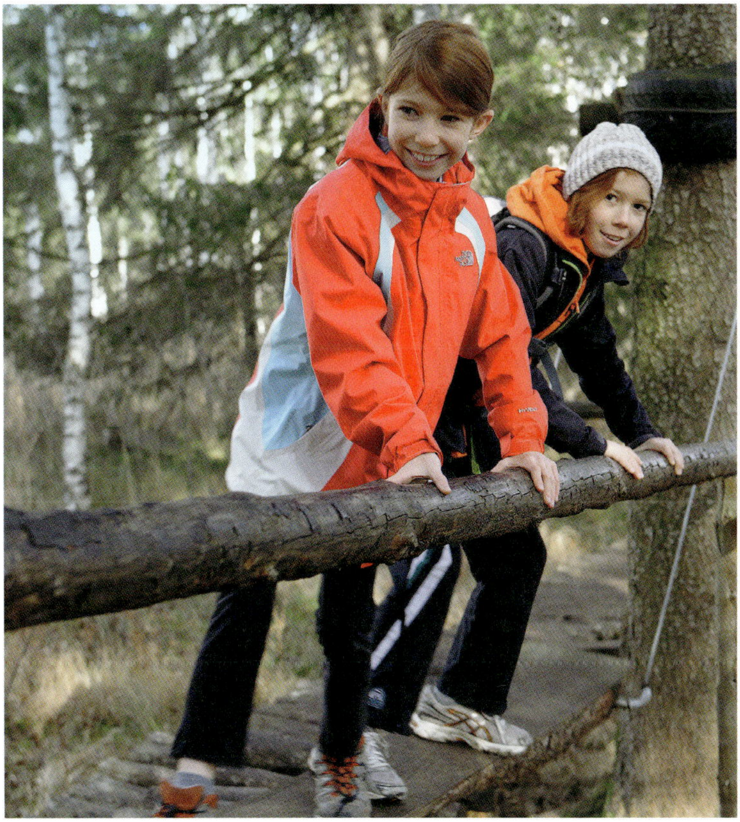

Über Holzstege und schmale Brücken schlängelt sich der Naturkundepfad.

Linke Seite: Jedes Tier, und sei es noch so klein, dürfen wir natürlich nur mit äußerster Vorsicht berühren.

ten und das Trachteninformationszentrum lassen die Zeit rasch vergehen.
Jetzt geht es aber zunächst auf einer ruhigen Wanderung durchs Loisach-/Kochelmoor. Auf der Ostseite des Klosters folgen wir der Allee ins Moor und wandern dann u. a. vorbei an der Moosmühle mit ihrer spannenden Vogelbeobachtungsstation. Mit etwas Glück kommt sogar ein Eisvogel vorbei. An der Angerfilze beginnt dann eine Birkenallee, dort werden wir rechts auf den netten Bohlenweg ins Moor gelotst. Ein großer Spaß für alle, denn es gibt jede Menge zu klettern, schaukeln und schwingen und sogar ein Floß steht für eine kurze Überfahrt bereit. Zurück geht es auf gleichem Weg. Viel Zeit sollte man sich am Ende der Tour für die rechts und links des Weges angelegten Biotope nehmen, durch die

Einkehr

Klosterbräustüberl Benediktbeuern; im Dorf Gasthof zu Post, Café Lugauer mit himmlischen Torten; unweit vom Bahnhof liegt ein wenig versteckt, aber besonders romantisch und idyllisch Otti's Eisgarten, Ignaz-Günther-Str. 2

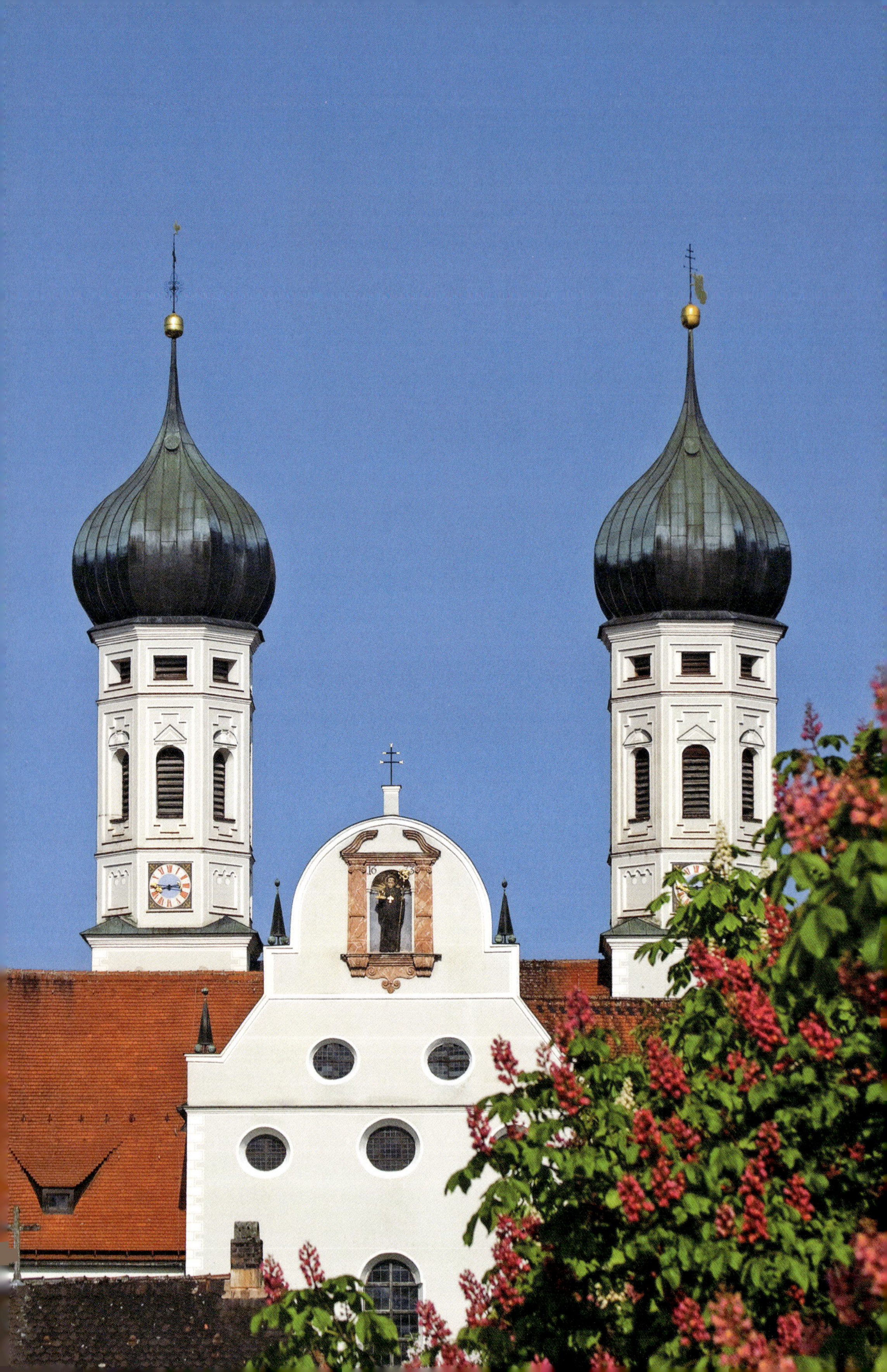

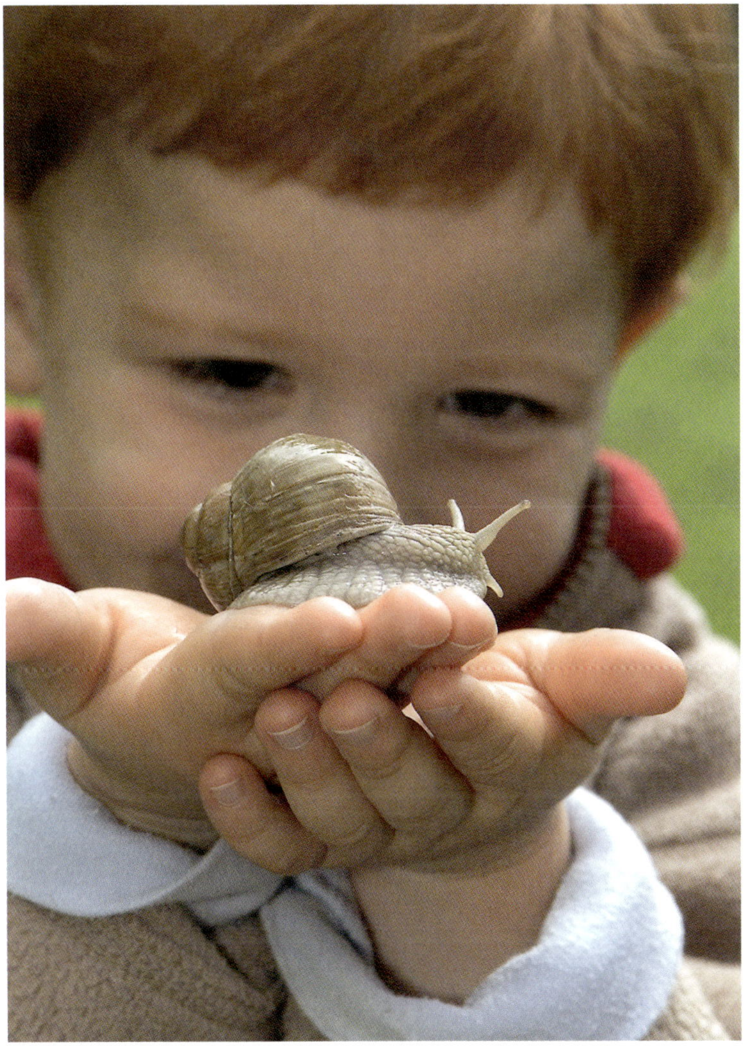

Eine Schnecke ist gar nicht glitschig, aber es gehört schon ein wenig Mut dazu, sie anzufassen.

Linke Seite: Das Kloster Benediktbeuern ist einen Ausflug wert.

man auf hölzernen Stegen spazieren kann. Hier tummelt sich alles, was im Moor Rang und Namen hat. Frösche sind in dieser wässerigen Umgebung selbstverständlich, aber es gibt auch jede Menge anderes Krabbelgetier, Schlangen, Echsen, Schmetterlinge, Vögel, Fledermäuse und Insekten, für die man eigens Insektenhotels errichtet hat. Am besten selbst erforschen und mit den Kindern den Wettbewerb austragen: »Wer zählt die meisten Frösche?«

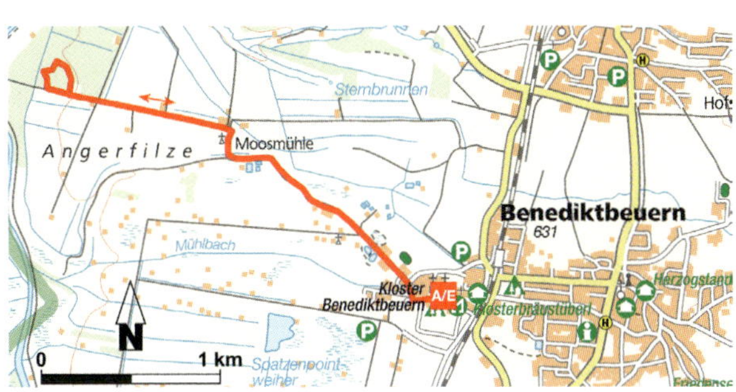

36 Barfußpfad Penzberg

Erlebnistour für nackte Sohlen

Leicht | 1,5 km | 30 m | 0.45 Std.

Alter
Ab 2 Jahren

Tourencharakter
Barfußweg mit zahlreichen Stationen

Ausgangs-/Endpunkt
Parkplatz am Café Extra

Anfahrt
A95 München–Garmisch, Ausfahrt Penzberg/Iffeldorf, weiter Richtung Penzberg. Vor dem Ort rechts Richtung Huber-See und auf der Straße bis zum Café Extra bzw. Gut Hub

Einkehr
Café Extra, Vordermeir 2, 82377 Penzberg, Mo Ruhetag, Tel. 08856/935040, extra-penzberg.de

Karte
Wanderkarte 1:50000, WK 182 Isarwinkel (Kompass)

Information
bayregio-penzberg.de

Fußgymnastikspaß bietet der Barfußpfad Penzberg mit einem sagenhaften Panoramablick von der Benediktenwand bis zum Herzogstand. Auf einer abwechslungsreichen Wegstrecke können wir verschiedenste Untergründe an mehreren Erlebnisstationen erforschen.

Der sagenhafte Barfußpfad mit herrlicher Aussicht startet direkt am Café Extra. Nachdem wir die Schuhe im Auto oder im Rucksack verstaut haben, wartet bereits die erste Erlebnisstation, ein wackeliger Kettensteg. Über die Wiese geht es weiter zu den Fußabdruck-Balancierbaumstämmen. Der Wegweiser, ein bunt ausgemalter Fuß oder auch ein gelber Fußabdruck, weist uns den Weg nach links am Hubersee entlang. Zuvor können die Minis noch Bekanntschaft mit dem Penzbär, einer geschnitzten Holzfigur, machen. Der gut ausgeschilderte Weg führt uns nun auf Gruben mit den verschiedenen Waldböden in den Wald hinein. Vorbei an der kleinen Hubkapelle laufen wir am Waldrand entlang. Vom Waldrandweg aus, der aus schön kurz geschnittenem und weichem Rasen besteht, hat man jetzt einen sagenhaften Blick nach Süden in die Berge hinein. Am südlichen Zipfel des Wäldchens führt der Weg links herum wieder in den Wald,

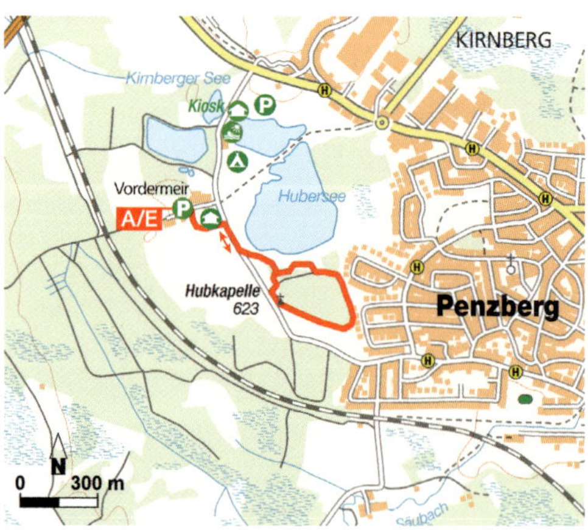

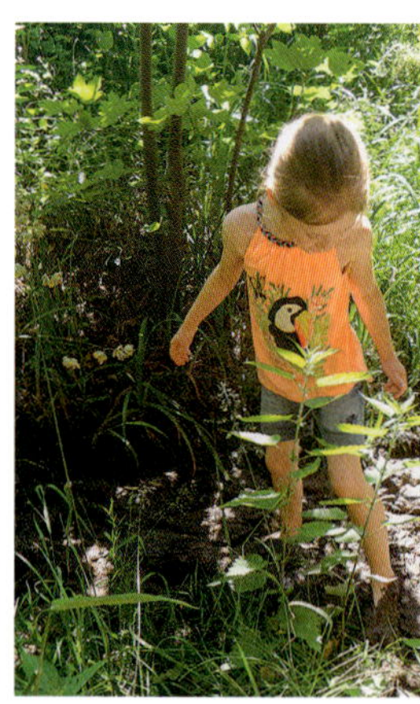

»Ihh, der Matsch kitzelt.«

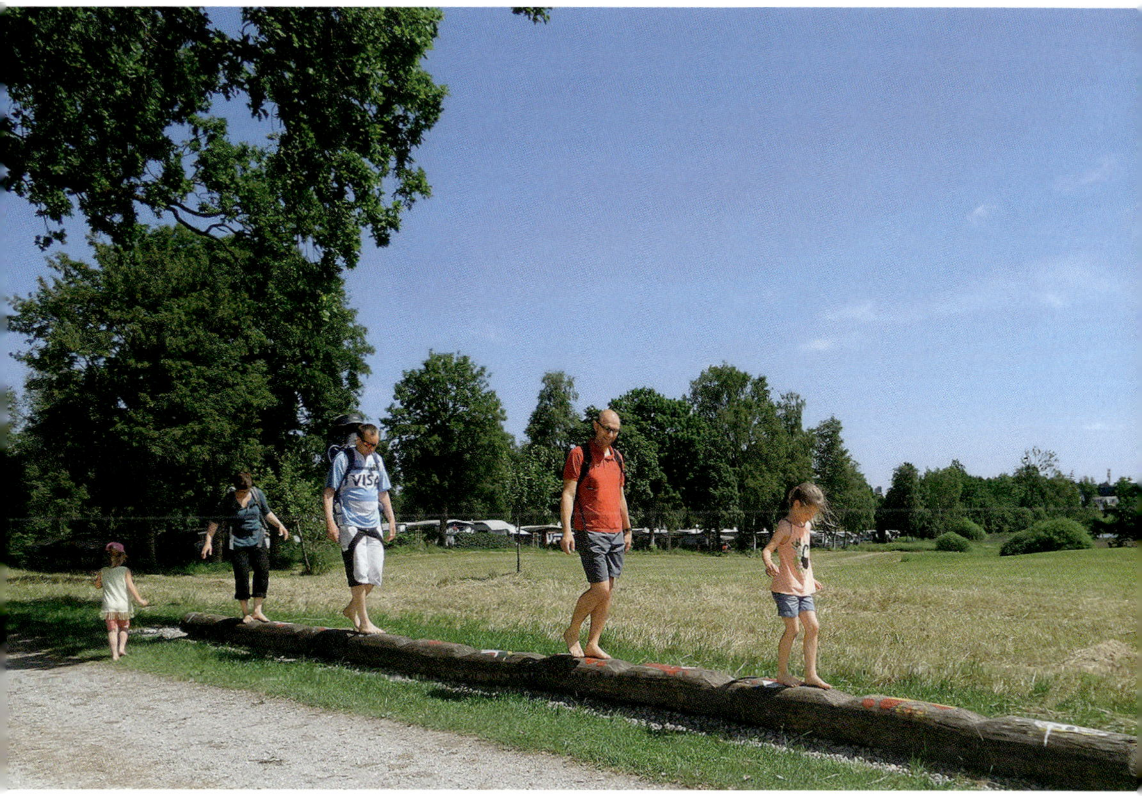

und wir erreichen nach einigen Metern ein Schlammloch. Ob sich dort alle hineintrauen? Wer es nicht so gerne matschig mag, kann dieses natürlich auch umlaufen. Mit sauberen oder Matschfüßen geht es an drei Warngeistern vorbei. Über weitere Gruben mit weichem Waldboden, ein Tannenzapfen-Becken und Balancierstämmen laufen wir weiter. Sobald man den Wald verlässt, muss man durch ein kleines Moor- und Wasserbecken. Kurz nach diesem Moorbecken führt uns der Weg erneut in den Wald. Nun geht es auf dem gleichen Weg, vorbei am Penzbär, zurück zum Ausgangspunkt. Hier kann man noch einen Abstecher zum Hubersee machen, um die Füße wieder vom gröbsten Dreck zu befreien. Der Barfußpfad wird von Anfang Mai bis Ende September gewartet, sodass dem Barfußvergnügen nichts im Wege steht. Zum Abschluss winken ein kleines Fußwaschbecken sowie die Terrasse des Café Extra.

Wer bleibt am längsten auf dem Balancierpfad?

Ab in den See

Unbedingt Wechselklamotten bzw. Badesachen einpacken. Eine Abkühlung verspricht ein Sprung in den nahe gelegenen Kirnbergsee.

37 Kräuter-Erlebnispark Bad Heilbrunn

Naturgenuss pur

Leicht	1 km	40 m	0.30 Std.

Alter
Ab 2 Jahren

Tourencharakter
Wanderweg; für Kinderwagen und Laufrad geeignet

Ausgangs-/Endpunkt
Kleiner Parkplatz am Kurpark

Anfahrt
A 95 München–Garmisch, Ausfahrt Sindelsdorf, auf der B 472 Richtung Bad Tölz, in Bad Heilbrunn links Richtung Wörnerweg

Einkehr
Bistro-Café am Kräuterpark, Wörnerweg 4, 83670 Bad Heilbrunn, Mo, Di und Mi Ruhetag, Do bis So 9–18 Uhr geöffnet, Tel. 08046/18 64 1 16, dasbistrocafe.de

Karte
Wanderkarte 1:50 000, WK 182 Isarwinkel (Kompass)

Information
bad-heilbrunn.de

Über 400 verschiedene Wild-, Heil- Tee-, und Küchenkräuter gilt es in diesem Park zu erkunden. Ein kleiner Spielplatz, ein Beobachtungsturm sowie ein Teich versprechen jede Menge Spaß. Im Kräuterladen mit Bistro kann man zudem hochwertige Kräuterprodukte probieren und käuflich erwerben.

Ein großes Schild weist uns bereits den Weg zum Kräuter-Erlebnispark Bad Heilbrunn. Vor dem eigentlichen Start des Parks entdecken die Minis jedoch sicherlich sofort den schön angelegten Spielplatz. Vorbei an einem Bachlauf, der direkt zum Pritscheln auffordert, gelangen wir zu Beeten mit Küchenkräutern bzw. Duftkräutern. Wie wohl der Ananassalbei riecht? Oder das Currykraut? Das müssen wir natürlich genauestens testen. Wir kommen an einer Wildstrauchhecke vorbei zum Teich, in dem Goldfische und Karpfen zu beobachten sind. Weiter geht es zum Wildbienenhaus und zum Kräutergarten, einem Schulprojekt der Grundschule Bad Heilbrunn. Schließlich machen wir einen kurzen Abstecher in den hinteren Teil des Kräuter-Parks, zum Krebsenbach und zum Zauberwald. Wieder am Kräutergarten angekommen, halten wir uns rechts und nehmen Kurs auf die Beobachtungsplattform. Von oben werden die Minis sogleich das Tee-Labyrinth entdecken. Ob sie den Weg hinein- und vor allem auch wieder herausfinden? Gegenüber vom Tee-Labyrinth befindet sich ein wahres Minze-Paradies, ob Orangen-Minze, Ananas-Minze, Bananen-Minze oder Nana-Minze … an allen muss man natürlich mal schnuppern. Wir gehen weiter und erreichen bald wieder den Spielplatz. Im angrenzenden Bistro-Café kann man auf der

Für Kraxler

In der Nähe gibt es einen schönen leichten Klettergarten.

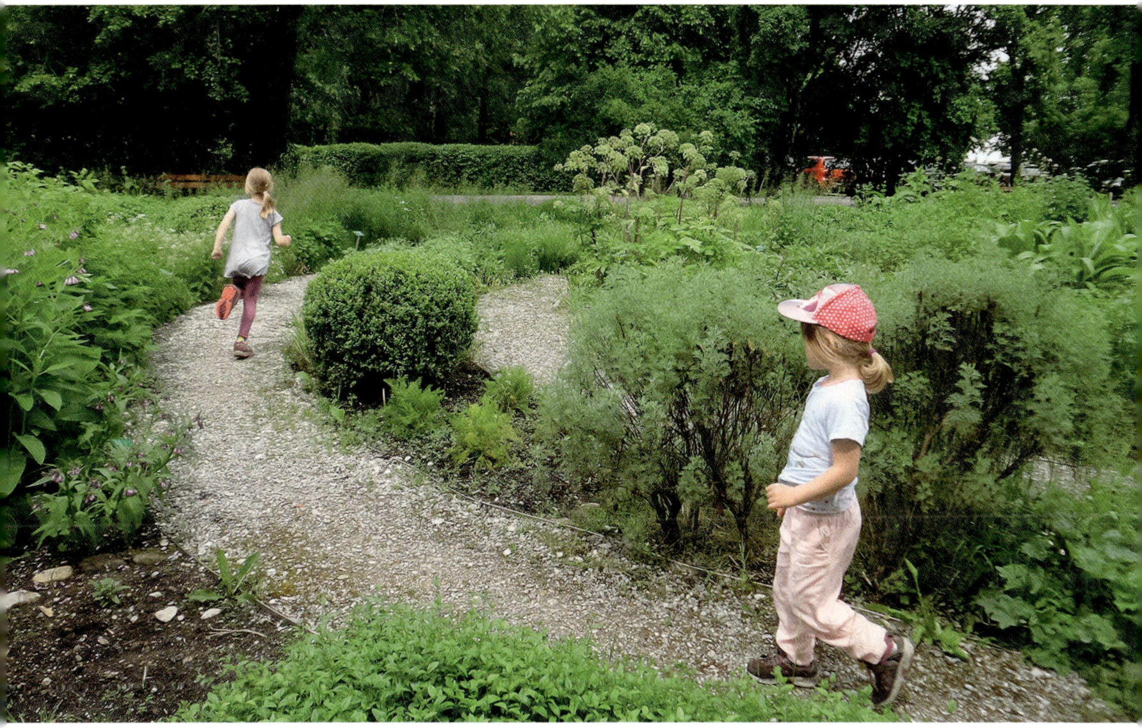

Terrasse bei einer Tasse Kaffee und einem Stück Kuchen den Kindern beim Toben auf dem Spielplatz zusehen. Dieser Weg eignet sich besonders gut zusammen mit den Großeltern, da die Minis auf diesem Weg von allein langsamer gehen, weil es sooo viel zu erschnuppern gibt.

»Geh' schon mal vor … ich komm dann nach.«

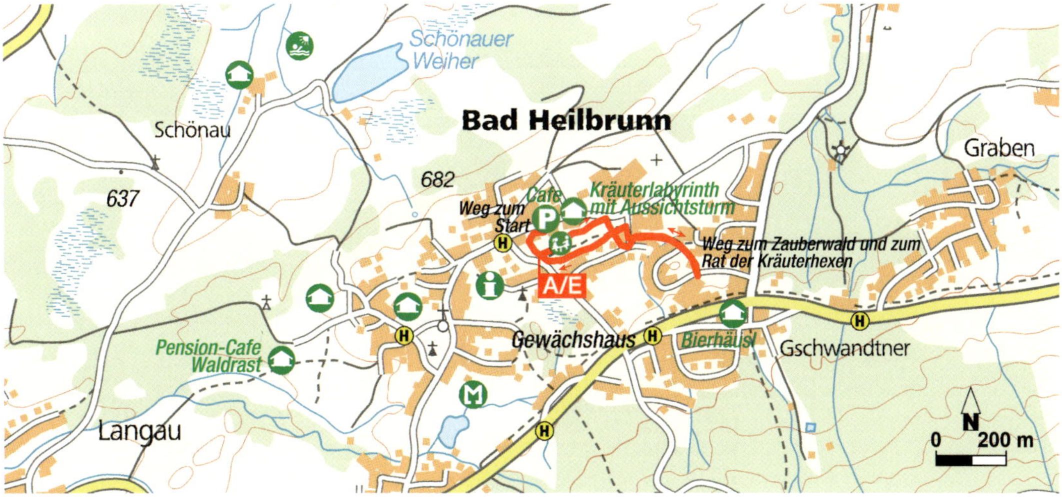

38 Walderlebnispfad Wolfratshausen

Mit Lupus, dem Wolf, auf Erkundungstour

Mittel | 2 km | 170 m | 1.30 Std.

Alter
Ab 3 Jahren

Tourencharakter
Wanderweg; nicht für Kinderwagen und Laufrad geeignet

Ausgangs-/Endpunkt
Parkplatz Altstadt

Anfahrt
A 95 München–Garmisch, Ausfahrt Wolfratshausen, auf der St 2370 nach Wolfratshausen, im Ort über die Loisach

Einkehr
Unterwegs keine

Karte
Umgebungskarte 1:50 000, UK 50–52, Tölzer Land (LDBV Bayern)

Information
tourismus.wolfratshausen.de/erlebnislehrpfad

Über einen zwei Kilometer langen Pfad erklärt uns der Wolf Lupus an 15 Stationen Wissenswertes über den Bergwald und seine Bewohner. Gemeinsam kann man sich auf die Pirsch begeben oder einen Weitsprung-Wettkampf veranstalten.

Wir starten die Tour am Parkplatz am Josef-Bromberger-Weg bei der Loisachhalle. Vom Parkplatz aus überqueren wir direkt über den Sebastiani-Steg die Loisach. Am anderen Ufer gehen wir über die Straße und durch die Rathauspassage. Nun stehen wir bereits vor der Kirche St. Andreas, an welcher wir nach einer weiteren Straßenquerung rechts vorbeigehen. Hier können wir das Loisachhochufer sehen. Kurz nach der Kirche erreichen wir Treppen, die wir mit einer Rechtskurve bis zum Ende erklimmen. Oben angekommen sind wir auf dem Eichheimweg und sehen bereits die ersten

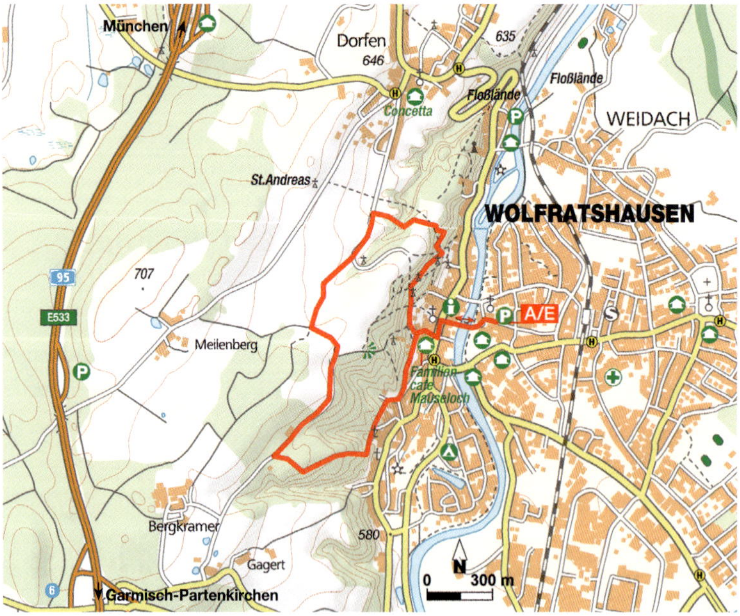

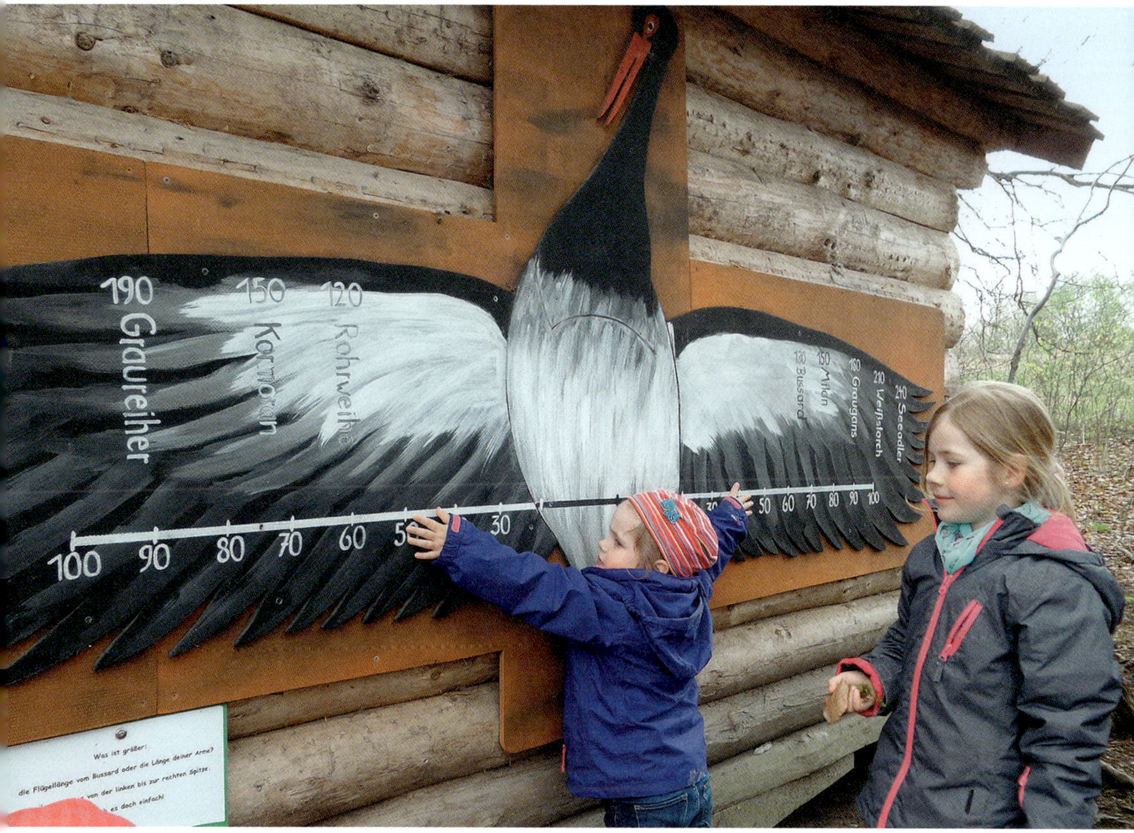

»Bin ich schon ein Bussard?«

Infoschilder und Wegweiser zum Walderlebnispfad. Wir folgen dem Wegweiser nach links, gehen ein kurzes, ebenes Stück und steigen nach etwa 50 Metern, nach der Station »Der Wald als Lieferant«, weiter rechts bergan. Während des Aufstiegs kommen wir an einer interaktiven Station vorbei. »Der Schwamm des Waldes« hat unseren Minis sehr gut gefallen, weil man hier gut planschen kann. Zwischen dieser Station und der Barfußstation erreichen wir auch noch eine Bank, die zur Rast einlädt. Dann geht es rechts weiter bergan. Am Barfußpfad haben wir nun das Hochufer endgültig erklommen und gehen rechts zwischen Golfplatz und Waldrand weiter. Am Waldrand erwarten uns viele verschiedene Stationen wie ein Waldtelefon, »Klatsch und Tratsch im Wald«, ein »singender Wald«, Bienen, Tierweitsprung und der »Gänsewein«. Nach dieser Station laufen wir rechts wieder bergab und gehen auf die Pirsch, indem wir die verschiedenen Tiere im Wald suchen. Immer weiter bergab erlaufen wir,

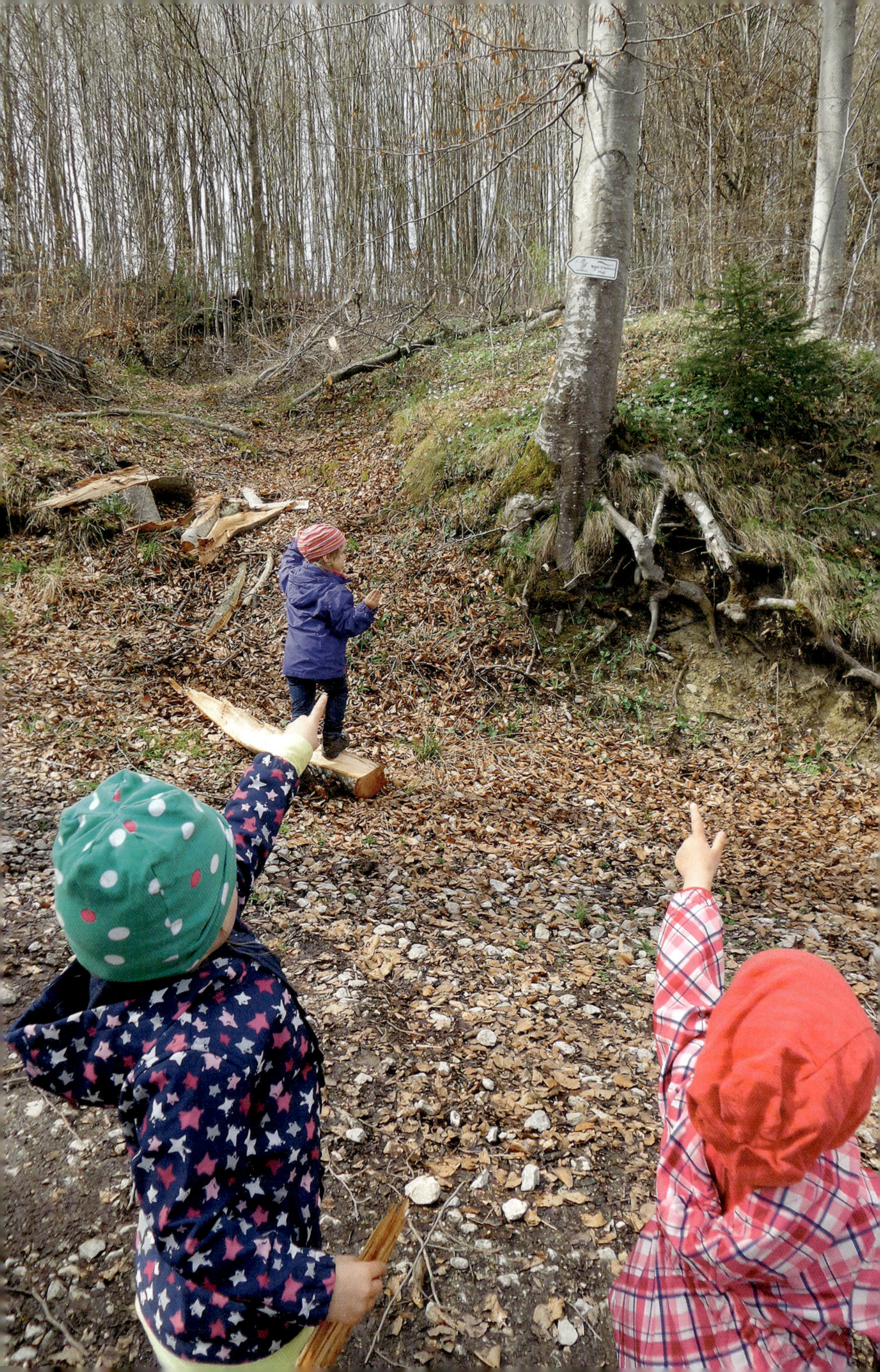

wie groß ein Baum eigentlich ist. Wir erfahren, wie uns der Wald nützt, wie alt ein Baum werden kann und dass Totholz gar nicht so tot ist, wie uns der Name glauben lassen will. Nach dem Totholz haben wir auch schon den Ausgangspunkt des Pfades an der Treppe erreicht. Nun steigen wir wieder treppab und kommen erneut an der Kirche vorbei. Zurück zum Parkplatz gehen wir anschließend einfach durch die Seilergasse zur Loisach, dann links und schon sehen wir wieder die Fußgängerbrücke. Am Untermarkt gibt es mehrere Einkehrmöglichkeiten und wir haben die Wahl von der großen Wirtschaft bis zur kleinen Bäckerei oder Eisdiele.

Rätselraten

Ältere Minis (ab etwa 7 Jahren) finden auf der Homepage der Stadt Wolfratshausen ein Quiz zum Downloaden.

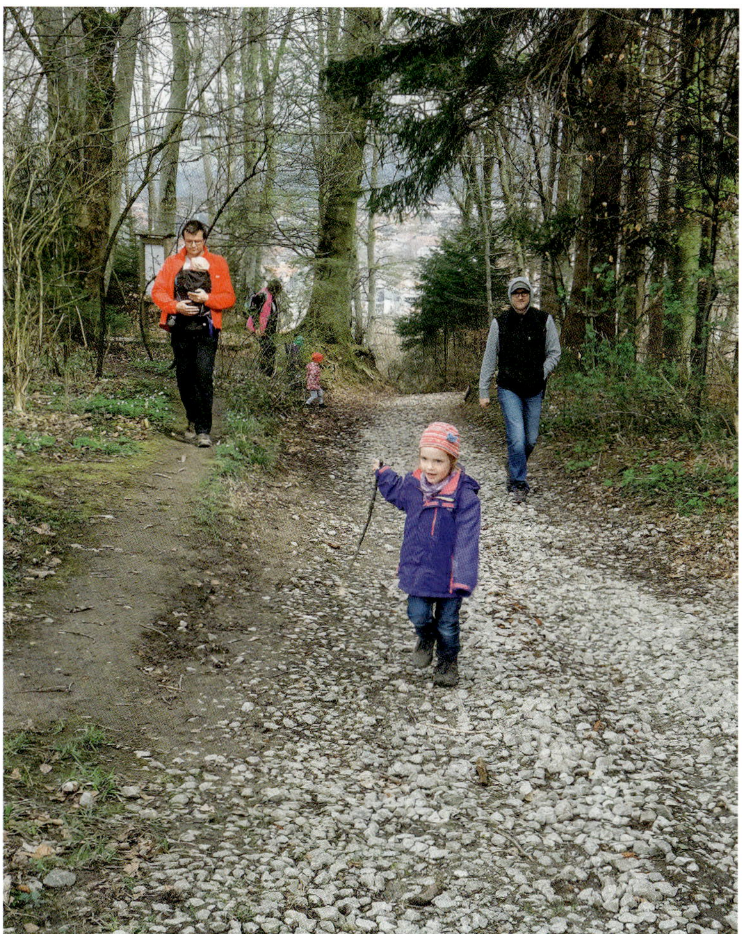

Links: Wandergesellschaft

Linke Seite: »Da geht's lang!«

39 Über den Plankenweg bei Leutstetten

Im Moor ist's gar nicht schaurig!

Mittel | 9 km | 0 m | 3.30 Std.

Alter
Ab 8 Jahren

Tourencharakter
Abwechslungsreiche Tour am Rande des Moors, zum Teil auf Plankensteg.
Zwischen Leutstetten und S-Bahnhof zwar auf separatem Fuß-/Radweg, aber neben der Straße

Ausgangs-/Endpunkt
Auto: Heimathshausen oder Leutstetten. Bahn: S-Bhf. Starnberg Nord oder Starnberg

Anfahrt
Auto: Über die A95/A952 bzw. die B2 nach Starnberg-Percha; dort abbiegen nach Heimathshausen; oder auf der St2063 nach Leutstetten. Bahn: Mit der S6 bis Starnberg Nord oder Starnberg

Einkehr
Gasthof in Leutstetten, diverse Lokale in Starnberg

Karte
Topografische Karte 1:50 000, Blatt Ammersee – Starnberger See

Information
sta5.de

Früher wurden Moore von Menschen gemieden. Es war gefährlich, sich in dieses unsichere Gelände vorzuwagen, schließlich konnte man, ohne etwas zu ahnen, in ein Sumpfloch treten und im schlimmsten Falle sogar darin ertrinken.

Schauergeschichten von Moorleichen und Irrlichtern hielten die Bevölkerung von diesen Landstrichen fern, bis jemand entdeckte, dass der faserige Torf voller Pflanzenreste hervorragend als Brennstoff geeignet war. Nach dem Abtragen der obersten 50 Zentimeter konnte der Boden beackert und bebaut werden. Hungers- und Wohnungsnot waren die ersten Gründe, die aus Teilen der Bevölkerung Torfstecher machten. Zur Zeit der Industrialisierung wurde der Brennstoff für allerlei Maschinen benötigt. Weite Moorflächen wurden dabei unwiederbringlich zerstört.
Erst in den 80er-Jahren des letzten Jahrhunderts erkannten Umweltschützer den ökologischen Wert dieser besonderen Pflanzen- und Tiergesellschaften und stellten die ersten Moore unter Naturschutz. Im Leutstettener Moor wurde der Wanderweg am Rand der besonders bedrohten Zonen entlang verlegt. Bitte laufen Sie mit Ihren Kindern aus Respekt vor der einmaligen, schützenswerten Natur nicht quer über die Wiesen! Folgt man im Leutstettener Moos

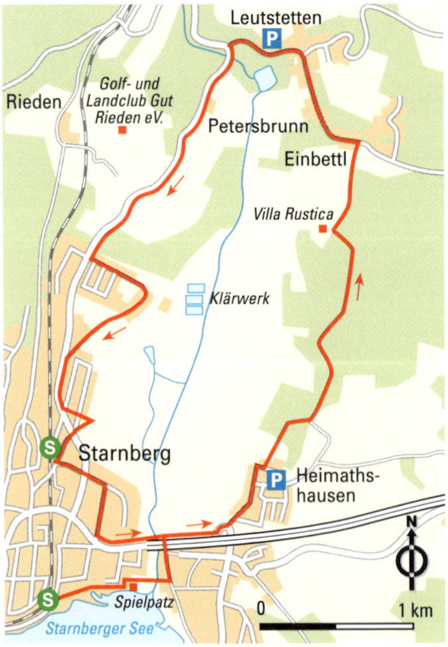

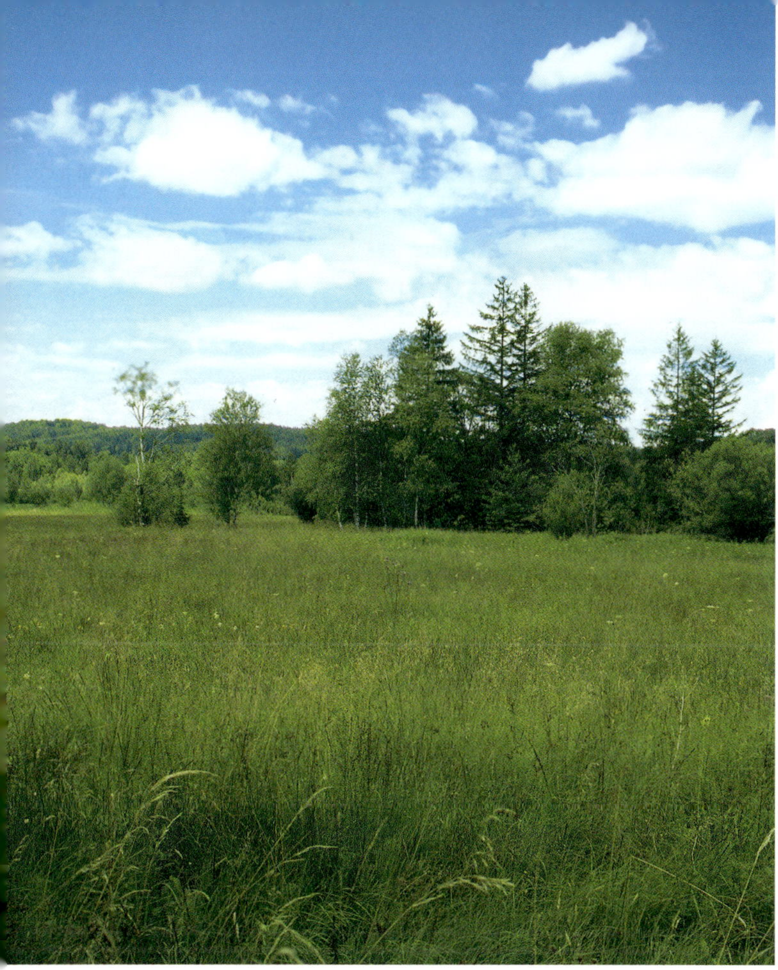

Auf den Planken übers Moor zu wandern ist für jeden etwas Besonderes.

dem Wegweiser »Wildmoos«, sieht man besonders deutlich, wie der Weg seitlich etwa knietief abfällt. Hier wurde noch im 20. Jahrhundert der Torf abgetragen. Nach einem guten Kilometer erreicht man das alte Wildmooshäusl, in dem die Torfstecher ihre Pausen verbringen konnten und eine warme Mahlzeit erhielten. Größtenteils sind die Flächen heute mit Fichtenmonokulturen aufgeforstet.

Vom S-Bahnhof Starnberg Nord gehen wir südlich in Richtung Landratsamt und neben der Autobahn bis zur Ausfahrt Percha. Hinter dem Sportplatz führt der Weg links nach Heimathshausen. Ab hier folgen wir dem Wanderwegweiser »Moorrundweg über Villa Rustica« nach Leutstetten. In Leutstetten gehen wir auf der Brücke über den Würmdurchbruch und kehren den Fuß- und Radwegschildern folgend zurück zum S-Bahnhof Starnberg Nord.

Villa Rustica

In der Villa Rustica am nördlichen Ende des Moorweges hat vor rund 2000 Jahren ein älteres römisches Ehepaar gelebt. Zu dieser Zeit gab es den umliegenden Wald noch nicht, denn der Boden war noch moorig und sauer.

40 Einheimische Heckensträucher im Gleißental

Giftiges und genießbares Wildobst

Leicht | 8 km | 0 m | 2 Std.

Alter
Ab 4 Jahren

Tourencharakter
Einfache Wanderung, nur im Ort Deisenhofen an der Straße entlang, sonst schöner Waldweg, nach Regen evtl. stellenweise matschig

Ausgangs-/Endpunkt
Auto: Parkplatz vor dem Wendehammer in der Stefanienstraße. Bahn: S-Bhf. Deisenhofen

Anfahrt
Auto: Auf der St 2368 München–Bad Tölz bis Deisenhofen, nach Norden in die Sauerlacher Straße und von dort in die Stefanienstraße abbiegen. Bahn: Mit der S 5 nach Deisenhofen

Einkehr
Gaststätten in Deisenhofen; Restaurant/Café am Deininger Weiher

Information
Gemeinde Oberhaching, Alpenstr. 11, 82041 Oberhaching, Tel. 089/61377-0

Der Lebensraum Hecke bietet zahlreichen Tieren Unterschlupf, Schutz und Nahrung. Einige dieser Sträucher liefern auch uns Menschen vitaminreiche und schmackhafte Früchte oder sogar Medizin. Aber wer kennt sie? Der teils sonnige, teils schattige Wanderweg durch das Gleißental bietet für jeden Spiel-, Erlebnis- und Dazulern-Möglichkeiten.

Während der letzten Eiszeit bis vor ca. 10 000 Jahren haben Zungen des Isar-Loisach-Gletschers tiefe Gräben in die südliche Münchner Schotterebene gezogen. Eines dieser mittlerweile ausgetrockneten Täler ist das Gleißental, das nördlich in Oberhaching ausläuft. Historische Funde aus der jüngeren Steinzeit, Keltenschanzen und Reste einer römischen Straße belegen rund um das Gleißental eine kontinuierliche Besiedelungsgeschichte, die bis ca. 2000 v. Chr. zurückreicht. Vermutlich floss vor langer Zeit in diesem ehemaligen Flussbett die Isar, bis sie sich in Grünwald einen neuen Weg suchte. Die mächtigen Gletscherströme transportierten über lange Zeit hinweg Felsbrocken in verschiedenen Größen aus den Bergen ins Flachland und schliffen sie auf ihrem weiten Weg zu abgerundeten Kieseln. Während das Flussbett allmählich austrocknete, wurden die Steine in den verbleibenden Kalk eingebacken. So entstand ein betonähnliches Sediment, das als Nagelfluh bezeichnet wird. Am besten kann man einen erdgeschichtlich inter-

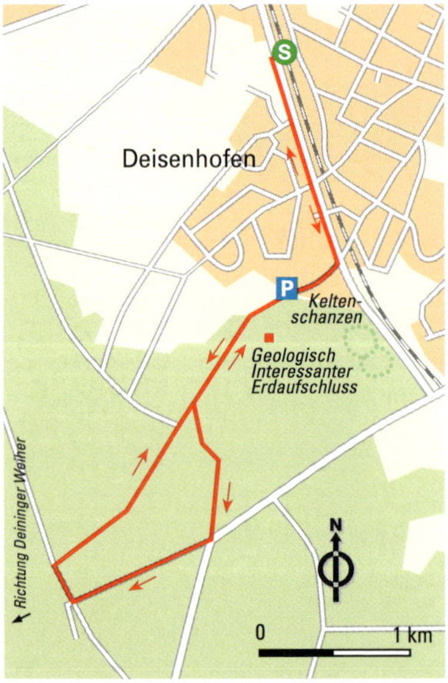

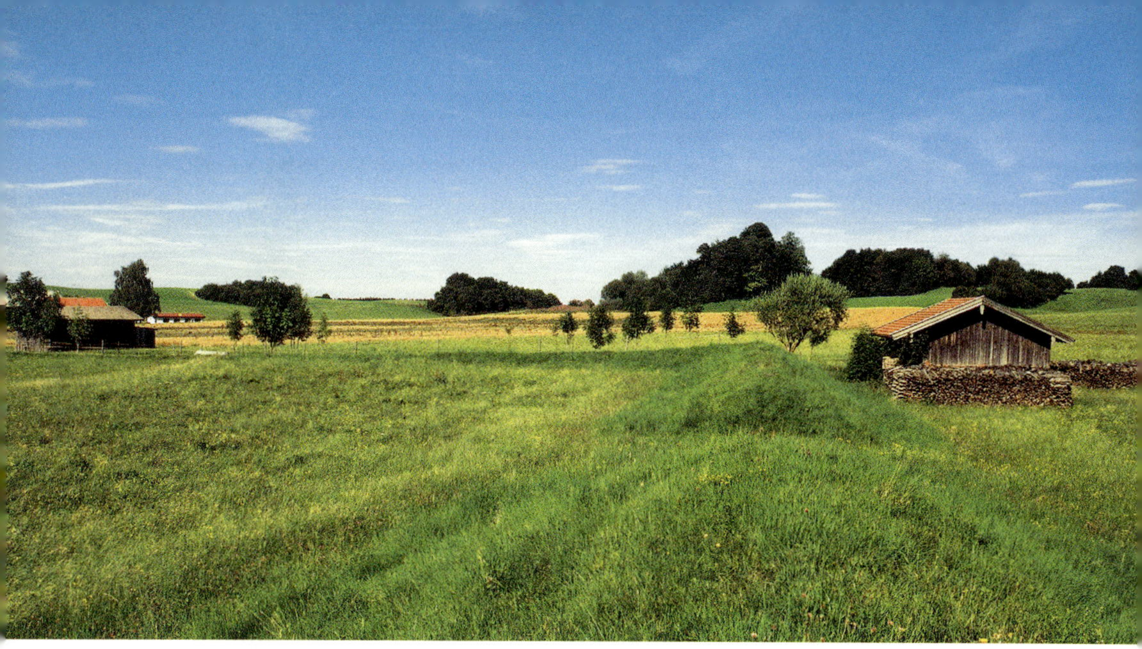

essanten Bodenaufschluss an der einem Amphitheater ähnlichen Ausbuchtung relativ zu Beginn der Wanderung untersuchen. Auch wenn es hier noch so verlockend zum Klettern aussieht, muss man sich im Klaren darüber sein, dass die Wände schnell abbröckeln können.

Keltenschanzen sind Zeugen einer langen Besiedelungsgeschichte.

Nicht nur geologische Aspekte machen eine Wanderung durch dieses Tal vom Süden Deisenhofens bis hinunter zum Deininger (Gleißental-)Weiher zu jeder Jahreszeit reizvoll, auch aus landschaftlicher und botanischer Sicht ist dieser Weg ein Genuss. Zu Anfang der Wandersaison finden sich vor allem in den Lichtungen und auf den steilen Böschungen zahlreiche farbenprächtige Frühblüher und Wiesenkräuter. Im Sommer freut man sich bei einem Spaziergang über schattige Wege. Ganz besonders lohnenswert ist dieser Weg jedoch im Herbst, weil die heimischen Sträucher dann ihre leuchtenden, eindeutig wiederzuerkennenden Früchte tragen.

Tipp

Der Deininger Weiher bietet sich sowohl zum Baden als auch zum Umwandern an.

Diverse Sträucher sind das Grundgerüst des Lebensraumes Hecke. Heute versteht der Stadtbewohner und Parkbesucher darunter schnurgerade, ordentlich geschnittene Reihen von ein und derselben Strauch- oder Baumart. Diese Anpflanzungen sind hier aber nicht gemeint, auch wenn ihre Schutzfunktion seit Jahrhunderten genutzt wird, denn unser heutiges Wort Hecke stammt von dem althochdeutschen »hegga« ab und bedeutet einfrieden, beschützen. Vor allem dornige Gehölzarten wurden auf dem Land zwischen Feldern und um Höfe herum

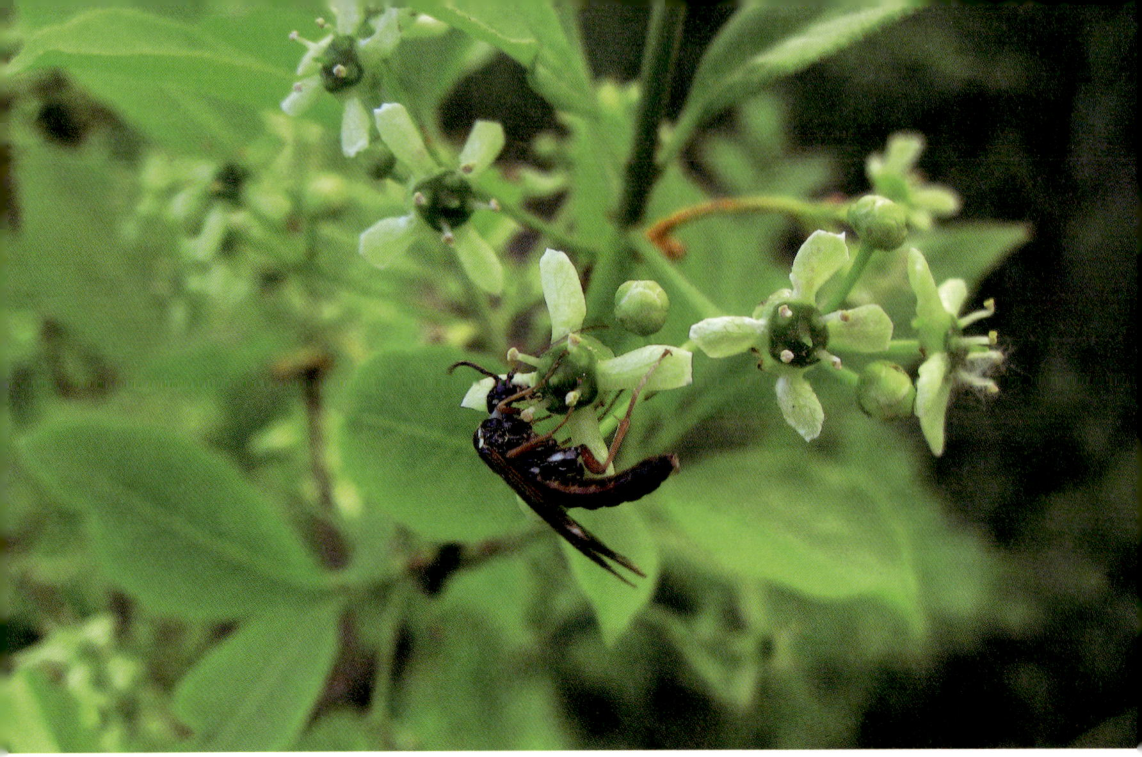

Manchmal muss man ganz genau hinsehen, um die Schönheiten der Natur zu entdecken.

als natürliche Zäune und Umfriedung für Mensch und Tier gepflanzt. Je bunter die Zusammensetzung, desto mehr Arten von Insekten, Amphibien, Reptilien, Vögeln und Kleinsäugetieren fühlen sich dort wohl und können mit den Pflanzen eine stabile Lebensgemeinschaft aufbauen. Auf kleinstem Raum entstehen in einem Gehölzstreifen unterschiedliche Standortfaktoren von sonnig-trocken bis feucht-schattig. Daher verwundert es nicht, wenn in heimischen Hecken bis zu 1000 verschiedene Tierarten Schutz, Brutplätze, Überwinterungsquartiere oder Nahrungsquellen finden können. Zum Beispiel dienen sie Eule, Neuntöter, Raubwürger und Bussard als Sitzplatz. Einige Schmetterlingsarten durchleben ihr Ei- und Raupenstadium getarnt im Geäst von Sträuchern. Haselmäuse, Zauneidechsen, Schnecken und Igel überwintern in der Hecke. Und schließlich wird Erdkröten, Feldhasen, Rebhühnern und Kleinräubern wie Hermelin und Rotfuchs hier Unterschlupf und Wanderhilfe gewährt. Inzwischen weiß man, wie wichtig diese kleinen ökologischen Lebensräume sind, und es werden wieder zunehmend wilde Hecken aus einheimischen Sträuchern zum Beispiel an Spielplätzen oder entlang von Spazierwegen angepflanzt.

In Deisenhofen gehen wir auf der Straße westlich der Bahngleise an der Sauerlacher Straße nach Süden bis zur Stefanienstraße und biegen in diese rechts ein. Am Wendehammer mündet die

Straße in einen Wanderweg. Nach einigen Hundert Metern begegnet uns auf der linken Seite ein geologisch interessanter Erdaufschluss, an der Gabelung danach gehen wir links und steigen kurz bis zur Autostraße auf. Hier biegen wir gleich wieder rechts in den Wald ab und gelangen nach etwa einem halben Kilometer rechts auf einen breiteren Forstweg. Nach dem Wasserspeicherbecken gehen wir rechts auf den Talweg und gelangen geradeaus zurück nach Deisenhofen.

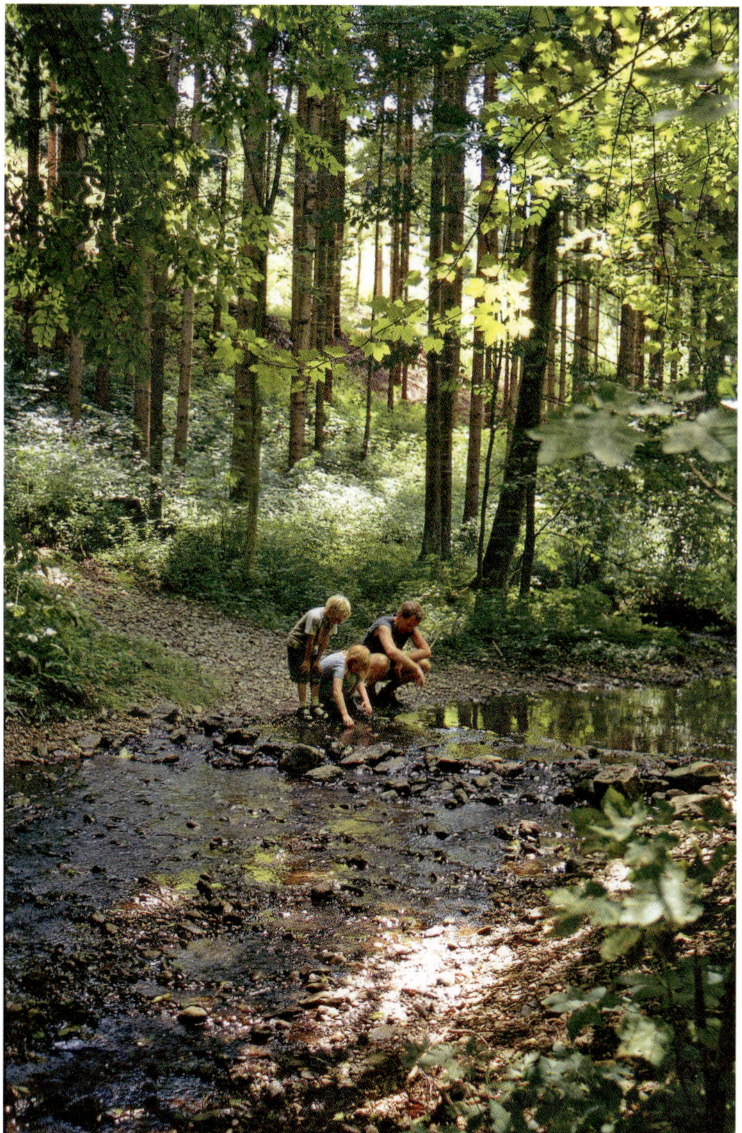

Im schattigen Gleißental gibt es genügend Plätze zum ausdauernden Spielen.

41 Taubenberg

Zum Turm am Taubenberg

Mittel | 2 km | 100 m | 0.50 Std.

Alter
Ab 2 Jahren

Tourencharakter
Breite Schotterstraße oder Waldweg

Ausgangs-/Endpunkt
Berggasthof Taubenberg

Anfahrt
A 8 München–Salzburg, Ausfahrt Weyarn. Weiter Richtung Miesbach, durch Weyarn und bis Thalham. Rechts abfahren, dem Wegweiser Richtung Gasthaus Taubenberg folgen. Vor der Anfahrt unter taubenberg.de prüfen, ob die Anfahrt zum Gasthaus möglich ist.

Einkehr
Berggasthof Taubenberg, Taubenberg 1, 83627 Warngau, Tel. 08020/1705

Karte
Topografische Karte 1:50 000, Blatt Mangfallgebirge (BLVA)

Information
warngau.de

Diese versteckte Wanderung besticht mit ungewöhnlichen Ausblicken auf das Oberland. Die Anfahrt ist nicht so einfach, lohnt sich aber sehr. Die Kleinen können sich auf einen tollen Spielplatz und einen Barfußpfad freuen.

Die Tour startet am Parkplatz des Berggasthofs Taubenberg. Bevor man losgeht, sollte man im Gasthof den Schlüssel für den Turm holen – Achtung: 20 € Schlüsselpfand –, da dieser normalerweise abgesperrt ist. Sobald man den Schlüssel hat, geht man nach dem Berggasthof am Barfußpfad vorbei und weiter auf der Schotterstraße bergan. Der Turm ist bereits ab dem Hof ausgeschildert. Nach knapp 300 Metern auf der Straße kann man sich entscheiden. Falls man mit einem Kinderwagen oder mit dem Laufrad unterwegs ist, folgt man weiter der Straße, ansonsten biegt man von der Straße links auf einen Waldweg ab, der am

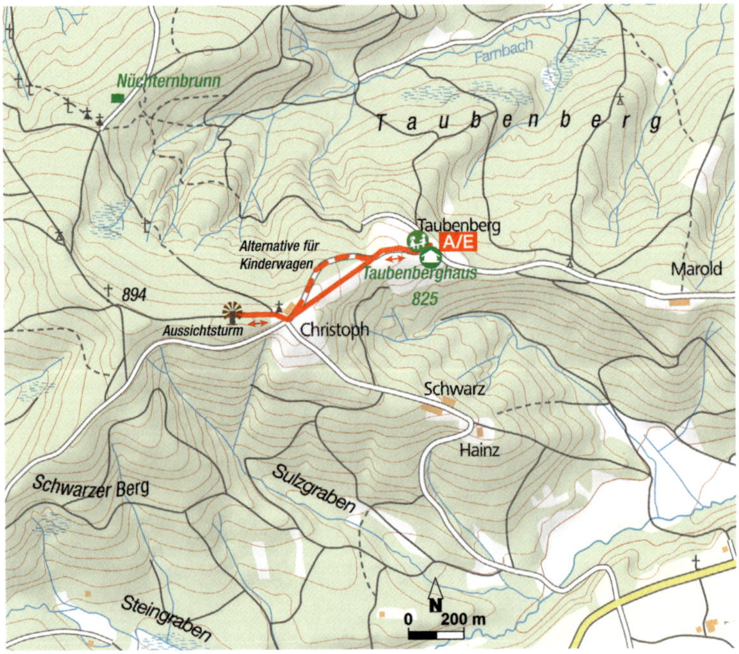

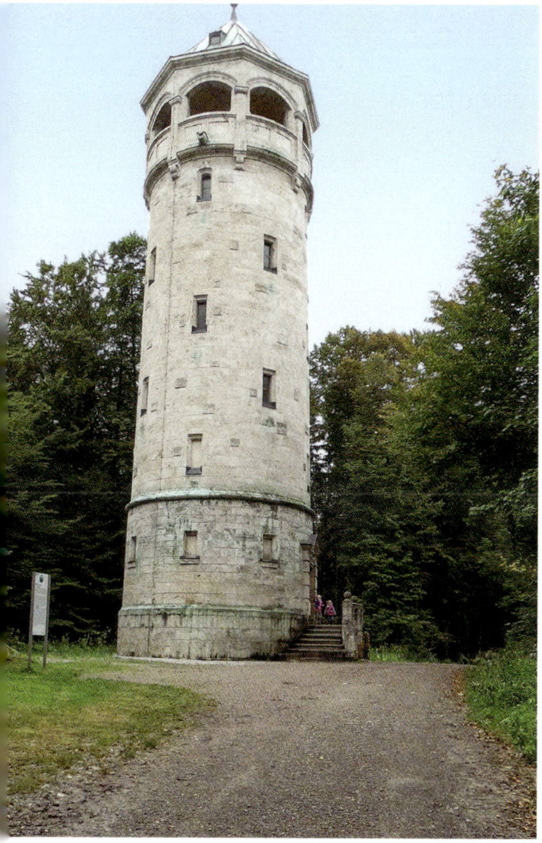

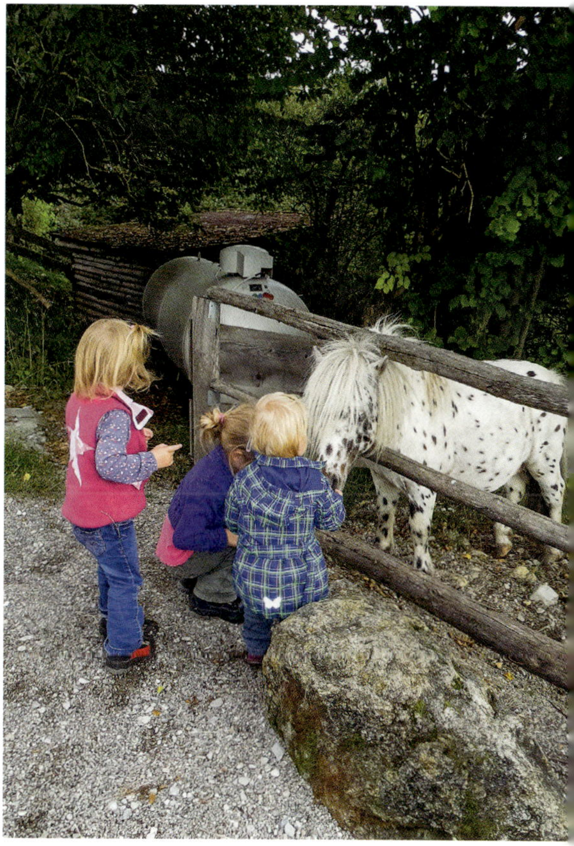

Waldrand unter den weit ausladenden Ästen der Fichten an einer Kuhweide entlangführt. Nach weiteren 300 Metern trifft der Waldweg wieder auf die Schotterstraße. Kurz danach kommt man auf eine Kreuzung mit fünf Wegen, hier nimmt man den zweiten Weg an der rechten Seite, vorbei an der Kapelle. Jetzt geht es nur noch ein kurzes Stück bergan zum Aussichtsturm Taubenberg. Nachdem man die Aufstiegstreppe erklommen hat, hat man einen wunderschönen Rundumblick ins Ober- sowie ins Unterland und bei schönem Wetter sogar bis nach München. Zurück geht man einfach wieder denselben Weg bis zum Berggasthof. Beim Naturland-zertifizierten Gasthof kann man sich die nun wohlverdiente Brotzeit schmecken lassen und auf der Sonnenterrasse weiterhin die Aussicht genießen, während die Minis auf dem Spielplatz in Sichtweite toben oder den Barfußpfad ausprobieren.

Ponystreicheln am Berggasthof Taubenberg

Links: Der Aussichtsturm am Taubenberg

Schöne Aussicht

Auf jeden Fall ein Fernglas mitnehmen, um vom Turm aus den Tegernsee zu suchen.

42 Ruine Hohenwaldeck

Alte Mauern 200 Meter über dem Schliersee

Mittel | 3,5 km | 280 m | 1.50 Std.

Alter
Ab 4 Jahren

Tourencharakter
Abwechslungsreiche Wanderwege; Achtung: die Ruine selbst war zum Zeitpunkt der Drucklegung wegen Einsturzgefahr nicht zu besichtigen

Ausgangs-/Endpunkt
Am Südende des Schliersees auf dem Parkplatz links (gegenüber dem Bootsverleih)

Anfahrt
A 8 München–Salzburg bis Ausfahrt Weyarn und weiter bis nach Schliersee

Einkehr
Am Schliersee

Karte
Topografische Karte 1:50 000, Blatt Mangfallgebirge

Information
schliersee.de

Eigentlich ist die Ruine, die sich da im Bergwald östlich des Schliersees versteckt, ja weitgehend unbekannt. Kaum ein Münchner kennt die Reste der seit dem 13. Jahrhundert (oder noch länger) hier stehenden Festung. Aber uneigentlich (ein Wort aus Kindermund) findet man an sonnigen Wandertagen hier oben auf dem Felssporn mit dem Traumblick auf den Schliersee dennoch fast keinen Platz mehr.

Wir gehen auf dem Gehsteig der vielbefahrenen Straße von Schliersee nach Bayrischzell noch 250 Meter nach Süden, um dann nach links in den Maxlrainer Weg einzubiegen. Nun geht es auf Asphalt bergauf bis zur Rechtskurve, in der der beschilderte Pfad nach links über die mit Brombeerbüschen bewachsene Kuhweide abzweigt.

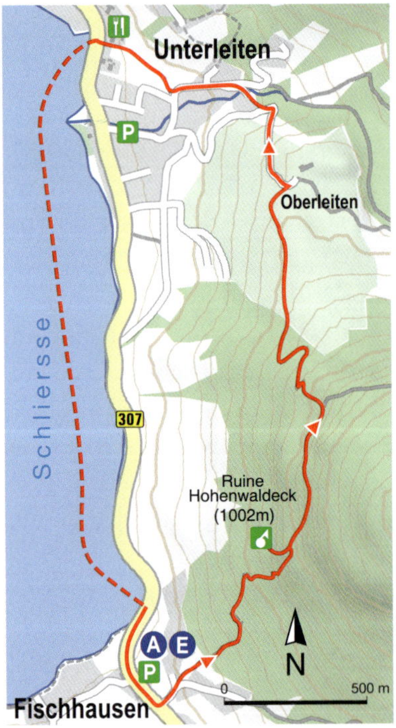

Hier beginnt der Natur- und Geschichtslehrpfad zur Burgruine. Es geht recht zügig bergauf über die Wiese bis zum Waldrand, wo der Weg dann flacher nach Norden weiterführt. Bei der nächsten Infotafel folgt man dem rechten, schmalen Pfad über Felsstufen leicht bergauf bis zur Ruine. Allzu viel ist nicht mehr zu sehen und es bedarf doch einiger Fantasie, eine Burg zu erkennen, aber es sind noch mächtige Mauerreste zu bestaunen. Rings um die Ruine ist das Gelände abschüssig, aber an der Hand

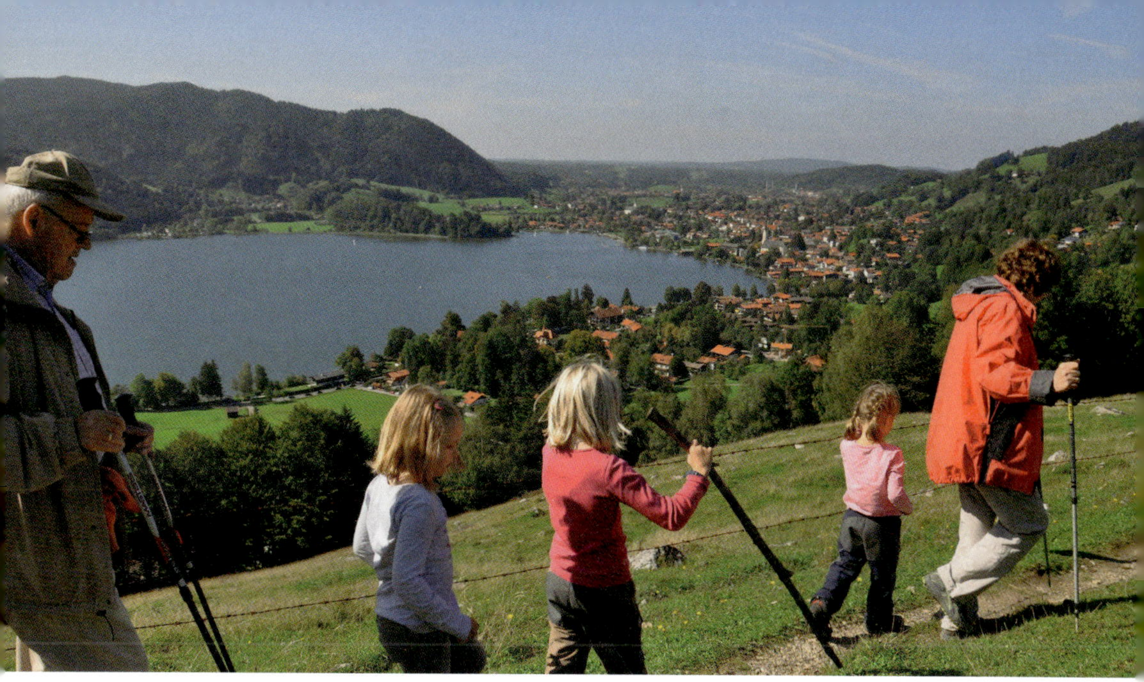

Aussichtsreicher Abstieg nach Schliersee

der Eltern erreichen auch kleine Kinder die Aussichtsbank hinter der Ruine mit beeindruckendem Blick auf den Schliersee.
Nach der Rast gehen wir zurück zum Weg und nun nach links weiter Richtung Schliersee. Der Weg über die mit Maschendraht ummantelten Bohlen führt zunächst leicht bergauf, bevor er dann bald flach zu einer Gabelung führt. Hier gehen wir links bergab Richtung Schliersee. Nach ein paar Serpentinen im wieder dichteren Wald gehen wir an einer unbeschilderten Verzweigung links über die Stufen zu einem breiteren Forstweg, der uns auf die Pferdeweide beim Oberleiten-Hof führt. Hier geht es aussichtsreich weiter nach Norden und schließlich zur Teerstraße. Dieser folgen wir weiter bergab und zweigen rechts auf den beschilderten Fußweg ab, der uns zu einer weiteren Teerstraße führt. Wir gehen Richtung Schliersee (nicht rechts Richtung Ortsmitte Lederberg abzweigen) bis zur für den Autoverkehr gesperrten Schotterstraße, die in einer Linkskurve nach rechts zum Minigolfplatz an der Hauptstraße führt. Hier bietet sich die Rückfahrt mit dem im Sommer im Stundentakt verkehrenden Motorschiff über Schliersee und die Insel Wörth (Restaurant) zurück zum Bootsverleih am Südende des Sees an. Alternativ kann man auch zu Fuß auf dem Uferweg gehen, der allerdings ein längeres Stück direkt an der Straße entlang verläuft.

Sommerrodelbahn

An der Schliersbergalm gibt es eine Sommerrodelbahn. Der Weg dahin ist ausgeschildert.

43 Auwald-Biotop

Kräutergarten und Tierkundemuseum direkt an der Mangfall

Leicht | 1,3 km | 20 m | 0.45 Std.

Alter
Ab 2 Jahren

Tourencharakter
Leichter Wander- bzw. Waldweg

Ausgangs-/Endpunkt
Bahnhofstraße

Anfahrt
A 8 München–Salzburg, Ausfahrt Irschenberg. Auf der MB 1 über Aufham, Götting und Waith nach Bruckmühl. Dem Straßenverlauf folgen und nach der Mangfallbrücke gleich links. Weitere kostenlose Parkmöglichkeiten gegenüber in der Adalbert-Stifter-Straße.

Öffnungszeiten
Mi, Sa und So 14–16 Uhr, Tel. 08062/4323

Einkehr
In Bruckmühl

Karte
Topografische Karte 1:50 000, Blatt Mangfallgebirge (BLVA)

Information
tourist-info-bruckmuehl.de

Ziemlich genau zwischen München und Rosenheim liegt die Marktgemeinde Bruckmühl. Der Besuch des wunderschönen, naturbelassenen Biotops lohnt sich, denn es laden ein Tierkundemuseum, ein Kräutergarten, ein Farnwald, ein kleiner Energiepark oder auch ein Dschungelpfad zum Erkunden und Lernen ein.

Ein schöner Spaziergang direkt an der Mangfall führt uns durch das Salus Auwald-Biotop. Direkt vor dem Eingang steht das Tierkundemuseum hochwassergeschützt auf dicken Eichenstämmen. Auf 100 Quadratmetern Ausstellungsfläche können hier nahezu alle in Bayern beheimateten Tiere betrachtet werden. Der Eintritt ist für Kinder frei, Erwachsene zahlen 1,50 €. Der Weg führt uns zunächst vorbei an einem kleinen Sumpf zu einem Fischteich, bei dem die Minis verschiedenste Fischarten

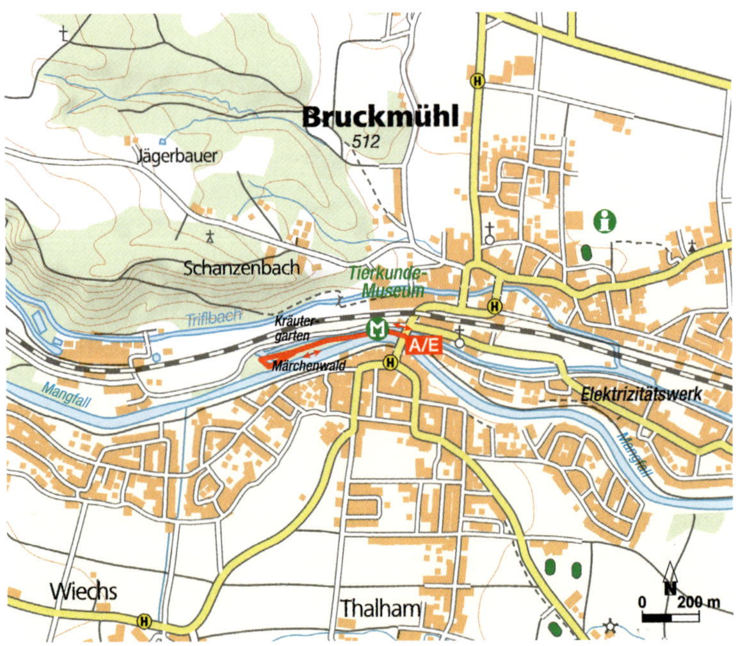

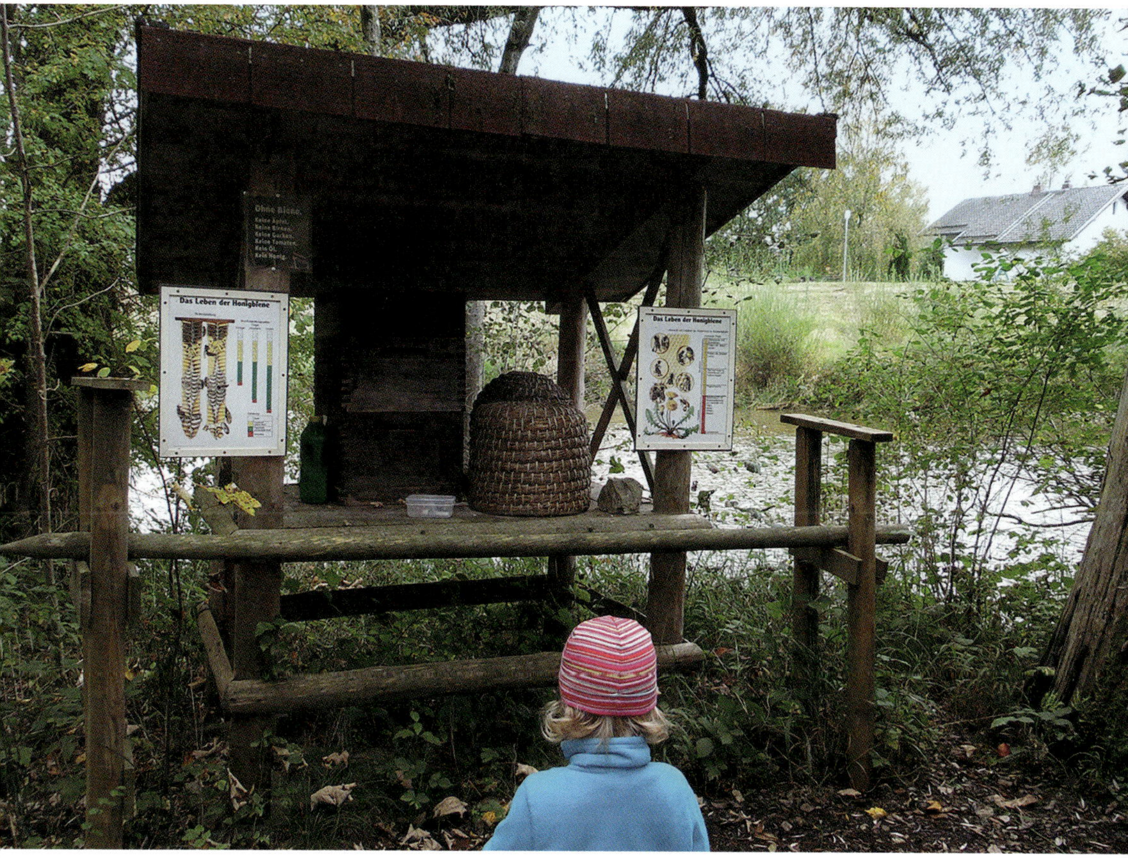

»Wohnt hier die Biene Maja?«

entdecken können. Karpfen, Goldfische und auch Kois warten darauf, mit Fischfutter gefüttert zu werden (Kosten: 0,20 €). Auf dem Weg durch das Biotop geben uns unzählige Schilder Auskunft über die Namen der Bäume, Sträucher und Stauden. An der Baumschule vorbei gelangen wir direkt zu einem Highlight, dem Kräuterlehrpfad. Kräuter und Heilkräuterpflanzen jeglicher Art haben hier ihren Platz gefunden. Die Minis, aber auch Erwachsene, haben im Kräutergarten viel zu bestaunen und zu schnuppern, unter anderem eine riesige Minzensammlung. Ein extra Hexenkräuter-Pfad weist außerdem auf giftige Pflanzen hin. Neben dem Kräuterlehrpfad wurde erst vor einigen Jahren ein Farnwald errichtet. Über 35 verschiedene Farnarten können hier auf dem Dschungelpfad betrachtet werden. Am Mangfallkanal informiert ein kleiner Energie-Park über alternative Stromerzeugung. Wir gehen weiter und gelangen bald zu einer weiteren Attraktion, dem Bienenbaum. Hier erfahren die

Kühles Nass

Verbinden Sie den Spaziergang unbedingt mit einem Abstecher an die Mangfall zum Baden oder Steinewerfen.

Minis einiges über das Leben der Biene und können die fleißigen Arbeiterinnen beobachten. Auf dem Heldenpfad gelangen wir nun direkt zur Mangfall und entdecken einen von Bibern angenagten Baum. Vorbei am Eisvogelteich gehen wir durch den Märchenwald, bei dem die Minis einige Tiere aus der Märchenwelt entdecken können. Nach einem kurzen Abstecher beim Barfußpfad überqueren wir eine kleine Brücke und gehen an einem idyllisch gelegenen Seerosenteich vorbei wieder zum Ausgangspunkt zurück. Aufmerksame Beobachter können im Salus Auwald-Biotop übrigens auch einige Schilder mit den Wasserständen vergangener Hochwasser entdecken.

Blick auf das Tierkunde-Museum beim Auwald-Biotop

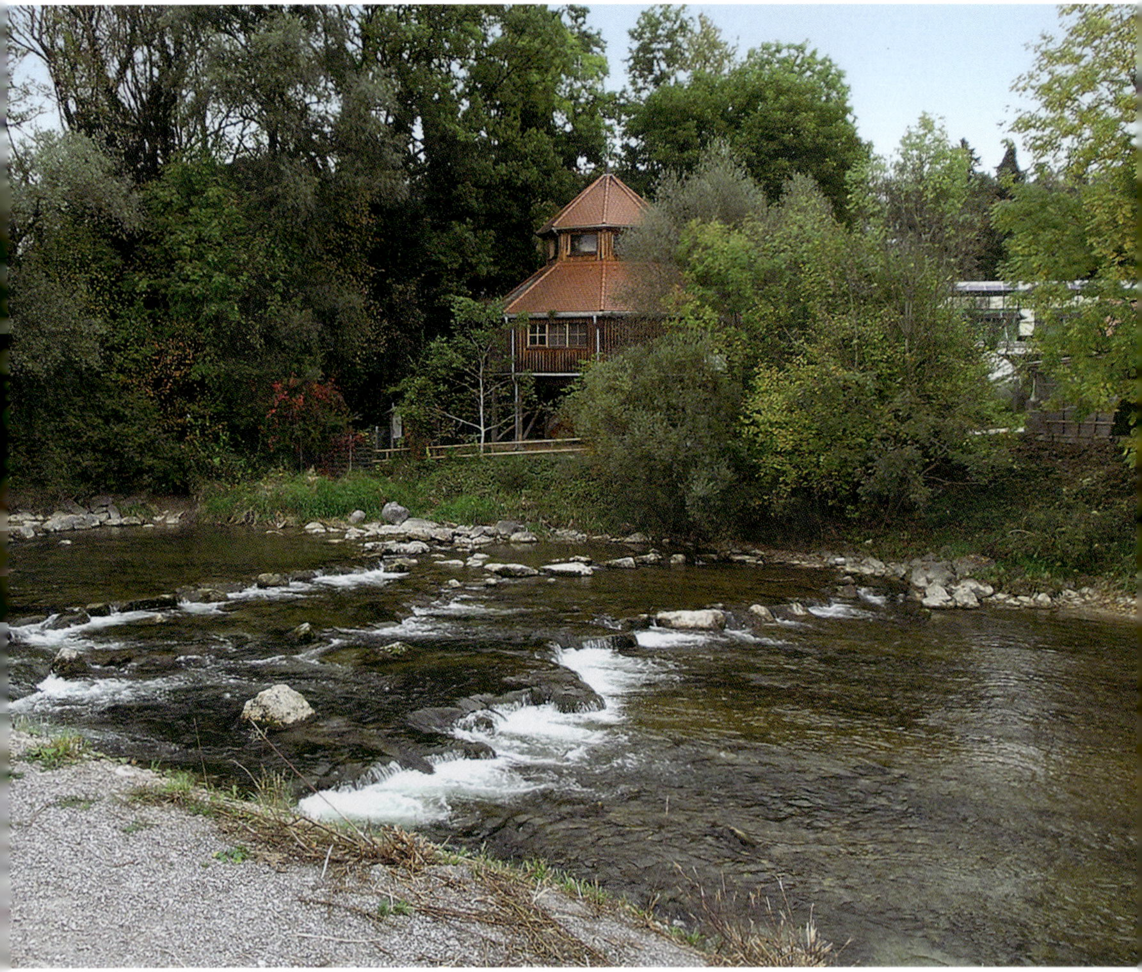

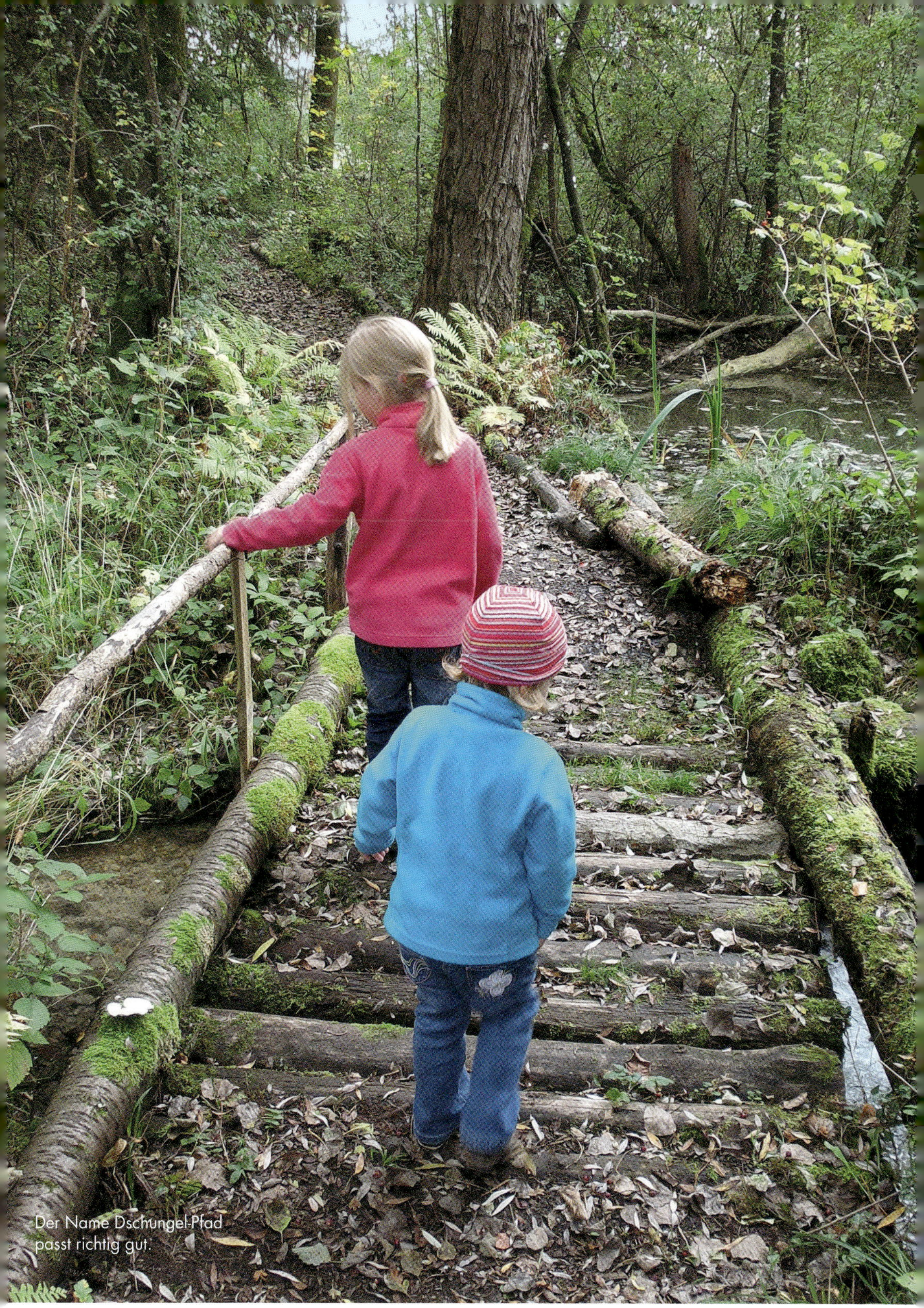

Der Name Dschungel-Pfad passt richtig gut.

44 Bienenlehrpfad in Kleinhöhenrain

Voller Überraschungen für junge Bienenforscher

Leicht	2,8 km	65 m	1.30 Std.

Alter
Ab 2 Jahren

Tourencharakter
Teerstraße, für Laufrad bedingt geeignet

Ausgangs-/Endpunkt
Parkplatz am Gasthof zur schönen Aussicht

Anfahrt
A 8 München–Salzburg, Ausfahrt Hofolding. Richtung Rosenheim weiterfahren bis zur Abzweigung in Großhelfendorf nach Kleinhelfendorf. Der Straße bis Großhöhenrain folgen, hier im Dorf rechts abbiegen nach Kleinhöhenrain.

Einkehr
Gasthof zur schönen Aussicht, Schöne Aussicht 9, 83620 Kleinhöhenrain, Nov. bis März Mi Ruhetag, Tel. 08063/8663

Karte
Topografische Karte 1:50 000, Blatt Mangfallgebirge (BLVA)

Information
Gemeinde Feldkirchen-Westerham, Ollinger Str. 10, 83620 Feldkirchen-Westerham, Tel. 08063/97030

Eine Tour für kleine Entdecker, bei der man, mit kleinen Abstrichen, auch gut mit dem Laufrad marschieren kann. Mit ein wenig Glück kann man nicht nur viele Bienen sehen, sondern auch Echsen, Rehe, Alpakas, Pferde und Schafe.

Die Tour startet am Parkplatz des Gasthofes zur schönen Aussicht in Kleinhöhenrain. Hier ist neben einem Pavillon mit Informationen zum Lehrpfad auch ein Bienenkino (30 Min. Film à 2 €, 3 Filme zur Auswahl) vorhanden. Wir folgen dem etwas versteckten Schild wieder Richtung Dorfmitte. An der Dorfstraße treffen wir auf den Rundweg und folgen dem Weg nach rechts an der Straße entlang Richtung Ginsham. Hier müssen wir nun ein kurzes Stück auf einem etwas verengten Bürgersteig laufen. An der Straße kommen wir bereits zur ersten Station des Pfads,

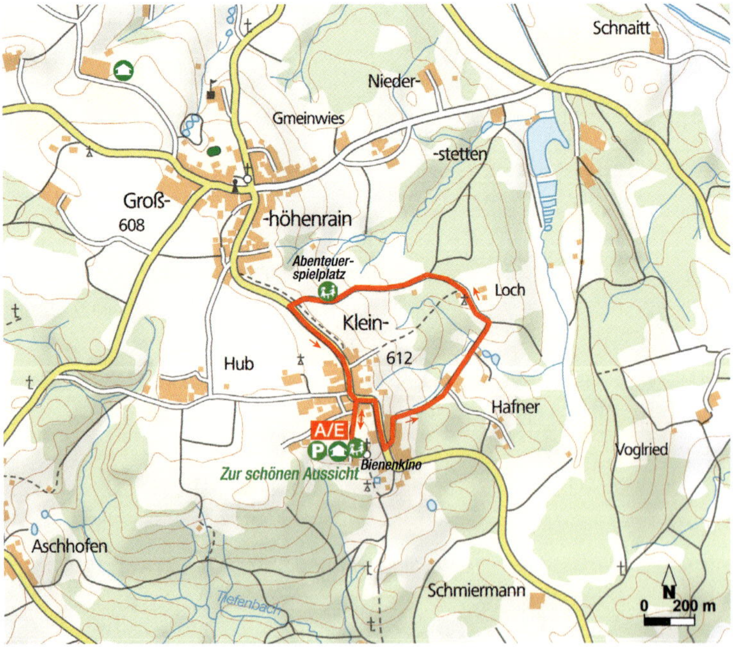

Lehrreich

Auch Führungen sind möglich. Nähere Infos auf bienenlehrpfad-kleinhöhenrain.de

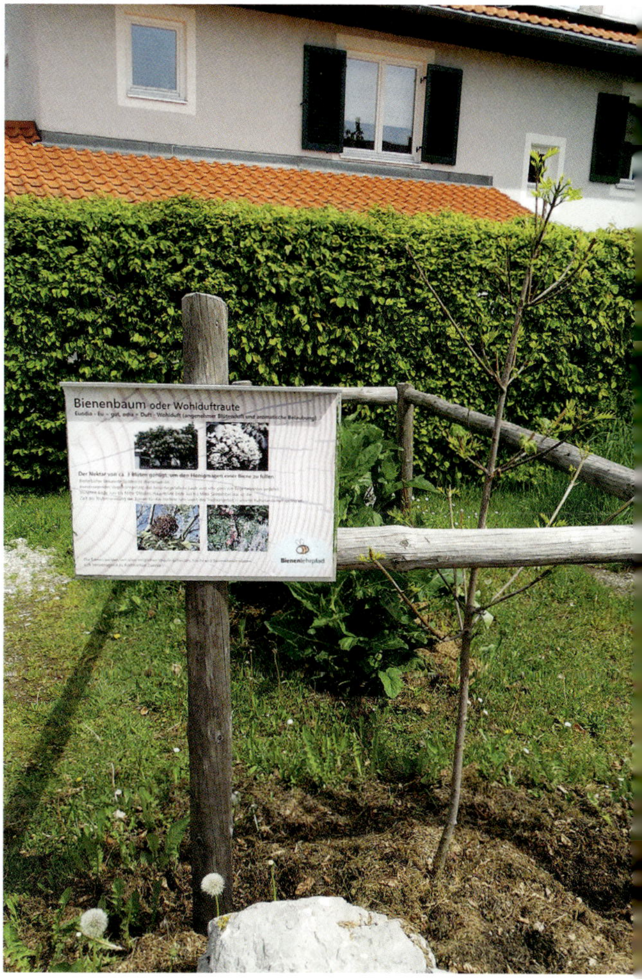

Eine der vielen Info-Tafeln am Weg

zum gläsernen Bienenkasten. Die Minis haben hier Gelegenheit, die Bienen auf ihren Waben sitzen zu sehen. Hier gilt natürlich, eine gewisse Sorgfalt walten zu lassen. Kurz danach biegen wir rechts in den Schäfererweg. Auf diesem Weg gibt es nun viel zu entdecken: Bienenstöcke beim Imker, jede Menge interessante Infotafeln über Bienen und Honig, aber auch deren Verwandte wie Hornissen oder Hummeln. Auch Alpakas und eine sehr alte und imposante Linde treffen wir auf dem Rundweg. Kurz bevor wir wieder auf die Ortsverbindungsstraße nach Kleinhöhenrain treffen, entdecken wir in einem kleinen Wäldchen ein weiteres Highlight dieser Tour, einen kleinen Abenteuerspielplatz. An der Straße biegen wir links ab und laufen auf dem kombinierten Fahrrad- und Gehweg wieder Richtung Parkplatz. Im Ort folgt man weiter der Dorfstraße bis zur Abzweigung rechts zur schönen Aussicht. Wieder beim Ausgangspunkt angekommen, kann man die Tour im Gasthof zur schönen Aussicht ausklingen lassen und dabei einen spektakulären Ausblick auf die gesamte Alpenkette genießen. Gleich nebenan kann man die Kirche St. Bartholomäus besichtigen.

Der Weg ist grundsätzlich auch für das Laufrad geeignet, jedoch ist die Dorfstraße wegen dem etwas engeren Bürgersteig und dem Verkehr nicht empfehlenswert. Auch beim Schäfererweg müssen die kleinen Laufradfahrer erfahrener sein, da es hier doch etwas steil bergauf und bergab geht.

45 Maxlrain

Ein schöner Spaziergang rund um den Maxlrainer Golfplatz und das Maxlrainer Schloss

Leicht | 3,5 km | 40 m | 1 Std.

Alter
Ab 2 Jahren

Tourencharakter
Wald- und Wiesenweg, später Teerstraße

Ausgangs-/Endpunkt
Parkplatz Bräustüberl Maxlrain

Anfahrt
A 8 München–Salzburg, Ausfahrt Bad Aibling. Weiter Richtung Bad Aibling, am Kreisel die dritte Ausfahrt Richtung München, am nächsten Kreisel die zweite Ausfahrt Richtung Maxlrain.

Einkehr
Bräustüberl Maxlrain, Stachöderweg 2, 83104 Tuntenhausen, Tel. 08061/92422

Karte
Topografische Karte 1:50000, Blatt Mangfallgebirge (BLVA)

Information
tuntenhausen.de

Dieser Rundweg ist richtig abwechslungsreich. Wir wandern durch Wald, an einem kleinen See und einem Schloss vorbei, um dann am großen neuen Spielplatz beziehungsweise im schönen Biergarten den Nachmittag ausklingen zu lassen.

Beim Parkplatz am Bräustüberl Maxlrain überqueren wir zunächst die meist vielbefahrene Straße Richtung Golfplatz. Am Golfplatz angekommen, halten wir uns rechts und folgen dem Schild »Maxlrainer Rundweg« in die Wiese an der Hecke entlang. Hier bietet sich oft ein toller Ausblick auf die Berge. Nach der Hecke folgen wir dem Weg links in den Wald hinein, überqueren eine kleine Brücke und halten uns auch hier immer an die grünen Wegweiser. Achtung, entlang des Weges gibt es viele Brennnesseln. Schon bald warnt uns ein Schild vor fliegenden

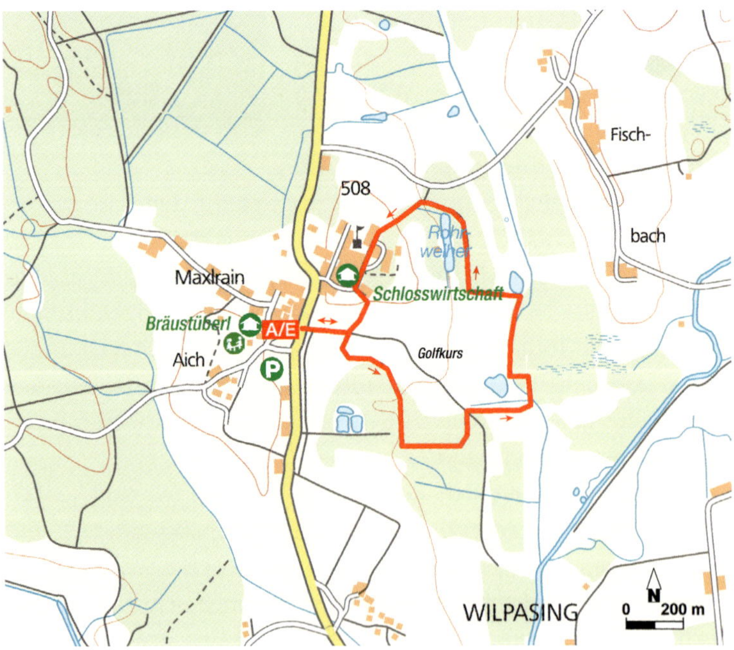

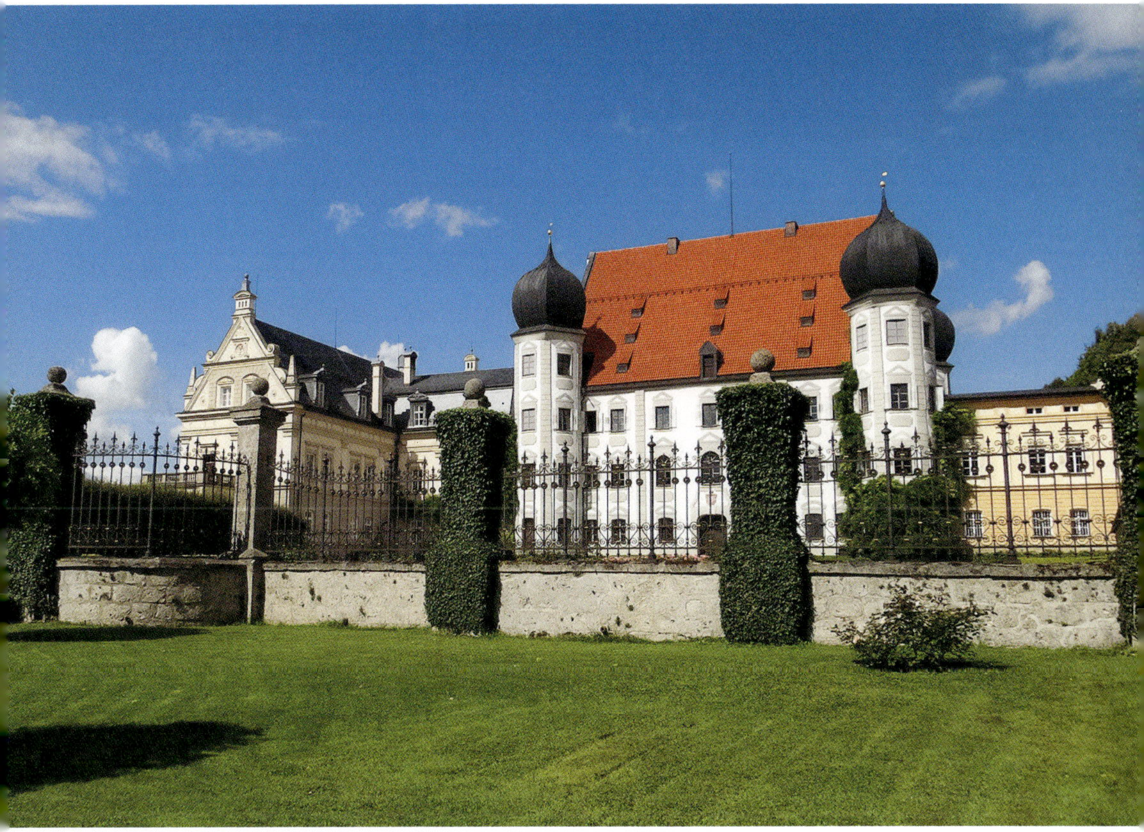

Das Maxlrainer Schloss

Golfbällen und wir können das Areal der 18-Loch-Golfanlage sehen. Die nächsten Meter bieten nun viele Möglichkeiten, den Golfspielern direkt bei ihrem Hobby zuzusehen. Einmal müssen wir auch deren Weg kreuzen und daher unbedingt zuvor kontrollieren, ob Golfspieler gerade beim Abschlag sind. Bald erreichen wir eine Hecken-Allee, die uns wieder in den Wald führt. Wir folgen dem Wegweiser links in den Wald und erreichen den Röhrensee. Anschließend führt unser Weg auf der Teerstraße weiter. Wir halten uns wieder links und die Minis haben hier, sofern kein Auto kommt, die Möglichkeit, auf den Begrenzungsbalken zu balancieren. Nach einem kurzen Stück bergauf haben wir bereits das Schloss Maxlrain erreicht und sind somit schließlich fast wieder am Ausgangspunkt, dem Bräustüberl Maxlrain.

Biergarten

Packen Sie eine schöne Brotzeit ein, genießen diese im Selbstbedienungsbereich des Bräustüberls und sehen den Minis beim Spielen am neuen Kinderspielplatz zu.

46 Moorerlebnispfad bei Bad Feilnbach

Die Sterntaler Filze

Leicht | 6 km | 0 m | 2 Std.

Alter
Ab 4 Jahren

Tourencharakter
Rundwanderung mit Moorerlebnisstationen, an denen es feucht und schlammig werden kann; unbedingt Kleidung zum Wechseln einpacken

Ausgangs-/Endpunkt
Wahlweise in Litzldorf, in Derndorf oder in Wiechs

Anfahrt
Auto: Salzburger Autobahn A 8, Ausfahrt Bad Aibling / Bad Feilnbach, Weiterfahrt nach Bad Feilnbach; Parkplätze gibt es leider keine, und die Sterntaler Filze liegt außerhalb des Ortes, am besten parkt man in Litzldorf am Gasthaus Höss, in Derndorf am Tiroler Hof oder in Wiechs.
Bahn/Bus: München–Salzburg bis Rosenheim, weiter mit Bus 9578 nach Bad Feilnbach

Einkehr
In Bad Feilnbach gibt es das sehr gute Gasthaus Pfeiffentaler mit hervorragender bayerischer Küche; in der Moorerlebnisstation gibt es Rastbänke mit Tischen

Karte
AV-Karte 1:50 000, Blatt BY 16 Mangfallgebirge

Information
bad-feilnbach.de

In Bad Feilnbach leben 7000 Einwohner und 6000 Kühe. Ein Beweis dafür, dass es der Gemeinde trotz des Attributs »Bad« gelungen ist, ihren dörflichen Charakter zu erhalten. Das Moorbaden hat hier bereits seit über 100 Jahren Tradition.

Bekannter ist der Kurort Bad Feilnbach aber für seine ausgezeichneten Obstsorten, allen voran der Apfel. Die ertragreiche Obstkultur rund um Bad Feilnbach verdankt ihr Entstehen dem Heidenbauern aus dem nahen Wilparting. Er pflanzte bereits 1785 die ersten Obstbäume, veredelte Wildwuchs und begründete eine Baumschule. Noch heute werden jährlich ca. 300 Tonnen Äpfel, 50 Tonnen Birnen, 85 Tonnen Zwetschgen und 15 Tonnen Kirschen geerntet. Bei so reichem Ertrag kann man sich vorstellen, dass sich im Frühjahr die Streuobstwiesen rund um Bad Feilnbach in ein einziges duftendes Blütenmeer verwandeln. An die 50 000 Obstbäume machen Bad Feilnbach zum »bayerischen Meran«.

Ein anderes typisches Landschaftsbild dieser Gegend sind die weiten Moore und Filzen, die sich zwischen Bad Aibling, Kol-

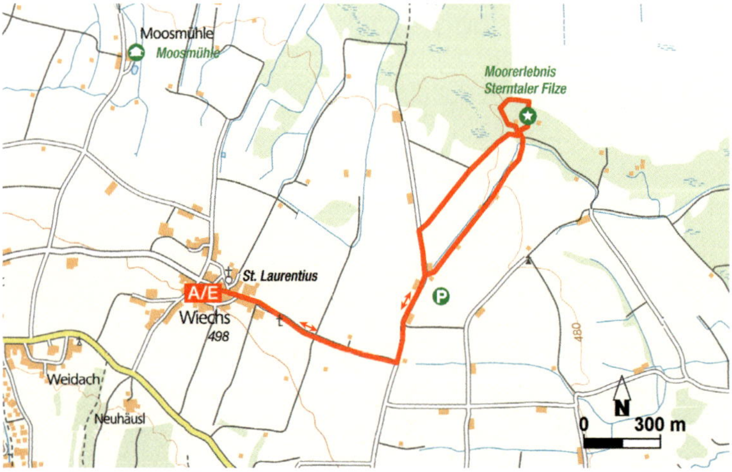

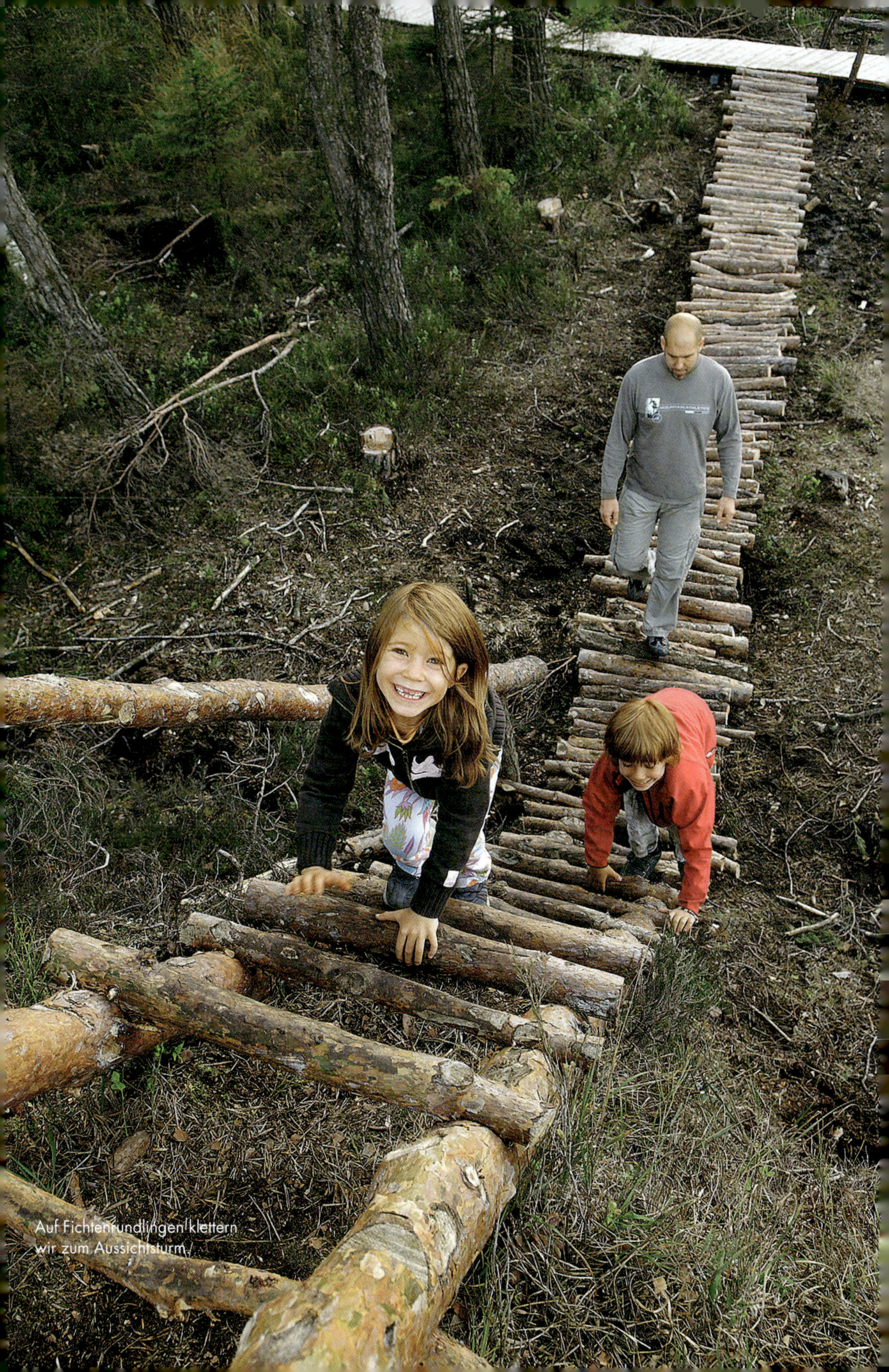

Auf Fichtenrundlingen klettern wir zum Aussichtsturm

bermoor, Rosenheim und Bad Feilnbach erstrecken. Diese Moore entstanden nach der letzten Eiszeit. Nach dem Abschmelzen des riesigen Inntalgletschers bildete sich hier in der Größe des heutigen Bodensees zunächst der Rosenheimer See. Als der See verlandete, blieben die Hochmoore, der bayerische Begriff dafür ist Filzen. In den letzten Jahrhunderten wurde das Land trockengelegt und fruchtbar gemacht. Zusätzlich wurde Torf abgebaut, um Brennstoff zu gewinnen. Diese Umwandlung von Natur in Wirtschaftsflächen findet hier nun schon lange nicht mehr statt, und vor allem in den letzten Jahrzehnten versuchte man, viel wiedergutzumachen. Renaturierungsprojekte folgten, und heute sind einige, wenn auch nur kleine Teile erneut zu einem fast intakten Ökosystem zurückgebildet.

Eines davon ist die Sterntaler Filze. Im Rahmen eines EU-Förderprojekts wurde hier die Moorerlebnisstation errichtet. Damit wird das fragile Moorsystem einer breiten Öffentlichkeit zugänglich gemacht. Das Ganze aber ohne erhobenen Zeigefinger und reine Wissensvermittlung. Vielmehr stehen der Spaß am Entdecken und die Freude an der intakten Natur im Vordergrund. Auf

Rechts: Bad Feilnbach ist bekannt für seine Apfelbäume.

Planen Sie das Urweltmuseum Neiderhell ein!

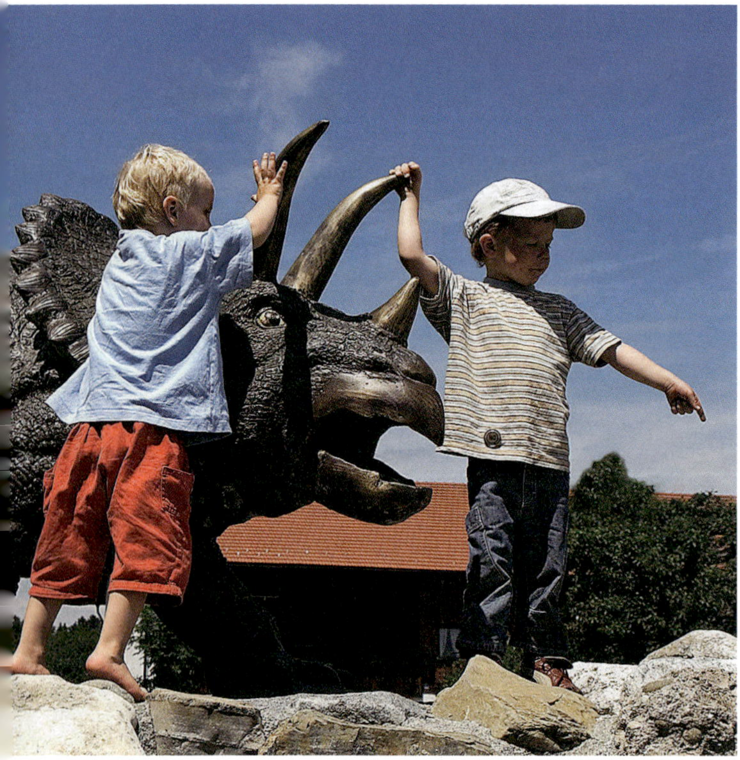

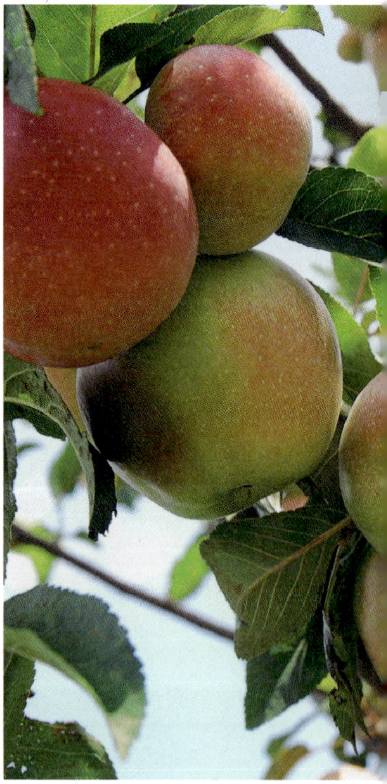

Rundwegen gelangen wir über Moorbecken zur renaturierten Frästorffläche. Von extra errichteten Aussichtshügeln und Vogelbeobachtungsstationen kann man die Weite der Moore mit ihren großen Wasserflächen gut erfassen. Es gibt einen Urwald der Sinne und die sehr beliebten Balancier- und Kletterstangen. Letztere führen zur großen Freude der Kinder über ein großes Moorschlammbecken. Nur für die Kleidung ist es ein gewisses Risiko, was das Ganze aber umso spannender macht. Also, liebe Mamas und Papas, Kleidung zum Wechseln und eine große Plastiktüte für die schlammverdreckten Sachen nicht vergessen. Und den Kindern vorher unbedingt die Schuhe ausziehen.

Urweltmuseum Neiderhell

Für Dinosaurierfans ist das nahe Urweltmuseum Neiderhell, Steinbruckerstr. 4, Kleinholzhausen, einen Abstecher wert. Seit 50 Jahren sammelt Familie Neiderhell fossile Versteinerungen, Mineralien und Ähnliches aus aller Welt. Neben Ammoniten, Dinosauriereiern, Fossilien, darunter der seltene Kugelzahnfisch, sind versteinerte Bäume und eine riesige Mineraliensammlung auf 460 Quadratmetern ausgestellt.

Nicht vergessen: Vor dem Moorschlammbecken die Schuhe ausziehen!

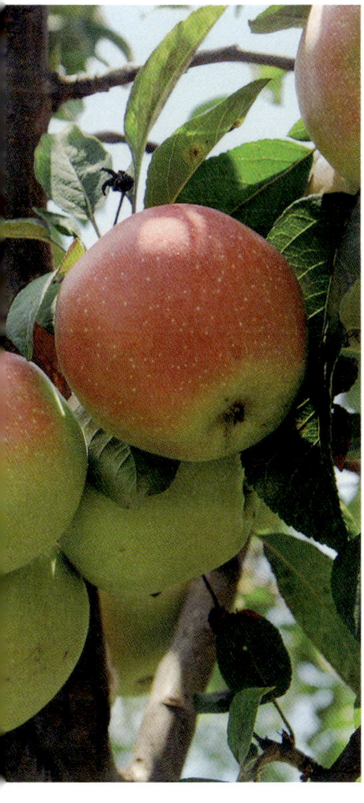

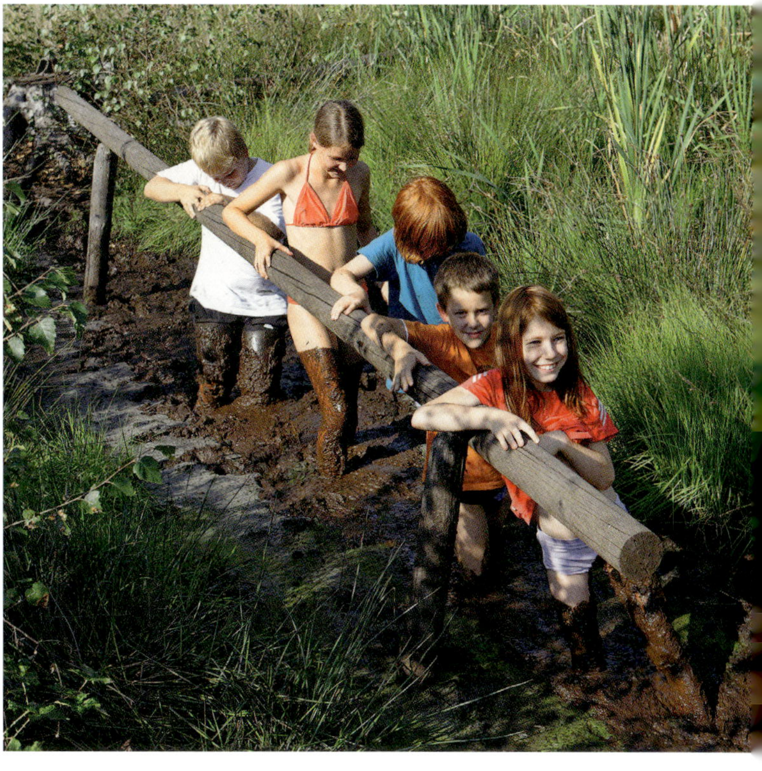

47 Naturerlebnispfad Brannenburg

Auf Entdeckungstour mit Willi, dem Wiesel

Leicht | 3 km | 20 m | 0.50 Std.

Alter
Ab 2 Jahren

Tourencharakter
Wanderweg und Teerstraße

Ausgangs-/Endpunkt
Parkplatz bei der Christkönig-Kirche

Anfahrt
A 93 Rosenheim–Kiefersfelden, Ausfahrt Brannenburg. Links abbiegen auf die Nußdorfer Straße. In Brannenburg rechts abbiegen auf die Kirchenstraße.

Einkehr
In Brannenburg

Karte
Topografische Karte 1:50 000, Blatt Mangfallgebirge (BLVA)

Information
brannenburg.de

Ein spannender Rundweg mit abwechslungsreichen Abenteuerstationen, die zum Ausprobieren, Balancieren und Springen einladen. Zahlreiche Schautafeln informieren über die heimische Baumwelt.

Eine wahre Schnitzeljagd ist der Naturerlebnispfad in Brannenburg, denn die kleinen Hinweisschilder mit Willi, dem Wiesel, sind für uns Erwachsene teilweise etwas versteckt. Aber die Minis finden sie garantiert. Los geht es am Parkplatz der Christkönig-Kirche, um die wir herumlaufen, bevor wir rechts in einen Weg direkt zum Kirchbach biegen. Dort ist bereits die erste Station »Wurzel, Wald & Totholz«, die den Minis Totholz und verschiedene Wurzelstöcke aufzeigt. Weiter geht es über die Brücke, immer am Kirchbach entlang, zur nächsten Station, bei der man auf einer Treibholz-Bank dem Rauschen des Wassers lau-

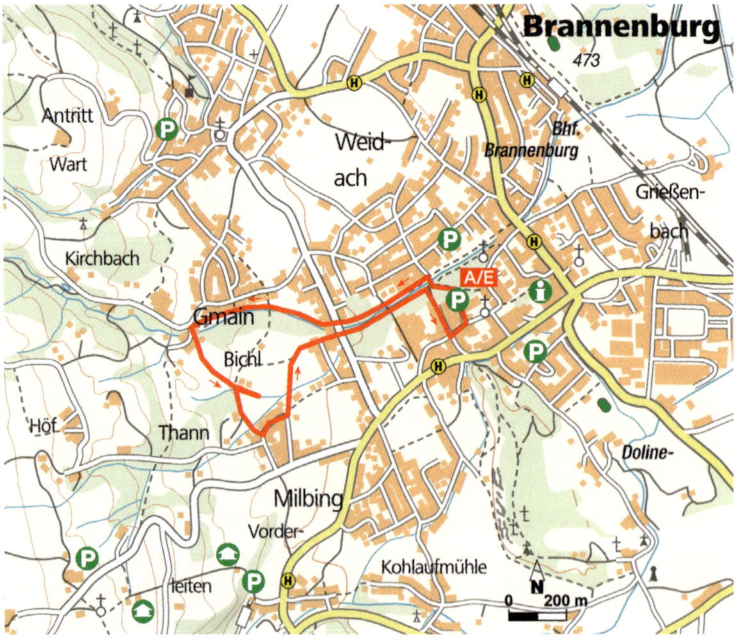

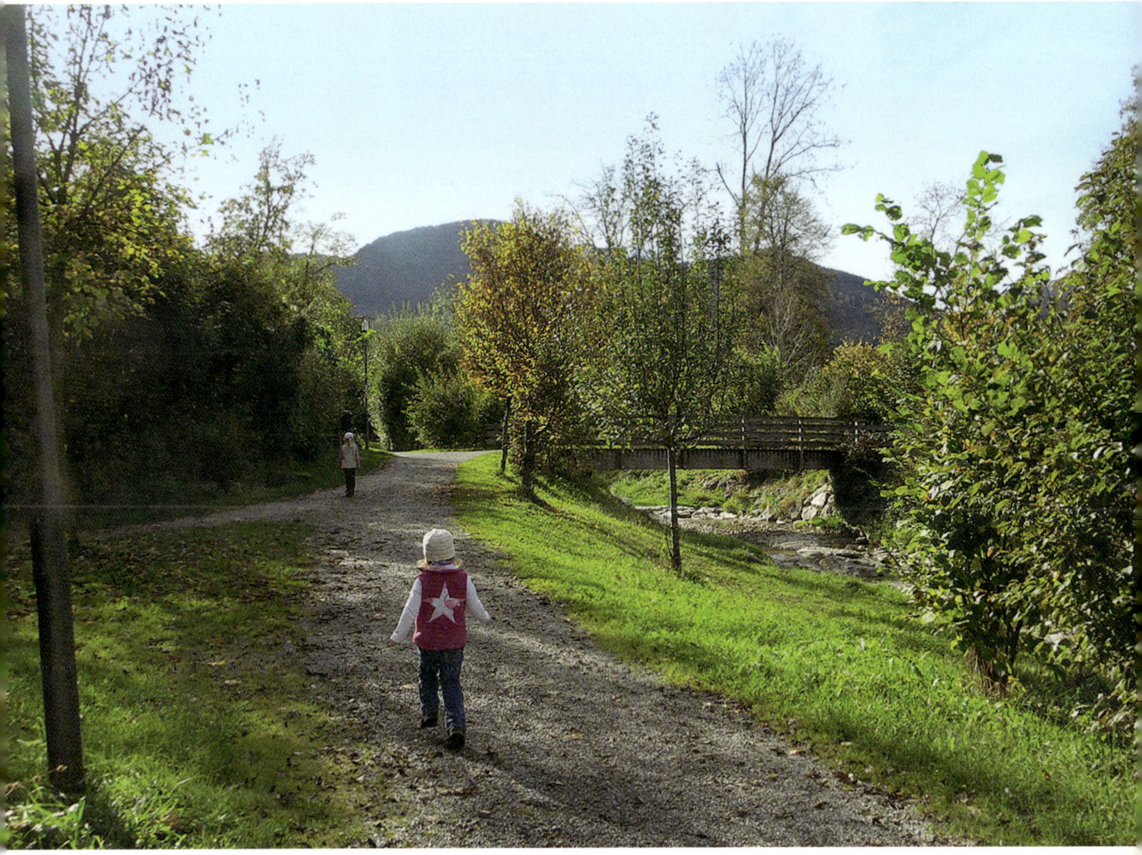

Wo ist Willi, das Wiesel? Suche am Kirchbach

schen kann. Wir folgen dem Weg weiter und überqueren bald die Mühlenstraße. Nun erreichen wir die etwas spannenderen Stationen. Direkt am Kirchbach ist eine Balancier-Station. Zwei große Balken laden zum Testen des Gleichgewichts ein. Aber auch von Stein zu Stein kann man hier hüpfen.
Man sollte auf jeden Fall eine kleinere Pause einplanen. Auf dem Pfad sind immer wieder kleine Schautafeln angebracht, die die Minis über die Bäume informieren. Bald treffen wir auf den St.-Margarethen-Weg und halten uns hier links. An einer kleinen Weggabelung nehmen wir den linken Weg und können sogar die Kapelle vom Petersberg entdecken. Auf einem geschotterten Fußweg laufen wir zwischen zwei Häusern durch, vorbei an einem Tiergehege, und folgen einem kleinen Wiesenweg. Nach 200 Metern erreichen wir die Station 4. Hier finden wir eine Kneippanlage, das

Abstecher

Den Gletschergarten bei Fischbach am Inn besuchen.

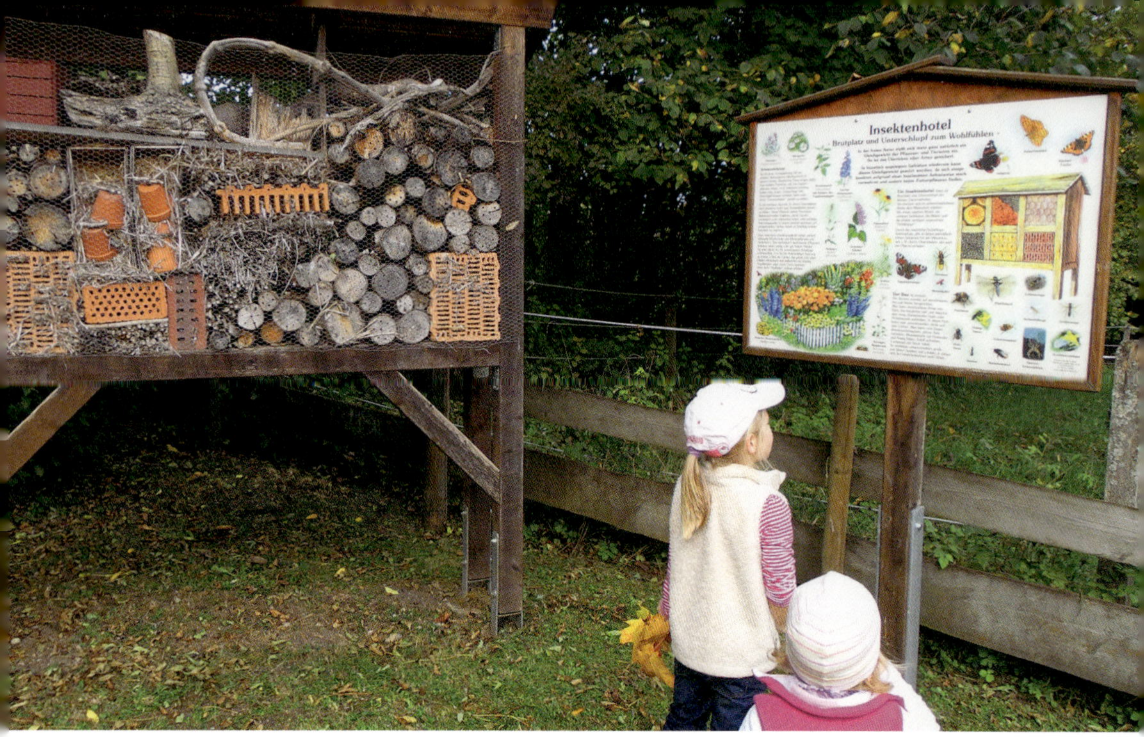
Insektenhotel
- Brutplatz und Unterschlupf zum Wohlfühlen -

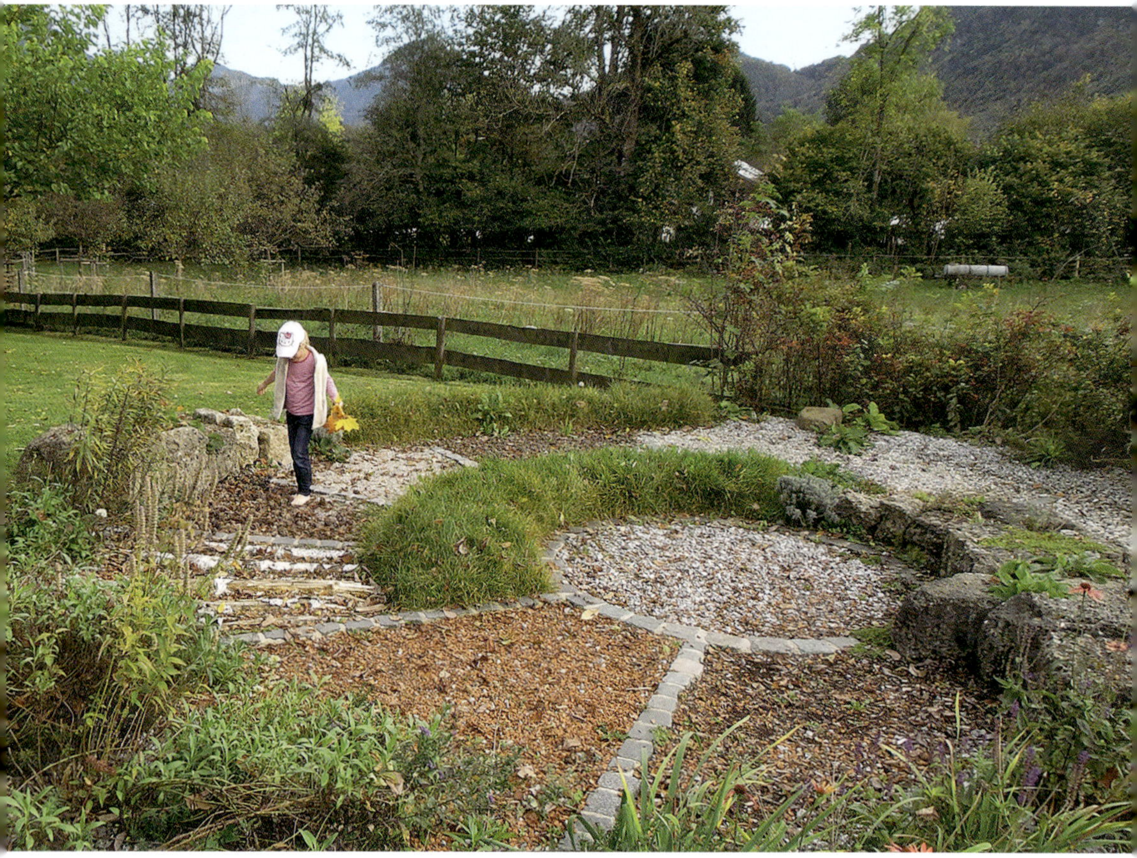

Insektenhotel sowie einen tollen Barfußpfad. Nach einer Erkundungspause lassen wir die Station 4 rechts liegen und laufen auf dem Pfad weiter. Wir folgen der Straße Thann und dem geschotterten Weg, bis wir nach etwa 600 Metern wieder auf die Mühlenstraße treffen. Nun gehen wir auf der anderen Seite des Kirchbachs zurück Richtung Ausgangspunkt. Doch zuvor erreichen wir noch das Baumxylophon. Bei der Station Tierweitsprung gilt es, kräftig Anlauf zu nehmen und zu versuchen, so weit wie möglich zu springen. Auf den Tafeln sehen die Kinder, welches Tier genau so weit springen kann. An Station 7 lädt das Baumtelefon noch zum »Telefonieren« ein, bevor wir wieder am Ausgangspunkt angekommen sind.

Linke Seite oben: »Mama, ein Insektenhotel brauchen wir auch!«

Unten: der Barfuß-Pfad

Aussicht auf Heuberg und Kranzhorn

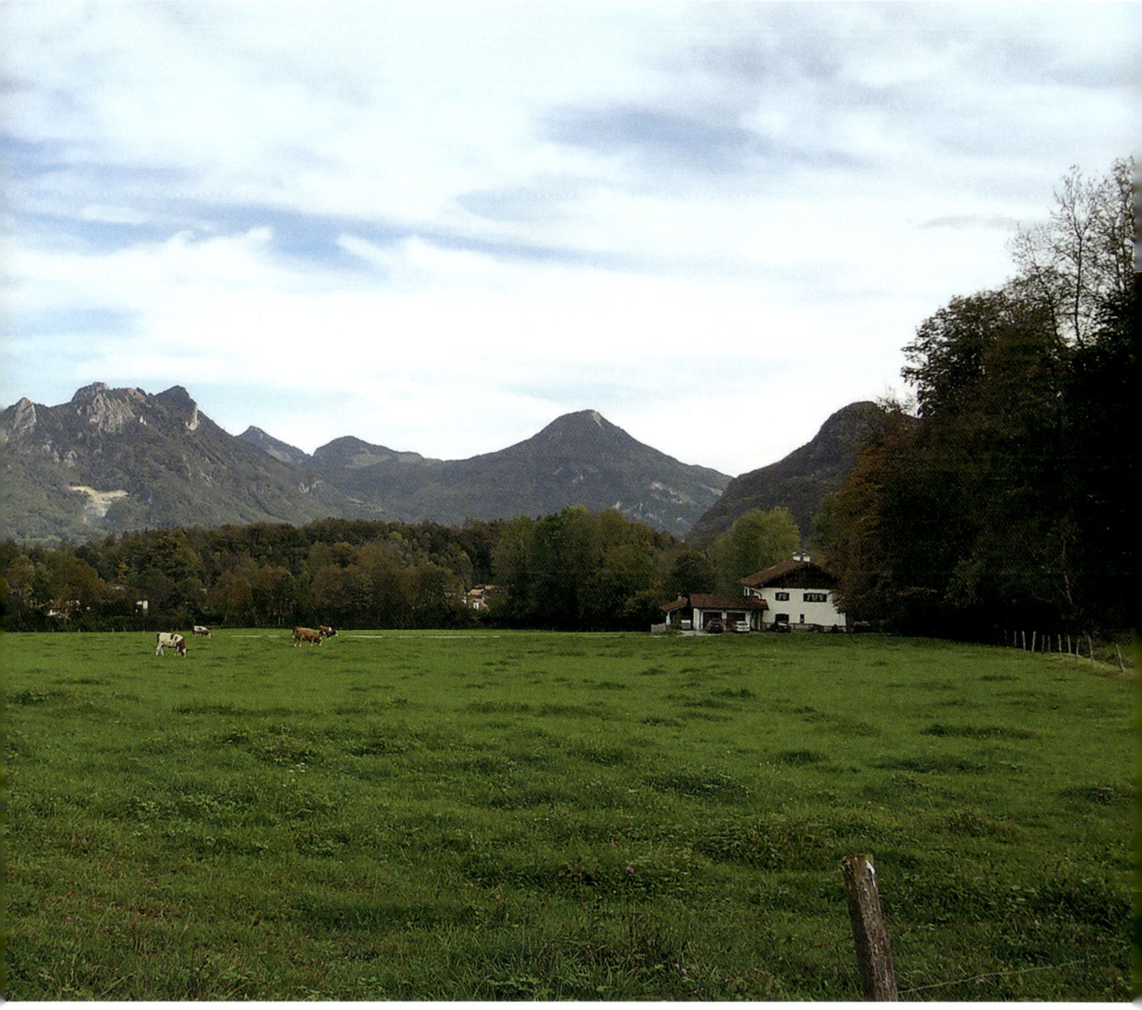

48 Bergwalderlebnisweg Staffen

Hoch hinaus

Mittel | 4,5 km | 50 m | 1.30 Std.

Alter
Ab 3 Jahren

Tourencharakter
Wanderweg

Ausgangs-/Endpunkt
Parkplatz Hochplattenbahn

Anfahrt
Autobahn München–Salzburg (A 8), Ausfahrt Bernau, Richtung Grassau, in Grassau auf der B 305 Richtung Marquartstein fahren. In Marquartstein den Hinweisschildern zur Hochplattenbahn folgen.

Einkehr
Berggasthof Staffn-Alm, 83250 Marquartstein, staffn-alm.de

Karte
Topografische Karte 1:50 000, Nr. 95 Grenzenlos zwischen Chiemsee und Kaisergebirge (Fritsch)

Information
marquartstein.de

Der neu angelegte Bergwalderlebnisweg Staffen bietet entdeckungsfreudigen Wanderern viel Spiel und Spaß, Wissenswertes und Raum für Kreativität. Inbegriffen sind eine friedvolle Ruhe sowie traumhafte Ausblicke auf den Chiemsee und die umliegenden Berge.

An der Talstation der Seilbahn beginnt unser Abenteuer: Die Hochplattenbahn bringt uns in 20 Minuten hinauf auf 1050 Meter Höhe. Bereits hier haben wir eine grandiose Aussicht und können eventuell sogar einige Drachenflieger bei ihrem Start beobachten.

Unweit der Bergstation finden sich eine Drachenfliegerschaukel sowie Ruhe- und Gleichgewichtsliegen. Es könnte daher etwas schwierig werden, die Minis für den bevorstehenden Rundweg zu begeistern. Denn auch beim Berggasthof Staffn-Alm liegt ein toller Kinderspielplatz mit Traktor, Seilbahnschaukel und vielem mehr. Wir verweilen ein wenig, dann lassen sich die Kinder sicher weglotsen, denn auf unserem Weg warten noch mehr spannende Spielmöglichkeiten.

Wir laufen leicht bergauf über Almwiesen und gelangen zur Station »Butterfass«. Der Weg führt nun etwas steiler bergan Richtung Wald. Nach dem Holz-Klangspiel überqueren wir die

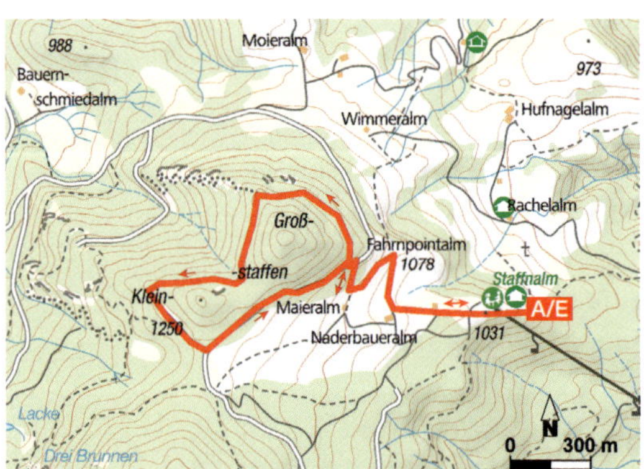

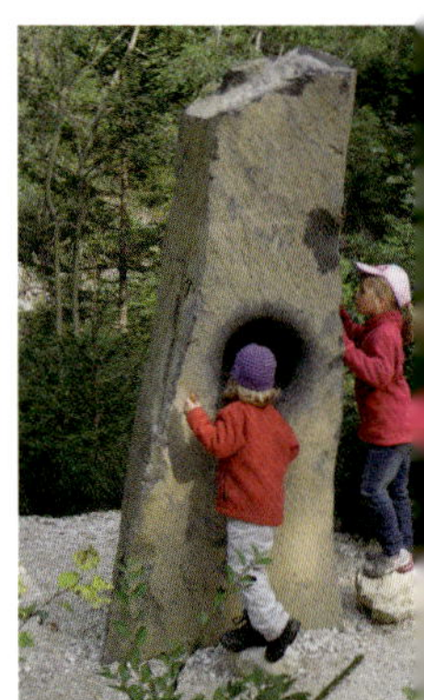

Rechts: Summt der Stein wirklich?

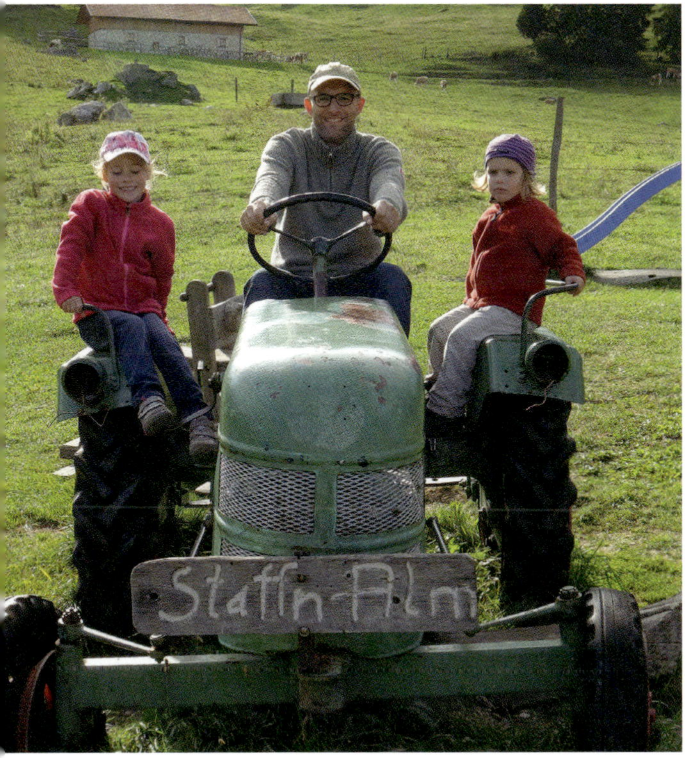

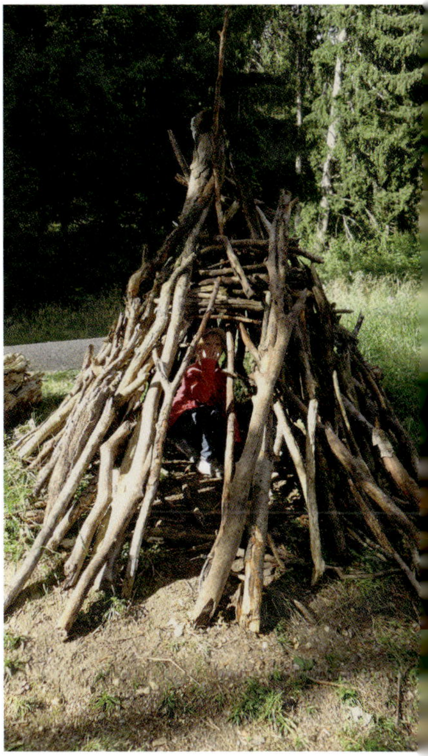

Land-Art am Staffen

Links: »Mädels, ich hol' euch mit dem Traktor ab!«

Forststraße und folgen der Beschilderung weiter bergauf. Hat man die Schautafel zur Waldbewirtschaftung erreicht, geht es nun relativ eben rund um den Großen und den Kleinen Staffen. Schon bald eröffnet sich ein sensationeller Blick auf den Chiemsee mit seinen Inseln sowie auf die Kampenwand. Ein kostenloses Fernrohr zur noch besseren Sicht steht am Aussichtsplatz zur Verfügung.

Weiter auf dem Weg treffen wir auf Spielhäuschen, Informationstafeln über die heimische Flora und Fauna, einen Spechtbaum, einen Summstein und eine Silhouettenwand, die natürlich in sämtlichen Familienkonstellationen getestet werden muss. Auch im Baumstammheben kann man sich messen oder aber die künstlerische Ader an der Station »Landart« ausüben. Bald erreichen wir wieder die Forststraße, biegen dort links ab und gelangen zum Beginn des Rundweges. Von hier laufen wir auf bekanntem Weg zur Staffn-Alm zurück.

Abstieg ins Tal

Wer sich noch fit fühlt, kann den Weg ins Tal zu Fuß zurücklegen. Der Weg führt serpentinenartig hinunter zur Talstation und dauert etwa eine Stunde.

49 Moorerlebnisweg Kendlmühlfilzen

Kurze Runde mit vielen Überraschungen

Leicht | 1,3 km | 10 m | 0.30 Std.

Alter
Ab 2 Jahren

Tourencharakter
Waldweg, Holzweg, für Kinderwagen und Laufrad geeignet

Ausgangs-/Endpunkt
Parkplatz Museum

Anfahrt
Autobahn München–Salzburg (A 8), Ausfahrt Bernau, der B 305 Richtung Rottau folgen, ca. 1,5 km nach Ortsausgangsschild Rottau liegt das Museum auf der rechten Seite.

Einkehr
Museumscafé, Klaushäusl 7, 83224 Grassau, geöffnet 1. Mai bis Ende Oktober, Mo Ruhetag, Tel. 08641/2463

Karte
Topografische Karte 1:50 000, Nr. 95 Grenzenlos zwischen Chiemsee und Kaisergebirge (Fritsch)

Information
grassau.de

Eine aufregende Entdeckertour: In einem der größten Hochmoore Bayerns warten ein Kletteraussichtshügel, ein weitläufiger Naturspielplatz, ein Balancierpfad und viele Hinweistafeln über die heimische Flora und Fauna, die nicht nur Kinder in den Bann ziehen.

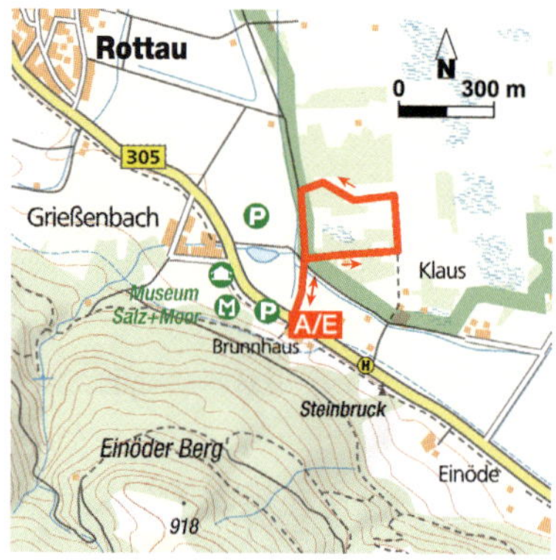

Die einzige Herausforderung dieser Tour besteht darin, die viel befahrene B 305 zu passieren. Leider gibt es hier keine Querungshilfe. Ist dies geschafft, laufen wir an einer Pferdekoppel vorbei direkt auf das erste Highlight des Moorerlebnisweges zu: den Aussichtshügel (»Burg«) in einem Flachwassertümpel.

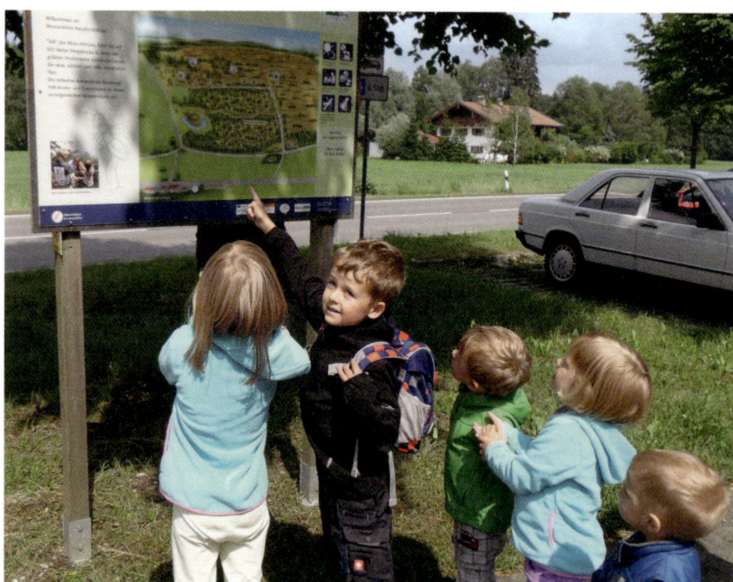

»Schau Mama, da müssen wir hin!«

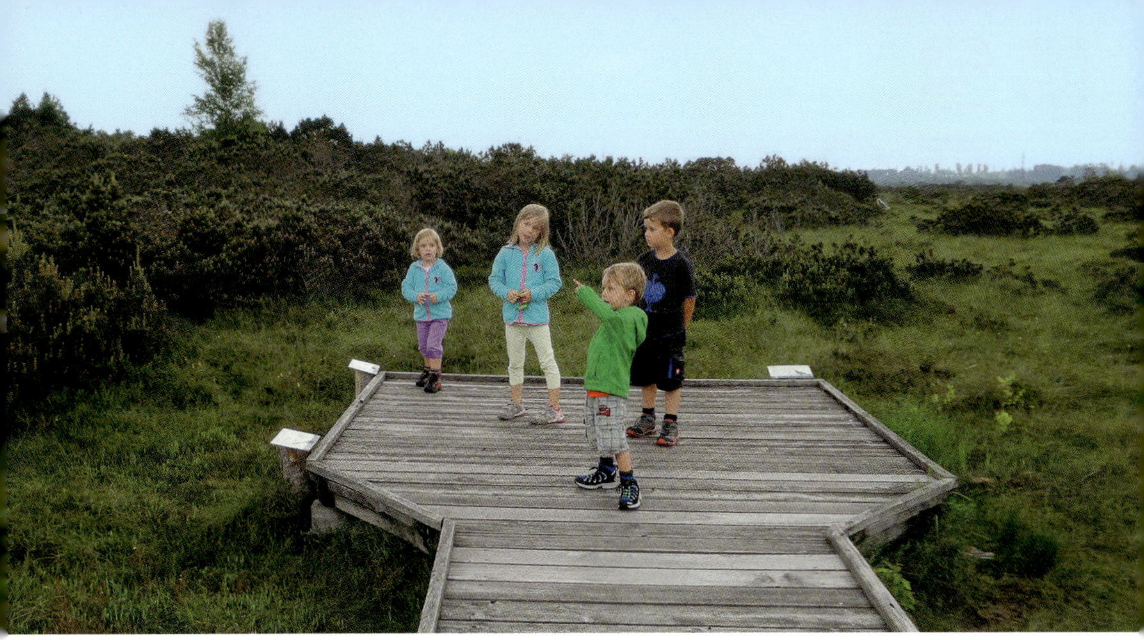

»Schau mal, ich zeig dir was!«

Nach einer kurzen Besichtigung führt etwa 100 Meter weiter der Weg rechts in die Moorlandschaft hinein. Auf einem weichen Hackschnitzelweg können die Minis etwas versteckt sogar ein Insektenhotel entdecken.

Am Ende dieses Pfades halten wir uns links und laufen einen gekiesten Weg entlang. Zahlreiche schön illustrierte Tafeln an seinem Rand laden zum Raten und Lernen ein.

Bald erreichen wir einen Holzweg, der direkt zu einer Aussichtsplattform führt. Von hier aus haben wir einen sensationellen Blick über die Moorlandschaft und auf die umliegenden Berge. Mit etwas Glück und Ruhe können wir sogar heimische Vögel, z. B. ein Birkhuhn beobachten.

Zurück auf dem Holzweg, biegen wir sofort rechts in einen ebenfalls gekiesten Weg ab, der bald in einen Holzsteg über das Moor mündet. Eine kurze Abzweigung nach rechts führt zu einigen Zwergen. Auch eine Schaukel oder besser gesagt eine »Wolkenbeobachtungsstation« findet sich auf dem Weg und sorgt für kurzzeitige Entspannung. Dann geht es zu einem großen Naturspielplatz mit Baumbalancierpfad, Kraxelbaum, Picknick-Station und einer weiteren »Wolkenbeobachtungsstation«, wo die Kids nach Herzenslust kraxeln, toben, balancieren, essen und trinken oder sich einfach nur ausruhen können. Über die B305 geht es zurück zum Parkplatz am Museum Salz und Moor.

Ab ins Museum!

Im Grassauer Museum Salz und Moor gibt es viel Staunenswertes, angefangen beim Leben im Moor bis hin zur weltweit ersten Salz-Pipeline. Ein Besuch lohnt sich!

50 Natur-Barfußpark in Reit im Winkl

Entdeckertour für nackte Sohlen

Leicht | 1 km | 60 m | 0.30 Std.

Alter
Ab 2 Jahren

Tourencharakter
Almwiese mit verschiedenen Entdeckerstationen für die Füße

Ausgangs-/Endpunkt
Parken in Nähe der Kirche (z. B. Hausbachweg)

Anfahrt
Autobahn München–Salzburg (A 8), Ausfahrt Grabenstätt, weiter Richtung Marquartstein und auf der Deutschen Alpenstraße B 305 nach Reit im Winkl

Einkehr
Unterwegs keine; in Reit im Winkl

Karte
Topografische Karte 1:50 000, Nr. 95 Grenzenlos zwischen Chiemsee und Kaisergebirge (Fritsch)

Information
reitimwinkl.de

Der Aufenthalt im Barfußpark ist mit viel spielerischer Bewegung verbunden. An zahlreichen Stationen gilt es die verschiedensten Untergründe zu erforschen. Zwischen den Stationen liegt eine weiche Almwiese. Sie werden sehen: Langeweile gibt es hier nicht.

Mit dem Natur-Barfußpark hat sich die Gemeinde Reit im Winkl etwas ganz Besonderes einfallen lassen, vor allem weil hier wirk-

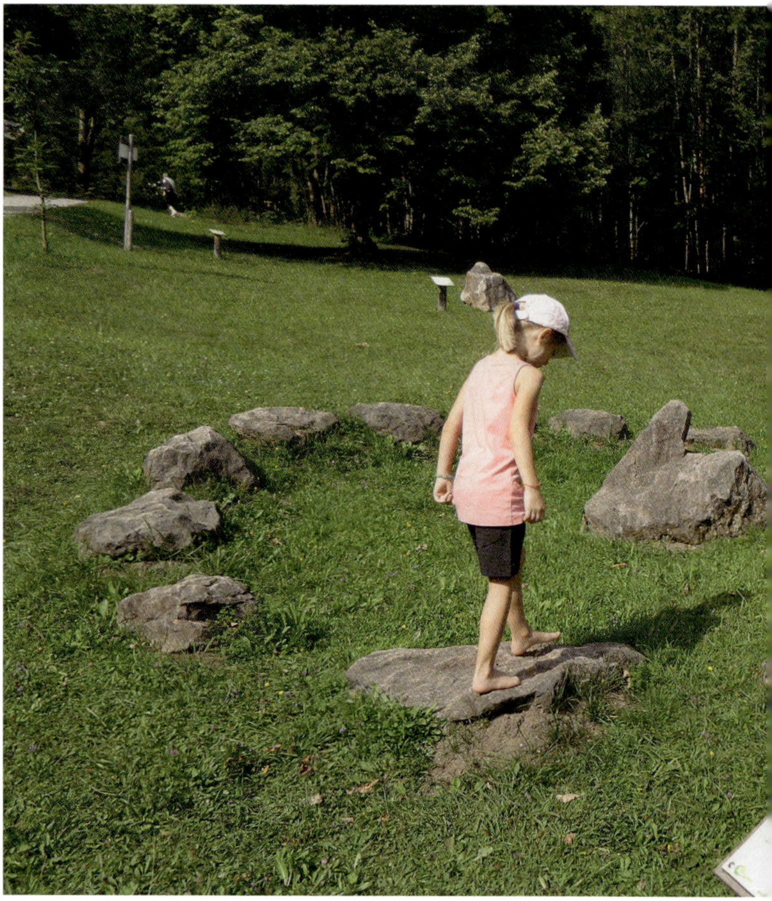

lich alle Generationen etwas davon haben. Die abwechslungsreichen und ausgewogenen Kletter-, Fühl- und Balancierstationen haben nicht nur unsere Kinder richtiggehend begeistert.
Das Auto parken wir am besten in der Nähe der Kirche. Links vor dieser sehen wir einen Wegweiser mit vielen Schildern, hier ist der Barfußpark bzw. das Kneippbecken bereits ausgeschildert. Nach etwa fünf Minuten, die es leicht bergan am Gasthaus zur Post vorbeigeht, biegen wir (wieder ausgeschildert) links ab auf einen Schotterweg. Nach kurzer Strecke entdecken wir einen Seerosenteich und direkt dahinter das Kneippbecken. Rechts davon öffnet sich ein weiter Park, der leicht bergan steigt. Schon lassen sich die einzelnen Stationen des Pfades erkennen.
Wir kühlen zunächst die Füße am »Fußwaschbecken«, um danach über die »Steinschlange« zu balancieren. Am Ende der

Links: »Schaut mal, ich kann schon große Schritte machen.«

Eigentlich macht man hier seine Füße sauber …

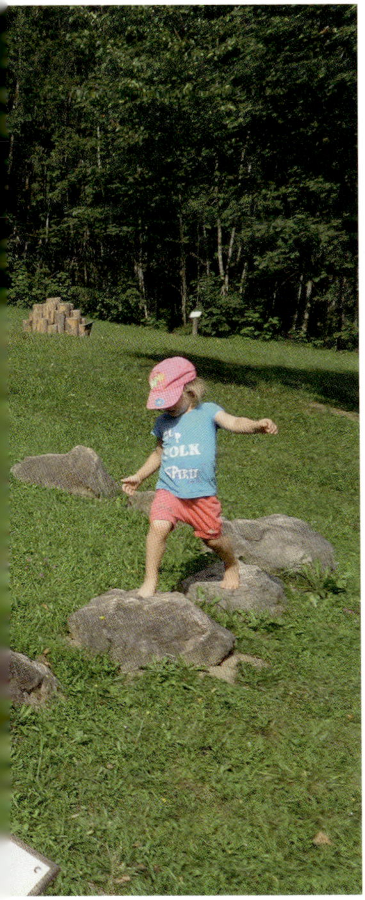

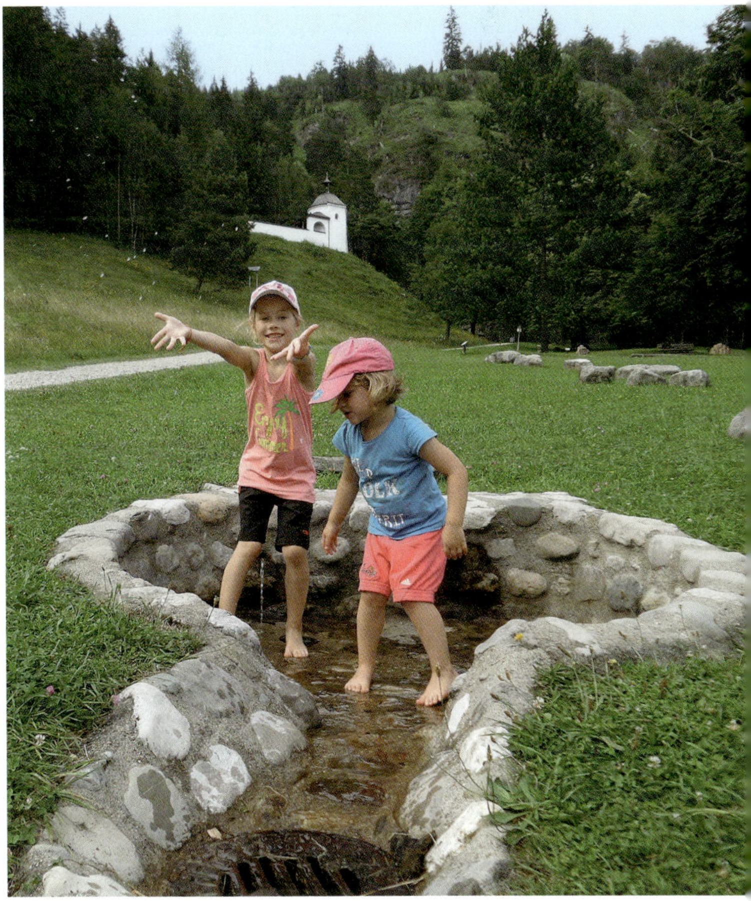

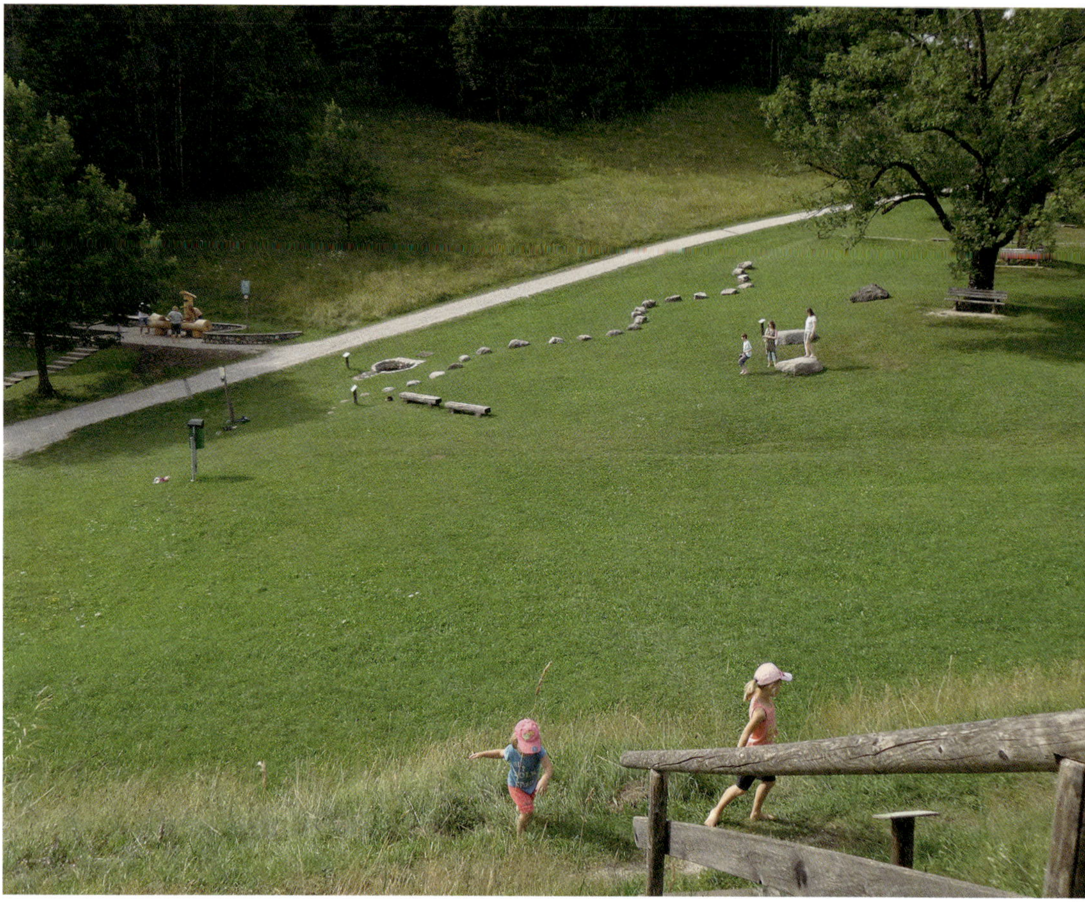

Steinschlange wartet der »Fühlweg« (Achtung, einige Fühlbereiche sind mit spitzen Steinen gefüllt). Danach geht es zum »Steinkreis«, wieder eine Kletter- und Balancierstrecke. Jetzt sind wir schon am oberen Ende des Parks, am »Kaiserthron«, angekommen. Wer möchte, kann von hier auf dem »Kapellensteig« zur Kriegerkapelle marschieren (ca. fünf Minuten Schotterweg oder Treppen, über einen Nebenweg auch barrierefrei erreichbar) und von der Kapelle die grandiose Aussicht auf Reit im Winkl genießen. Im Park geht es an den »Palisaden« (Kletterstation) weiter zum »Waldweg«. Dieser führt ein kurzes Stück durch einen Buchentunnel hindurch. An dessen Ende warten ein »Balancierbaum«, die »Hackschnitzelsonne« und der

Klettern für die Profis

Kurz hinter der Kapelle liegt der Einstieg des Hausbachfall-Klettersteigs. Hier kann man Kletterer gut bei ihrem spannenden Sport beobachten.

Oben: Blick von oben auf den Barfußpark

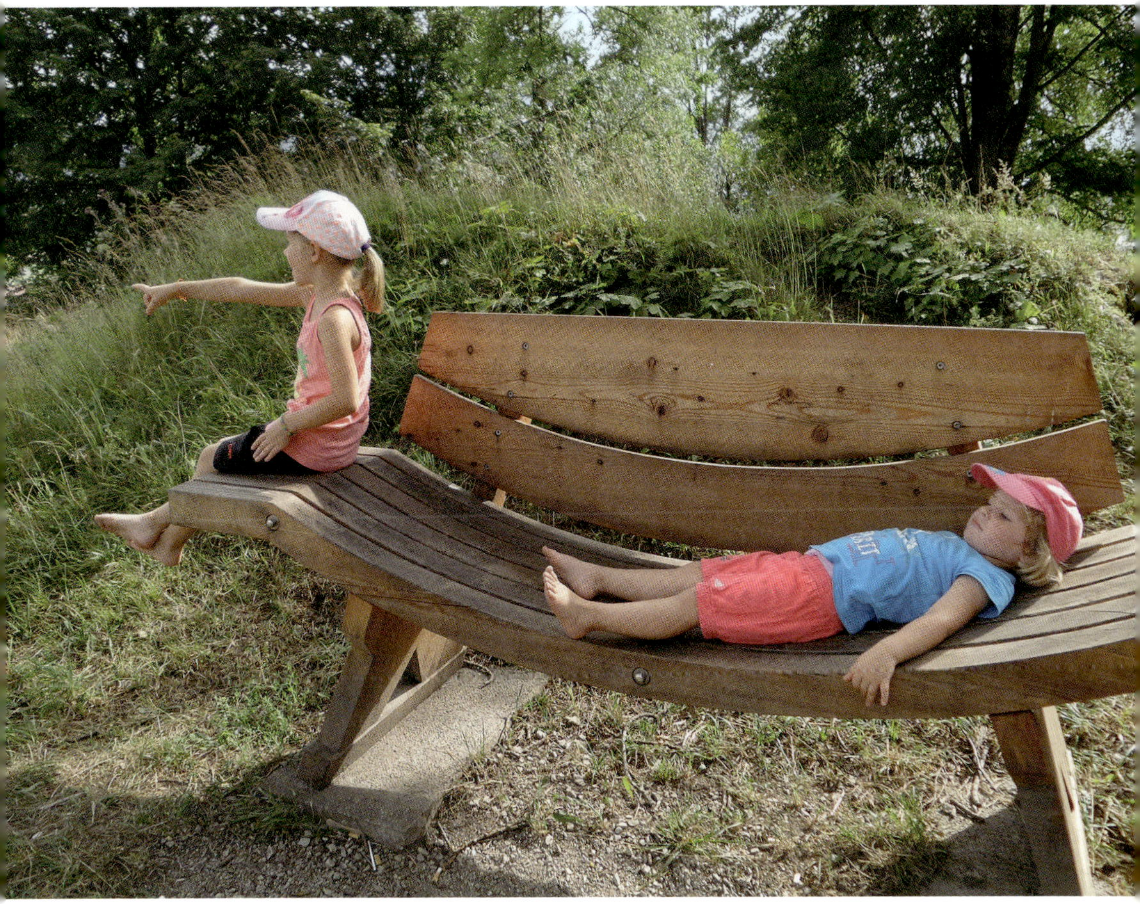

»Knüppelweg«. Nach dem »Moosweg« (herrlich weich) wandern wir ein kleines Stück bergan zur »Bank der Verliebten«. Von dieser kleinen Anhöhe aus haben wir wieder einen fantastischen Blick auf Reit im Winkl und die umliegenden Berge. Jetzt noch an den »Riesensteinen« vorbei und wir sind wieder am Ausgangspunkt, dem »Fußwaschbecken«, und können nochmals das Kneippbecken nutzen. Danach nehmen wir den bekannten Weg zurück zur Dorfmitte von Reit im Winkl.

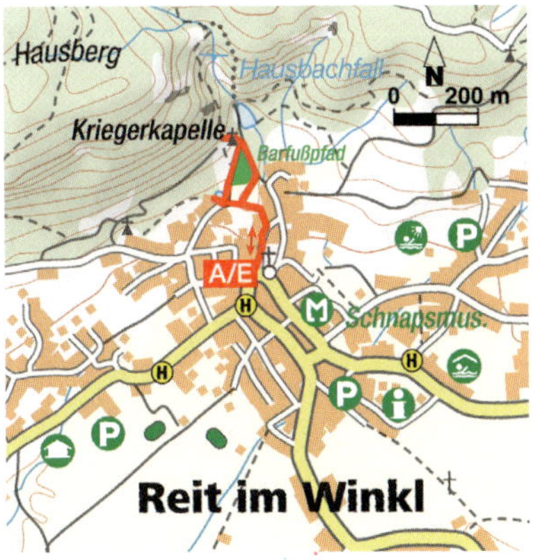

»Schau mal, da hinten sind die Skisprungschanzen!« – »Mir egal!«

51 Moor-Erlebnispfad Inzell

Auf Streifzug in den Inzeller Filzen

Leicht | 3 km | 20 m | 1 Std.

Alter
Ab 2 Jahren

Tourencharakter
Wanderweg, Moorweg; für Sportkinderwagen und Laufrad geeignet

Ausgangs-/Endpunkt
Parkplatz an der Kritischen Akademie

Anfahrt
Autobahn München–Salzburg (A 8), Ausfahrt Traunstein/Siegsdorf, auf der B 306 Richtung Inzell. Vor Inzell beim Gasthaus Boden rechts Richtung Gschwall abbiegen. Der Beschilderung zur »Kritischen Akademie« folgen

Einkehr
Unterwegs keine, in Inzell

Karte
Topografische Karte 1:50 000, Nr. 77 Chiemgauer Alpen–Berchtesgadener Land (Fritsch)

Information
inzell.de

Auf einer Länge von etwa 5,3 Kilometern kann man in einer großen Moorlandschaft eine Entdeckungstour durch die Inzeller Filze unternehmen. Viele Info- und Mitmachstationen laden zum Staunen und Ausprobieren ein. Wir beschreiben hier nur den Teil des Erlebnispfades, der als Rundweg angelegt ist.

Los geht es am Parkplatz an der Kritischen Akademie. Wir laufen etwa 400 Meter an einer kaum befahrenen Straße entlang und haben hier bereits einen beeindruckenden Blick auf das Moor. Die Minis werden sicherlich bald den eigentlichen Startpunkt entdecken. Eine riesige Lupe aus Holz heißt die Kids zur Moorexpedition willkommen. Wir überqueren bald die Rote Traun und biegen gleich nach der Brücke rechts ab. An einem Infostand mit Drehwürfeln erfahren wir auch einiges über den Moorrandwald.

An der nächsten Abzweigung halten wir uns links und entdecken ein Schild der Kalorien-Promenade. Ab hier können die

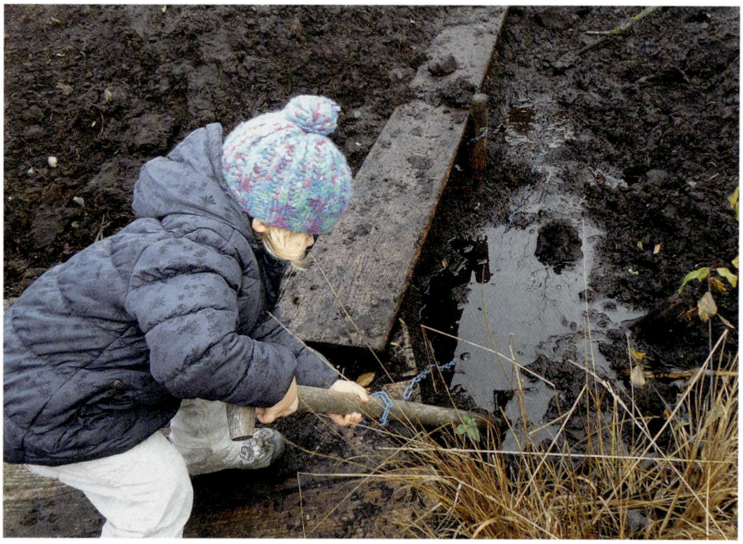

Bei der Arbeit

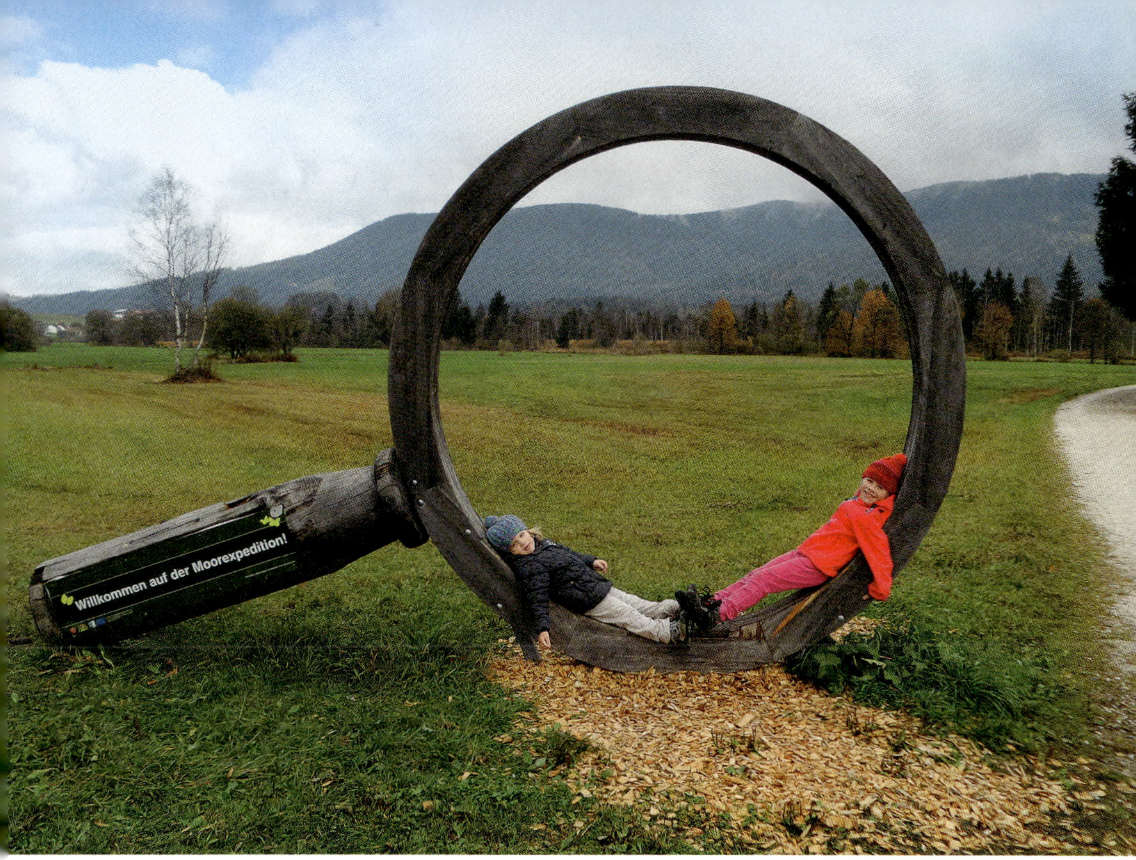

Geschafft!

Minis auf »Stationen-Jagd« gehen. Unsere Töchter waren immer auf der Suche: »Da vorn ist die nächste Station!« Die Stationen werden meist durch Hackschnitzel »angekündigt«. Eine weite Aussicht über die Filze und auf eine große Libelle hat man vom Aussichtspunkt »Sonnentau ›B‹lattform«. Weiter geht es zu den »Haartänzern«, eine Arbeit eines Inzeller Bildhauers. Hier kann man auch direkt ins Moor. Die Minis werden von dem weichen Boden unter ihren Füßen begeistert sein. Vorbei an einem Insektenhotel und weiteren Informationstafeln folgen wir der Beschilderung und biegen links ab. Nach einigen Metern erreichen wir die wohl interessanteste Station: »Torf mit der Hand stechen«. In diesem kleinen Torfstich dürfen alle versuchen, einen Torfziegel herauszuarbeiten.

Nach der Informationstafel »Die Pfeifengraswiese« folgen wir nicht mehr dem Moor-Erlebnispfad, sondern biegen links ab und sind bald wieder an der Brücke über die Rote Traun und somit beim Start der Moorexpedition.

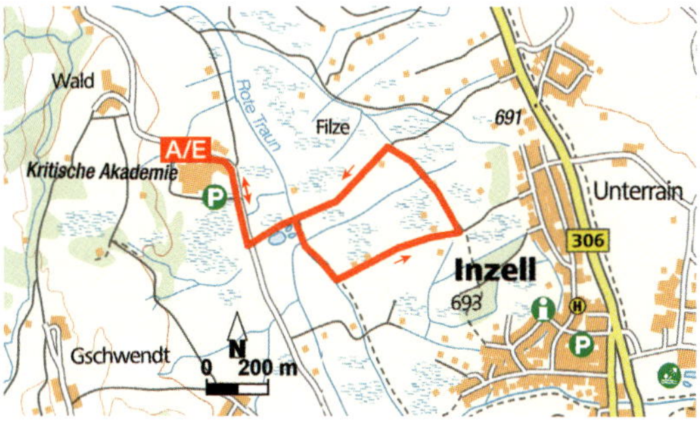

52 Tierwanderweg Taching

Unterwegs in der Nähe des Waginger Sees

Leicht | 3 km | 50 m | 1 Std.

Alter
Ab 2 Jahren

Tourencharakter
Teerstraße, Wiesenweg; für Kinderwagen geeignet

Ausgangs-/Endpunkt
Parkplatz an der Tourist-Info

Anfahrt
Autobahn München–Salzburg (A 8), Ausfahrt Traunstein/Siegsdorf, B 306 bis Traunstein, nach dem Tunnel bei Traunstein Richtung Waging am See, dort Richtung Taching und zur Kirche

Einkehr
In Tengling (Pizzeria Primavera) oder an den Strandbädern in Taching und Tengling

Karte
Topografische Karte 1:50 000, Nr. 77 Chiemgauer Alpen–Berchtesgadener Land (Fritsch)

Information
taching.de

Die Gemeinde Taching am See hat einige schöne Themenwanderwege zu bieten, darunter einen Panoramaweg, einen Höhenweg, einen Seeblick-Barfußweg und auch zwei Tierwanderwege.

Wir wählen den kleinen Tierwanderweg und starten am Kirchberg in Taching. Vorbei am Bergwirt Taching und direkt hinter dem Maibaum führt ein kleiner Fußweg hinunter in die Mühlstraße. Wir überqueren diese, halten uns links und biegen nach etwa 30 Metern zwischen den Häusern mit den Hausnummern 3 und 5 a in einen kleinen Fußweg ein. Über einen kleinen Pfad erreichen wir die Brücke über den Tachinger Mühlbach und treffen bald auf den Birkenweg. Hier sehen wir eine kleine Pferdekoppel und einen Longierplatz. Mit etwas Glück werden gerade Pferde trainiert.

Seen-Vergnügen

Wie wäre es noch mit einem Abstecher an den Tachinger oder Waginger See?

Wir halten uns nun links und entdecken auf der rechten Seite ein kleines Hühnergehege sowie einen lustigen »Ringelbaum«. Am Ende der Straße angekommen, sehen wir bereits die Wegweiser und biegen links in die Rambichler Straße ein. Vorbei am Altenheim halten wir uns nun rechts und laufen ein kurzes Stück entlang der Tachenseestraße. Anschließend biegen wir rechts in die Seeblickstraße ein. Die Minis können etwas oberhalb eine

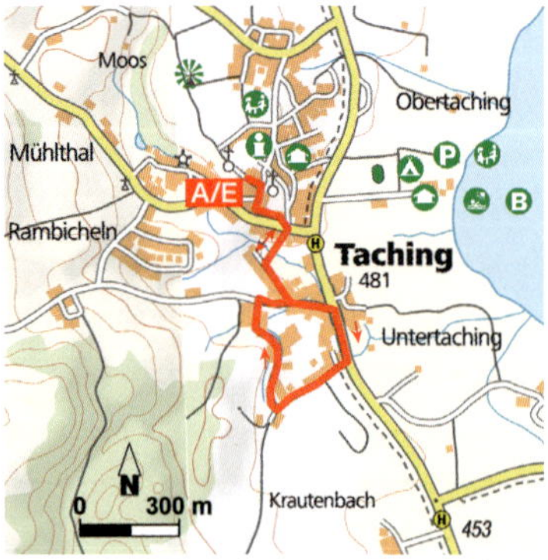

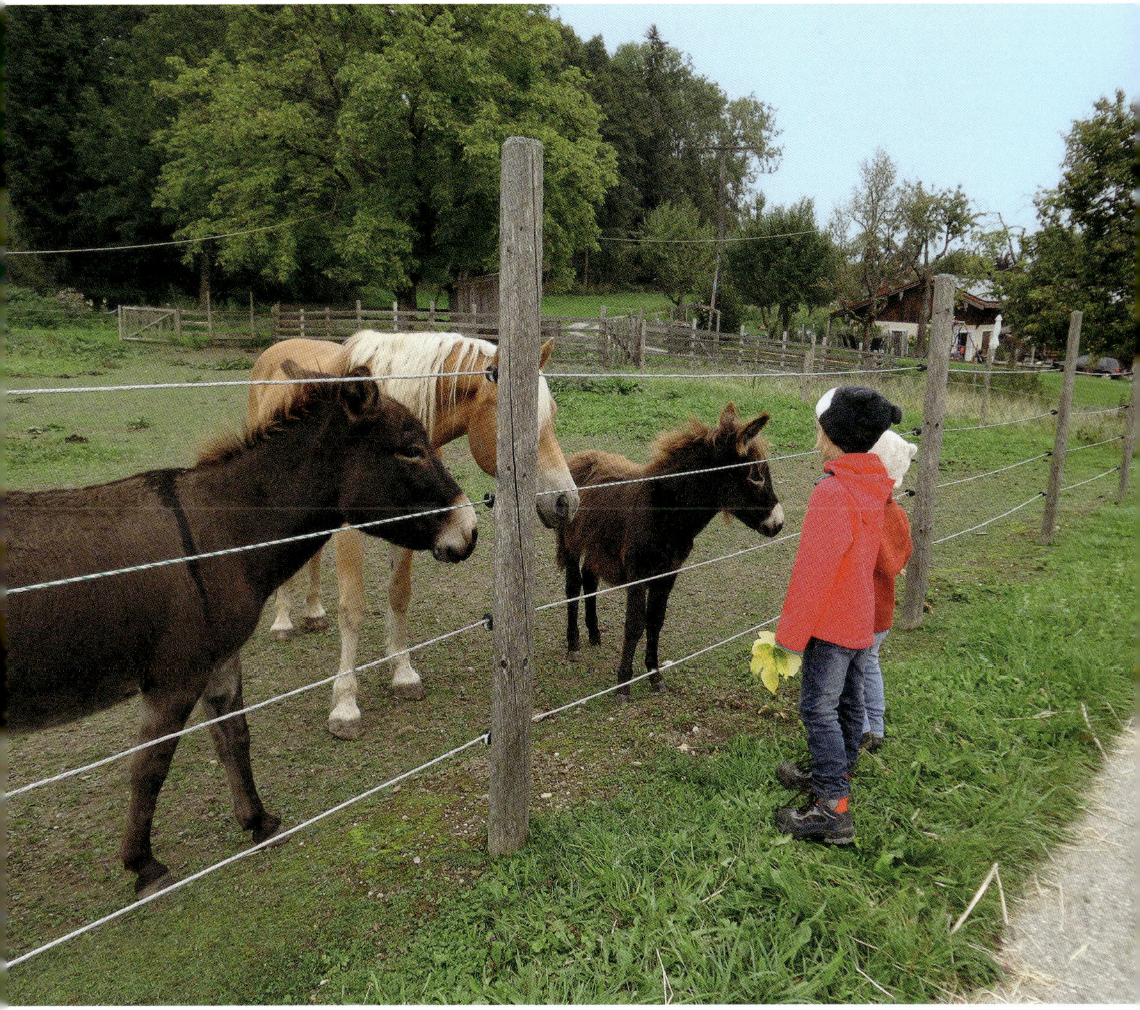

Zutrauliche Pferde und Esel

Pferdekoppel wahrnehmen, an der wir später direkt vorbeikommen. Und schon bald hören die Minis eventuell das nächste Tier am Weg.
Denn bevor wir rechter Hand in den Verbindungsweg zur Rambichler Straße abzweigen, stehen wir vor einer weiteren Pferdekoppel und einem Esel. Der Verbindungsweg führt uns unmittelbar an der Pferdekoppel vorbei, die wir vorhin aus der Ferne gesehen haben.
Vorbei an einer weiteren Koppel biegen wir rechts in die Rambichler Straße und nach weiteren 100 Metern erneut links in den Birkenweg. Ab hier führt der Weg auf der bereits bekannten Strecke zurück zum Dorfplatz.

53 Märchenpfad Bischofswiesen

Märchenhafte Rundtour im Berchtesgadener Land

Leicht | 2 km | 30 m | 1.10 Std.

Alter
Ab 4 Jahren

Tourencharakter
Spaziergang durch den Märchenwald auf breitem Waldweg

Ausgangs-/Endpunkt
Parkplatz beim Naturbad Aschauerweiher

Anfahrt
Über die A 8 München–Salzburg bis Ausfahrt Bad Reichenhall. Weiter über Bad Reichenhall und Bayerisch Gmain nach Bischofswiesen. Im Ort links der Beschilderung Märchenpfad folgen

Einkehr
Unterwegs keine

Karte
Topografische Karte 1:50 000, Blatt Berchtesgadener Alpen

Information
bischofswiesen.de

Durch den moosbewachsenen Wald am Maximilians-Reitweg führt der im Sommer 2008 errichtete Märchenpfad von Bischofswiesen. Auf knapp zweieinhalb Kilometern geht es an eindrucksvollen Felsformationen und zahlreichen Märchenstationen vorbei in einer für die ganze Familie angenehm zu gehenden Rundtour.

Der Parkplatz beim Naturbad Aschauerweiher ist Ausgangspunkt der schon für die Kleinsten problemlos zu bewältigenden »Wanderung« im Bischofswiesener Märchenwald. Links des Naturbades führt ein breiter Pfad direkt am Zaun des Bades entlang zunächst zum hier nicht unbedingt erwarteten und etwas wenig malerischen Beschneiungsteich. Direkt daneben ist jedoch schon gleich der erste Stopp einzuplanen, da Brunnen und Bachlauf zu einem feuchten Spielvergnügen einladen. Der Bach verfügt zwar über eine recht ordentliche Brücke, aber es wäre sehr erstaunlich, wenn diese von den Kindern benutzt würde, verfügt der Bach doch über eine leichte Überquerungsmöglichkeit mit großen Trittsteinen. Am Beschneiungsteich vorbei (im Winter findet man hier beste Langlaufmöglichkeiten) geht es bei den ersten, märchenhaft aus Baumstümpfen herausgearbeiteten Zwergengesichtern in den Wald hinein. Der Weg ist meist so angelegt, dass man bereits die jeweils nächste Station, fast nur einen Steinwurf entfernt, im Wald erkennen kann. Nach der zweiten Station, dem großen Fantasiekopf, erreicht man einen Querweg. Trotz

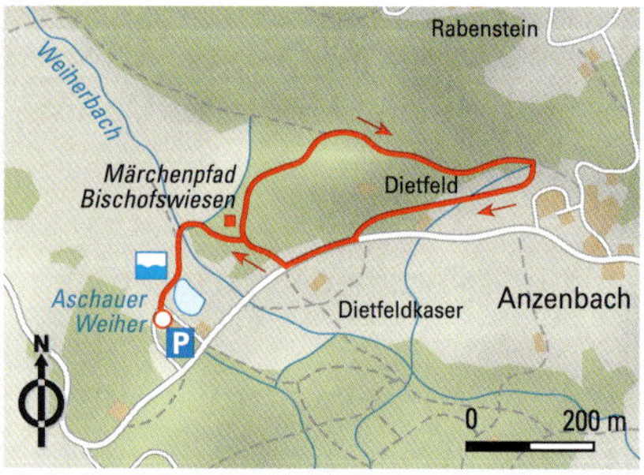

Märchenpfad-Wegweiser ist diese Stelle etwas unklar ausgeschildert. Wir gehen nicht geradeaus auf den schmalen Waldpfad, sondern links auf dem Forstweg weiter. Später werden wir hier von rechts heraufkom-

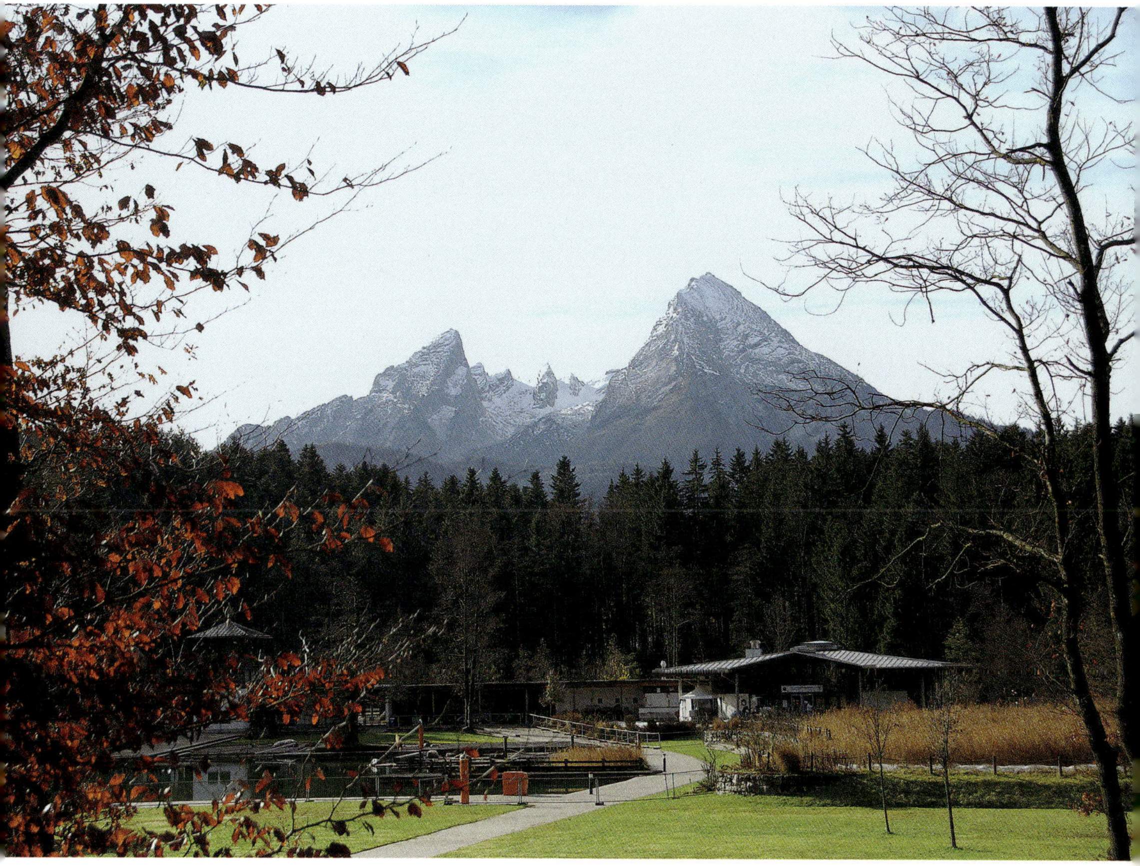

Das Naturbad Aschauerweiher vor dem Watzmann

men und die Runde an diesem Punkt vollenden. Nun geht es an der Eule und wenig später am Baumwicht vorbei und die erste beschilderte Station bei den Pilzen ist erreicht. An den nun folgenden Stationen können die Kleinen nicht allzu schwer jeweils ein Märchen erraten und wenn es wirklich zu schwer zu erkennen sein sollte, können Papa oder Mama den Märchenausschnitt auf den Tafeln vorlesen. Beim Froschkönig, am vom Parkplatz entferntesten Punkt, geht es nun in einer scharfen Rechtskurve auf den etwas abfallenden schmäleren Pfad. Dieser führt uns durch einen kurzen Baumlehrpfad zu einer tollen Kletterwurzel und schließlich aus dem Wald hinaus auf den breiten Fuß- und Radweg neben der Autostraße. Bei der nächsten Gelegenheit, bei einem kleinen Parkplatz, geht es wieder in den Wald hinein und zurück zu oben erwähnter Wegkreuzung. Hier geht man links zurück zum Naturbad und zum Parkplatz.

Baden

Im Sommer ins Naturbad Aschauerweiher mit Blick auf den Watzmann

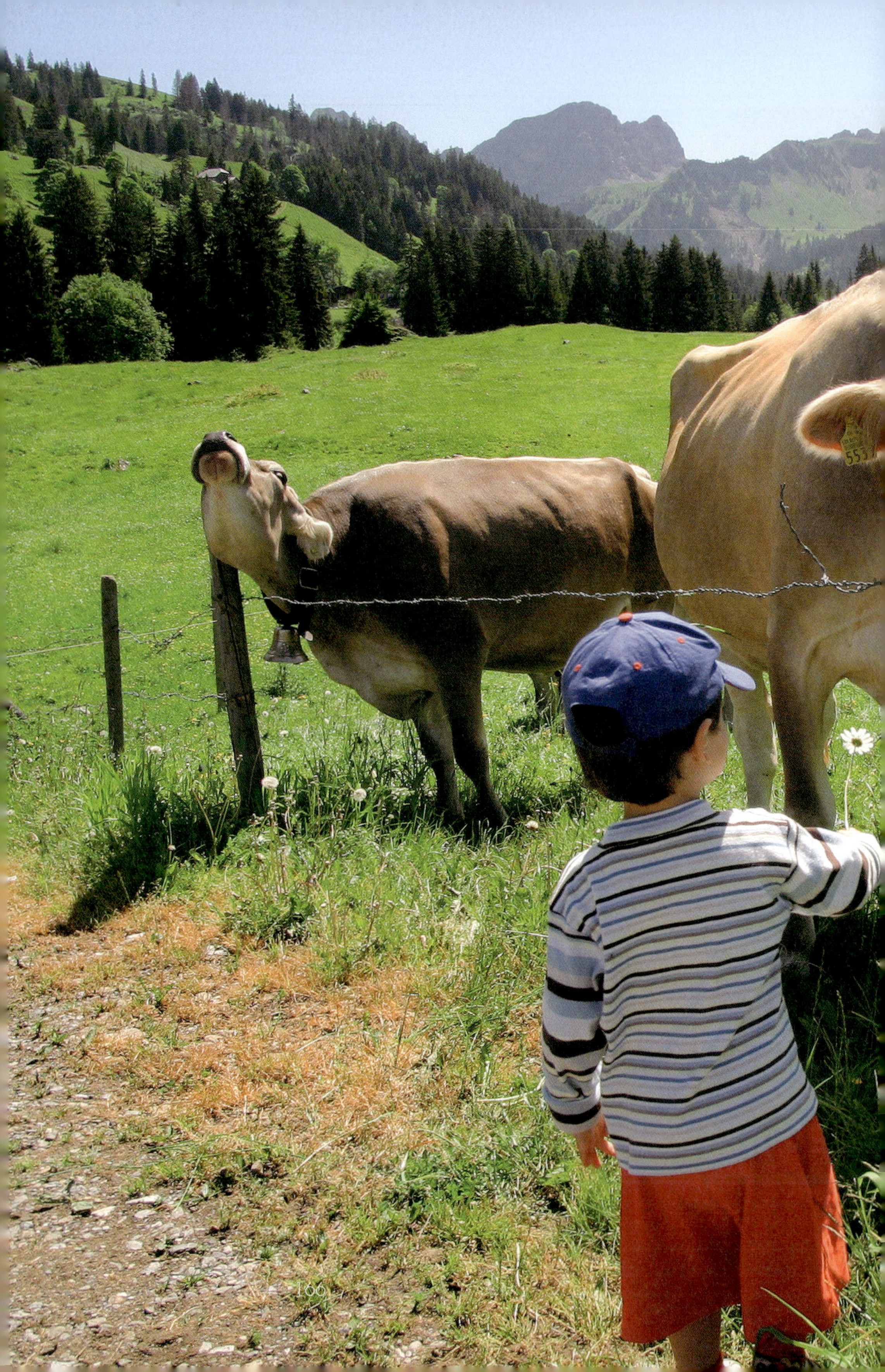

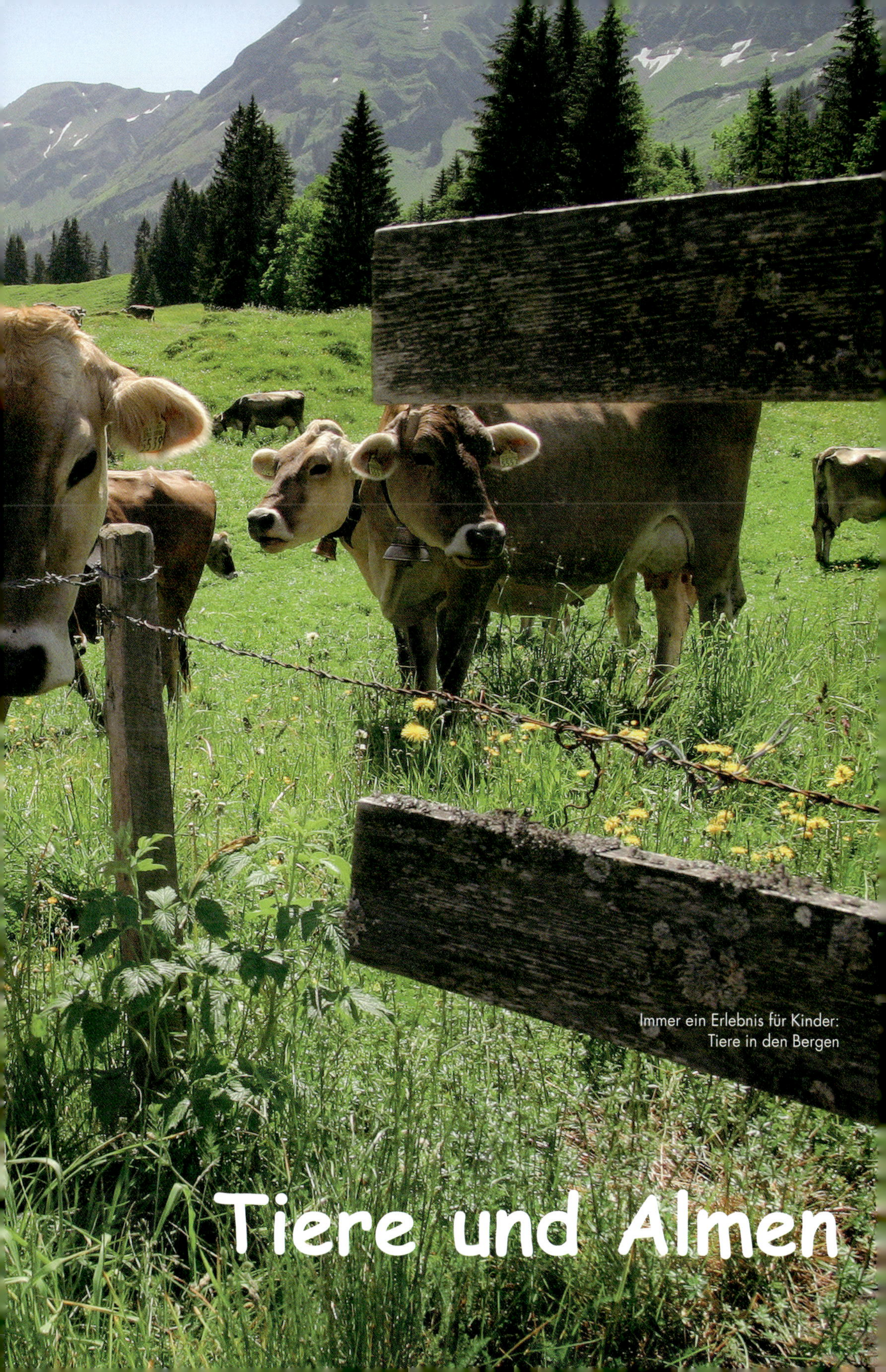

Immer ein Erlebnis für Kinder:
Tiere in den Bergen

Tiere und Almen

54 Pössinger Au in Landsberg

Reh, Hirsch und Wildschwein mitten in der Stadt

Leicht | 7 km | 150 m | 2.30 Std.

Alter
Ab 4 Jahren

Tourencharakter
Rundweg mit Waldlehrpfad durch den Wildpark

Ausgangs-/Endpunkt
Lechufer an der Von-Kühlmann-Straße

Anfahrt
Auto: Von München auf der A 96 Richtung Lindau, Abfahrt Landsberg Nord, der Beschilderung in die Altstadt folgen.
Bahn: München–Lindau bis Kaufering, von dort weiter nach Landsberg

Einkehr
Am Ende des gesamten Wanderweges kann man im Gasthaus Teufelsküche mit Blick auf den großen Stausee einkehren, hier werden im modernen Lounge-Ambiente vor allem einheimische Produkte angeboten; in der Altstadt von Landsberg selbst gibt es aber auch viele Einkehrmöglichkeiten, vor allem am Lechufer und seiner Promenade sitzt man nett in Cafés und Eisdielen

Information
landsberg.de

Unglaublich, dieser schöne Wildpark liegt fast mitten in der Stadt. Verbunden mit einer kleinen Wanderung geht es heute in die Lechauen von Landsberg.

Parken können wir in der Von-Kühlmann-Straße gegenüber der Altstadt am Lechufer. Dann starten wir direkt von den Lechufern. Zunächst geht es an der Lechpromenade mit den Kaskaden und Lechwasserfällen flussaufwärts. Schon hier gibt es viel zu schauen. An der Brücke überqueren wir den Fluss zur Altstadt. Die Stadt mit den kleinen Gassen und hübschen Plätzen besuchen wir am besten im Anschluss, nach dem Wildpark. Vielleicht gibt es dort später auch noch ein Eis. Unmittelbar nach der Brücke biegen wir rechts in den schmalen Durchgang mit der Beschilderung »Pössinger Au«. Jetzt sind wir schon am Fluss und seinen Auwäldern angelangt. Wenig später überqueren wir die großen, in den Weg eingelassenen Wildgatter und sind mitten im Wildpark.

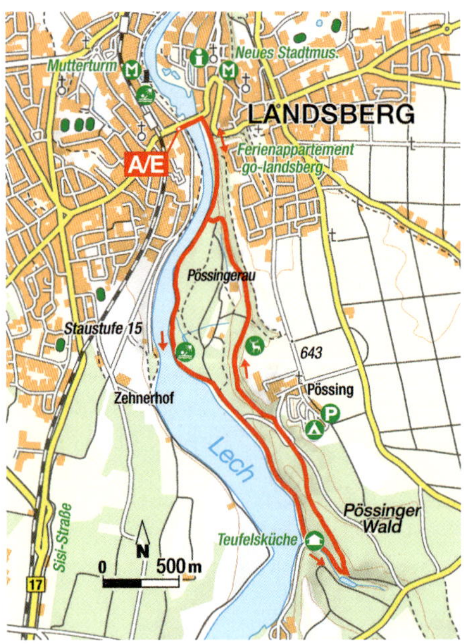

Das Besondere am Landsberger Wildpark ist seine Größe. Er ist so groß und von so vielen Wegen durchzogen, dass man sich nicht wie in einem der üblichen Wildparks mit Streichelgehege vorkommt, sondern einfach wie in einem sehr tierreichen Stück Wald. Vor allem im Herbst während der Brunftzeit ist das ein großes Spektakel. Dann streifen Hirsche

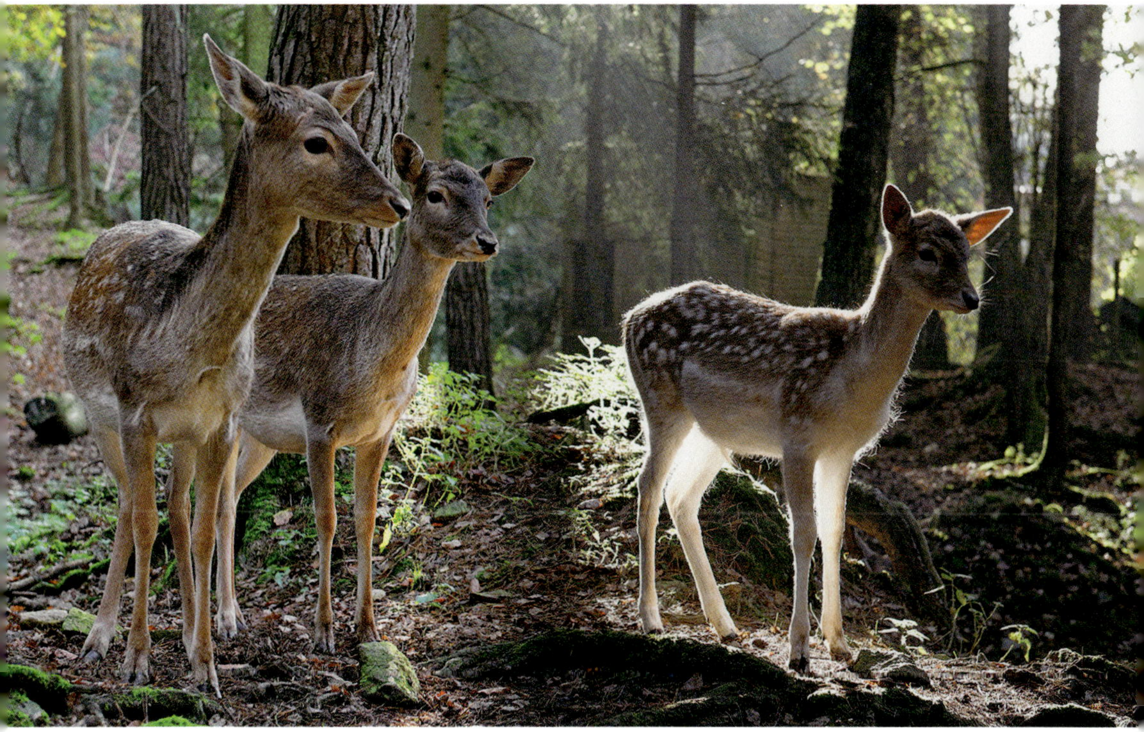

Die Rehe sind wild und doch zahm.

auf der Suche nach Hirschkühen durch das dichte Unterholz, vertreiben Nebenbuhler und lassen sich auch von den vielen menschlichen Besuchern nicht stören. Entlang des Weges kommen wir auch an den großen Gehegen mit den Wildschweinen vorbei, die aus Sicherheitsgründen jedoch von uns abgezäunt sind. Die großen Keiler sind nun mal keine Schmusetiere und können sogar gewaltig beißen. Über einen Rundgang mit Waldlehrpfad kommen wir entweder direkt in die Altstadt zurück oder setzen mit ein wenig Ausdauer die Wanderung am Lech entlang fort. Die vom Verkehr befreiten Wege führen zum beliebten Ausflugsrestaurant Teufelsküche, das über dem Wasser liegt. Von dort geht es entweder auf gleichem Weg wieder zurück, oder wir steigen etwas auf und wandern über das Lech-Hochufer zurück. Bis dorthin sind es nur noch zusätzliche 20 Minuten Fußweg.

Tipp

Im Herbst kann man den Tieren selbst gesammelte Kastanien, Eicheln und Äpfel mitbringen. Auch getrocknetes schimmelfreies Brot ist willkommen. Offiziell gibt es aber ein Fütterungsverbot, denn Hirsche oder Rehböcke sind nun mal keine Schmusetiere. Es gibt einen schönen Wasserspielplatz direkt am Hang des Lechsteilufers an der freien Wiese bei den Wildschweingattern. Trockene Ersatzkleidung mitnehmen.

55 Kochelberg-Alm

Schnelles Ziel für kurze Beine

Mittel | 3 km | 150 m | 0.40 Std.

Alter
Ab 2 Jahren

Tourencharakter
Teerstraße; für Kinderwagen geeignet, nicht für Laufrad geeignet

Ausgangs-/Endpunkt
Parkplatz an der Hausbergbahn

Anfahrt
A95 München–Garmisch bis zum Autobahnende, über die B2 und B23 nach Garmisch-Partenkirchen, am Rathausplatz rechts Richtung Olympia-Skistadion

Einkehr
Kochelberg-Alm, Am Petersbad 1, 82467 Garmisch-Partenkirchen, Di und Fr Ruhetag, Tel. 08821/56662, kochelberg-alm.de

Karte
Wanderkarte 1:50000, WK 6 Alpenwelt Karwendel (Kompass)

Information
gapa.de

Diese Tour ist trotz kurzem Anstieg bestens geeignet für jüngere Kinder. Unser Ziel, die Kochelberg-Alm, lockt mit einem kleinen Tierparadies, einem See mit Fontäne sowie hausgemachtem Kaiserschmarrn und deftigen Brotzeiten.

Los geht es am Parkplatz der Talstation der Hausbergbahn. Links am Seilbahngebäude vorbei führt ein leider nicht ausgeschilderter Weg geradeaus steil bergan. Nach diesem Anstieg geht es scharf links in den Laingraben hinunter, vorbei am Hotel Hausberg. Sobald man am Hotel links vorbeigegangen ist, biegt man rechts in die Kochelbergstraße ein. Ab hier ist die Alm nun gut ausgeschildert. Auf der Straße geht man nun weiter etwas steiler bergan durch einen schönen Mischwald und hält sich immer rechts. Nach kurzer Wegstrecke teilt sich der Weg. Links führt die Forststraße weiter, auf der die Kinderwagenfahrer bleiben. Alle anderen können hier auch die Stufen rechts weiter hochwandern. Sobald die beiden Wege wieder aufeinandertreffen, ist es nicht mehr weit bis zur Alm, die auf der linken Seite hinter

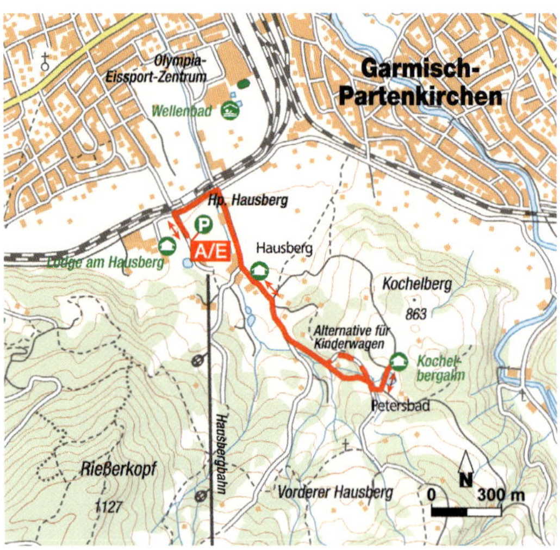

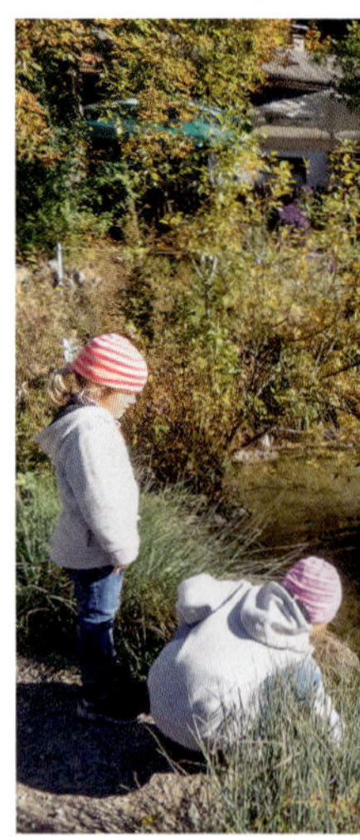

Rechts: »Hmm, Lina, ich glaub', die Fische kommen so nicht.«

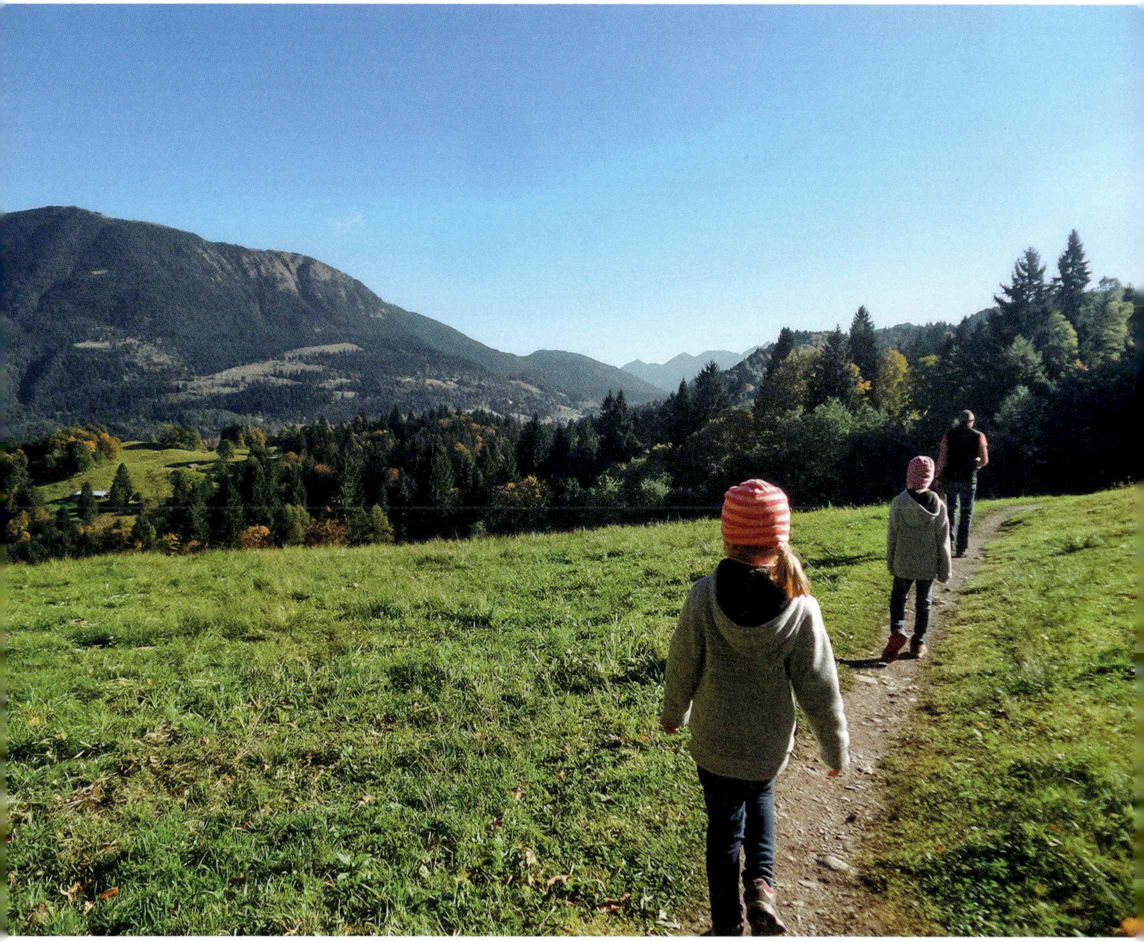

Oberhalb der Kochelberg-Alm

einem kleinen See mit Fontäne auf die Wander-Minis wartet. Die letzten Meter zur Alm sind noch mal spannend, da es im Teich viele Fische zu entdecken gibt und links des Weges noch ein Hühner- und Gänsegehege zu bestaunen ist. Hinter der schön gelegenen Sonnenterrasse der Kochelberg-Alm erwartet die Minis ein kleiner Spielplatz und ein Wildschweingehege. Die Alm selbst punktet mit einem sehr leckeren Kaiserschmarrn mit Apfelmus und Preiselbeeren oder einer Preiselbeer-Buttermilch. Zurück nimmt man wieder den gleichen Weg. Allerdings gehen wir nun am Hotel Hausberg geradeaus vorbei bis zu den Bahngleisen. Anschließend biegen wir noch zweimal links ab und sind wieder am Ausgangspunkt.

Sprungschanze

Wie wäre es mit einem kurzen Abstecher zum Olympia-Skistadion?

56 Wettersteinblick von der Brunnsteinhütte

Traumpanorama, Kaiserschmarrn, Hängebrücke

Leicht	5,6 km	600 m	3.25 Std.

Alter
Ab 9 Jahren

Tourencharakter
Wanderung auf typischen Wanderwegen, im Tal zum Anstieg breite Schotterwege; eine Hängebrücke wird auf der Wanderung überquert

Ausgangs-/Endpunkt
Parkplatz Brunnstein

Anfahrt
Auto: A 95 nach Garmisch; weiter Richtung Scharnitz; zwischen Mittenwald und Scharnitz rechts zum Wanderparkplatz Brunnstein, direkt neben der Bundesstraße (Achtung, dieses Schild kommt kurz nach Mittenwald!); Bahn/ Taxi: München–Innsbruck bis Mittenwald; mit dem Taxi zum Wanderparkplatz Brunnstein

Einkehr
Brunnsteinhütte, Anfang Mai bis Mitte Oktober geöffnet

Karte
AV-Karte 1:25 000, Blatt Nr. 5/1 Karwendelgebirge West

Information
alpenwelt-karwendel.de, karwendelbahn.de

Wundern Sie sich nicht, wenn Ihnen beim Aufstieg ein Esel entgegenkommt. Das ist Frederico, das Haustier der Hütte. Daneben gibt es noch Gretl und Moni, das sind zwei Ziegendamen, die Sie hier oben willkommen heißen. Eine abenteuerliche Hängebrücke macht diese Wanderung für Ihre Kinder zur beeindruckenden Erlebnistour.

Die Brunnsteinhütte liegt unter den Wänden des Karwendel und bietet nach Westen hin eine traumhafte Aussicht in das Wettersteingebirge. Von Süden her grüßt die schroffe Reither Spitze und über das Seefelder Plateau hinweg sehen wir den Hocheder, der über dem Inntal thront. Vor allem in den Abendstunden ist die Szenerie von der Terrasse vor der Hütte ergreifend. Dann werden die Karwendelwände über der Hütte in ein sanftes Licht getaucht, bis sie kurz vor Sonnenuntergang brennen. In dieser Umgebung lässt man sich das Abendessen gerne schmecken. Frederico, der Hüttenesel, wollte als Baby mit 50 Kilo nicht auf die Hütte steigen. Da hat man ihn kurzerhand im Materiallift verschnürt und nach oben gefahren, was er offensichtlich genossen hat. Heute wiegt er stattliche 150 Kilo und spaziert schon mal den Wanderweg hinunter bis zur Hängebrücke. Dort begrüßt er seine Wanderer, die sich über die in Bayern einzigartige Überquerung der Sulzlklamm gewagt haben. Hier gibt es im Sommer auch schöne Stellen, an denen Ihre Kinder im Wasser planschen können, vorausgesetzt, es hat die Tage zuvor geregnet. Ansonsten ist das Wasser hier im Karwendel schnell versickert, weshalb es auch auf den Hütten immer knapp ist. Als Alternative bieten sich am Wanderparkplatz die Kiesbänke der Isar an. Der Aufstieg selbst verläuft neben der bereits erwähnten Hängebrücke in vielen Kehren durch den schönen Bergwald. Immer wieder findet man hier auch ein paar Steinmännchen, die Kinder gebaut haben. Dazu dürften sie auch noch genug Puste haben, denn der Weg verläuft stets in angenehmer Steigung bis zur Hütte. Über-

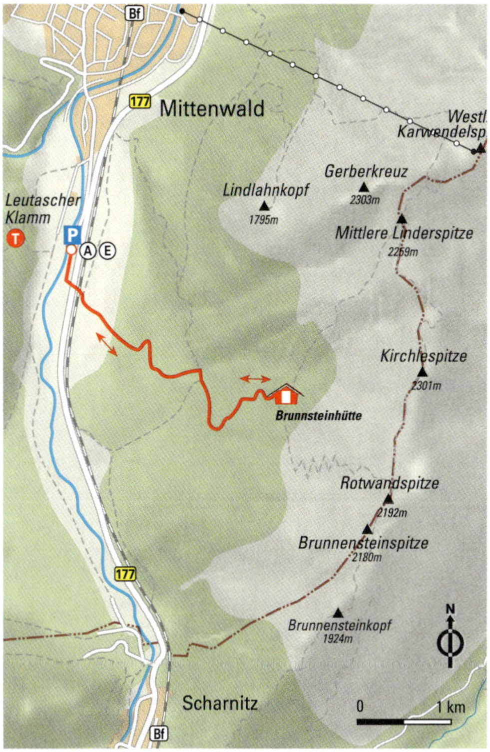

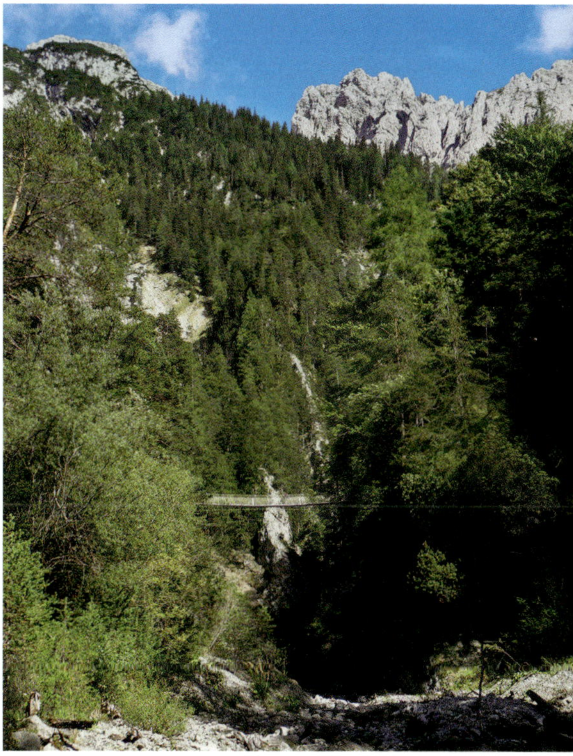

Ein Abenteuer für Kinder: die Hängebrücke über die Sulzlklamm

nachtungsgäste dürfen sich am nächsten Tag auf den Weg zur Brunnsteinspitze oder zur Karwendelspitze machen. Von Letzterer kann man dann mit der Karwendelbahn abfahren oder den Weg durch das Dammkar nehmen.

Vom Wanderparkplatz Brunnstein gehen wir vorbei am Schild des Naturschutzgebietes Riedboden und an der Schranke in südlicher Richtung entlang der Isar. Bitte gehen Sie mit Ihren Kindern hier nicht an der eigentlichen Beschilderung entlang der Bundesstraße, das ist zu gefährlich. Dann überqueren wir mit größter Vorsicht die Bundesstraße und die Bahnlinie und folgen dem Wegweiser Richtung Brunnsteinhütte. Der Weg führt über die Wiesen in den Wald. Hier gehen wir an einer Weggabelung nach links und folgen der rot-weißen Markierung ohne Beschilderung in Kehren bergauf. An einer Weggabelung folgen wir dem Wegweiser Richtung Leitersteig links bergauf, dann zweigt rechts der Weg über die Hängebrücke ab, die mit maximal 10 Personen begangen werden kann. Nach der Hängebrücke folgen wir wieder dem Wegweiser Richtung Brunnsteinhütte durch den Wald bergauf. Der Rückweg entspricht dem Hinweg.

57 Die Maxhütte

Isartal-Blick

Leicht | 2 km | 80 m | 0.45 Std.

Alter
Ab 4 Jahren

Tourencharakter
Kurze und einfache Alm-Wanderung

Ausgangs-/Endpunkt
Parkplatz an der Bundesstraße kurz vor Wallgau

Anfahrt
A 95 München–Garmisch bis Ausfahrt Murnau, weiter über Kochel zum Walchensee und nach Wallgau, kurz vor Wallgau befindet sich links ein kleiner Parkplatz.

Einkehr
Maxhütte, ganzjährig geöffnet, Mo und Di Ruhetag, Tel. 08825/15 82, maxhuette-wallgau.de

Karte
Topografische Karte 1:50 000, Blatt Karwendelgebirge

Information
wallgau.de

Leicht zu erreichende Hütte, ideal für Familien mit kleinen Kindern, mit traumhaftem Blick über das Isartal bei Wallgau bis hin zu den Felsen des Wettersteinmassives und den sanften Höhenzügen des Estergebirges mit dem Krottenkopf als höchstem Punkt.

Direkt am Parkplatz beginnt der kleine Weg, der zunächst in Serpentinen ein paar Meter ansteigt und uns weg von der Bundesstraße führt. Bereits nach wenigen Höhenmetern geht es nur noch sanft nach Osten durch das Isartal Richtung Vorderriß dahin. Nach etwa zehn Minuten erreicht man die breite Forststraße, die vom alternativen Parkplatz an der Mautstraße nach Vorderriß zur Maxhütte führt. Wir folgen dieser nach links weiter bergauf und zweigen dann aber nochmals rechts auf den kleineren Weg ab, um die Aussicht ins Isartal und auf das Estergebirge zu genießen.

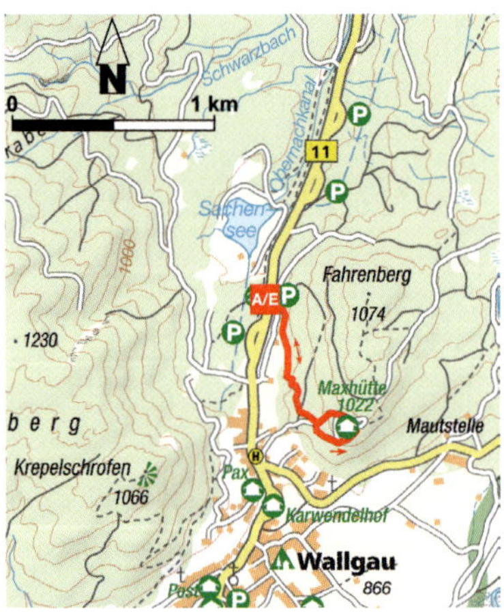

Schon bald führt uns der Weg nach links über den breiteren Höhenweg zurück nach Westen, direkt zum Spielplatz neben der Maxhütte. Der Spielplatz ist leider über die Jahre stets kleiner geworden, aber dennoch können die Kinder hier neben der Hütte wunderbar und vor allem gefahrlos herumtollen. Zurück geht es auf der breiten Schotterstraße vor dem Haus zunächst Richtung Wallgau, bis man rechts die Abzweigung zum Parkplatz erreicht und über diese vom Anstieg bekannte Route zurück zum Auto gelangt.
Für alle, die noch höher hinaus wollen, gibt es rund um Wallgau zahlreiche Möglichkeiten, Höhenluft ohne schweißtreibendes

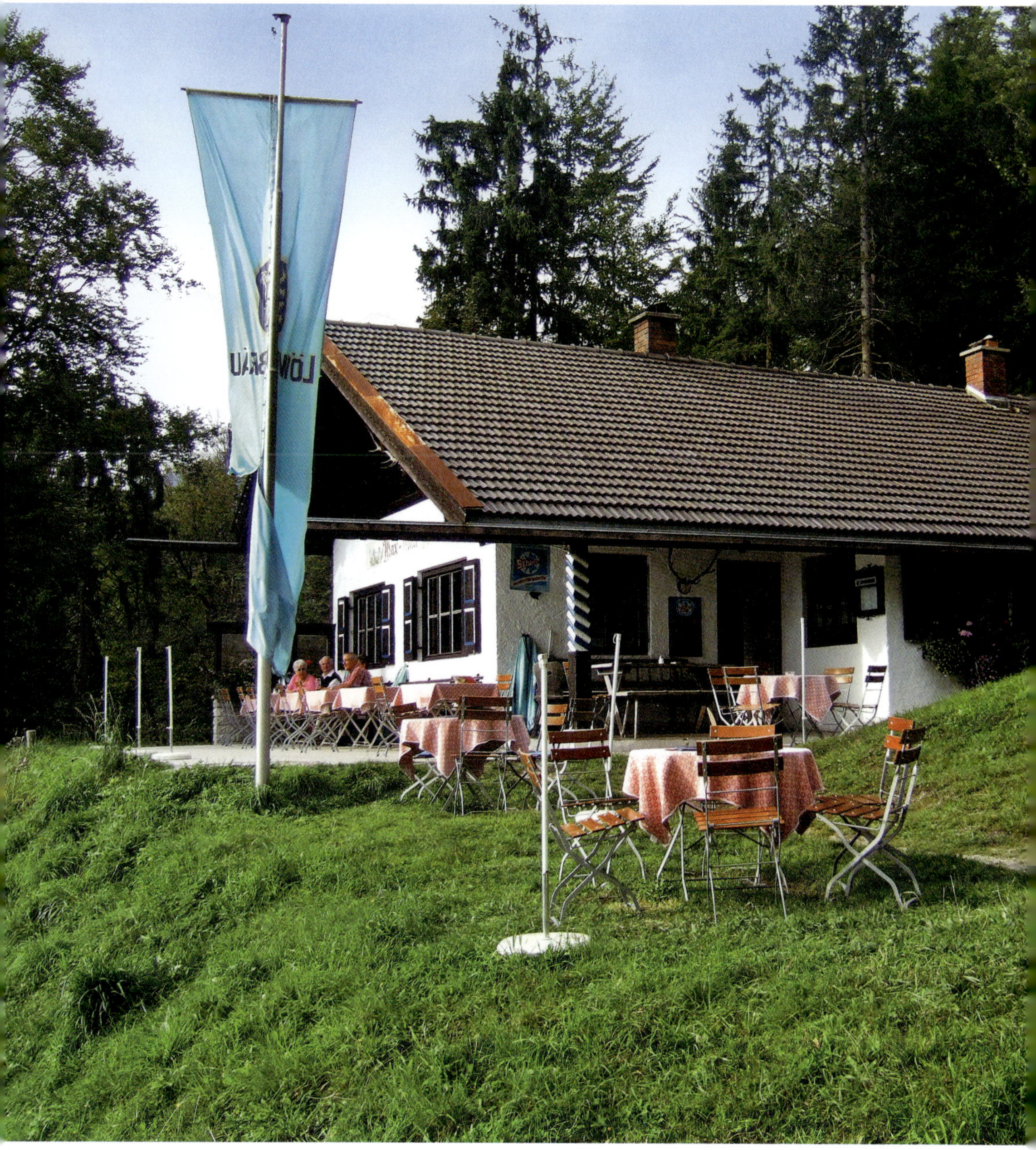

Kinderwagenstemmen zu schnuppern. Südlich in Mittenwald lädt der Kranzberglift am Kranzberg zu einer Bergfahrt zur Kranzbergalm. In Garmisch locken die Kreuzeck- und Alpspitzbahn und am Walchensee die Herzogstandbahn zum schnellen Aufstieg.

Die Maxhütte – ein beschaulicher Geheimtipp

58 Auf den Blomberg

Action mit Aussicht für die ganze Familie

Leicht | 7,2 km | 490 m | 1.45 Std.

Alter
Ab 6 Jahren

Tourencharakter
Breite Schotterwege, kurzzeitig auch geteert

Ausgangs-/Endpunkt
Parkplatz und Haltestelle Blombergbahn

Anfahrt
Auto: über A95 und Penzberg Richtung Bad Tölz bis Blombergbahn oder über A8 bis Ausfahrt Holzkirchen, weiter Richtung Bad Tölz und Kochel bis Blombergbahn; Bahn/Bus: BOB München–Lenggries bis Bad Tölz; weiter mit RVO-Bus 9612 Kochel oder 9591 Bad Heilbrunn/Penzberg bis Blombergbahn

Einkehr
Blomberghaus, mehrere Einkehrmöglichkeiten an der Talstation

Karte
Landesamt für Vermessung und Geoinformation Bayern 1:50000, UK 50-52 Bad Tölz – Lenggries

Information
blombergbahn.de, bad-toelz.de

Der Blomberg liegt quasi vor den Toren Münchens und bietet neben einer tollen Aussicht jede Menge Abwechslung mit der Sommerrodelbahn, dem Blomberg-Blitz und dem Kletterwald.

Mit Bus und Bahn sowie mit dem Auto gut erreichbar ist die Blombergbahn unweit des Kurortes Bad Tölz. Bergauf geht es zu Fuß. Für alle, die sich beim Abstieg die Knie schonen wollen, fährt die Blombergbahn mit bequemen Sesseln und an klaren Tagen mit Blick auf München wieder hinunter zur Talstation. Für alle, die mehr Action wollen, gibt es allerdings auch noch eine andere Alternative. Denn die längste Sommerrodelbahn Deutschlands führt von der Mittelstation in wilden Kurven hinunter ins Tal. Derweil gibt es auch noch eine Fahrt mit dem Blomberg-Blitz, einer Art Alpenachterbahn, die mit ihren Kurven der Sommerrodelbahn in nichts nachsteht. Auf beiden Bahnen dürfen Kinder ab acht Jahren schon alleine fahren. Die Erwachsenen können derweil zwischen dem Gipfelkreuz am Heiglkopf, der Bergstation und dem Blomberghaus interessante Werke auf dem Kunstwanderweg bewundern oder im Blomberghaus einen Kaffee trinken, während es nebenan im Kletterwald in schwindelnde Höhen geht. Mindestalterbegrenzungen sind hier zu berücksichtigen. Genaue Informationen finden Sie unter kletterwald-blomberg.de. Am Blomberghaus selbst reicht die Aussicht an klaren Tagen von den Bergen des Vorkarwendels mit Juifen und Demeljoch über das Rofangebirge bis zu den Eisriesen in den Hohen Tauern mit Großvenediger und Großem Geiger. Übrigens ist auch der Gipfeltrimm, ein sportkinesiologischer Übungsparcours, noch einen Abstecher wert.
Vom Parkplatz folgen wir an dessen westlicher Seite dem Wegweiser zum Blomberg bergauf. An der nächsten Weggabelung, hier zweigt der Forstweg ab, gehen wir links mit dem Wegweiser »Blomberg« bergauf. An der Mittelstation, hier startet die Sommerrodelbahn, geht es nun rechts Richtung Blomberg weiter.

Nach einigen Höhenmetern durch den Bergwald ignorieren wir den Wegweiser »Blomberg über Forststraße« rechts und gehen geradeaus Richtung Blomberghaus weiter. So gelangen wir aus dem Wald und stehen nun auf dem Sattel zwischen Bergstation und Blomberghaus. Hungrige können sich geradeaus auf den Weg zum Blomberghaus machen, dorthin sind es nur noch wenige Meter. Alle anderen folgen links dem Schild Richtung Bergstation auf einen breiten Schotterweg durch den Bergwald hinauf. Nun sind wir auf dem Kunstwanderweg, wer will, kann diesem Weg auch noch über die Bergstation hinaus bis zum Heiglkopf folgen. Für alle, die mit dem Lift hinunterwollen, geht es von der Bergstation mit dem Sessellift der Blombergbahn wieder hinunter ins Tal, was auch im Winter möglich ist. Dann sind es noch etwa 50 weitere Höhenmeter.

Der Rückweg ist identisch mit dem Aufstieg. Bitte beachten Sie die im Winter geänderte Wegführung über den Winterwanderweg.

Tipp

Die mit einer Länge von 1300 Metern längste Sommerrodelbahn Deutschlands führt in vielen Kurven durch sattes Grün ins Tal. Auch die Alpen-Achterbahn sorgt für rasantes Fahrvergnügen. Auf diese Weise lässt sich der Abstieg verkürzen und die Kinder genießen eine interessante Abwechslung. Infos unter blombergbahn.de.

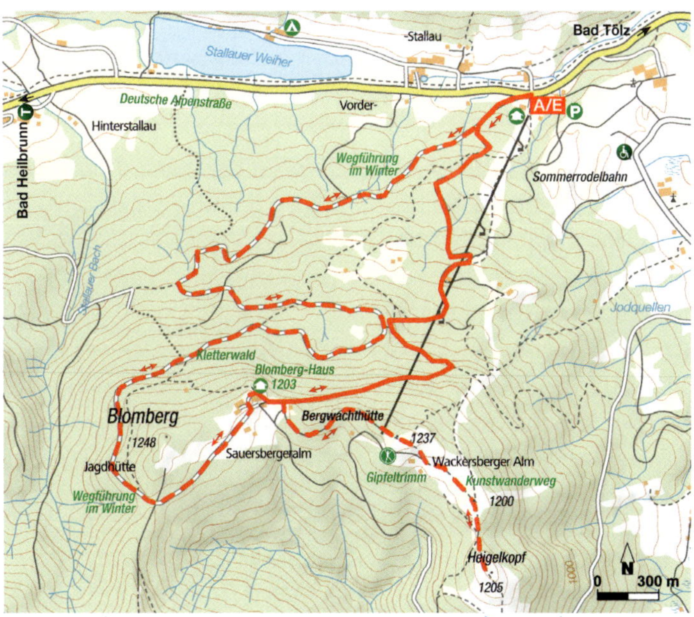

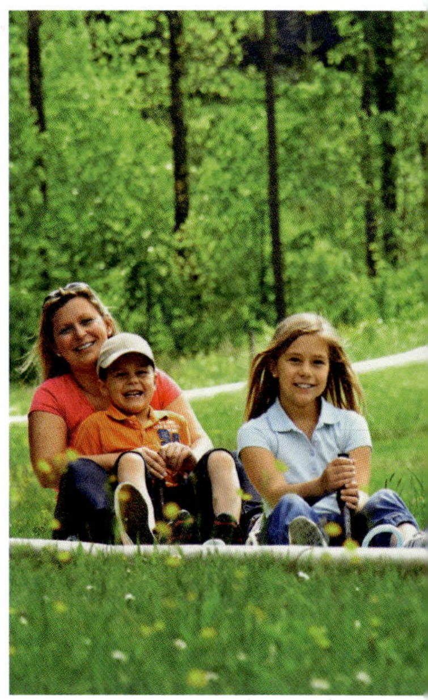

Die Sommerrodelbahn am Blomberg würzt die Tour ungemein.

59 Reiseralm

Auf zur Wildtierfütterung

Mittel | 3,8 km | 200 m | 1 Std.

Alter
Ab 3 Jahren

Tourencharakter
Forststraße; für Sportkinderwagen geeignet, nicht für Laufrad geeignet

Ausgangs-/Endpunkt
Parkplatz an der Brauneck-Bergbahn

Anfahrt
A 8 München–Salzburg, Ausfahrt Holzkirchen, über Bad Tölz nach Lenggries, dort der Ausschilderung Brauneck-Bergbahn folgen

Einkehr
Reiseralm, 83661 Lenggries, im Sommer Mo und Di Ruhetag, Tel. 08042/83 02, reiseralm.de

Karte
Wanderkarte 1:50 000, WK 182 Isarwinkel (Kompass)

Information
lenggries.de

Rechte Seite: Schneeballschlacht

Neben dem Skizirkus um die Brauneck-Bergbahn versteckt sich ein kleines, aber feines Ausflugsziel für unsere Minis. Die Reiseralm lockt mit einem Wildgehege, einem kleinen Spielplatz, einer tollen Aussicht und einem »griabigen« Hüttenwirt.

Die Tour startet am Parkplatz der Braunecker Bergbahn. Geht man vom Parkplatz zu den Häusern und Hütten der Skischulen, sieht man bereits von Weitem die gelben Hinweisschilder, die auf die Reiseralm (und im Winter auf die Rodelbahn) nach links weisen. Wir folgen diesen Schildern an der Kabinenbahn vorbei, bis wir auf einer gut ausgebauten Forststraße rechts in den Wald einbiegen. Diese Straße (im Winter ist das die Rodelstrecke, also Vorsicht beim Aufstieg) führt uns direkt zur Reiseralm. Die Strecke ist recht abwechslungsreich, da sie ab und zu die Seile der Kabinenbahn quert und Einblicke auf die Skistrecke und das Isartal bietet. Bald erreichen wir das Hirschgehege, aus dem uns neugierig die Hirsche beobachten. Etwas weiter oben kann man auch schon die Alm erspähen. Wir gehen nun immer weiter links am Gehege vorbei. Kurz führt die Forststraße vom Gehege weg. Ohne Kinderwagen kann man den Fußweg am Zaun entlang, vorbei an der Futterstelle, weiter zur Alm aufsteigen. Mit Kinderwagen bleibt man einfach auf der Forststraße. In der gemütlichen Alm lassen wir uns einen warmen Kakao schmecken. Im Sommer geht auch eine kühle Limonade auf der Terrasse, von der man einen tollen Ausblick auf das Isar-

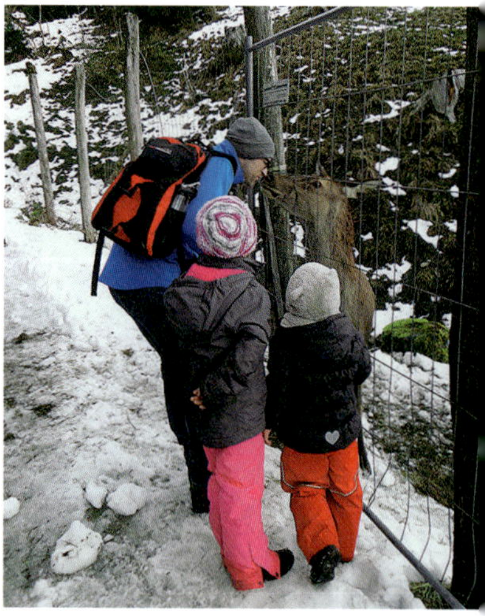

»Ich glaub' mich knutscht ein Hirsch!«

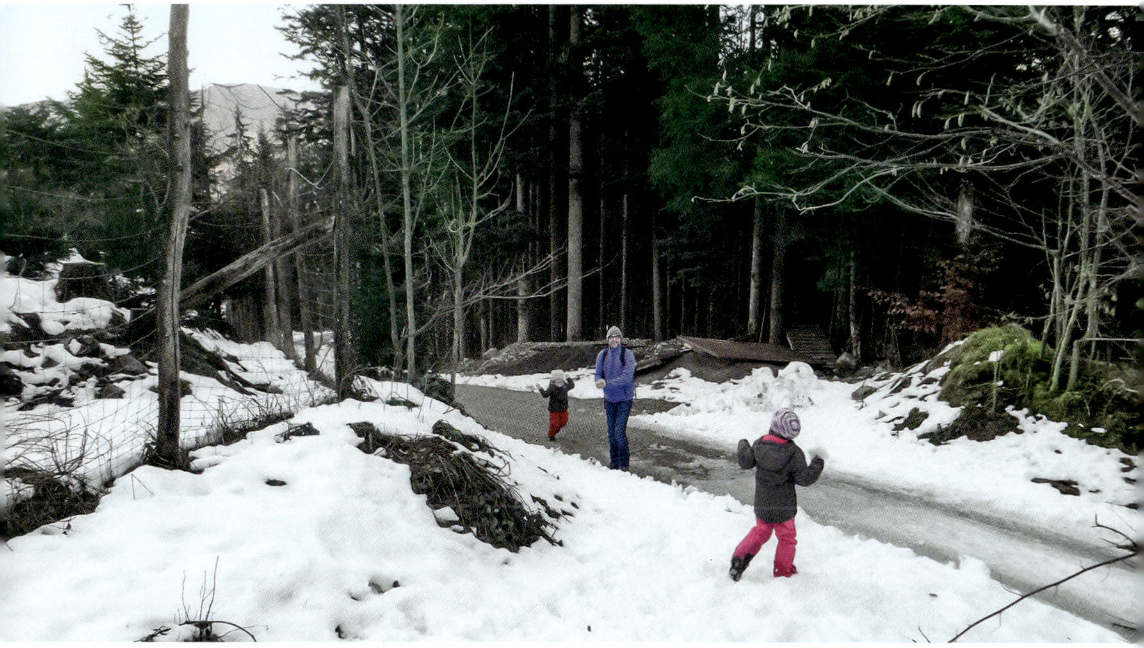

tal und Lenggries hat. Im Winter ergeben sich schöne Ausblicke, da die Reiseralm an einem Westhang liegt und man aus dem Schatten auf das sonnenüberflutete Tal und die goldenen Osthänge blickt. Zurück geht es auf dem gleichen Weg, entweder zu Fuß oder im Winter wesentlich rasanter mit dem Rodel.

Schlittengaudi

Im Winter startet von der Reiseralm die Rodelbahn für Klein und Groß.

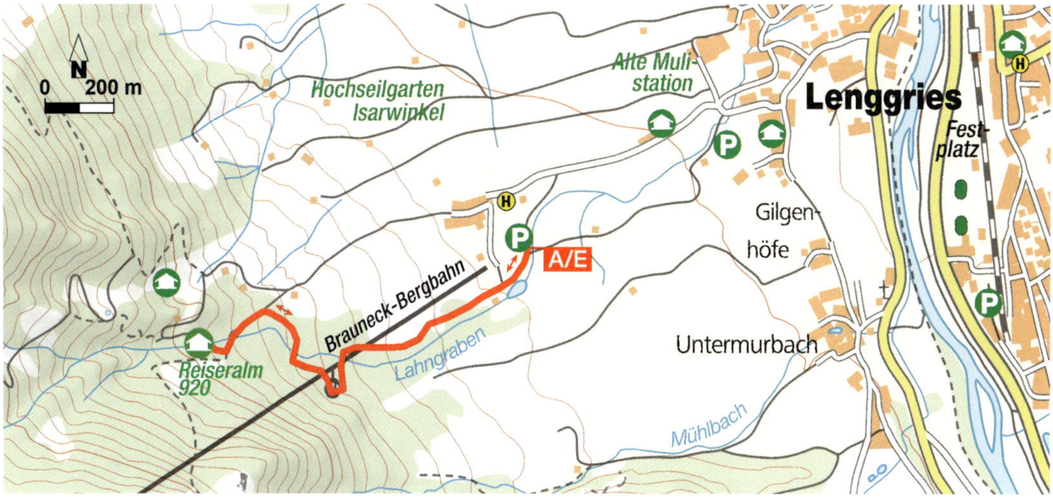

60 Zum Aquadome am Tegernsee

Zwischen Rotschwanzfedern und Hechten

Leicht | 6 km | 0 m | 2 Std.

Alter
Ab 4 Jahren

Tourencharakter
Wanderung zum Süßwasseraquarium, Baden am See

Öffnungszeiten
Aquadome täglich 10–19 Uhr, Spielarena Mo bis Fr 14–19 Uhr, Sa, So, Feiertage 11–19 Uhr

Preise
Freier Eintritt im Aquadome; Spielarena Erwachsene 4,50 €, Kinder 8,50 €, Kinder bis 90 cm 3,50 €

Ausgangs-/Endpunkt
Ortszentrum Bad Wiessee

Anfahrt
Auto: A 8 Richtung Salzburg, Ausfahrt Holzkirchen, auf der B 318 Richtung Tegernsee; Bad Wiessee liegt am Westufer, Parkplätze entlang der Adrian-Stoop-Straße oder am Badepark. Bahn/Bus: Zug Richtung Tegernsee, Haltestelle Gmund, weiter mit Bussen

Einkehr
In Bad Wiessee große Auswahl an Einkehrmöglichkeiten

Karte
Topografische Karte 1:50 000, Blatt Mangfallgebirge

Information
tegernsee.com

Dieser Freizeittipp ist nun wirklich etwas für die ganze Familie. Die Jahreszeit und das Wetter spielen keine große Rolle. Die Wanderung ist kurz, sodass wir auch im Regen oder Schnee gehen können. Im Sommer lockt der See zum Baden, in den Übergangszeiten oder im Winter geht es in den Wiesseer Badepark.

Vom Ortszentrum Bad Wiessee spazieren wir zunächst immer am See entlang Richtung Rottach-Egern. Der schöne Spielplatz in den Kuranlagen bremst uns ein wenig. Aber nach etwa 30 Minuten überqueren wir den Söllbach, an dessen Ufer das hübsche Fischerhäuschen steht. Im hinteren Teil kann man durch die Glasfenster die großen Aufzucht- und Brutbecken der Süßwasserfische sehen. Gegenüber liegt der ganz aus grünlichem Glas und Lärchenholz konstruierte achteckige Neubau des Aquadomes. Innen ist es sehr dunkel, fast schon ein wenig unheimlich. Sphärische Klänge und meditative Musik erfüllen den Raum. Dann hat sich das Auge an die Dunkelheit gewöhnt und wir sind beeindruckt vom größten Süßwasser-Aquarium in Bayern. Hin-

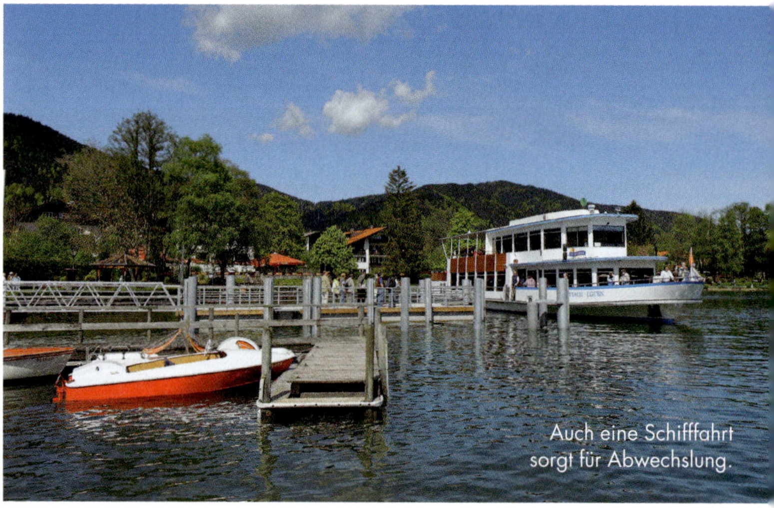

Auch eine Schifffahrt sorgt für Abwechslung.

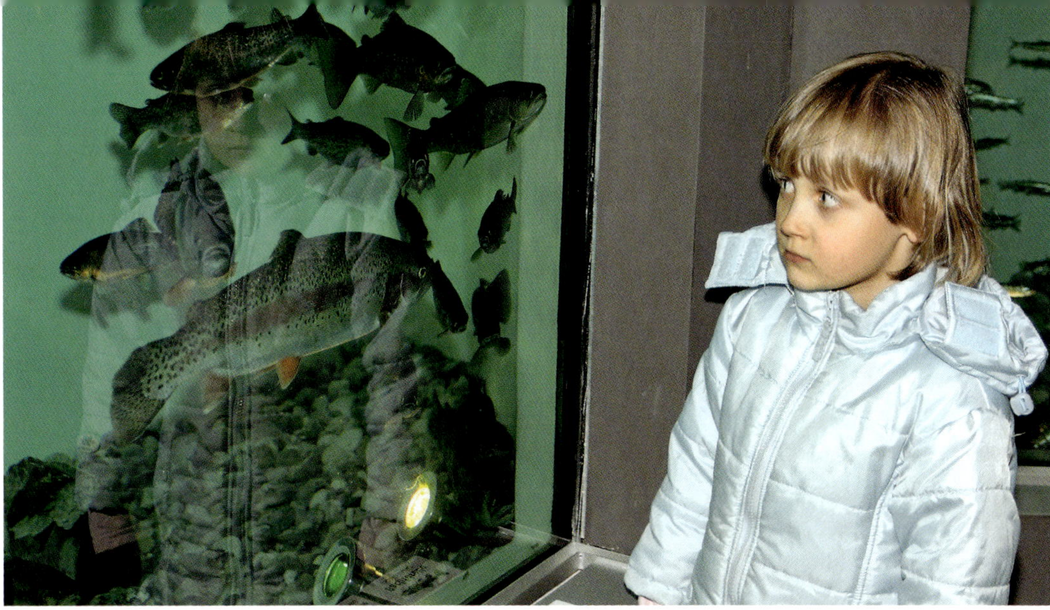

Die Stimmung im Aquadome ist mystisch und in ein dunkles blaues Licht getaucht. Da blickt man den großen Regenbogenforellen schon vorsichtig ins Auge.

ter acht dicken Glaswänden ziehen lautlos an die 20 verschiedene heimische Fischarten vorbei. Wir stehen Auge in Auge mit dicken Karpfen, Saiblingen, Forellen, Rotschwanzfedern und Hechten. Die Fische sollen möglichst wie in der Natur gezeigt werden. Dafür wurde der Boden nur gekiest und es herrscht gedämpftes Licht wie unter Wasser auch. Die Tiere werden alle paar Wochen ausgetauscht und durch neue aus dem See ersetzt. So verhalten sie sich weiterhin natürlich und verlernen ihr normales Instinktverhalten nicht. Zurück wandern wir wie am Hinweg. In den Sommermonaten können wir jetzt ausgiebig im Freibad Sonne tanken und im Tegernsee schwimmen. Spannend ist natürlich auch eine Schifffahrt über den ganzen Tegernsee oder wir leihen uns eines der Ruder- oder Tretboote aus, die es an der Ablegestelle gibt.

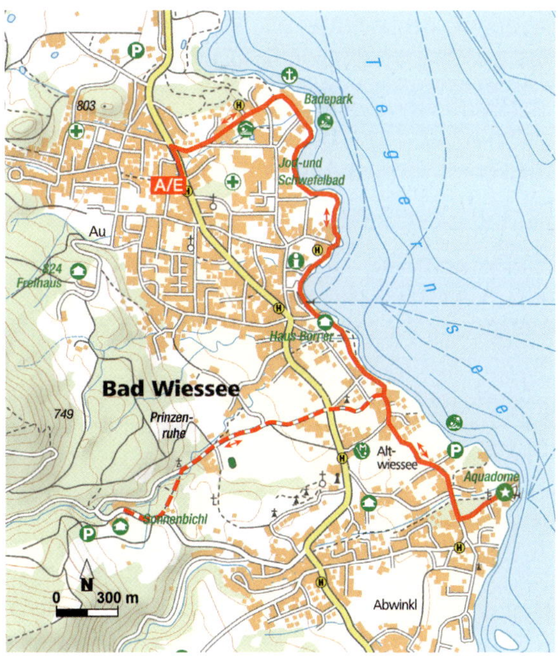

Unweit des Aquadomes gibt es Spielplätze im Hirten- oder Sapplweg in Abwinkel. Wer sich noch austoben möchte, besucht den Indoorspielplatz Spielarena. Er liegt in der Wilhelminastr. 9 in Bad Wiessee. Gerade bei schlechtem Wetter der Treffpunkt für alle Kids. Ob Kletterlabyrinth, Klettervulkan, Trampolin, Kartbahn, Kleinkindbereich, Soccer-Platz oder Hüpfburg – hier haben alle Spaß!

61 Das Berggasthaus Wallbergmoos

Sommer- und Winterziel am Wallberg

Leicht | 3,5 km | 340 m | 1.50 Std.

Alter
Ab 4 Jahren

Tourencharakter
Einfache, kurze Almtour

Ausgangs-/Endpunkt
Parkplatz bei der Wallbergbahn

Anfahrt
Auto: A 8 München–Salzburg bis Ausfahrt Holzkirchen; über Gmund und Tegernsee weiter nach Rottach und Richtung Achensee; kurz nach dem Ortsende von Rottach links der Beschilderung zur Wallbergbahn folgen. Bahn/Bus: München–Tegernsee mit der BOB und weiter mit Bus 9556 zur Wallbergbahn

Einkehr
Berggasthaus Wallbergmoos

Karte
Topografische Karte 1:50 000, Blatt Mangfallgebirge

Information
kreuth.de

Das Berggasthaus Wallbergmoos an den Hängen des Wallberges erreicht man im Sommer wie im Winter leicht zu Fuß. Im Winter, wenn die Mautstraße nicht mehr befahren werden kann, ist die verschneite Bergwelt besonders romantisch. Dann bietet sich auch eine rasante Rodelabfahrt von der Bergstation der Wallbergbahn über Deutschlands längste Rodelbahn an.

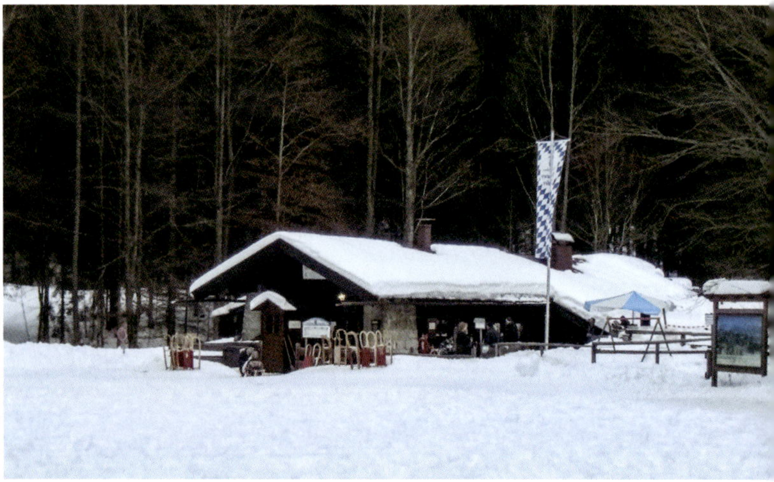

Oben: Auch Rodler müssen mal Pause machen.

Da man die Hütte im Sommer auch sehr leicht mit dem Auto erreicht, eignet sich diese Tour nicht unbedingt für die schneefreie Jahreszeit. Zwar ist der Weg wunderschön und an heißen Tagen auch angenehm schattig, aber man findet neben der Hütte einen gut besuchten Parkplatz vor. Und das ist nicht unbedingt das, was man sich am Ziel einer Wandertour erträumt. Die ideale Jahreszeit für einen Besuch der Wallbergmooshütte ist daher zweifelsfrei der Winter, in dem man die Wahl zwischen Rodelpartie oder Winterwanderung hat. Da Deutschlands längste Rodelbahn von der Bergstation der Wallbergbahn direkt an der Hütte vorbeiführt, kann man sich auch ganz einfach mitsamt Schlitten in die Gondel

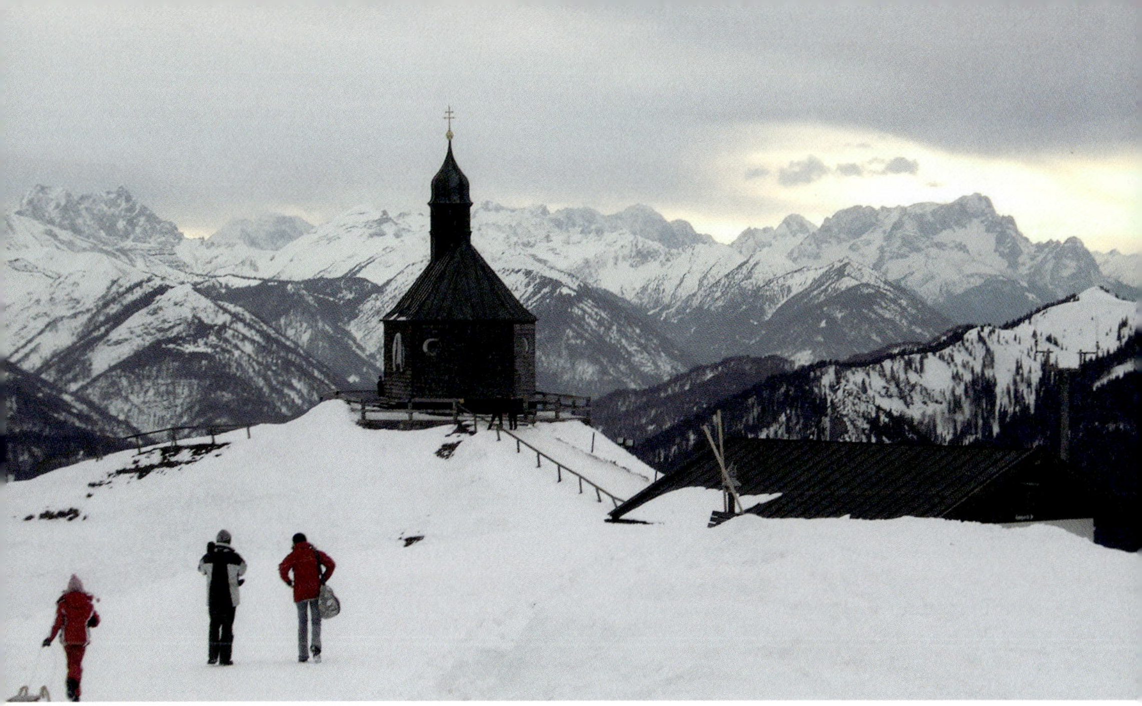

Wander- und Rodelziel über dem Tegernsee

setzen und dann ganz gemütlich zur Bergstation am Wallberg hinaufschweben. Nach einem ausgiebigen Blick über den Tegernsee fährt man anschließend auf der offiziellen Rodelbahn direkt zur Hütte ab. Beschwerlicher ist der Weg zu Fuß, wenn man vom Parkplatz der Wallbergbahn aufsteigt. Rechts oberhalb der Talstation beginnt der ausgeschilderte Fußweg. Zunächst überquert man die Skipiste und den Brunntalgraben auf dem breiten, ansteigenden Wanderweg, der auch zum Wallberggipfel führen würde. Stets weiter den Hang des Wallberges hinauf erreicht man ohne Schwierigkeiten die Abzweigung, die rechts zur Wallbergmooshütte führt. Hier ist knapp die Hälfte der Tour geschafft. Es geht immer geradeaus weiter, bis man nach rund einer Stunde Gehzeit die kleine Hütte erreicht. Hier freuen sich die Kinder über Kuchen und heiße Schokolade und wärmen sich noch einmal richtig auf, bevor es mit dem Schlitten auf der unmittelbar an der Hütte vorbeiführenden, offiziellen Rodelbahn (auf der Mautstraße vom Sommer) nicht allzu rasant zurück zum Parkplatz geht.

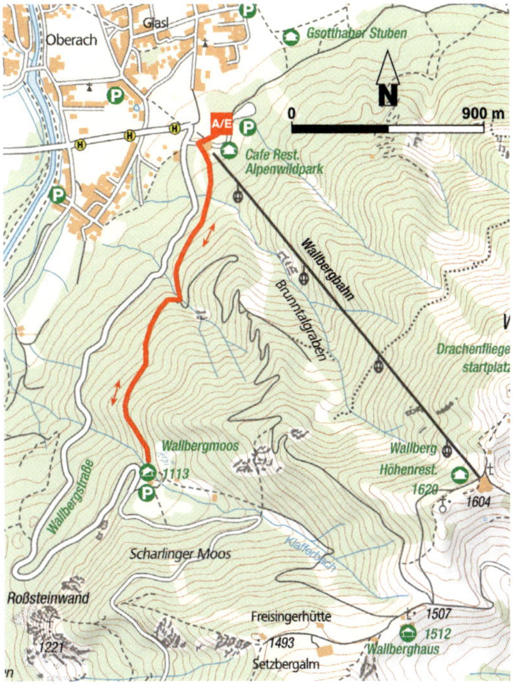

62 Über die Hafner-Alm zur Lukas-Alm

Almrunde im Suttengebiet

Leicht | 2,5 km | 190 m | 1.50 Std.

Alter
Ab 4 Jahren

Tourencharakter
Breite Wanderwege

Ausgangs-/Endpunkt
Wanderparkplatz zwischen Mautstation Enterrottach und Sutten-Skilift

Anfahrt
Über die A 8 München–Salzburg bis Ausfahrt Holzkirchen und weiter nach Tegernsee bis Rottach. Nach der Ampel biegt man links Richtung Sutten, Valepp ab und folgt dieser Straße bis zum Parkplatz an der Mautschranke bei Enterrottach. Hier entrichtet man die Mautgebühr für »Sutten« (2 €) und folgt der Straße bis zum ersten großen (!) Wanderparkplatz auf der rechten Seite

Einkehr
Lukas-Alm, ganzjährig bewirtschaftet, Mo Ruhetag; Moni-Alm, ganzjährig bewirtschaftet

Karte
Topografische Karte 1:50 000, Blatt Mangfallgebirge

Information
tegernsee.com

Auf der Hafner-Alm, vom Regisseur und Naturfilmer Norman Dix im Jahr 1935 erbaut, servierte 19 Jahre lang (bis 2019) Familie Hafner leckere Speisen, sodass auch einige Promis wie Boris Becker oder der ein oder andere Bayern-Profi hier einkehrten. Bei den Kindern sorgten die vielen Tiergehege mit zeitweilig bis zu 80 Tieren für Begeisterung. Damit ist zwar nun Schluss, aber nur ein »paar Meter« weiter gibt es ja noch die Lukas-Alm!

Zunächst überqueren wir die Anfahrtsstraße, auf der wir von der Mautstelle heraufgefahren sind und folgen auf der gegenüberliegenden Seite des großen Wanderparkplatzes der Schotterstraße. Nach wenigen Metern quert ein Wanderweg, der ebenfalls von links vom Parkplatz an der Mautstelle heraufführt. Wer sich etwas mehr anstrengen will, kann sich natürlich auch die Maut sparen und gleich dort starten. In dem Fall hätte man auch unterwegs einen Blick auf die Rottach-Wasserfälle werfen können. Da die kleinen Beine jedoch nicht so weit tragen, haben wir uns diese 200 Höhenmeter heute lieber gespart. An der Wegkreuzung gehen wir nach rechts und erreichen schon bald den Parkplatz des Sutten-Skilifts. Wir verlassen diesen, gehen auf der Mautstraße weiter leicht bergan und passieren zunächst die Moni-Alm, die von Wanderern und Mountainbikern gerne besucht wird. Etwa 800 Meter weit folgen wir der, Gott sei Dank nur wenig befahrenen, Teerstraße. Unmittelbar vor dem nächsten Anstieg kann man die Hinweistafeln auf die Hafner-Alm ohnehin nicht übersehen, sodass es sich eigentlich erübrigt zu sagen, dass wir nun links auf

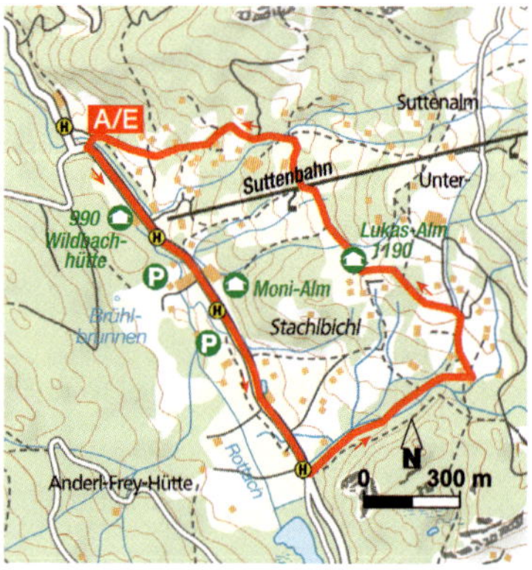

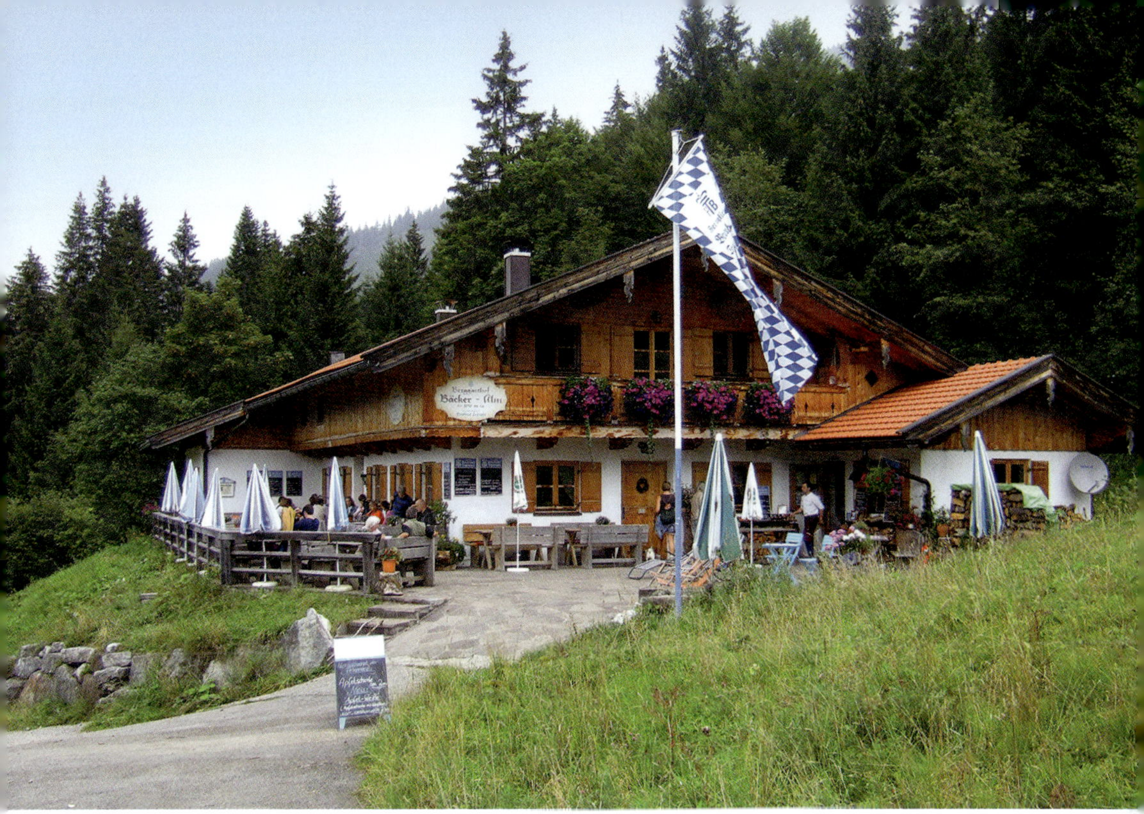

Einkehr auf der Lukas-Alm

die Schotterstraße abbiegen. Hinweisen sollte man hier lieber auf den Suttensee, den man über den rechts flach abzweigenden Schotterweg in knapp fünf Minuten erreicht. Besonders im Frühjahr ist er zum »Frösche-Besuchen« einen Abstecher wert. Folgt man der Schotterstraße etwa zehn Minuten leicht bergauf, hat man die Hafner-Alm auch schon erreicht. Früher waren hier drei Esel sowie Hängebauchschweine, Enten, Gänse, Hühner, Hasen, Eichhörnchen, Schafe und Katzen zu Hause. Da man hier leider nicht mehr einkehren kann, gehen wir oberhalb der Alm auf dem Schotterweg weiter und folgen den Wegweisern zur Lukas-Alm, die manchem noch unter ihrem alten Namen, Bäcker-Alm, geläufig ist. Zweimal halten wir uns links und bei der dann folgenden Wegkreuzung geht es geradeaus weiter direkt zur Alm. Nach einer eventuellen Eis- oder Schaukelpause zweigen wir unterhalb der Lukas-Alm auf den Schotterweg rechts ab. Schon bald unterqueren wir den Skilift und steigen dann diesem Hauptweg folgend ab. Der Bachlauf bietet noch ein paar Gelegenheiten für weitere Spielpausen, bevor wir wieder die erste Wegkreuzung der Tour erreichen und geradeaus zum Parkplatz zurückkehren.

Tipp

Der Mautstraße kann man auch bis zum Ende folgen und zur Erzherzog-Johann-Klause wandern.

63 Auf die Schliersbergalm

Der kleine Freizeitpark über dem Schliersee

Leicht | 1 km | 200 m | 0.45 Std.

Alter
Ab 4 Jahren, ab 8 Jahren können Kinder mit der Sommerrodelbahn alleine fahren

Tourencharakter
Einfacher Aufstieg auf breitem Wanderweg, rasante Abfahrt

Ausgangs-/Endpunkt
Parkplatz an der Talstation

Anfahrt
Auto: A 8 München–Salzburg bis Ausfahrt Weyarn und weiter bis nach Schliersee. In der Ortsmitte links zur Schliersbergbahn abbiegen. Bahn: München–Schliersee mit der BOB, dann 10 Min. zu Fuß bis zur Schliersbergbahn

Einkehr
Mehrere Möglichkeiten am Schliersee

Karte
Topografische Karte 1:50 000, Blatt Mangfallgebirge

Information
schliersee.de

Auf der Sommerrodelbahn von der Schliersbergalm nach Schliersee sind schon die heutigen Väter und Mütter ins Tal gesaust. So manch einer erinnert sich noch an seine eigene Kindheit, die hier erste Berührungen mit Hochgeschwindigkeit hatte.

Am Parkplatz steht man vor der Wahl, entweder zu Fuß oder mit der Gondel die exakt 200 Höhenmeter zwischen Talstation – zugleich das Ziel der Sommerrodelbahn – und der Bergstation mit dem kleinen Freizeitpark an der Schliersbergalm zu überwinden. Für die bequeme Variante bedarf es keiner weiteren Erläuterungen – man darf sich nur nicht über die fehlende Kasse an der Talstation wundern, denn das Drehkreuz passiert

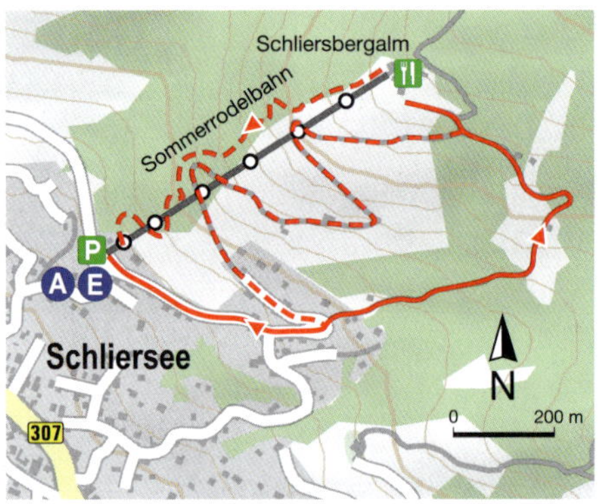

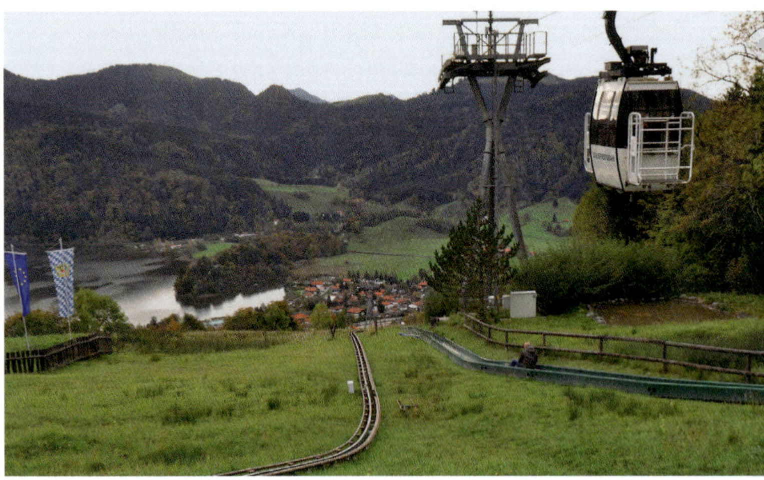

Hinauf geht es zu Fuß oder mit der Gondel …

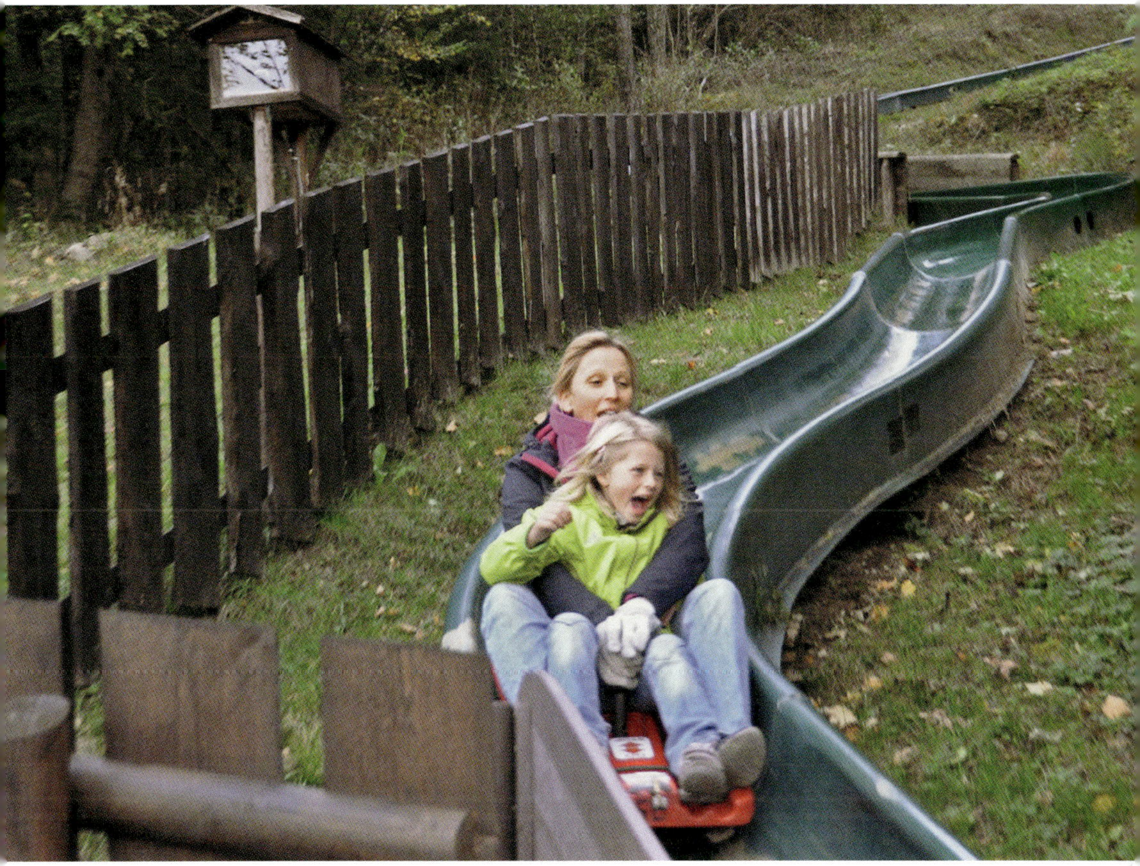

... hinunter zu Fuß oder schneller auf der Sommerrodelbahn.

man erst an der Bergstation. Wählt man, und das ist an schönen Sommertagen eine wirklich gute Idee, den Aufstieg zu Fuß, so verlässt man den Parkplatz wieder an der Einfahrt und geht auf der Anfahrtsstraße nach links weiter bergauf. Kurz darauf macht der Dekan-Maier-Weg eine Linkskurve. In dieser kann man nun dem Dekan-Maier-Weg folgen und sich somit für den breiten Wanderweg entscheiden, der in Serpentinen zur Schliersbergalm führt. An besonders heißen Tagen kann man alternativ die etwas schattigere Aufstiegsvariante wählen, indem man geradeaus weitergeht und so nach den nächsten Häusern den Wald erreicht. Beide Wege vereinen sich wieder auf dem Gelände der Schliersbergalm.

Tipp

Badesachen einpacken – an der Bergstation gibt es ein Schwimmbad.

Hier gibt es neben einem Minigolfplatz auch einen kleinen Alpenroller (der auf Schienen im Kreis fährt), einen Kinderspielplatz, Trampolins und sogar ein kleines Schwimmbecken.

64 Im Walderlebniszentrum Grünwald

Unterhaltsame Umweltbildung für Jung und Alt

Leicht | 2,8 km | 0 m | 2–4 Std.

Alter
Ab 4 Jahren

Tourencharakter
Erlebnispfad am Wildschweingehege auf Forst- und Waldwegen frei zugänglich; Ausstellungspavillon geöffnet Mo bis Fr 8–16.30 Uhr, Sa, So 11–16.30 Uhr, Wildschweinfütterung täglich 16 Uhr

Ausgangs-/Endpunkt
Parkplatz Walderlebniszentrum

Anfahrt
Auto: Von München über Grünwald in Richtung Straßlach. Beim Wegweiser kurz nach dem Ortsende Grünwald links zum Parkplatz des Walderlebniszentrums. Bahn/Bus: Mit der Tram 25 bis Grünwald, Derbolfinger Platz, weiter mit Bus 271 bis Haltestelle Grünwald-Friedhof und zu Fuß in zehn Minuten zum Parkplatz

Einkehr
Kiosk im Walderlebniszentrum mit Wildschweinprodukten u.v.m.

Information
aelf-ee.bayern.de/forstwirtschaft/wald/277256

Der Erlebnispfad des Walderlebniszentrums Grünwald bietet in Kombination mit dem Besuch des interessanten Ausstellungspavillons und der täglichen Wildschweinfütterung, der netten Einkehrmöglichkeit und vor allem den didaktisch hervorragenden Führungen, Bewegung, Spaß und Wissen für viele Stunden.

Da das Walderlebniszentrum Grünwald dem Bayerischen Forstministerium untersteht, sind alle Einrichtungen kostenlos und auch die sonntäglichen Führungen werden gratis angeboten. Zudem gibt es ein tolles Ferienprogramm (meist mit Anmeldung), für das nur geringe Gebühren erhoben werden.
Der Walderlebnispfad beginnt am Walderlebniszentrum und führt auf einer Länge von knapp drei Kilometern zu zehn Stationen, an denen Wissenswertes über den Wald und seine Bewohner vermittelt wird. Aktives Mitmachen gehört ebenso zum Pro-

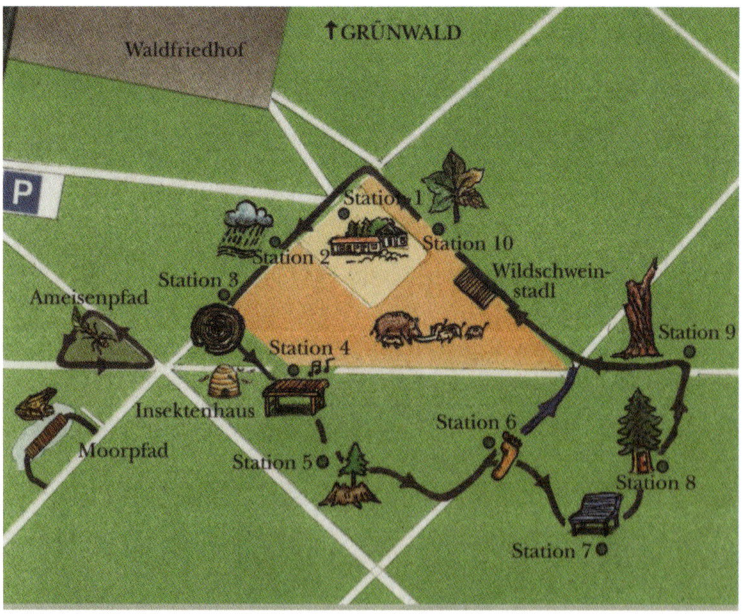

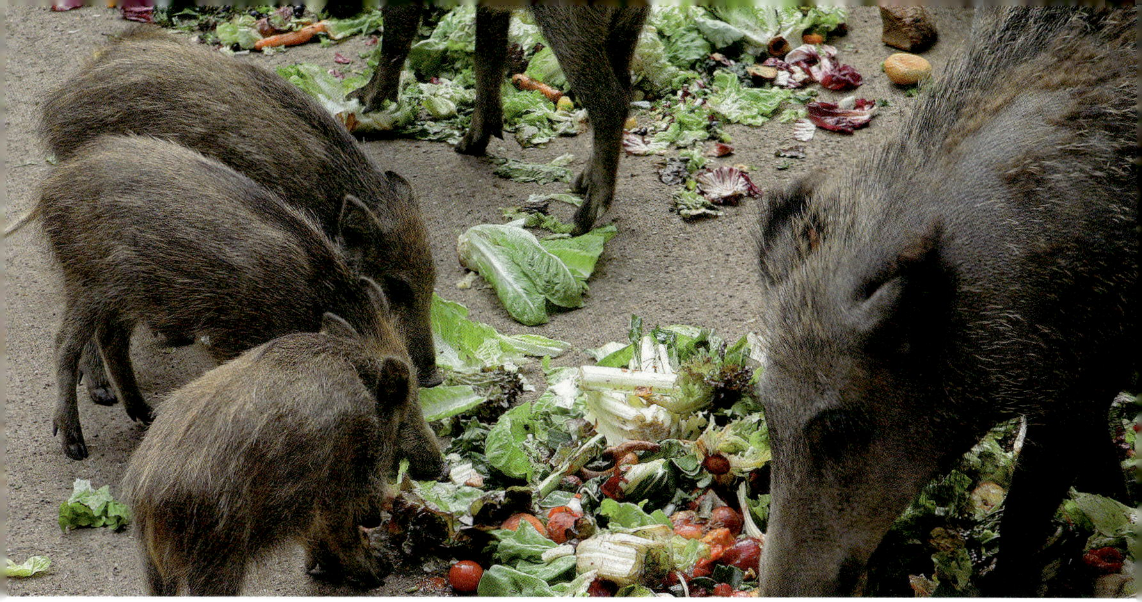

gramm wie das Durchführen kleiner Experimente. Am Beginn des Erlebnispfades sollten Sie sich unbedingt die kostenlosen Flyer mitnehmen, da sie zusätzlich zu den Tafeln der Stationen weiterführende Hintergrundinformationen liefern.

Wer mit Kindern unterwegs ist, darf natürlich die tägliche Wildschweinfütterung nicht verpassen.

Wir erreichen die ersten Stationen (Waldboden & Wasser sowie das Leben einer Eiche) auf einer breiten Forststraße. Ab der lehrreichen Klangstation marschieren wir auf einem schönen Fußweg weiter. Die sogenannte Sturmstation illustriert im Weiteren so manche überraschende Folge der Orkane Vivian und Wiebke; auf dem daran anschließenden Tastpfad steht die Tierfährtensuche im Vordergrund. Über drei weitere Stationen, welche die Nachhaltigkeit der Forstwirtschaft, die Bedeutung von Totholz und das Werden und Vergehen im Wald zum Thema haben, erreichen wir schließlich den Wildschweinstadl, wo täglich um 16 Uhr Fütterungen stattfinden.

Wer jetzt noch nicht genug hat, dem empfehlen sich nachfolgend zwei weitere kleine Naturlehrwege. Der Moorpfad präsentiert die faszinierende Insekten- und Amphibienwelt. Auf dem benachbarten Ameisenpfad dreht sich alles um die kleinen sechsbeinigen Krabbeltiere. Um zu diesen beiden Bonuspfaden zu gelangen, folgen wir ab Station 3 des Erlebnispfades der breiten Forststraße noch ein Stück weiter in Richtung Südwesten.

Kletterwald

Der Kletterwald München stellt ein weiteres kurzweiliges Ausflugsziel im Grünwalder Forst dar. Der sich gut in den Wald einfügende, allerdings nicht ganz billige Hochseilgarten ist für Kinder ab acht Jahren (in Kletterbegleitung eines Erwachsenen) geeignet. Anfahrt, Öffnungszeiten und Preise unter kletterwald-muenchen.de.

65 Bergtierpark Blindham

In der Natur toben und die Tierwelt hautnah erleben

Leicht | 2,5 km | 25 m | 0.40 Std.

Alter
Ab 2 Jahren

Tourencharakter
Gut geschotterter Weg; für Kinderwagen geeignet

Ausgangs-/Endpunkt
Parkplatz des Bergtierparks

Anfahrt
A 8 München–Salzburg, Ausfahrt Hofoldinger Forst. Links Richtung Aying, vor Aying rechts auf die St 2078 Richtung Rosenheim.

Öffnungszeiten
Sommer täglich 9–19 Uhr, Winter 10–18 Uhr, ganzjährig geöffnet

Eintrittspreise
Erwachsene 8,50 €, Kinder 7 €, keine Kartenzahlung

Einkehr
Park-Café im Bergtierpark mit Selbstbedienung

Karte
Topografische Karte 1:50 000, Blatt Mangfallgebirge (BLVA)

Information
aying.de

Vor einigen Jahren entstand südlich von München ein Erlebnispark für die ganze Familie, der mittlerweile an Wochenenden sehr gut besucht ist. Der Rundgang führt vorbei an Tiergehegen, Spielplätzen für alle Altersgruppen, durch Wiesen und Wälder.

Vom Parkplatz aus laufen wir einen mäßigen Anstieg nach oben zum Eingang. Direkt davor animiert ein riesiger Baumstamm zum Balancieren. Neben der Kasse finden wir das Park-Café, Toiletten sowie einen Wickelraum. Bereits zu Beginn des Parks lädt ein Spielplatz mit einem großen Sandkasten, Wipptieren, einem Drehkarussell und Rutschen insbesondere die Kleineren zum Toben und Spielen ein. Daneben befindet sich ein Streichelgehege mit Hühnern, Ziegen und Schafen, die mit dem an der Kasse erhältlichen Futter gefüttert werden dürfen. Auch am Kaninchenstall werden die Minis nicht so schnell vorbeigehen

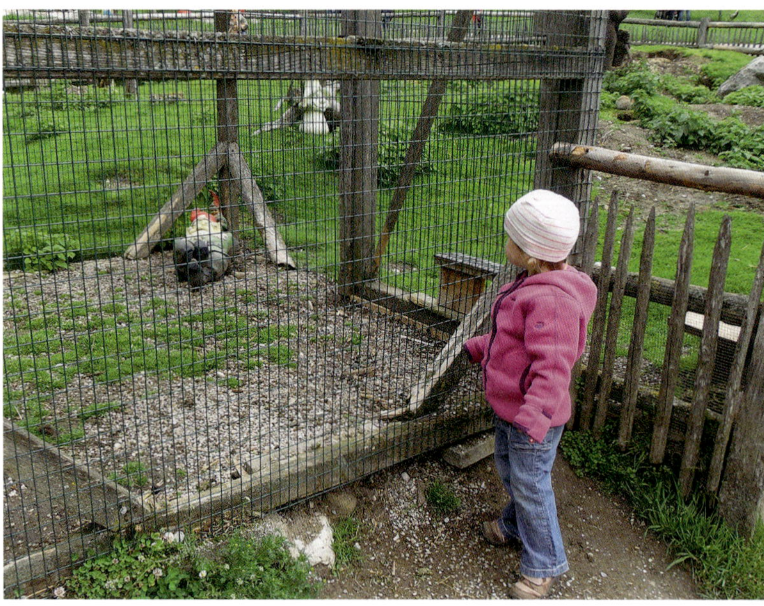

Kleine Bewunderin am Hasengehege

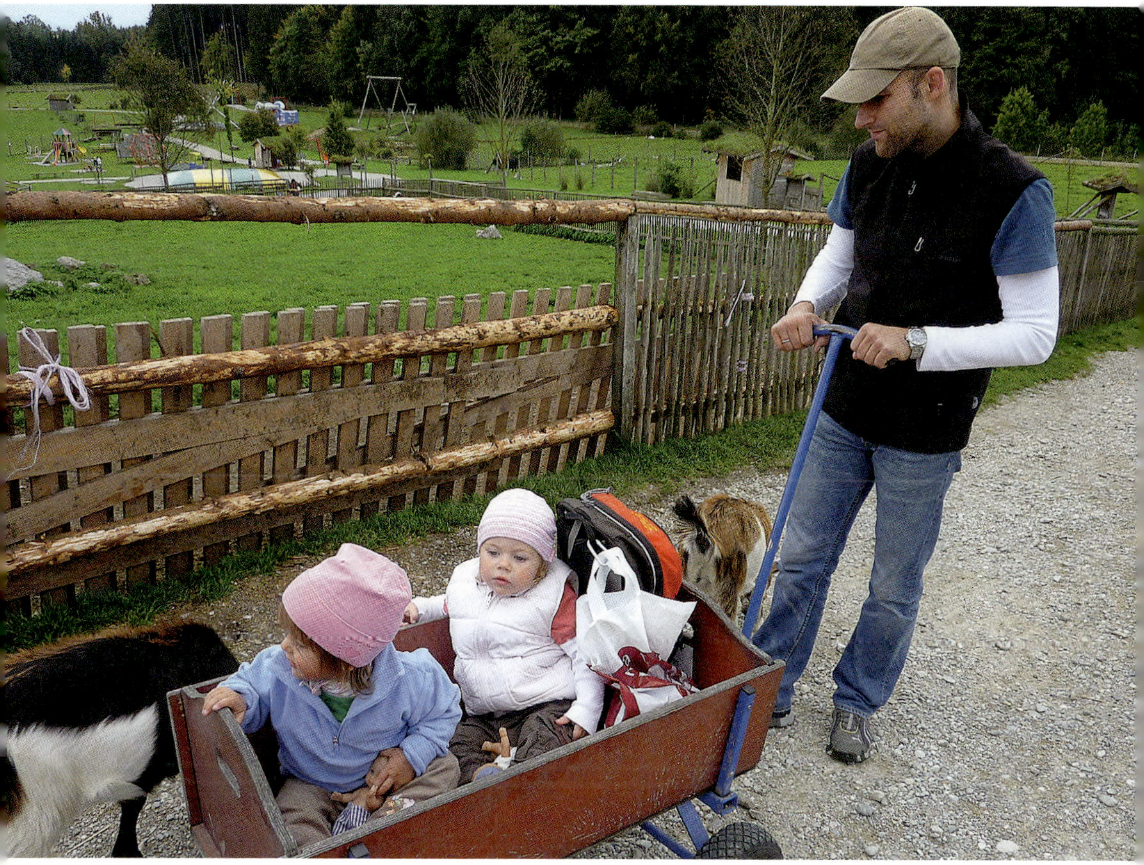

können. Etwas weiter unten steht man vor einer schwierigen Entscheidung: Erst den Rundgang gehen und danach eine Spieleinheit oder aber erst spielen, toben, entdecken und anschließend den Rundweg durch den Wald? Attraktionen auf dem unteren Spielplatz sind, insbesondere für etwas größere Kinder, das Bungee-Trampolin oder die zehn Meter hohe Riesenschaukel. Das Riesenhüpfkissen kann bereits von kleineren Minis erkundet werden. Weiterhin findet man im unteren Spielbereich einen Drehbagger, eine Vogelnestschaukel oder einen Rutschenturm. An vielen Stellen im Park gibt es zudem Ruhebänke oder Sitzgelegenheiten als ideale Möglichkeiten, um sich zu stärken. Der Rundgang führt zunächst durch ein begehbares Gehege mit Rot- und Damwild, in dem wir mit ein wenig Glück das Wild aus direkter Nähe begutachten kön-

Wer seine Kinder liebt, der zieht!

Bequem reisen

Gegen eine Gebühr von 3 € kann man an der Kasse einen Bollerwagen mieten.

Rechte Seite: Balancieren auf dem Baumstamm vor dem Eingang

nen. Zwei Lehrpfade informieren spielerisch über die heimische Vogelwelt und verschiedenste Baumarten. Dazu sind Schilder mit Lösungsklappen angebracht. Der Weg verläuft nun weiter durch den Wald bis zum Zuhause der Biberratten. Davor sollte man noch einen Abstecher zum Moor machen. Vorbei am Grillplatz erreichen wir ein Fasanen- und Taubengehege. Wenige Meter weiter haben die Wildschweine viel Spaß in ihrem Revier. Wir gehen weiter, vorbei an Pferden, Rindern und Eseln, und erreichen wieder den Spielplatz. Im Bergtierpark finden ab und zu Greifvogelshows statt und der Troll Wurliz tritt auf. Informationen dazu finden Sie unter bergtierpark.de. Wer dann noch Energie hat, kann den 2000 Quadratmeter großen Indoorspielplatz, den Spielstadl, besuchen und dort noch nach Herzenslust toben. Der Spielstadl ist im Preis inbegriffen. Tipp: Stoppersocken oder Hallenturnschuhe mitbringen. Im Winter sollte man auch nicht zu leicht bekleidet sein, da nur der Kleinstkinderbereich beheizt ist.

Lecker essen

Im Wald befindet sich ein Grillplatz. Grillrost ist vorhanden, alles andere muss mitgebracht werden.

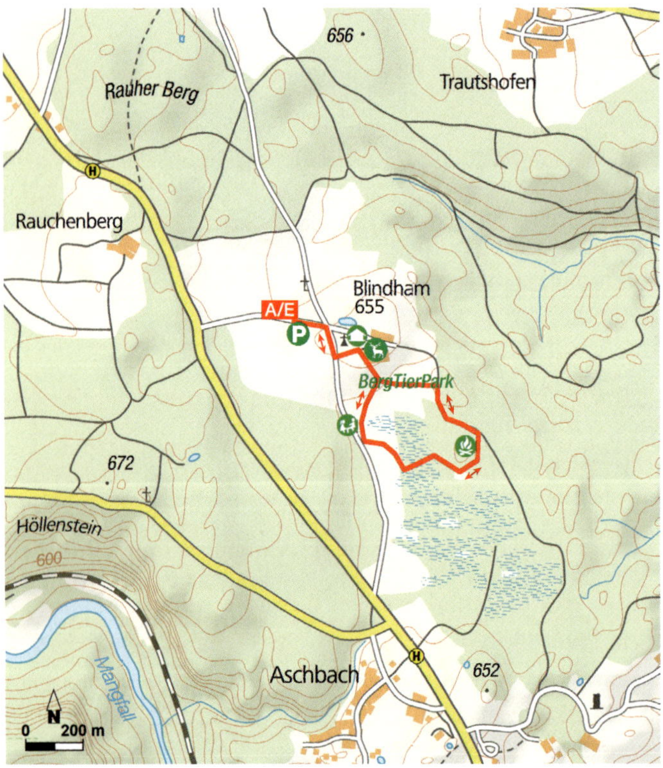

Rechts: Komm, kleine Schwester, ich helf' dir!

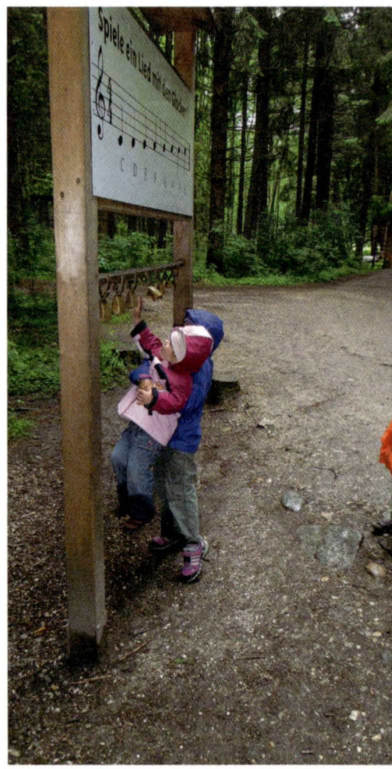

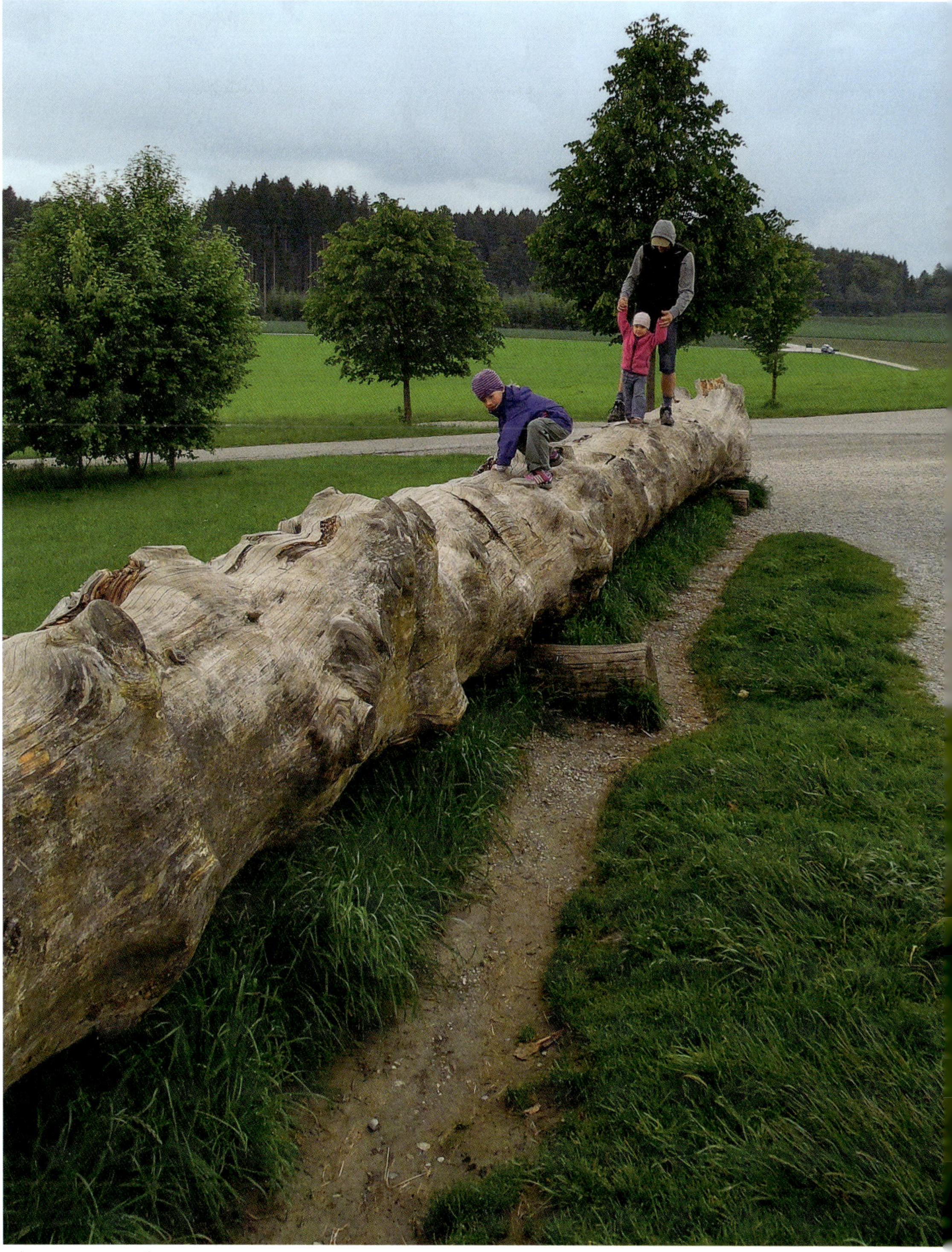

66 Über den Pfaffensteig zur Mangfalltal-Alm

Entdeckertour für kleine Lang-Läufer

Mittel	8 km	140 m	1.45 Std.

Alter
Ab 4 Jahren

Tourencharakter
Leichte Wander- bzw. Waldwege und Teerstraße sowie kurzer Steig

Ausgangs-/Endpunkt
Bahnhof Westerham

Anfahrt
A 8 München–Salzburg, Ausfahrt Weyarn. Über Fentbach nach Westerham. Nach den Bahngleisen links in die Bahnhofstraße. Hinter dem Bahnhof gibt es Parkmöglichkeiten.

Einkehr
Mangfalltal-Alm, Gruberstr. 7, 83629 Kleinhöhenkirchen, Do bis So 10–18 Uhr, Tel. 08063/2070400

Karte
Topografische Karte 1:50 000, Blatt Mangfallgebirge (BLVA)

Information
feldkirchen-westerham.de

Diese landschaftlich schöne Tour führt über und an der Mangfall entlang. Ziel ist die Mangfalltal-Alm in Kleinhöhenkirchen, die man über den Pfaffensteig erreicht. Früher sind hier die Priester von der Pfarrei Feldkirchen zur Filialkirche nach Kleinhöhenkirchen gegangen.

Die Tour startet am Bahnhof Westerham. Wir folgen der Bahnhofstraße Richtung Westen und erreichen nach 200 Metern den Bahnübergang, den wir überqueren. Anschließend gehen wir die Höhenkirchener Straße bis zu einer T-Kreuzung, überqueren diese und laufen den Trampelpfad bis zur Mangfall-Brücke entlang. Das Überlaufbecken der Mangfall lädt die Kleinen zum Steinewerfen, Türmebauen oder Kleine-Tümpel-Begutachten ein. Wir folgen nun dem Feldweg auf der südlichen Seite des Überlaufbeckens flussaufwärts. Nach knapp 500 Metern errei-

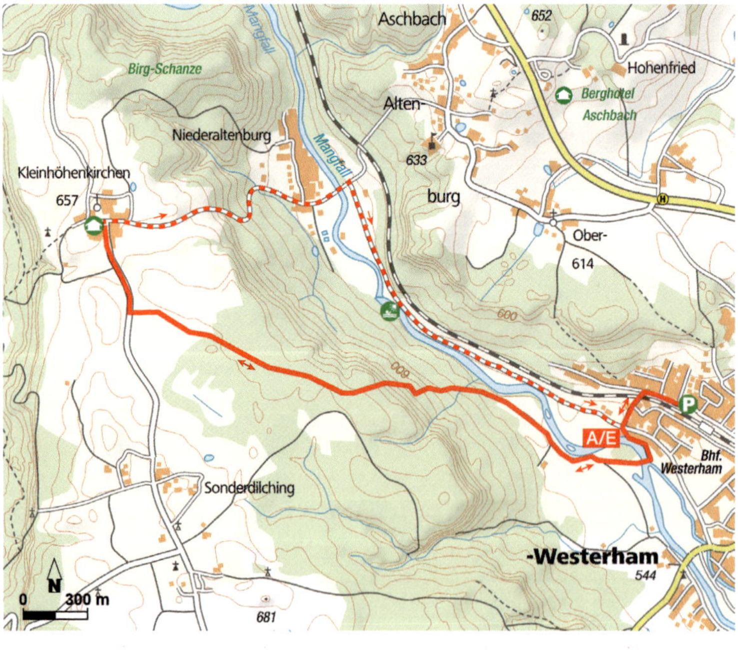

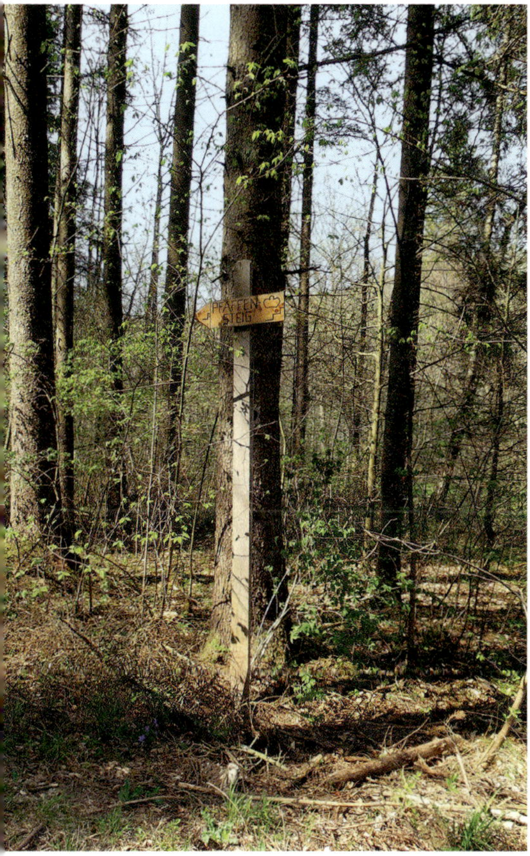

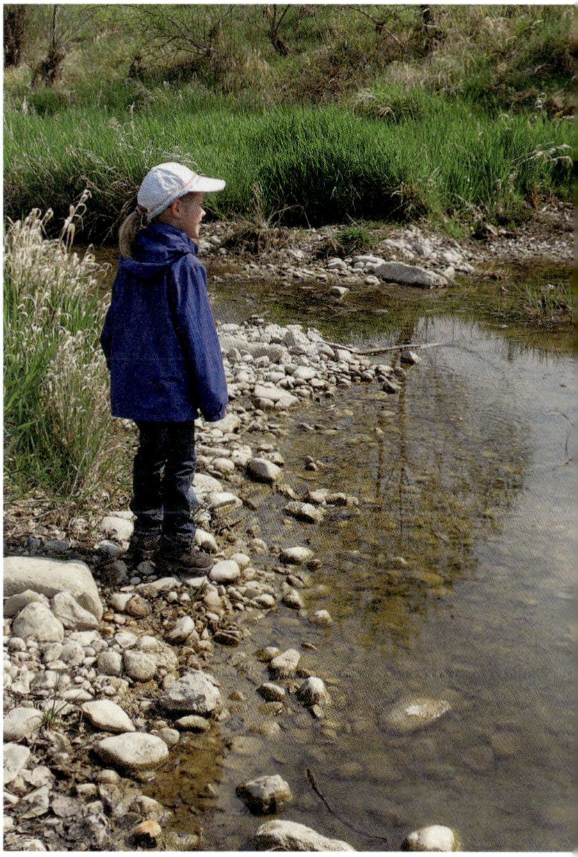

chen wir den Wald, in dem der Pfaffensteig zum ersten Mal ausgeschildert ist. Jetzt können sich die Kinder auf Schnitzeljagd begeben und entweder das Zeichen mit dem schwarzen Birett auf weißem Grund oder die neuere Auszeichnung mit der Nr. 9 suchen. Auf der Forststraße laufen wir bergan Richtung Mangfall-Hochufer bis zu einer Weggabelung. Wir folgen der Beschilderung, der Steig ist aber hier bereits zu sehen. Dies ist das steilste Stück des Weges, welches aber nicht allzu lang ist. Oben angekommen, trifft man auf eine Kreuzung, hier hält man sich rechts. Nach kurzer Zeit erreichen wir den Waldrand und können bereits die Kirchturmspitze unseres Zielortes sehen. Nun können auch die Minis selbst laufen.

Nach 300 Metern erreicht man die Straße nach Kleinhöhenkirchen, die wenig befahren ist. An der Kirche angekommen, ist bereits unser Ziel, die Mangfalltal-Alm in Sicht. Nach einer zünftigen Einkehr, etwa bei einem Stück hausgemachtem Kuchen in

Altwasser am Hochwasserüberlauf der Mangfall

Links: Auf geht's zum Pfaffensteig!

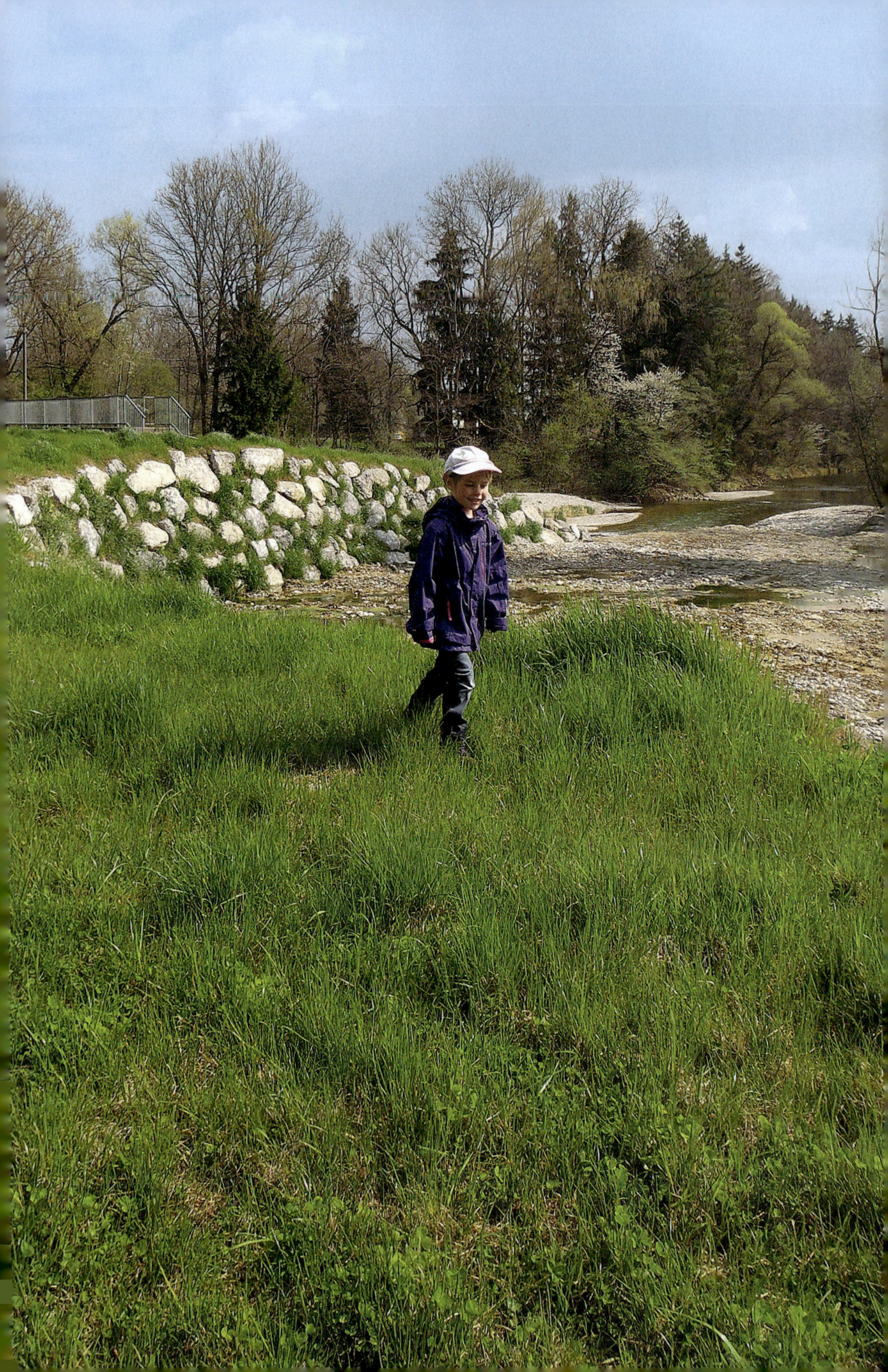

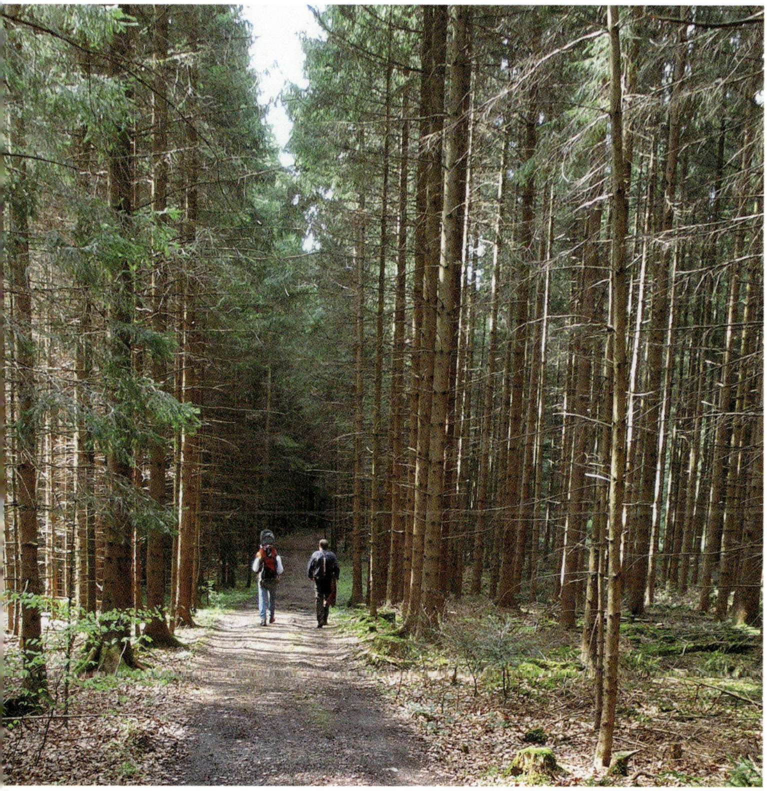

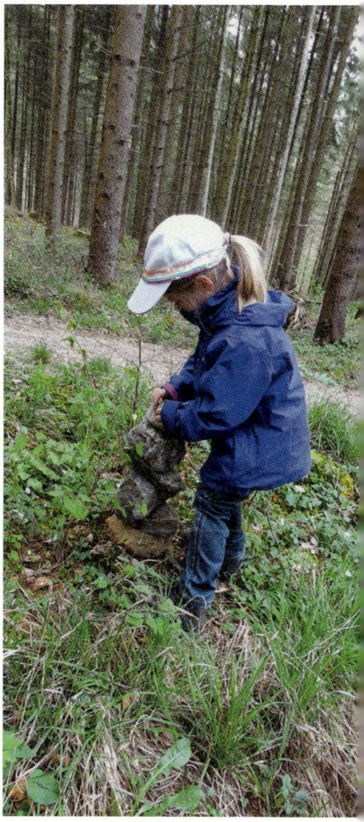

der liebevoll eingerichteten Stube, führt der Weg auf bekannter Strecke zurück.

Steinmanderl bauen am Weg

Links: Nach dem Anstieg geht es gemütlich voran.

Linke Seite: Durchs Bett der Mangfall

Alternative für einen Rundweg Statt auf dem gleichen Weg zurückzugehen, bietet sich die Möglichkeit, über Niederaltenburg zu laufen. Allerdings läuft man ins Mangfalltal hinab direkt an der Straße. In Niederaltenburg gehen wir vorbei an Entengehegen über die Brücke und folgen der Straße weiter an der Mangfall entlang Richtung Westerham. Nach einem leichten Anstieg im Wald sieht man links unten an der Mangfall Kiesbänke, die zum Rasten, Steinewerfen oder Baden einladen. Nun führt auch ein schmaler Trampelpfad direkt an der Mangfall entlang. Hier haben die Kleinen viel zu entdecken. Kurz vor Westerham führt der Trampelpfad wieder auf die Straße. Im Dorf angekommen, biegen wir an der ersten Straße links ab und sind nach wenigen Metern wieder am Ausgangspunkt.

Wasser marsch

Im Sommer unbedingt Handtuch und Wechselkleidung mitnehmen.

67 Gutshof Mareis und Stollwerck-Mausoleum

Für die ersten Meter zu Fuß und mit dem Laufrad

Leicht | 3 km | 50 m | 0.40 Std.

Alter
Ab 2 Jahren

Tourencharakter
Teerstraße, kurzes Stück Waldweg; für Kinderwagen und Laufrad geeignet

Ausgangs-/Endpunkt
Parkplatz Pfarrer-Huber-Ring

Anfahrt
A 8 München–Salzburg, Ausfahrt Weyarn. Über Fentbach, Westerham nach Feldkirchen. In Feldkirchen an der Ampel Richtung Glonn, am Kreisel die dritte Ausfahrt nehmen in den Pfarrer-Huber-Ring.

Einkehr
Berghotel Aschbach, Aschbach 3, 83620 Feldkirchen-Westerham, Tel. 08063/ 806 60

Karte
Topografische Karte 1:50 000, Blatt Mangfallgebirge (BLVA)

Information
feldkirchen-westerham.de

Eine Genuss- und Entdeckertour, die sich nach Belieben erweitern und im Charakter verändern lässt. Sie bietet schöne Rastmöglichkeiten und am Wegrand warten viele Tiere. Die Strecke ist je nach Länge auch für das Laufrad geeignet.

Vom Parkplatz aus starten wir auf dem Fahrradweg Richtung Glonn und biegen links in die Straße Zur Leiten ein. Auf der rechten Seite entdecken die Minis sogleich ein großes Gehege, in dem Damwild gehalten wird und auch Hühner herumspazieren. Links befindet sich der Trainingsplatz der Hundeschule. Unter der Woche kann man hier Hunden beim Trainieren zusehen. Vorbei an einem weiteren Gehege mit Damwild und Lamas, erreichen wir auf der rechten Seite ein Wäldchen. Bis hierher ist der Weg auch optimal für kleine Laufradfahrer. Wer das Stollwerck-

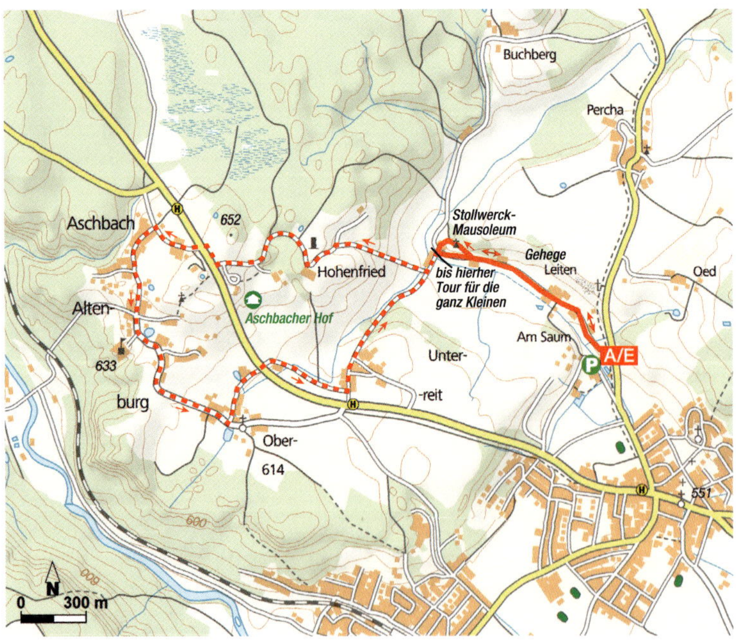

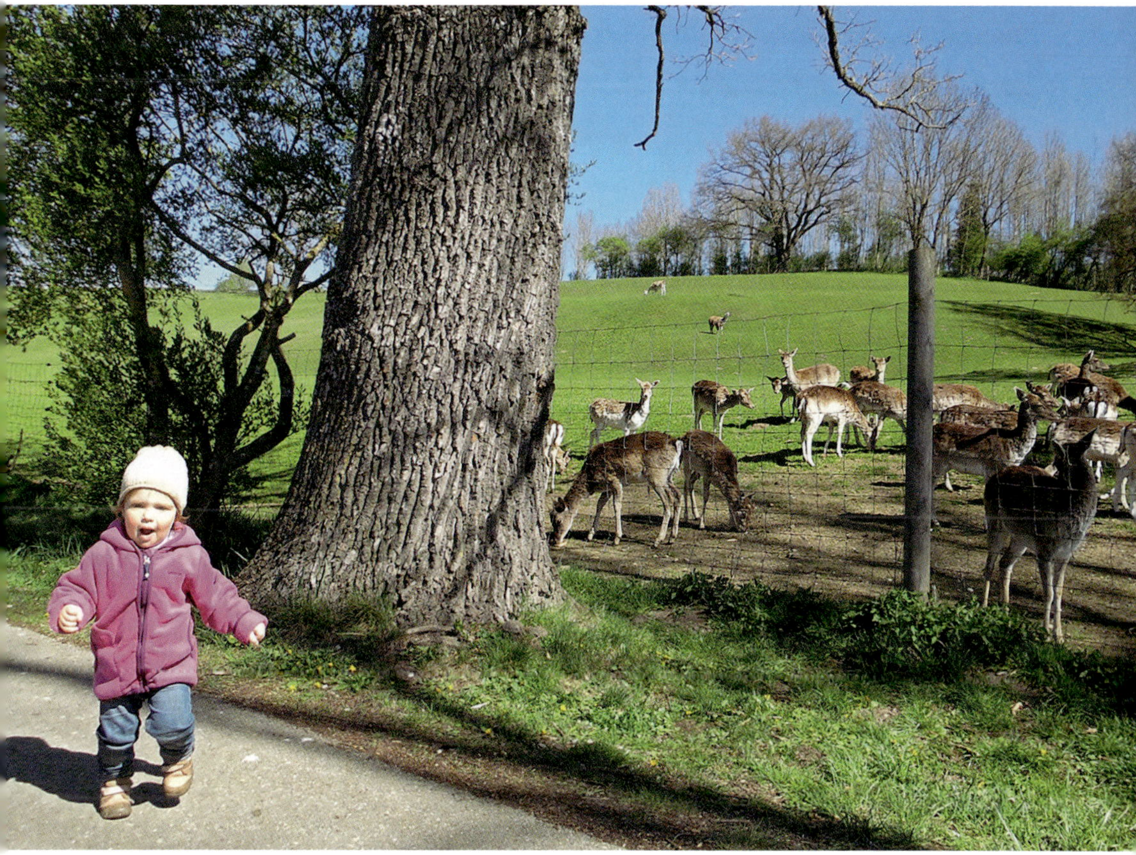

»Mama, Rehe!«

Mausoleum besuchen möchte, das auch als evangelische Kirche genutzt wird, folgt dem Waldweg, der leicht bergan führt. Auf diesem Weg kommt man auch am Grün des Mangfalltal-Golfplatzes vorbei. Nach einem raschen Anstieg ist man bereits am Mausoleum. Vom Vorplatz gehen zwei Wege weg, wir nehmen den linken, der etwas steiler wieder zur Straße führt. Dieser Weg lässt sich für Minis prima an der Hand bewältigen. Wer hier schon genug hat, geht auf demselben Weg wieder zurück zum Ausgangspunkt.

Alternative für eine weitere Strecke Wer weitergehen möchte, biegt zunächst links ab und geht nach der Scheune in die Straße, die rechts bergan führt. Hier wird es etwas steiler. In Sichtweite befindet sich eine Pferdekoppel, die die Kinder sicher wieder motiviert. Oben angekommen, halten wir uns links und entdecken rechts bald einen Wasserturm. Hier wird der Weg auch

Rechte Seite oben: Zutrauliches Damwild am Gutshof Mareis

Unten: Der Anstieg zum Mausoleum

wieder eben. Nach einem kurzen Stück durch den Wald sind wir beim Hotel Aschbacher Hof, das zur Rast einlädt und einen wunderschönen Blick auf die Alpenkette bietet. Auch hier kann man die Tour beenden und dieselbe Strecke zurücklaufen (Gehzeit 1 Std., Länge 5,4 km).

Alternative für einen Rundweg Dazu läuft man weiter zur Ausfahrt des Berghotels auf die Staatsstraße und quert diese an der Fußgängerinsel. Achtung, hier herrscht häufig starker Verkehr. Anschließend laufen wir nach Aschbach und am Pferdehof vorbei und biegen am Pflegeheim in die Straße nach Oberreit. Dieser folgen wir durch Altenburg bis nach Oberreit hinein. Im Ort ist noch vor der Kirche eine Abzweigung, bei welcher sich auch die Via Julia / Mangfall-Fahrradweg teilt. Wir halten uns links und unterqueren die Staatsstraße. Nach dem Tunnel biegt man rechts und nach etwa 100 Metern bei den Häusern wieder links ab. Dieser Straße folgt man bergab, bis man wieder auf den bekannten Weg zum Gutshof Mareis trifft (Gehzeit 1 Std. 45 Min., Länge 7,4 km).

Wildtierfütterung

Altes Brot für das Damwild mitnehmen.

Das Stollwerck-Mausoleum lädt zum Verstecken ein.

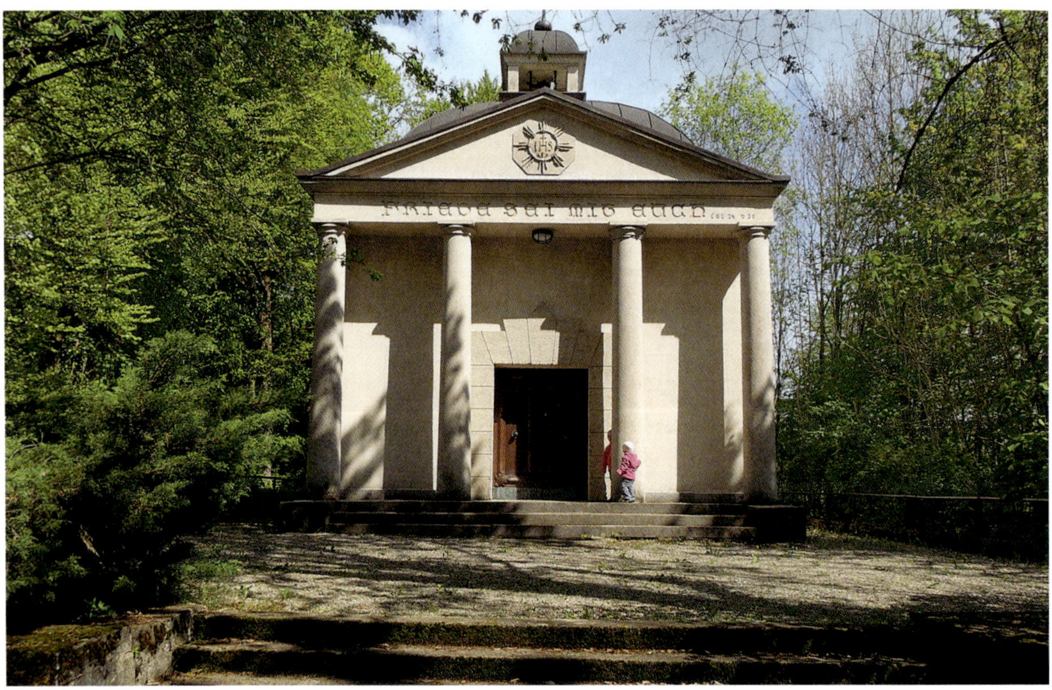

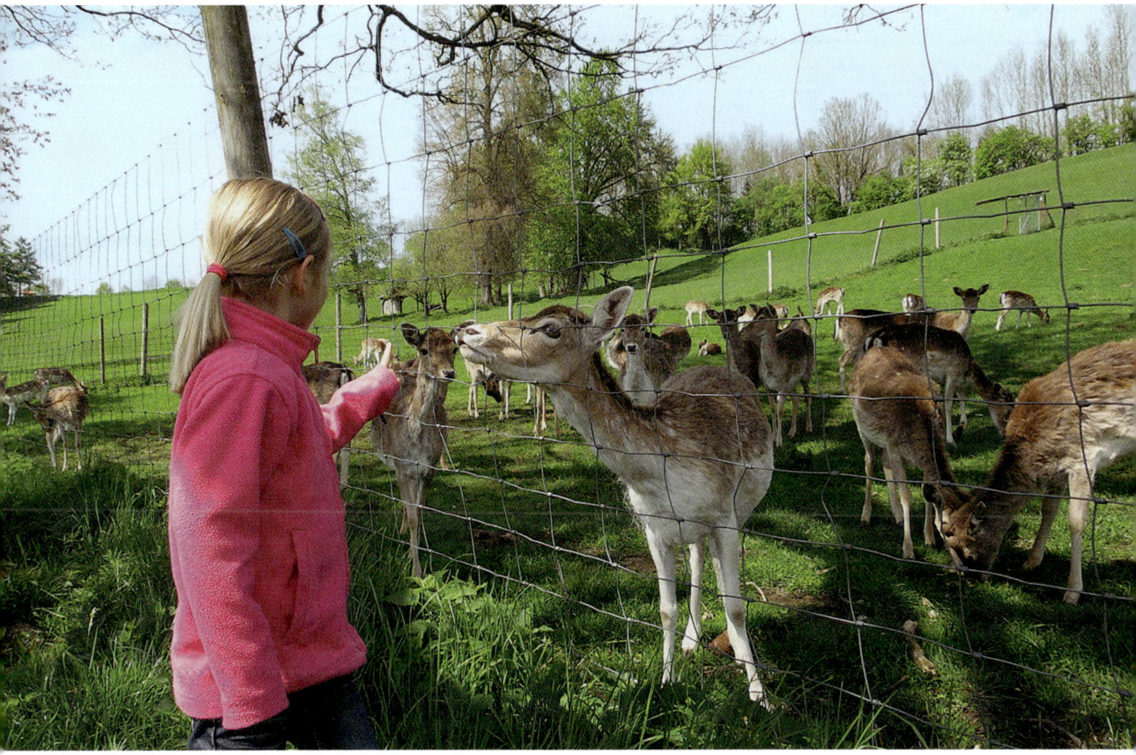

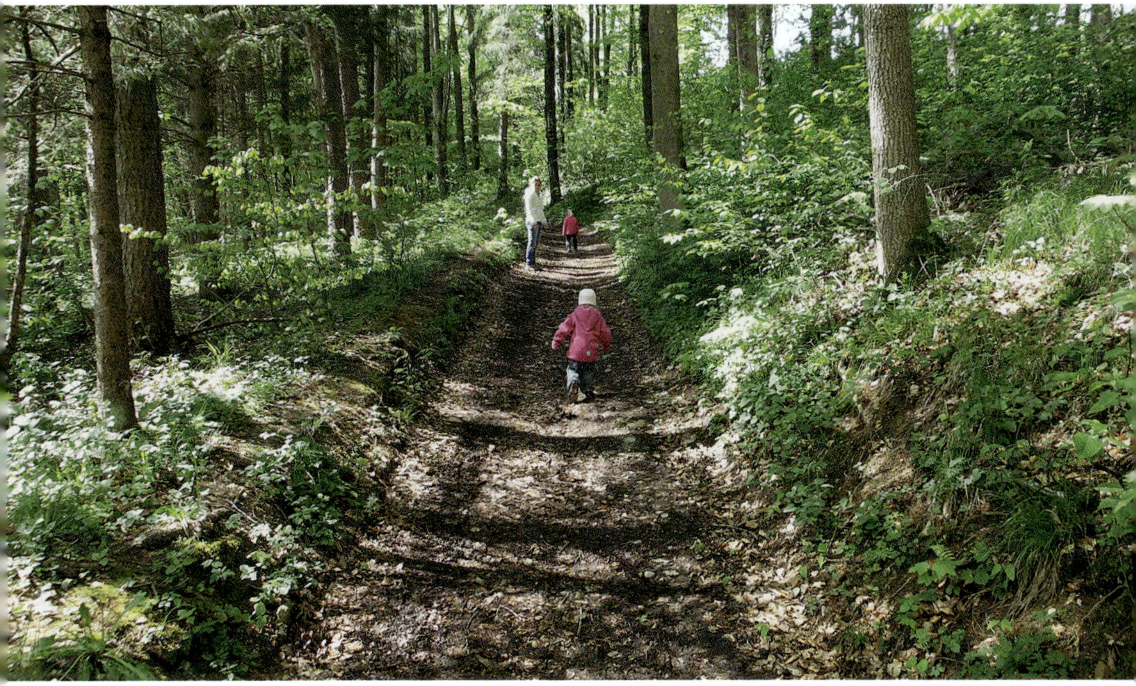

68 Schlipfgrubalm

Über Stock und über Stein

Mittel | 4,3 km | 210 m | 1 Std.

Alter
Ab 2 Jahren

Tourencharakter
Forststraße und Waldweg

Ausgangs-/Endpunkt
Wanderparkplatz oberhalb von Lechen bei Brannenburg

Anfahrt
A 93 Rosenheim–Kiefersfelden, Ausfahrt Reischenhart. Weiter Richtung Brannenburg. In Brannenburg auf die Bahnhofstraße im Ortsteil Gmain an der Kirche vorbei. In die Mühlenstraße weiter bis zur Abzweigung rechts in die Schrofenstraße, dieser bis zum Ende folgen.

Einkehr
Schlipfgrubalm, Sulzbergstr. 10, 83098 Brannenburg, Mi Ruhetag, Tel. 08034/29 83

Karte
Topografische Karte 1:50 000, Blatt Mangfallgebirge (BLVA)

Information
brannenburg.de

Am Fuße des Wendelsteins kann man eine schön gelegene Alm entdecken. Sie ist bequem über die Forststraße oder etwas abenteuerlicher über einen teils felsigen Waldweg zu erreichen.

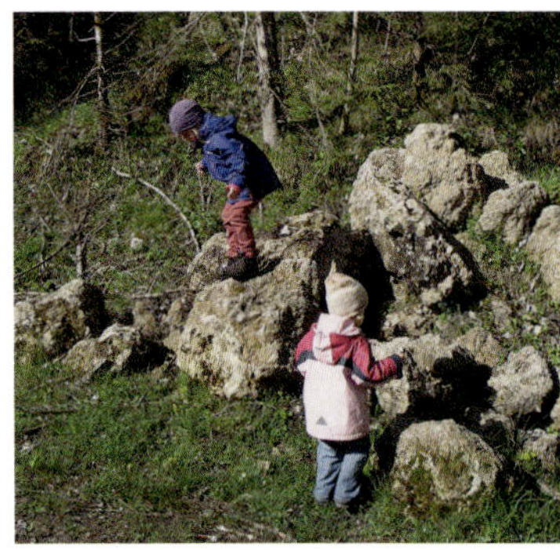

Bereits am Wanderparkplatz Lechen wartet eine Ziegen- und Pferdekoppel auf die kleinen Wanderer. Vom Gehege aus gehen wir bergan und folgen der Beschilderung links zur Schlipfgrubalm. Der Weg ist gut ausgebaut und die meiste Zeit sogar geteert, sodass auch steilere Steigun-

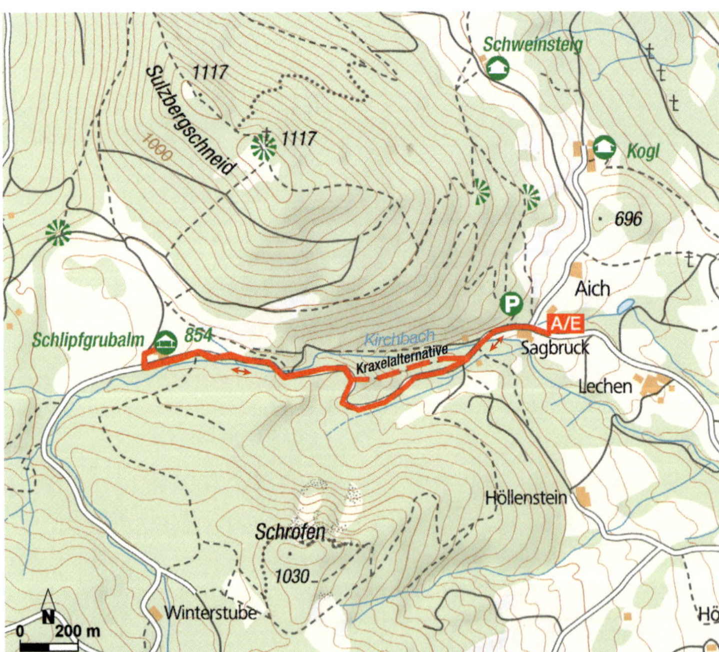

Oben: Kraxeln am Weg

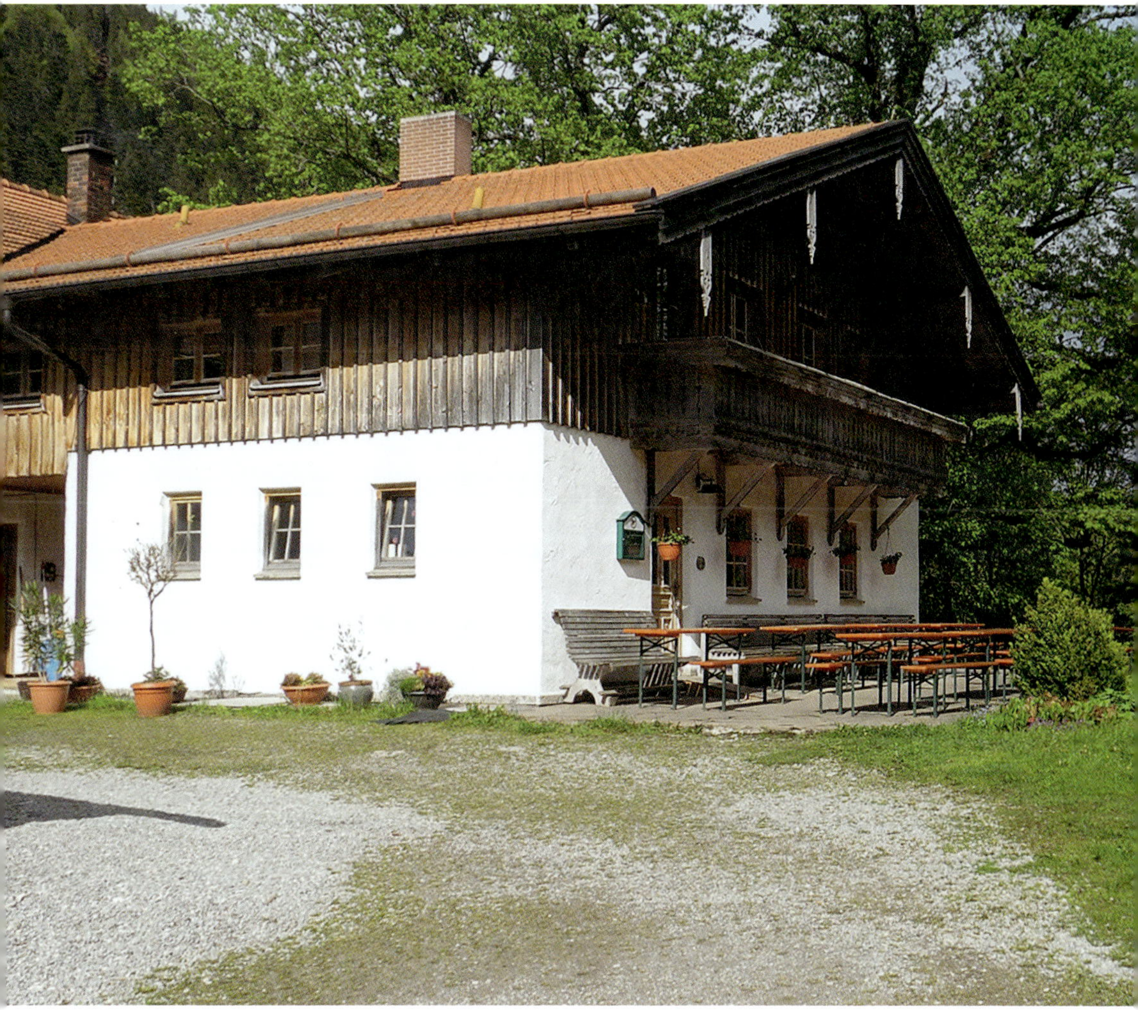

Endlich am Ziel: die Schlipfgrubalm

gen gut mit dem Kinderwagen bewältigt werden können. Leider ist er wegen der Steigungen nur eingeschränkt für Laufradfahrer geeignet. Dem Weg folgen wir vorbei an einer schönen Sinterterrasse, an der man auch gut planschen kann. Weiter geht es bergauf, bis nach 500 Metern eine Waldwegalternative auf der rechten Seite abgeht. Diese ist nicht kinderwagengeeignet und sehr felsig. Hier müssen die Kinder teilweise getragen werden. Auf dem Hauptweg erreicht man nach eineinhalb Kilometern die Abzweigung nach rechts zur Alm. Zurück läuft man auf demselben Weg wieder am Fluss entlang zum Parkplatz.

Für die Mama

Am Muttertag bekommen die Mamis einen Eierlikör aufs Haus.

69 Wagneralm

Ausflug zu einem wunderschönen Aussichtspunkt

Mittel | 3,2 km | 160 m | 1 Std.

Alter
Ab 2 Jahren

Tourencharakter
Forststraße oder Waldweg; für Sportkinderwagen geeignet

Ausgangs-/Endpunkt
Wanderparkplatz Bruchfeld

Anfahrt
Autobahn München–Salzburg (A 8), Ausfahrt Achenmühle, in Achenmühle Richtung Grainbach, dort Richtung Duftbräu. Kurz vor Duftbräu links ab zum Wanderparkplatz Bruchfeld (Tagesticket 2 €, Automat nimmt nur Münzen)

Einkehr
Wagneralm, Ried im Winkl, 83122 Samerberg, Mo, Di und Mi Ruhetag, wagneralm.de

Karte
Topografische Karte 1:50 000, Nr. 95 Grenzenlos zwischen Chiemsee und Kaisergebirge (Fritsch)

Information
samerberg.de

Die schattige Bergtour bietet herrliche Ausblicke auf verschiedene Gipfel der Chiemgauer Alpen. Der Wagneralm gegenüber liegen auf etwa gleicher Höhe die Heuberg-Almen. Bei klarem Wetter ist sogar der Münchener Fernsehturm in der Ferne zu erkennen.

Schon die Anfahrt zum Wanderparkplatz Bruchfeld ist ein kleines Abenteuer, da der Parkplatz sehr versteckt im Wald liegt und nur über unbefestigte Straßen erreichbar ist. Am Wanderparkplatz angekommen, sehen wir bereits am südlichen Ende eine breite Forststraße abzweigen. Hier können wir entweder einen etwas steileren Waldweg/-steig wählen (an der Forststraße links in den Wald hinein) oder die längere (aber kinderwagentaugliche) Alternative über die Forststraße nehmen. Die Wagneralm ist auf beiden Wegen ausgeschildert.

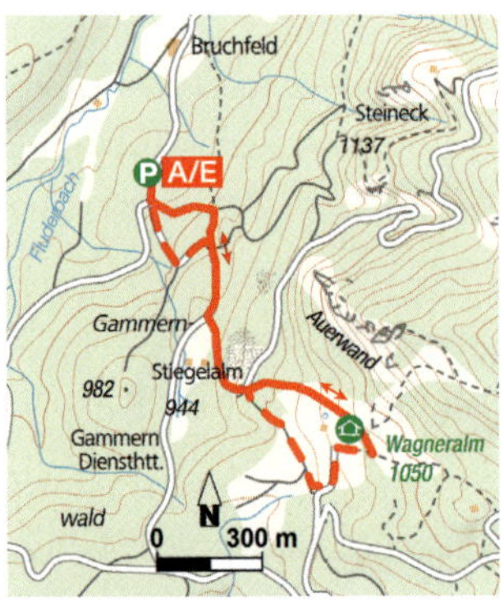

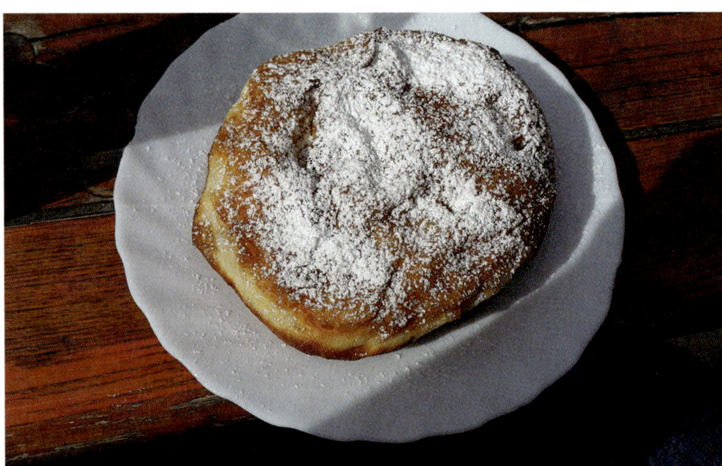

Frische Schmalznudel

Wir wählen den Waldweg, halten uns immer rechts und treffen nach kurzer Zeit wieder auf die Forststraße. Hier gehen wir weiter bergan bis zu einer Kreuzung. Wir folgen der Beschilderung zur Wagneralm links die Straße bergan. Nach einem kurzen Stück teilt sich der Weg. Rechts führt die Forststraße kinderwagentauglich zur Wagneralm, wir aber marschieren geradeaus über einen Wiesensteig direkt zu den Almwiesen, wo uns schon bald die Alm begrüßt. Auch wer auf der Forststraße bleibt, kann nach kurzer Zeit die Alm auf der linken Seite erblicken.

An der Alm angekommen, genießen wir die wohlverdiente Brotzeit, die guten »Schmalznudeln« und den weiten Blick bis München. Auf der rechten Seite sehen wir das Daffnerwaldalm-Gebiet und den Heuberg. Nach ausgiebiger Rast kehren wir zurück zum Parkplatz über den gleichen Weg.

Tolle Ausblicke

Der Almwirt hat ein Fernglas, das er auf freundliche Nachfrage gern ausleiht.

Links: Ausruhen auf den Wagneralm-Wiesen

Ich glaub, ich bin richtig!

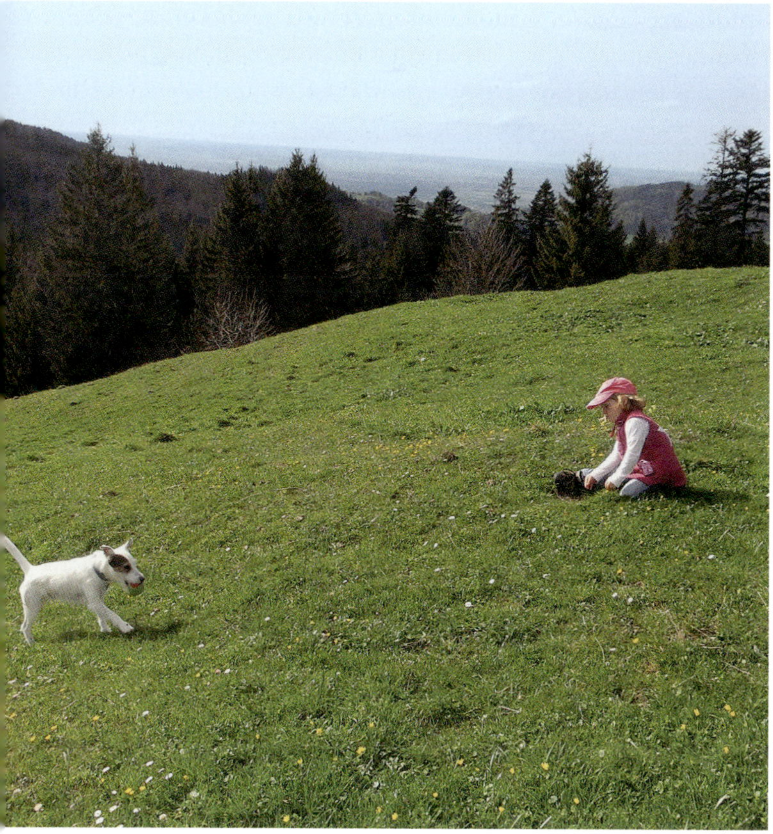

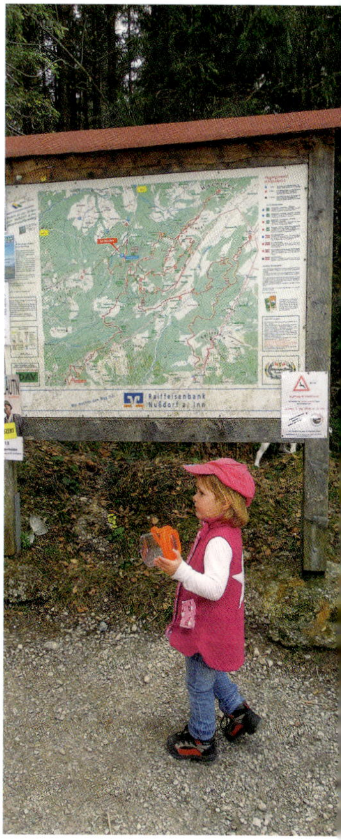

70 Zur Moser-Boden-Alm

Die ganz Kleinen mit der Bahn, die Größeren zu Fuß

Leicht | 6 km | 225 m | 3.35 Std.

Alter
Ab 4 Jahren

Tourencharakter
Breite Teer- und Forststraße

Ausgangs-/Endpunkt
Parkplatz an der Talstation der Hochriesbahn

Anfahrt
Über die A 8 München–Salzburg bis Ausfahrt Achenmühle; im Ort Achenmühle nach rechts Richtung Törwang abbiegen, dann stets den Schildern der Hochriesbahn bis Grainbach folgen

Einkehr
Moser-Boden-Alm, nur am Wochenende und in den Sommerferien bewirtschaftet; Käseralm, Anfang Mai bis Anfang November bewirtschaftet, im Winter nur Freitag bis Sonntag, Montag Ruhetag

Karte
Topografische Karte 1:50 000, Blatt Chiemsee

Information
samerberg.de

Bei dieser Tour kann sich die Familie auch mal teilen. Die Kleinstkinder-Fraktion fährt mit der Bahn bis zur Mittelstation und hat dann nur den zehnminütigen, flachen Weg zu meistern. Die Wanderfreudigen gehen auf dem aussichtsreichen, leichten Weg in etwa 45 Minuten über die etwa 200 Höhenmeter zur Alm.

Streiken die Kinder oder sogar die Eltern bei dem Gedanken, die leichten 200 Höhenmeter vom Parkplatz bis zur Moser-Boden-Alm zu Fuß überwinden zu müssen, setzt man sich einfach in den alten, gemütlichen Einersessellift, nimmt sein Kind auf den Schoß und lässt die Landschaft unter sich dahinziehen. Bei der Hochries-Mittelstation, der Endstation des Sesselliftes, geht man über die Terrasse des Liftstüberls und unter den Seilen der Gondelbahn über die Treppen zur Teerstraße. Wendet man sich nach rechts, sind es nur noch zehn Minuten auf flacher Strecke durch den Wald bis zur idyllisch am Rande der Hochfläche des Moserbodens gelegenen Moser-Boden-Alm. Will man sich die fünf Euro für eine Berg- und Talfahrt sparen und stattdessen lieber in den leckeren Kuchen auf der Alm investieren, geht man auf die geteerte, aber für den Verkehr gesperrte Bergstraße, die noch vor dem Parkplatz neben dem Sessellift sanft in Richtung Hochries startet. Man folgt dieser Straße stets bergauf und unterquert zweimal den Sessellift, bis man an einer Abzweigung vor sich schon die Käseralm sieht. Hier geht man nach rechts, unter der Gondelbahn hindurch und folgt dem Weg durch den Wald zur Moser-Boden-Alm. Auch wenn der Nachwuchs die Idylle nicht zu würdigen weiß, so werden schließlich auch die Kleinen nur

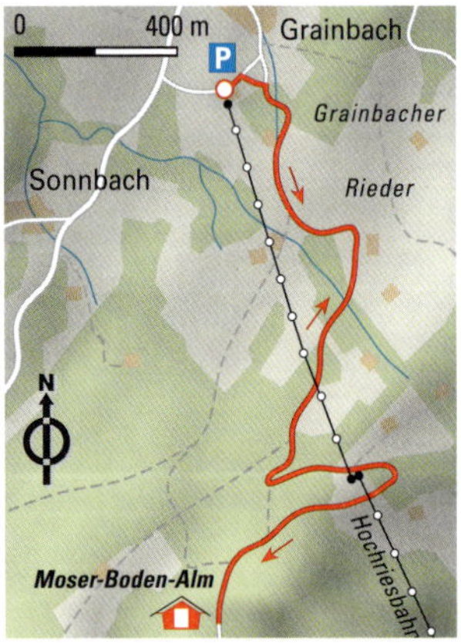

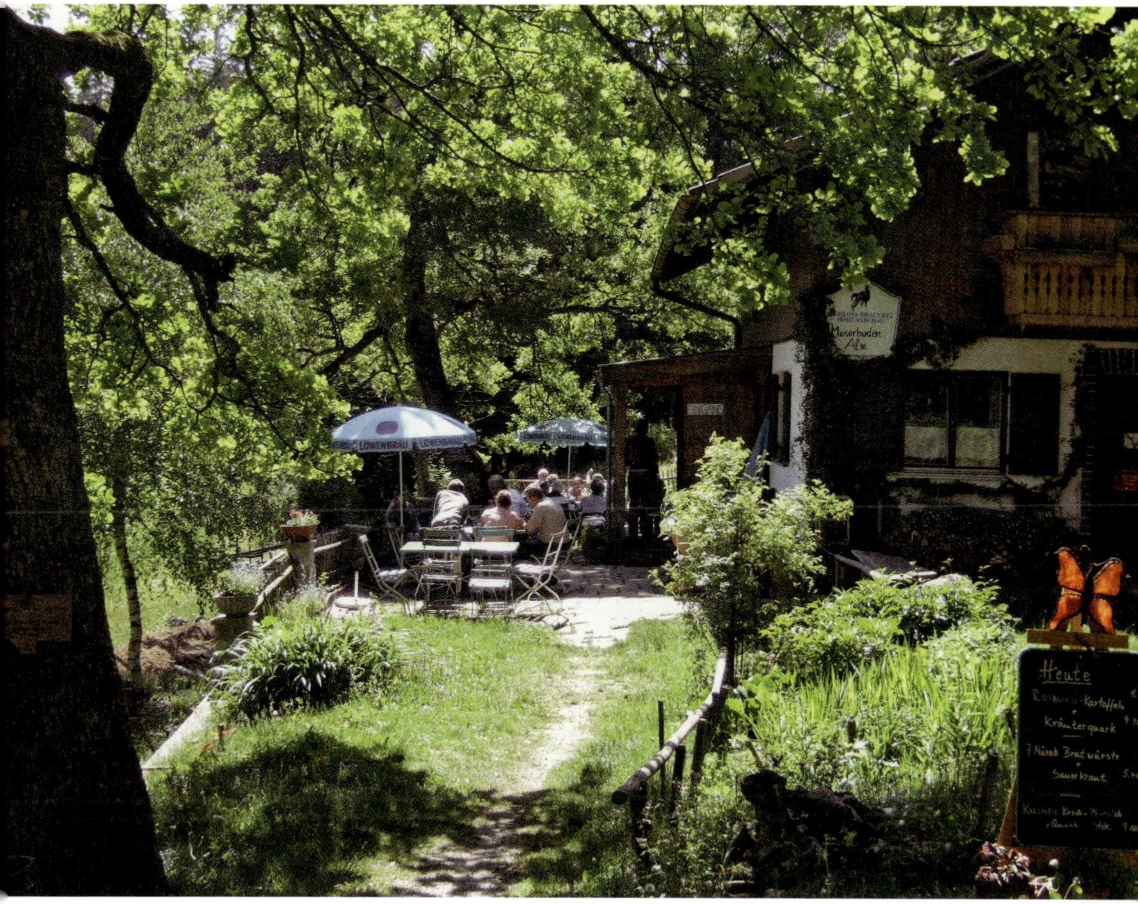

Idylle pur bei der Moser-Boden-Alm

schwer von diesem Fleckchen wegzubewegen sein. Denn gleich beim Zugang zur Alm passiert man das Indianer-Tipi und den Sandkasten und hat die Kleinsten auf diese Weise schon unterwegs verloren. Die etwas Größeren klettern über den Zaun und gehen zu dem Bachlauf im Moserboden, wo an einer eingefassten Stelle Lurche und allerlei anderes Getier zu beobachten sind.

Zurück geht es auf demselben Weg zur Mittelstation, entweder, um mit dem Sessellift wieder zurück zum Auto zu fahren, oder, um von hier aus zu Fuß abzusteigen. Für die Wandervariante passiert man die Mittelstation und geht geradeaus weiter, bis man auf die Straße trifft, die rechts zur Käseralm (auch eine Einkehr wert) und links ins Tal führt. Dieser Straße folgend (im Winter rodelnd), erreicht man wieder den Ausgangspunkt.

Tipp

Ab der Mittelstation der Hochriesbahn kann man zum Gipfel auffahren und die tolle Aussicht genießen.

71 Wildpark Wildbichl

Ein tolles Familienerlebnis zu jeder Jahreszeit

Mittel	1,3 km	40 m	0.50 Std.

Alter
Ab 2 Jahren

Tourencharakter
Waldweg; für Kinderwagen geeignet

Ausgangs-/Endpunkt
Parkplatz am Wildpark

Anfahrt
Autobahn München–Salzburg (A 8), Ausfahrt Frasdorf, über Aschau, Sachrang oder Inntal-Autobahn Rosenheim–Kiefersfelden (A 93), Ausfahrt Oberaudorf/Niederndorf

Eintrittspreise
Erwachsene 8,80 €, Kinder 4,70 €

Einkehr
Gasthof Wildbichl, Gränzing 30, A-6342 Niederndorf, wildbichl.com

Karte
Topografische Karte 1:50 000, Nr. 95 Grenzenlos zwischen Chiemsee und Kaisergebirge (Fritsch)

Information
samerberg.de

Der Wildpark Wildbichl liegt idyllisch auf dem Niederndorferberg zwischen dem Tiroler Kaisergebirge und dem bayerischen Chiemsee. In dem etwa 80 000 Quadratmeter großen Gehege begegnet man vielen heimischen Tieren und lernt eine Menge über die heimische Flora.

Nach einer kurvenreichen Anfahrt erreichen wir den Wildpark Wildbichl, der das ganze Jahr über geöffnet hat (im Winter Dienstag Ruhetag). An der Kasse beginnt der sehr gut ausgebaute Rundweg durch das Freigehege. Wir halten uns zunächst links und kommen bald an einem Kaninchengehege vorbei. Rechter Hand sehen wir eine Beobachtungsplattform, von der aus wir Hirsche aus direkter Nähe

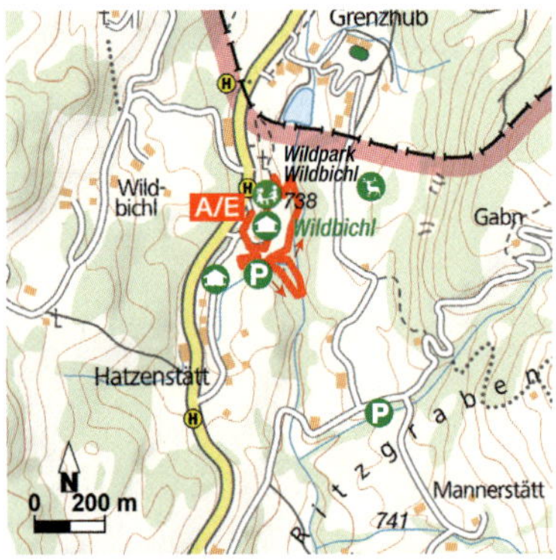

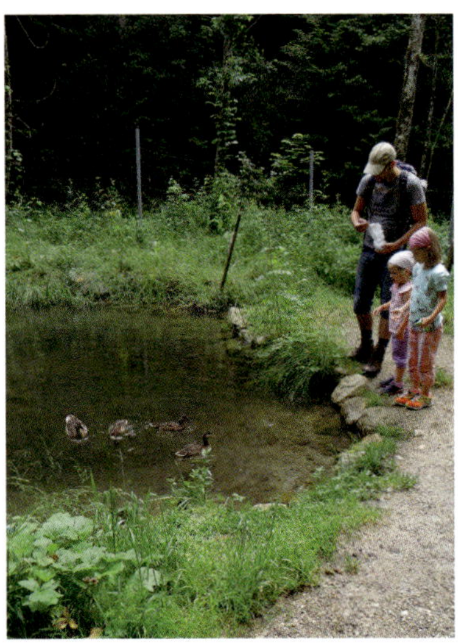

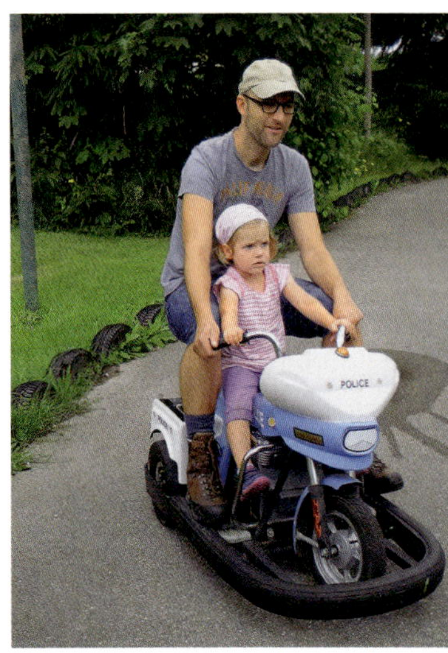

Links: »Papa, ich will Enten füttern!«

Rechts: Wer hat hier mehr Spaß?

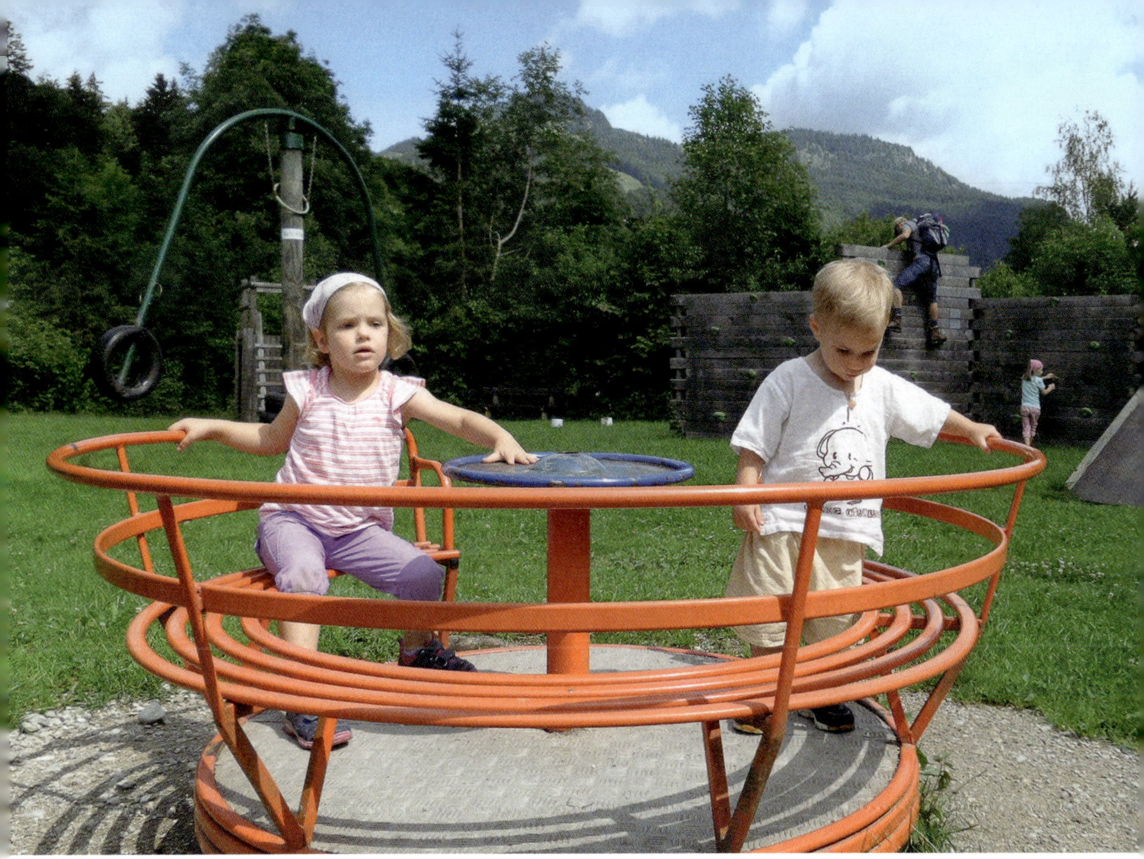

Der Spielplatz: Action für Klein und auch für Groß

sehen und auch füttern können. Vorbei an den Schnee-Eulen führt der Weg nun leicht bergab zum Ziegengehege. Unterwegs entdecken wir ein Rehgehege und einen kleinen Teich mit Enten, die auch gern gefüttert werden. Der gesamte Rundweg ist mit Informationstafeln zur heimischen Baum- und Strauchwelt gesäumt. Unterwegs laden immer wieder Bänke und Tische zu einer gemütlichen Rast ein.

Auch Sumpfbiber und Lamas können wir während unseres Spaziergangs beobachten. Ein kleines Highlight sind die Wildschweine, denen die Minis aus allernächster Nähe beim Suhlen im Dreck zusehen können. Und mit sehr viel Glück entdeckt man sogar einen Luchs.

Zum Abschluss des Rundweges bietet sich den Kids ein absolutes Paradies: Der große Spielplatz hat eine Kletterwand, eine Seilbahn-Schaukel, eine Reifenwippe, ein Drehkarussell, ein kleines Spielhäuschen und außerdem viel Platz zum Toben. Wer will, probiert auch das Karussell aus oder die Kinderautobahn. Nicht nur für Jungs eine Attraktion: der Spielbagger.

Halten Sie Münzen parat

Für die Attraktionen auf dem Kinderspielplatz sollten Sie etwas Kleingeld dabeihaben.

72 Frasdorfer Hütte

Hüttenklassiker in den Chiemgauer Bergen

Mittel	8 km	290 m	1.45 Std.

Alter
Ab 3 Jahren

Tourencharakter
Wanderweg; für Sportkinderwagen geeignet

Ausgangs-/Endpunkt
Wanderparkplatz Lederstube

Anfahrt
Autobahn München–Salzburg (A 8), Ausfahrt Frasdorf, in Frasdorf kurz vor Kirche links in Sagbergstraße. Nach 700 Metern an Abzweigung rechts bis Ende der Straße. Kleiner kostenloser Parkplatz der Hütte oder größerer kostenpflichtiger Parkplatz (Tagesticket 2 €)

Einkehr
Frasdorfer Hütte, Tel. 08052/51 40, Mo und Di Ruhetag, frasdorfer-huette.de, wegen Umbauarbeiten aktuell noch geschlossen, geplant ist die Öffnung für 2022. Als Alternative bietet sich die nahe Hofalm an

Karte
Topografische Karte 1:50 000, Nr. 95 Grenzenlos zwischen Chiemsee und Kaisergebirge (Fritsch)

Information
frasdorf.de

Die »Frasi«, wie sie von vielen Einheimischen genannt wird, ist ein perfektes Wanderziel für Familien im Hochries-Gebiet. Eine eigene Kinder-Speisekarte, ein Spielplatz und viele Tiere lassen diese Tour zu einem Erlebnis für die Kleinen werden.

Vom Wanderparkplatz »Frasdorfer Hütte« aus folgen wir der sehr gut ausgebauten Forststraße Richtung Frasdorfer Hütte. Bereits bei den Hinweisschildern wird man so manchen Mini eher abseits des Weges finden. Denn hier sind einige »Kraxelwege« zur Ebnater Ache hinunter möglich. Nach einigen Metern überqueren wir eine Brücke über die Ebnater Ache. Im Sommer sollten Sie hier unbedingt Zeit für eine kurze Spiel- und Entde-

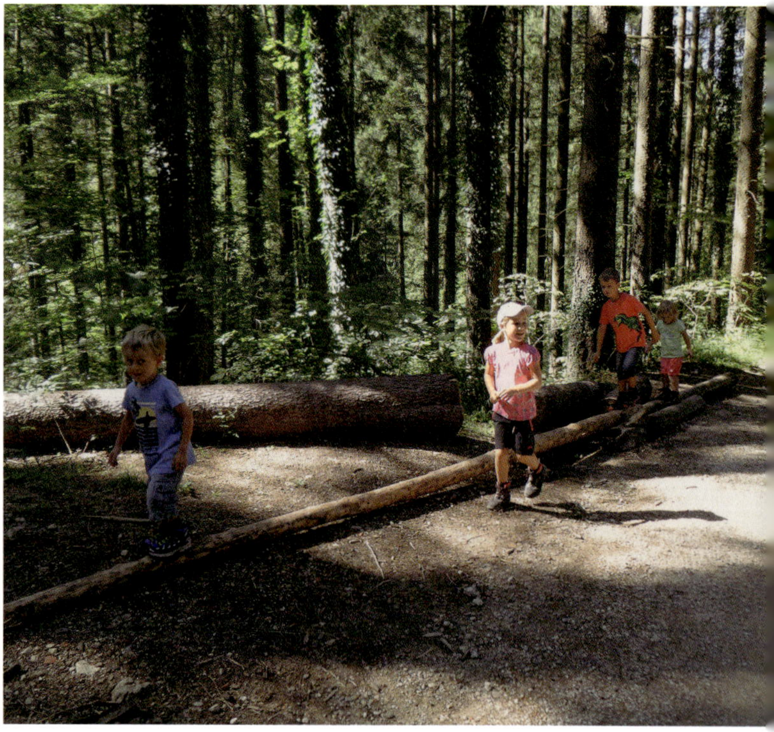

Abwechslung am Wegesrand

ckungspause einplanen, das Spielen am Ufer macht allen Spaß. Der Weiterweg führt stetig bergauf am Bach entlang, doch gibt es immer wieder ebene Teilstücke zum Verschnaufen. Gelegentlich können die Minis kleine »Dschungelpfade« direkt neben dem Weg erforschen.

Bei der Abzweigung halten wir uns links und laufen an einem kleinen Gehege vorbei. Schon bald erreichen wir einen Brunnen, wo wir uns erfrischen können. Mit dem Kinderwagen geht es weiter die Forststraße entlang, die nun über eine langgestreckte Serpentine nach oben führt. Ohne Kinderwagen könnte man auch geradewegs an der kleinen Hütte vorbei direkt zur Frasdorfer Hütte aufsteigen. Auf der Hochebene angekommen, haben wir einen herrlichen Blick auf die Kampenwand und die umliegende Bergwelt. Nur noch wenige Meter trennen uns von einer deftigen Brotzeit, einem Getränk und, ganz wichtig für die Kids, dem Spielplatz bei der Hütte, oder der Hofalm, die auch nur einen Steinwurf von der Frasddorfer Hütte entfernt ist. Der Rückweg verläuft auf der gleichen Strecke.

Hüttenprogramm

Wie wäre es mit einer Hüttenübernachtung? Oder mit einer Rodelabfahrt (ca. 15 Minuten) im Winter? Schlitten können Sie auf der Hütte ausleihen.

Links: Kletterwurzeln

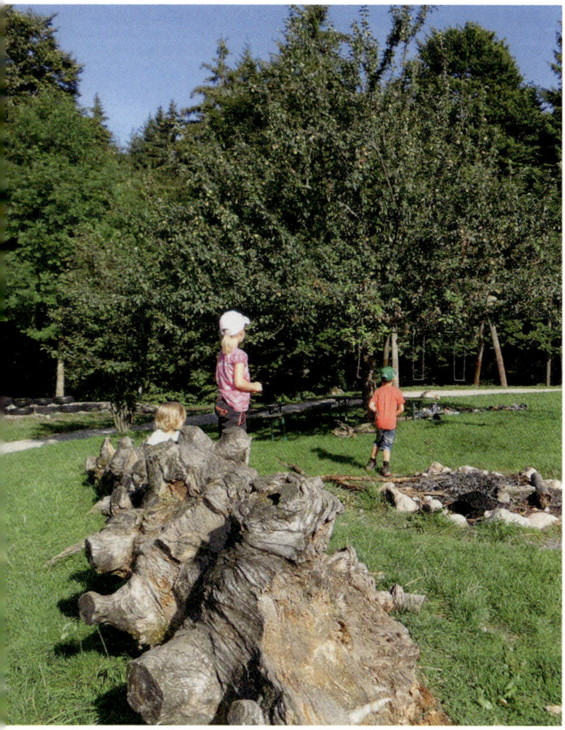

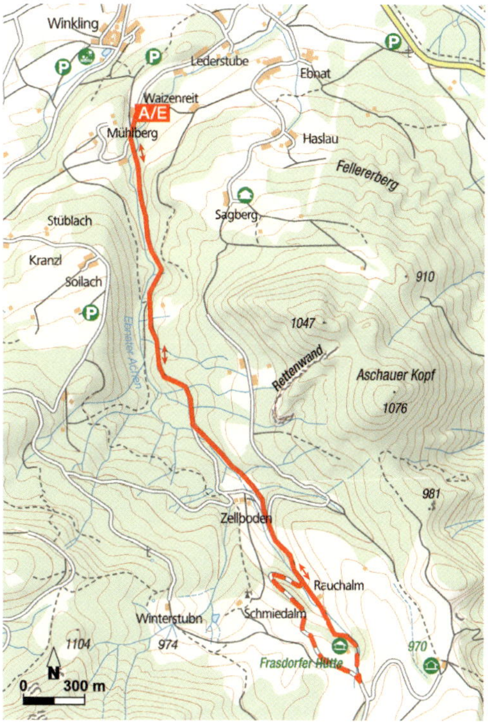

73 Bärnsee und Café Pauli

Rundtour um einen idyllischen See

Leicht | 5 km | 60 m | 1 Std.

Alter
Ab 2 Jahren

Tourencharakter
Wander- und Waldweg; für Sportkinderwagen geeignet

Ausgangs-/Endpunkt
Spöck 1, 83229 Aschau

Anfahrt
Autobahn München–Salzburg (A 8), Ausfahrt Frasdorf, Richtung Aschau, in Aschau am Kreisel dritte Ausfahrt, weiter Richtung Bernau bis zur Abzweigung Spöck, links abbiegen und an der Straße parken

Einkehr
Café Pauli, Hohenberg 3, 83229 Aschau im Chiemgau, Di Ruhetag, März und November nur Sa, So geöffnet, cafe-pauli.de

Karte
Topografische Karte 1:50 000, Nr. 95 Grenzenlos zwischen Chiemsee und Kaisergebirge (Fritsch)

Information
aschau.de

Die gemütliche Wanderung führt durch ein Hochmoor bei Aschau im Chiemgau. Schönes Einkehrziel ist das Café Pauli. Während die Kleinen damit beschäftigt sind, sämtliche Tiere und Spielgeräte auszukundschaften, können sich die Eltern mit hausgemachten Kuchen auf der Sonnenterrasse verwöhnen lassen.

Wir starten auf der Straße nach Spöck. Am Straßenrand sehen wir bereits das Schild, das den Weg zum Bärnsee weist. An der ersten Abzweigung, kurz nach der Straße, gehen wir geradeaus statt links ab direkt zum Café Pauli. Auf dem Weg erkennen wir links zwischen den Bäumen hindurch bereits den See. Wir halten uns jedoch im Wald rechts und steigen leicht bergan. Dieser Waldweg ist nur bedingt kinderwagengeeignet, da er sehr steinig und verwurzelt ist.

Nach dem kurzen Anstieg verlassen wir den Wald wieder und biegen an der Kreuzung links zum See hinunter. Nun haben wir auf dem Wiesenweg einen wunderschönen Blick auf den Bärnsee und die Berge im Hintergrund. Bald führt der Weg auf Holzbohlen über ein kleines Moorgebiet. Nach diesem Bohlenweg geht es wieder steiler bergan durch ein kleines Waldstück nach Höhenberg.

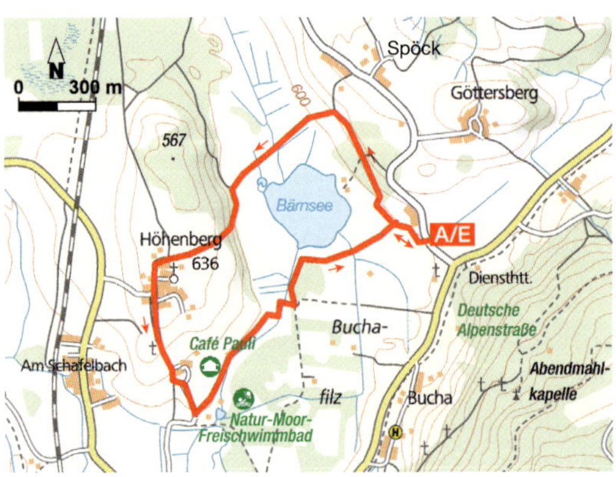

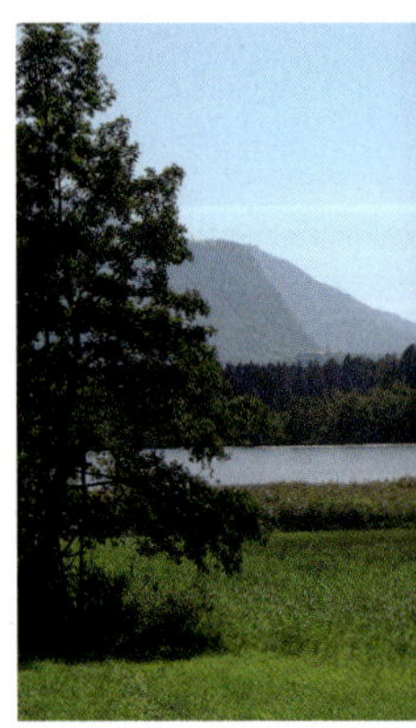

Rechts: Blick auf den Bärnsee

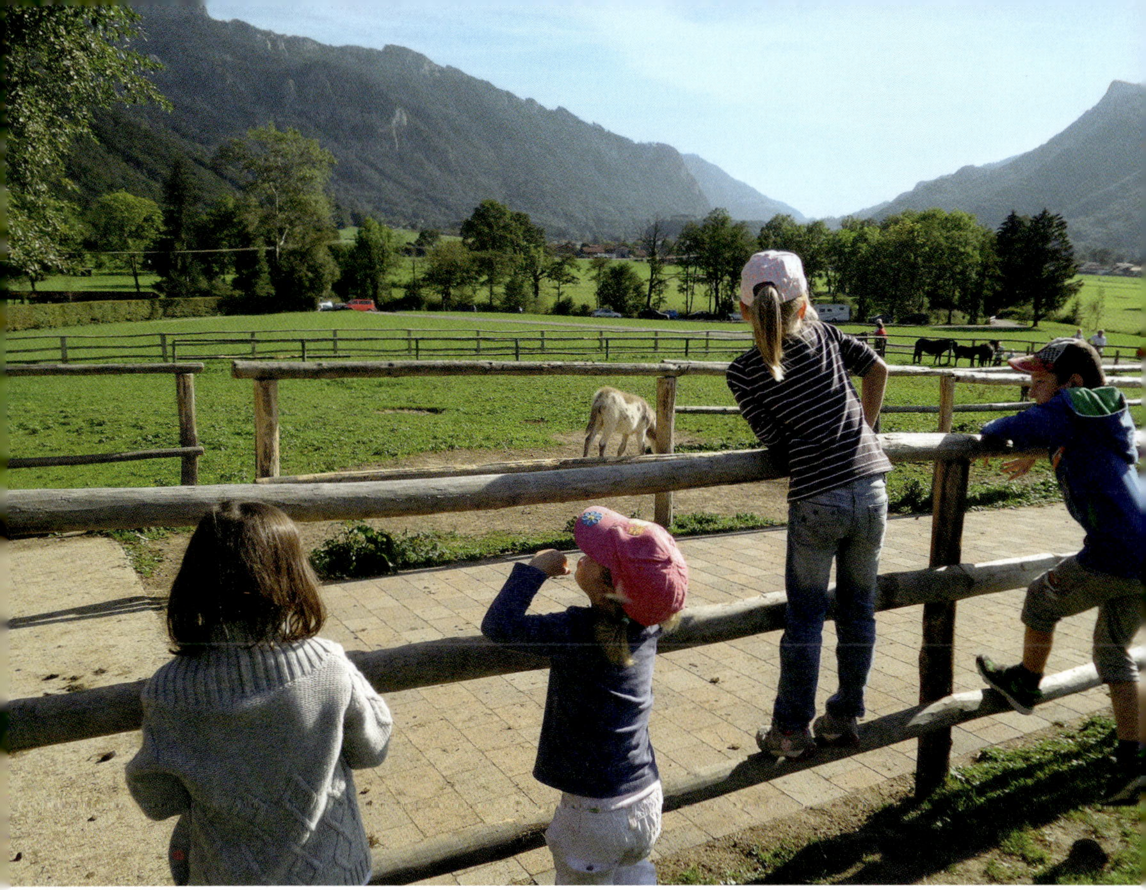

Tiere am Café Pauli

Links: Blick auf den Bärnsee

Der beschwerlichste Teil des Weges liegt nun hinter uns. Sobald wir den Wald verlassen, lädt eine der Aschauer Themenbänke (die »Erfinderbank«) zu einer kurzen Verschnaufpause ein. Im Anschluss folgen wir dem Weg ins Dorf und in Höhenberg links den Wegweisern Richtung Café Pauli. Am Dorfende eröffnet sich ein herrlicher Blick auf Aschau, das Schloss Hohenaschau und die Berge. Und schon sind wir am Café Pauli angelangt, das mit seinen leckeren Kuchen, Streicheltieren und einem Spielplatz zu einer ausgiebigen Pause einlädt.

Derart gestärkt wandern wir an den Pferdekoppeln bergab bis zum Freibad. Hier biegen wir scharf links ab, vorbei an der Liegewiese. Diesem Wiesenweg folgen wir, bis es über eine kleine Brücke in ein Birkenwäldchen geht. An der nun folgenden Kreuzung halten wir uns links Richtung See und gehen am Ufer, teilweise auf Bohlen, wieder zurück zum Ausgangspunkt.

Die Aschauer Themenbänke

Falls Sie noch Zeit haben, machen Sie doch einen Abstecher nach Aschau und schauen Sie sich weitere der verschiedenen »Bankerl« an. Ein kurzweiliges Vergnügen!

74 Ratzinger Höhe

Eine Reise hoch hinaus in die Vergangenheit

Mittel | 5,4 km | 80 m | 1.15 Std.

Alter
Ab 3 Jahren

Tourencharakter
Teerstraße und Wanderweg, nur für geübte Laufradfahrer geeignet

Ausgangs-/Endpunkt
Wanderparkplatz oberhalb von Weingarten

Anfahrt
A 8 München–Salzburg, Ausfahrt Prien. Auf der St 2093 Richtung Rimsting bis zur Abzweigung Pinshart. Hier ist die Ratzinger Höhe bereits ausgeschildert.

Einkehr
Berggasthof Weingarten, Weingarten 1–4, 83253 Rimsting, Tel. 08051/1775, Mo Ruhetag

Karte
Topografische Karte 1:50 000, Blatt Chiemsee, Chiemgauer Alpen (BLVA)

Information
rimsting.de

Der 16 Meter hohe Turm war Mittelpunkt der Landesgartenschau 2010 in Rosenheim und bietet einen tollen Blick auf die Alpenkette, den Chiemsee und den Simssee. Ein absolutes Highlight dieser Tour ist der Abenteuerspielplatz am Berggasthof Weingarten.

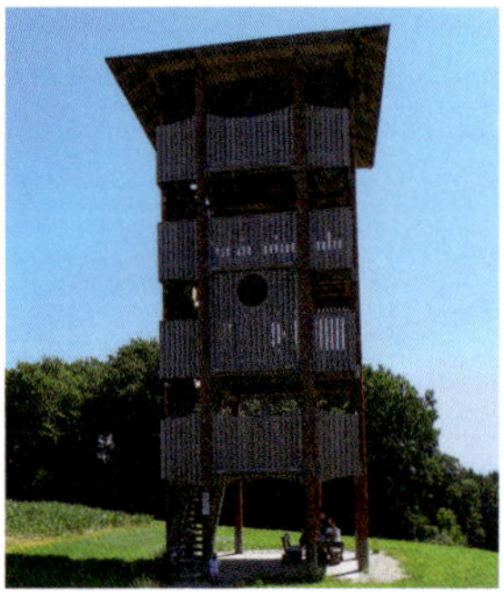

Unsere Wanderung beginnt auf dem Wanderparkplatz hinter einem Waldstück kurz nach dem Berggasthof Weingarten. Wir folgen stets dem Straßenverlauf, sehen links eine kleine Pferdekoppel und gehen weiter, bis wir auf der linken Seite den Aussichtsturm erblicken. Ein Schotterweg führt uns direkt dort-

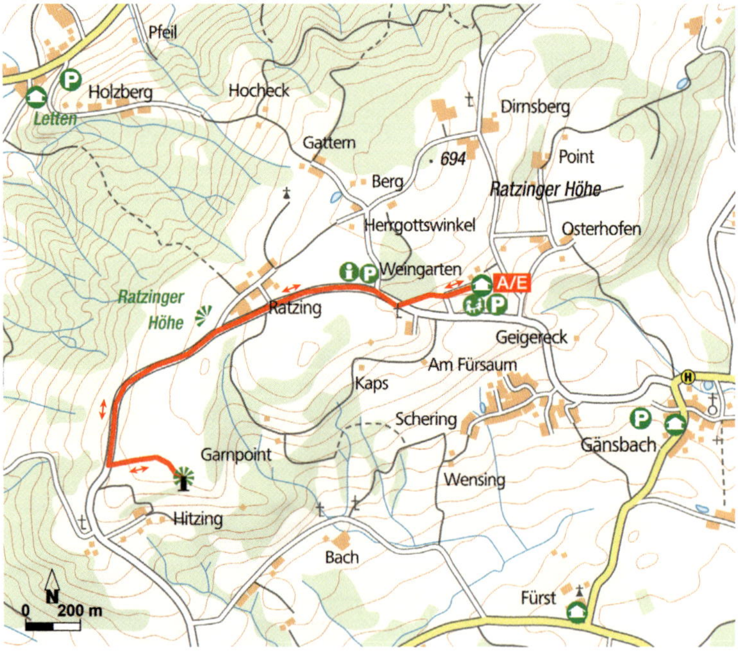

Oben: Der Aussichtsturm

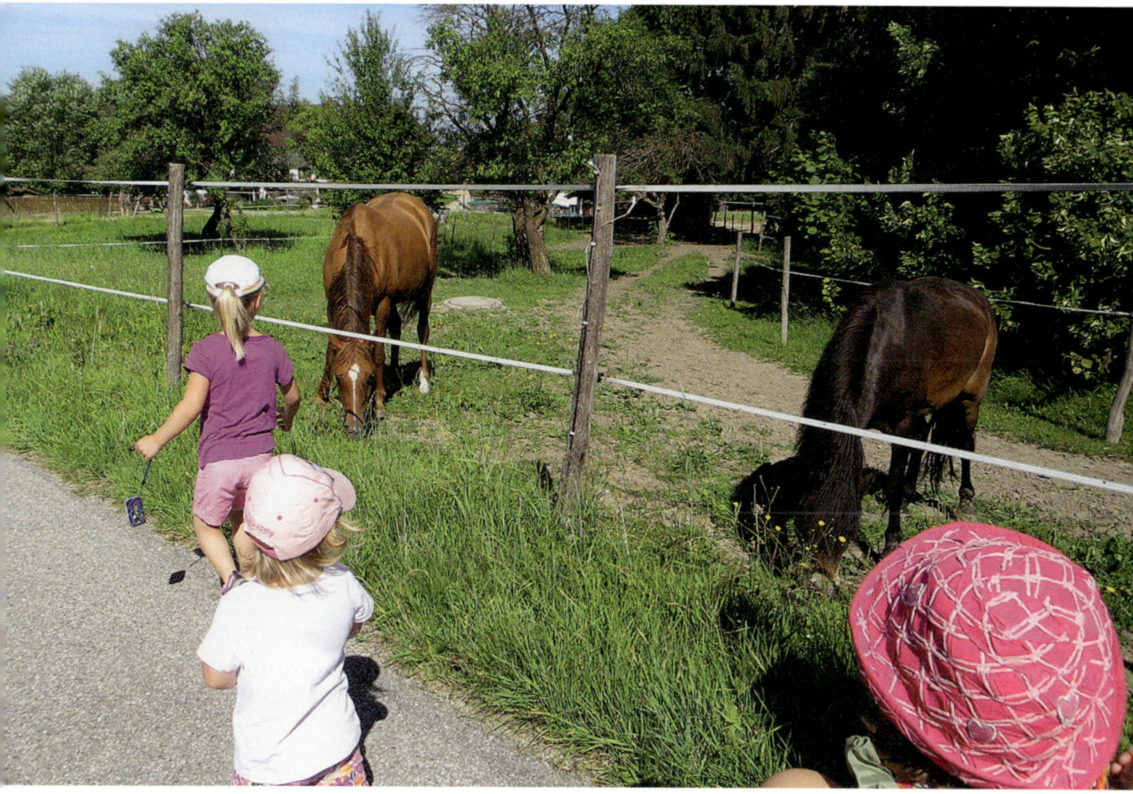

Pferde am Wegesrand

hin. Oben angekommen, nach 62 Stufen, haben wir einen sensationellen Blick auf die Rosenheimer Berge, den Simssee sowie den Chiemsee. Nachdem wir die Aussicht mit zwei kostenlosen Fernrohren genossen haben, kehren wir auf dem gleichen Weg wieder zurück. Den Parkplatz lassen wir auf unserem Rückweg links liegen und laufen weiter Richtung Berggasthof Weingarten. Dort wartet auf die kleinen Wanderer ein toll angelegter Abenteuerspielplatz mit einem römischen Kastell, einer Kutsche und einer Seilbahn-Schaukel. Auch ein kleiner Wasserlauf, an dem die Kinder Wasser pumpen und stauen können, lädt schließlich zum Spielen ein.

Attraktion

Eine Fahrt mit der ältesten Dampfstraßenbahn der Welt in Prien, Fahrzeit 8 Min., fährt Mitte Mai bis Mitte September

Diese Wanderung ist nur ein kleiner Teil eines größeren Erlebnisweges, der in Rimsting beginnt und an ganz vielen weiteren Sehenswürdigkeiten vorbeiführt.
Weitere Informationen zu diesem Wanderweg findet man unter erlebnisweg-chiemsee.de.

75 Auf die Hefteralm

Idyllische Almtour … aber nur wochentags

Leicht	2 km	190 m	1.15 Std.

Alter
Ab 4 Jahren

Tourencharakter
Breiter, zuweilen flacher Wanderweg

Ausgangs-/Endpunkt
Wanderparkplatz beim Strehtrumpf (gebührenpflichtig)

Anfahrt
Über die A 8 München–Salzburg bis Ausfahrt Bernau und weiter über Rottau Richtung Grassau/Marquartstein. In Grassau gleich zu Beginn im Ortsteil Kucheln rechts auf die Straße Richtung Strehtrumpf bis zum Ende der Straße

Einkehr
Hefteralm, Mitte Mai bis Anfang Oktober bewirtschaftet, kein Ruhetag

Karte
Topografische Karte 1:50 000, Blatt Chiemsee

Information
grassau.info

Von der Hefteralm werden Ihre Kinder begeistert sein. Wenn möglich, sollten Sie diese Tour jedoch nicht an einem Wochenende in Angriff nehmen, um an der Alm ein wenig Ruhe und Gemütlichkeit vorzufinden.

Am Ende des Parkplatzes Strehtrumpf beginnt bei dem Schild »Hefteralm« der Weg, der uns zunächst über die Almwiese in den Wald führt. Sobald der Waldrand erreicht ist, befinden wir uns auf einem breiten Waldweg, dem wir nun stets geradeaus folgen. Nach etwa 20 Minuten weist ein Schild auf die Abzweigung nach links zur Hefteralm. Sind die Kinder schon ein wenig

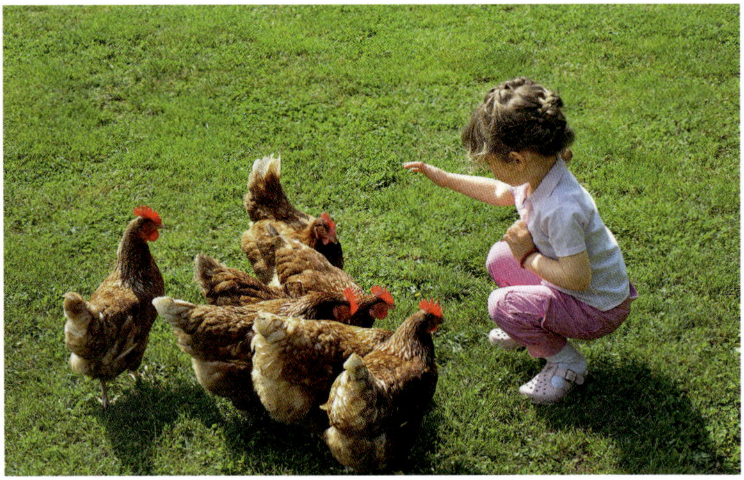

Oben: Ein gackernder Hühnerhaufen will gebändigt werden.

größer, sollte man einen kurzen Abstecher nach rechts zu den Grundmauern eines ehemaligen Anwesens machen. Zwar sind diese wenig spektakulär, aber ungemein fantasieanregend. Nach diesem Abstecher gehen wir nach links auf den manchmal etwas matschigen, holprigen Weg, der uns in knapp zehn Minuten zu den Almwiesen der Hefteralm führt. Über die Wiese und am Brotbackofen vorbei erreichen wir die Alm und genießen die Einkehr auf den Bierbänken hinter der Alm. Die Kleinen sind

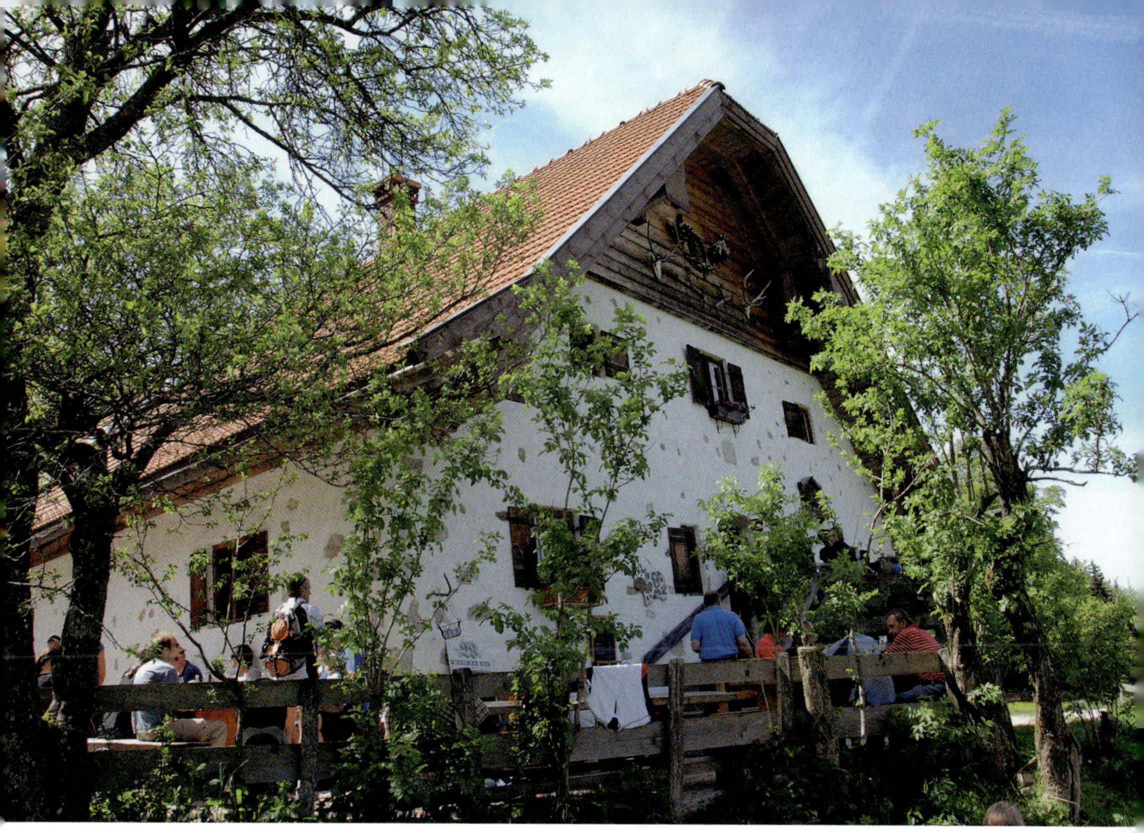

Die Hefteralm – eine Brotzeitalm

von den Hasen, Hühnern, Kühen und Ziegen ohnehin begeistert und haben hier genug Platz, um ein wenig auf den ungefährlichen Wiesen herumzutoben. Der Rückweg erfolgt auf derselben Route.

Etwas länger und mit etwas mehr Höhenmetern, aber dennoch leicht ist die Hefteralm auch von Rottau aus erreichbar. Dieser Weg hat den Vorteil, dass er weit weniger überlaufen ist als die oben beschriebene Route. Von der B 305 biegen wir kurz nach der Ortsmitte rechts in den Holzweg und folgen diesem, bis er sich teilt. Wir fahren auf den rechten, steileren Zweig und parken am Ende des Wegs. Es geht geradeaus weiter zum Wald und bald gelangen wir auf die breite Forststraße. Dieser folgen wir wenige Meter nach links, um gleich wieder links auf den Waldweg Richtung Hefteralm abzuzweigen. Nun folgen wir stets dem kaum steilen, aber vor allem im Sommer schön schattigen Waldweg, bis wir, nach einem letzten steileren Abschnitt, an die oben erwähnte Abzweigung bei der Ruine kommen und nach rechts abbiegen, wo wir schon bald die Hefteralm erreichen. Der Rückweg erfolgt auch hier auf dem Anstiegsweg.

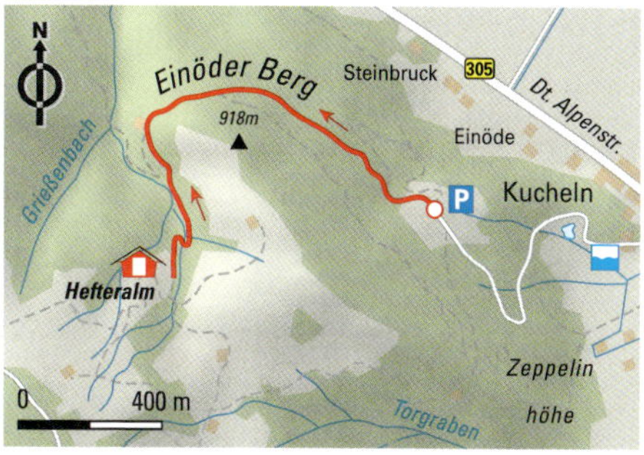

76 Röthelmoos-Almen Ruhpolding

Ausdauertour mit schönen Ein- und Ausblicken

Mittel	8 km	180 m	2 Std.

Alter
Ab 4 Jahren

Tourencharakter
Wanderweg bzw. Forststraße

Ausgangs-/Endpunkt
Wanderparkplatz Urschlau

Anfahrt
Autobahn München–Salzburg (A 8), Ausfahrt Traunstein/Siegsdorf, auf der B 306 nach Ruhpolding. Am Ortseingang von Ruhpolding rechts ab Richtung Freizeitpark/Brand, der Straße bis zum Parkplatz folgen

Einkehr
Langerbaueralm oder Dandlalm, geöffnet Mitte Mai bis Ende Oktober von 11–19 Uhr

Karte
Topografische Karte 1:50 000, Nr. 77 Chiemgauer Alpen–Berchtesgadener Land (Fritsch)

Information
ruhpolding.de

Eine doch etwas anstrengendere Tour, die aber mit einem beeindruckenden Wasserfall sowie einem schönen Hochplateau belohnt. Oben angekommen, stellen uns zwei bewirtschaftete Almen vor die Qual der Wahl, wo wir die mehr als verdiente Brotzeit genießen sollen.

Am Wanderparkplatz Urschlau folgen wir der Straße flussaufwärts an der Urschlauer Ache entlang. Kurz nach dem Parkplatz können wir rechts in einen Waldweg parallel zur Straße einbiegen oder der Straße weiter folgen. Der Waldweg ist zweifelsfrei schöner, er bringt uns an einem Rosenkranzplatz vorbei, der unseren Kindern sehr gut gefallen hat.
Ab dem Bergwalderlebniszentrum, wohin beide Wege führen, geht es dann nur noch auf der geteerten Fortstraße weiter. Nach einer kurzen Strecke teilt sie sich. Wir überqueren hier die Urschlauer Ache linker Hand und kommen zu einem längeren steilen Abschnitt. Sobald wir aber die Viehsperre erreichen und die Straße scharf links abbiegt, werden wir durch einen grandiosen

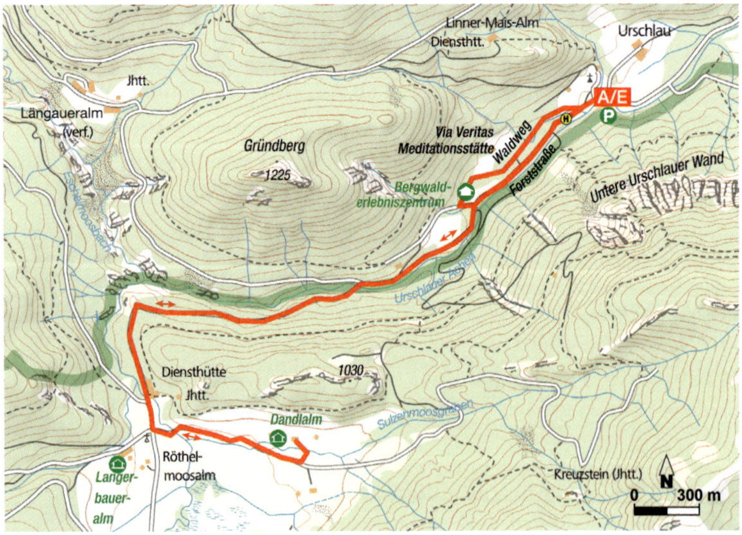

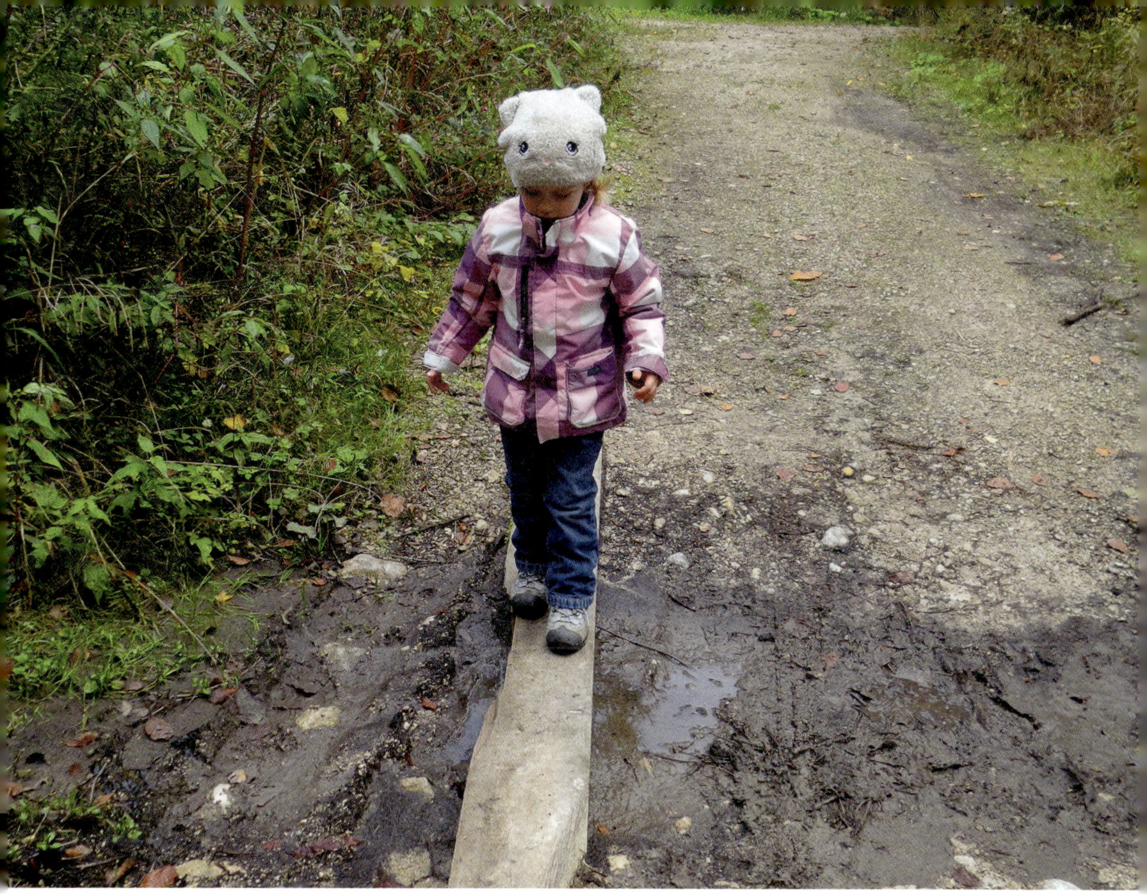

Blick in das Tal der Ache entschädigt und können sogar einen hohen Wasserfall entdecken.

Bloß nicht die Schuhe dreckig machen!

Ab der Kurve geht es leicht bergab zu dem sehenswerten Hochtal der Röthelmoos-Almen. Nachdem wir den Wald hinter uns gelassen haben, sehen wir schon die einzelnen Almen, von denen die Langerbaueralm und die Dandlalm bewirtschaftet sind. An der Kreuzung haben wir die Wahl: entweder ein kurzes Stück rechts zur Langerbaueralm oder links etwas weiter zur Dandlalm. Geradeaus geht der Weg weiter bis zum Weitsee. Dieser Aufstieg scheint auch kinderwagengeeignet zu sein, da von dieser Seite aus viele Minis in das Hochtal kamen.

Picknick im Grünen

Vielleicht nehmen Sie eine Decke mit und picknicken auf der Hochebene?

Die urige Dandlalm verwöhnt mit einem phänomenalen Kaiserschmarrn. Die Minis haben ausreichend Gelegenheit, die Alm, die Hasen und Meerschweinchen sowie die umliegenden Almwiesen auszukundschaften. Anschließend erreichen wir auf dem gleichen Weg unseren Ausgangspunkt.

77 Moaralm Inzell

Zum Warmlaufen

Leicht	1 km	30 m	0.25 Std.

Alter
Ab 2 Jahren

Tourencharakter
Wanderweg bzw. Forststraße: für Kinderwagen und Laufrad geeignet

Ausgangs-/Endpunkt
Parkplatz Schmelz

Anfahrt
Autobahn München–Salzburg (A 8), Ausfahrt Traunstein/Siegsdorf, der B 306 nach Inzell folgen. In Inzell leicht rechts auf die Traunsteiner Straße abbiegen, diese wird zur Schmelzer Straße.

Einkehr
Moaralm, Wildenmoos, 83334 Inzell, geöffnet Mai bis Oktober 11–17 Uhr, Tel. 08665/929397

Karte
Topografische Karte 1:50 000, Nr. 77 Chiemgauer Alpen–Berchtesgadener Land (Fritsch)

Information
inzell.de

Diese sehr leichte und kurze Tour ist bestens geeignet für Laufanfänger. Unser Ziel, die behagliche Moaralm, lockt mit Ponys sowie hausgemachten Kuchen und leckeren Brotzeiten. Ein liebevoll angelegter Abenteuerspielplatz zu Beginn der Route kann jedoch den Hin- wie auch den Rückweg durchaus verlängern.

Bereits am Parkplatz Schmelz weist ein Schild »Zur Moaralm« auf die kurze Gehzeit hin. Wir unterqueren die B 305 und laufen durch einen Tunnel. Von hier aus ist schon der Erlebnisspielplatz am Schmelzerbach auszumachen. Eine Rutsche, Schaukeln, Holz-Wigwams und natürlich das flache Flussbett des Schmelzerbachs laden zum Toben, Indianerspielen, Planschen, Bauen, Kraxeln und Balancieren ein. Unser Weiterweg führt auf einer breiten Forststraße ein kurzes Stück bergauf durch den Wald. Schön schattig ist es hier, weshalb die Route auch für heiße Sommertage geeignet ist. Ein kleiner Bach sorgt zusätzlich für Abkühlung.

An der Abzweigung halten wir uns rechts und erreichen nach etwa 150 Metern die Moaralm. Ihre Hauptattraktion für Kinder

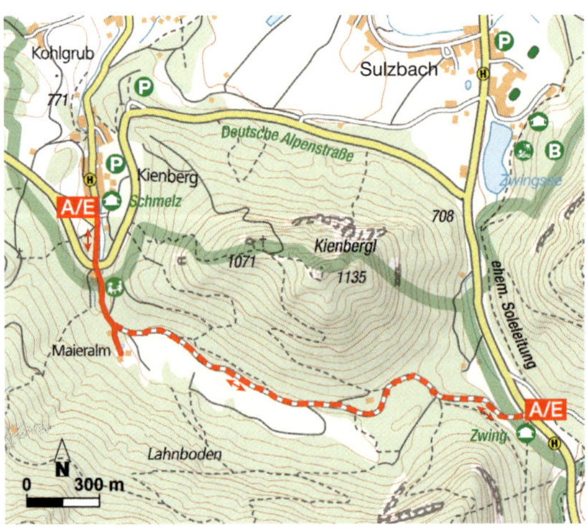

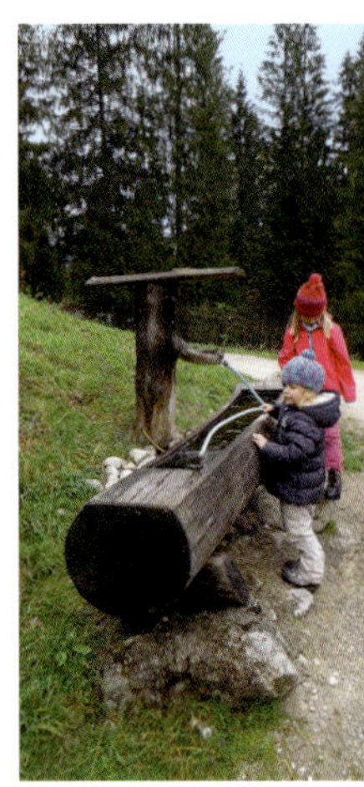

Rechts: Planschen macht Spaß.

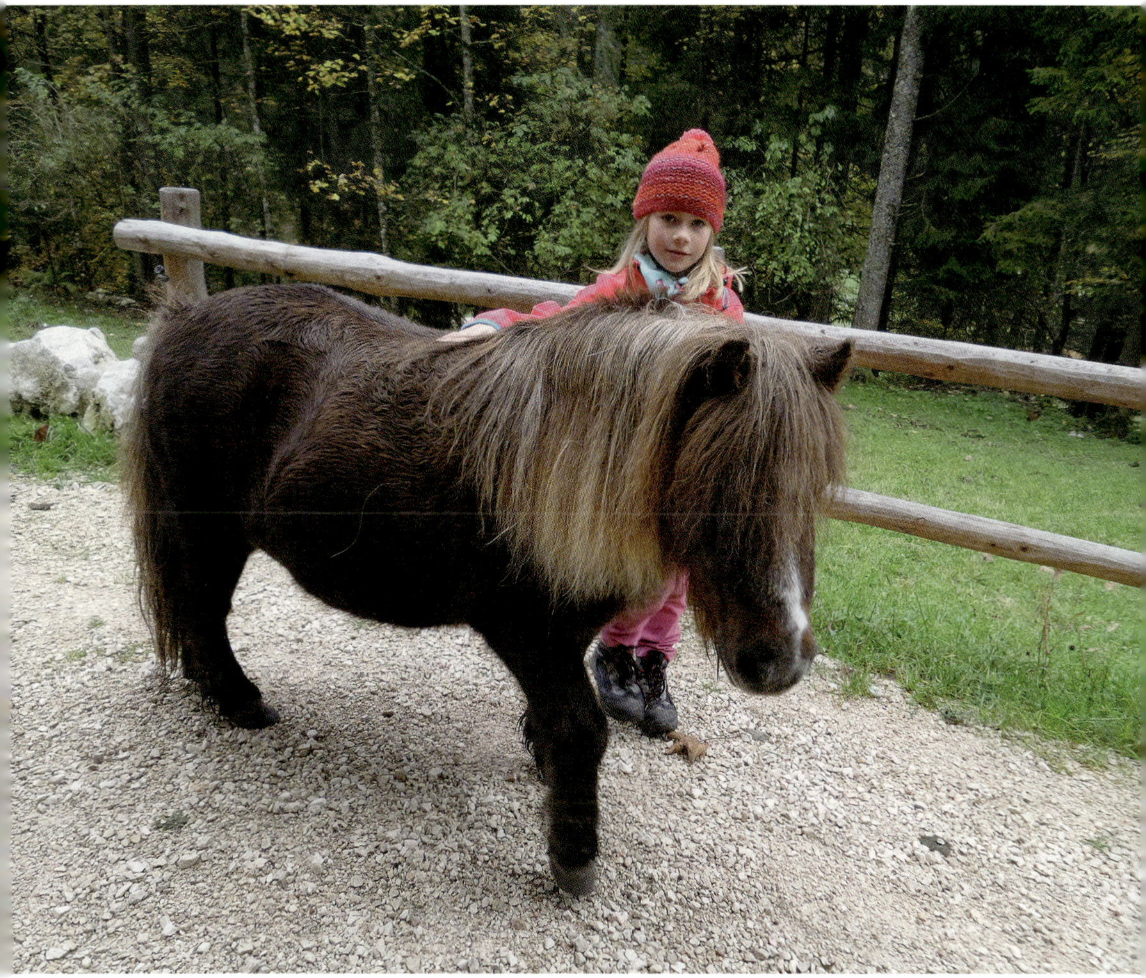

sind zwei Ponys, die sich allerdings nicht immer blicken lassen. Sollten sie sich jedoch gerade auf der Alm aufhalten, stehen sie geduldig für Streicheleinheiten zur Verfügung. Nach einer ausgiebigen Pause mit köstlichen Kuchen, Kaiserschmarrn oder leckeren Brotzeiten wandern wir auf dem gleichen Weg zurück zum Parkplatz Schmelz.

Ob man die Ponys auch mitnehmen darf?

Alternative Wem dieser Weg zu kurz sein sollte, kann vom Parkplatz im Ortsteil Zwing aus (an der B305 zwischen Inzell und Weißbach) die Moaralm in etwa 30 bis 40 Minuten erreichen.

Mit nur zwei PS

Wer es bequem mag, kann sich mit einer Pferdekutsche vom Ortszentrum zur Moaralm bringen lassen (Mi um 13 Uhr, Anmeldung erwünscht).

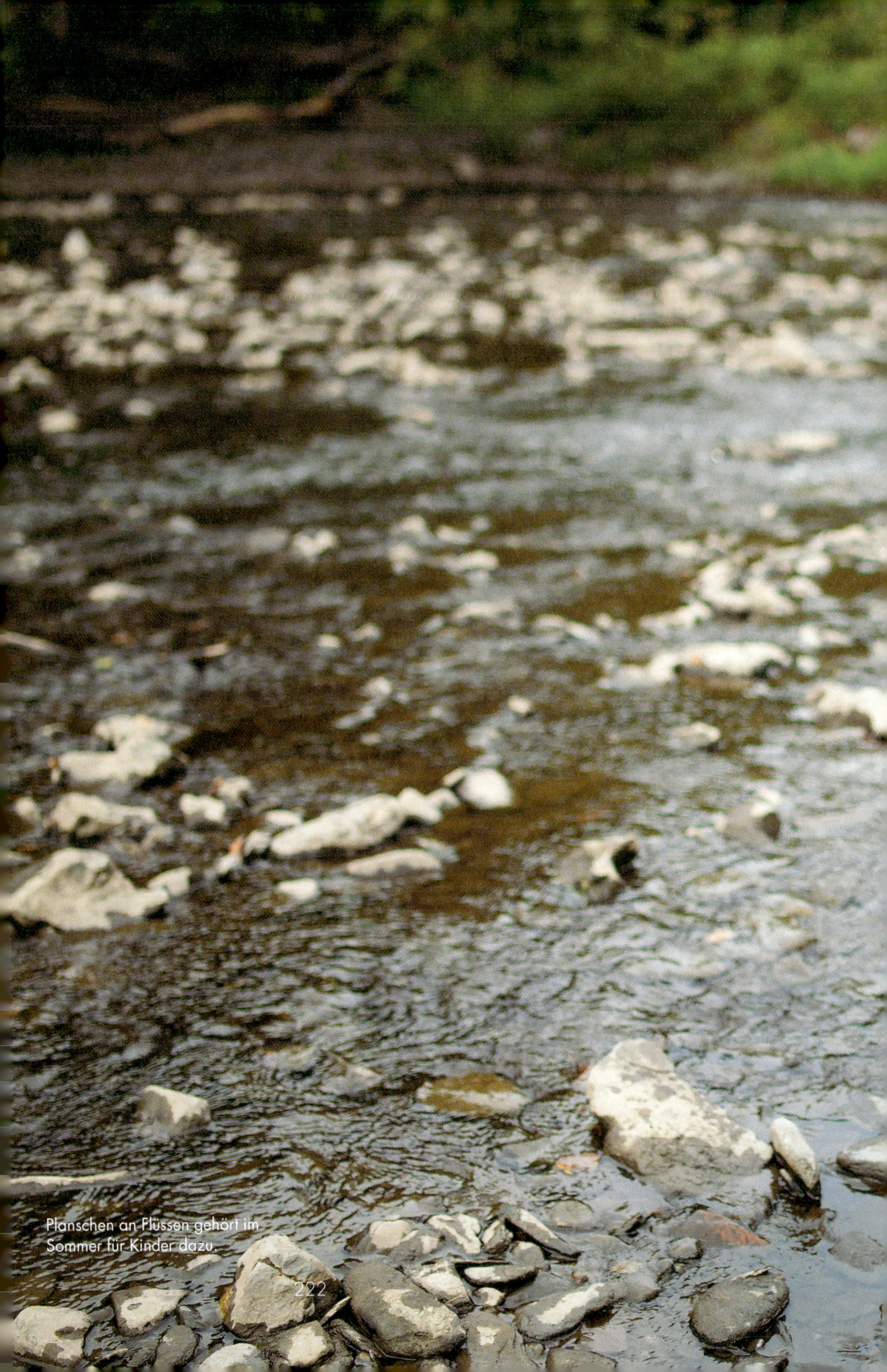

Planschen an Flüssen gehört im Sommer für Kinder dazu.

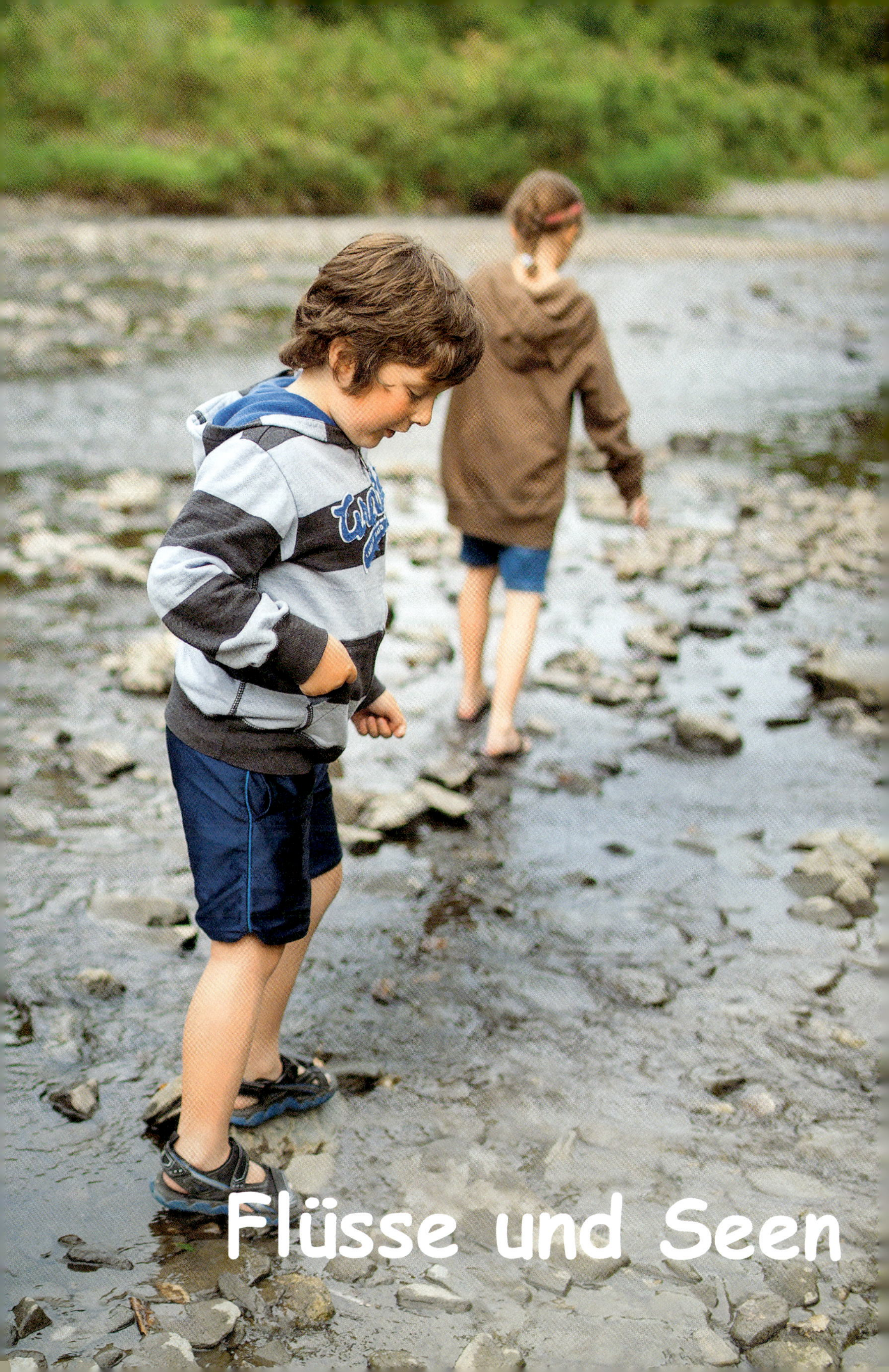

Flüsse und Seen

78 Soier See

Barfuß über Stock und Stein am Moorsee entlang

Leicht | 2,5 km | 40 m | 1 Std.

Alter
Ab 2 Jahren

Tourencharakter
Wanderweg, Barfußparcours; für Kinderwagen und Laufrad geeignet

Ausgangs-/Endpunkt
Parkplatz am Soier See (kostenpflichtig)

Anfahrt
A 95 München–Garmisch, Ausfahrt Murnau/Kochel am See, über die B 2 nach Murnau, dort der St 2062 nach Bad Kohlgrub folgen, weiter über die B 23 nach Bad Bayersoien

Einkehr
Kiosk am See, Seeweg 104, 82435 Bad Bayersoien

Karte
Wanderkarte 1:50 000, WK 6 Alpenwelt Karwendel (Kompass)

Information
gemeinde-bad-bayersoien.de

Als einer der wärmsten Badeseen Südbayerns kann der Soier See mit einem regelrechten Natur-Kurpark aufwarten. Ein Natur-Barfußweg führt rund um den See herum. Der Badebereich mit viel Platz zum Spielen sorgt für eine erfrischende Abkühlung und saubere Füße.

Die Tour beginnt am Parkplatz des Seebades am Soier See (Achtung: Dieser kann an schönen Tagen voll sein). Beim Parkplatz geht man am besten gleich barfuß los, so muss man die Schuhe nicht den ganzen Weg mitschleppen. Bereits nach kurzer Zeit hat sich auch der empfindlichste Fuß an den fein geschotterten Weg gewöhnt. Am Seebad umrundet man den See links herum und kommt gleich nach dem Bad an eine Riesenschaukel, die natürlich nicht einfach links liegen gelassen werden darf. Kurz danach beginnen dann auch schon die ersten Stationen des Barfußpfades.

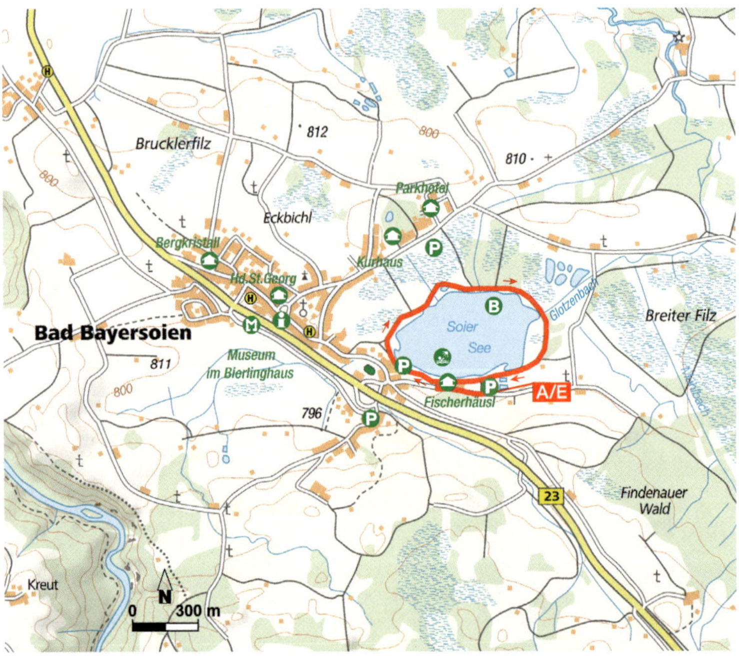

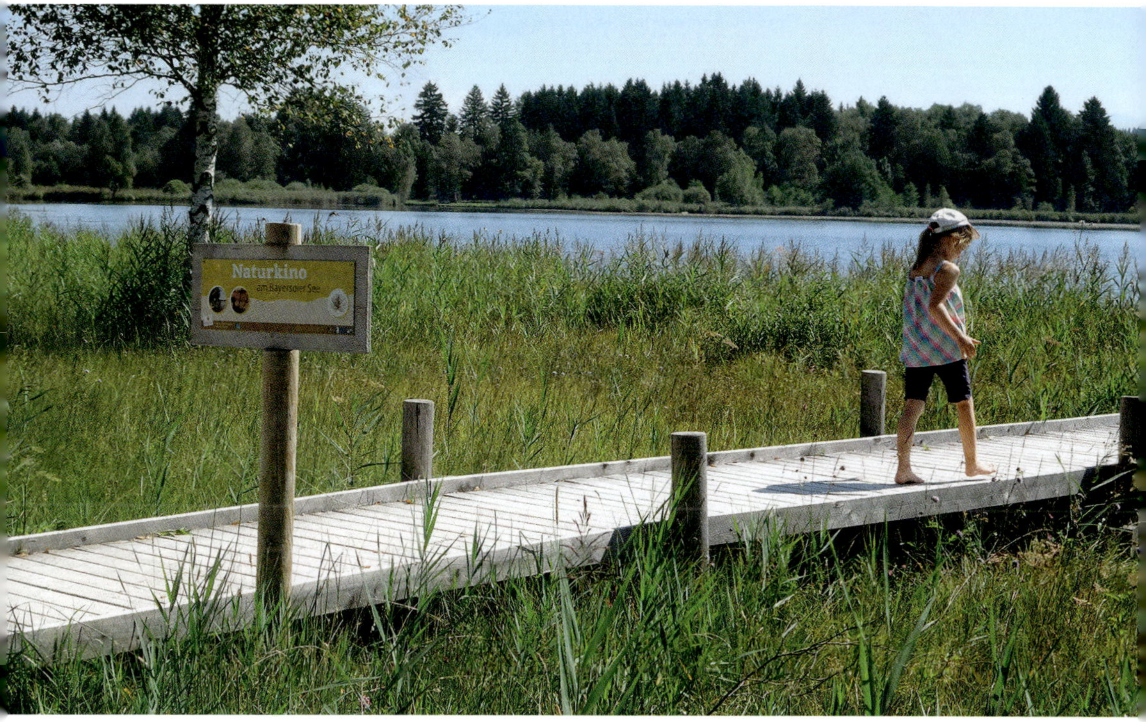

Ab ins Naturkino ...

Zuerst dürfen die Minis einen kurzen Balancier-Abstecher ins Uferschilf machen. Am kunstvoll gestalteten Baum biegen wir rechts ab und folgen weiter dem Seeweg. Kurz danach erreichen wir die Station mit den Holzscheiben, auf denen man toll balancieren kann. Gleich darauf kommen auch schon die unterschiedlich hohen Baumstümpfe. Nach wenigen Metern erreichen wir einen Fühlpfad mit verschiedenen Bodenarten. Über die Balancierstämme und das Naturkino am Bayersoier See gelangen wir zum Brettlweg durch das Schilf. Auf diesen folgt nun auch gleich ein Highlight für die Minis, ein etwa 40 Zentimeter tiefes Moorbecken mit anschließender Reinigung der schlammigen Moorfüße im See. Nach dem Blindgang (hier darf man sich gerne mit geschlossenen Augen führen lassen) laden verschiedene Bänke und eine kleine Liegewiese zur Rast ein. Hier gibt es auch Zugänge zum See, wobei es für die kleineren Minis etwas tief sein kann. Weiter geht es über den Baumstumpfpfad, den Barfußparcours, den Schilfgang sowie das Astlabyrinth über den Weg durch das Wasser und auf dem Limes wieder zurück zum Seebad.

Kühles Nass

Unbedingt Badesachen einpacken!

79 Rund um den Eibsee

Badeplätze und spannender Weg am Fuß der Zugspitze

Leicht | 7 km | 80 m | 2 Std.

Alter
Ab 4 Jahren

Tourencharakter
Leichte Wanderung auf guten Wanderwegen. Gutes Schuhwerk ist trotzdem erforderlich. Badezeug nicht vergessen!

Ausgangs-/Endpunkt
Großparkplatz (gebührenpflichtig) am Ende der öffentlichen Straße am Eibsee

Anfahrt
Auto: Auf der A 95 bis zum Autobahnende, dann auf der B 2 weiter in Richtung Garmisch-Partenkirchen; nach dem Farchanter Tunnel rechts abfahren und auf der B 23 der Ausschilderung zum Fernpass folgen; kurz hinter Garmisch links ab und auf der St 2061 zum Eibsee. Bahn/Bus: Mit dem Zug über Murnau nach Garmisch-Partenkirchen; dort umsteigen in die Zugspitzbahn (nur wenige Minuten zu Fuß vom Bahnhof) und weiter zum Bahnhof Eibsee; dorthin fährt auch ein RVO-Bus (Eibsee-Bus); Abfahrt an der Sebastianskirche in Partenkirchen (stoppt jedoch auch an mehreren weiteren Haltestellen).

Karte
Topografische Karte 1:50 000, Blatt Werdenfelser Land

Information
grainau.de

Eine romantische Felslandschaft und ein kleiner Bergsee geben die Kulisse ab für eine reizvolle Wanderung am Fuße der Zugspitze. Die Umwanderung des Eibsees ist einfach und bietet neben dem spektakulären Panorama bezaubernde Rastplätze und Bademöglichkeiten.

Vermutlich ein prähistorischer Felssturz während der letzten Eiszeit vor etwa 10 000 Jahren hat am Fuß der Zugspitze eine bizarre Felslandschaft und mit ihr den Eibsee geschaffen. 2000 Meter über dem von Wald komplett eingerahmten Bergsee erhebt sich Deutschlands höchster

Einkehr

Eibsee-Hotel mit Terrasse, ganzjährig bewirtschaftet, kein Ruhetag, Tel. 08821/98810; Eibseealm, nahezu ganzjährig bewirtschaftet, nur Tagesbetrieb von 10–18 Uhr; Eibsee-Pavillon mit Biergarten und großer Terrasse, ganzjährig bewirtschaftet

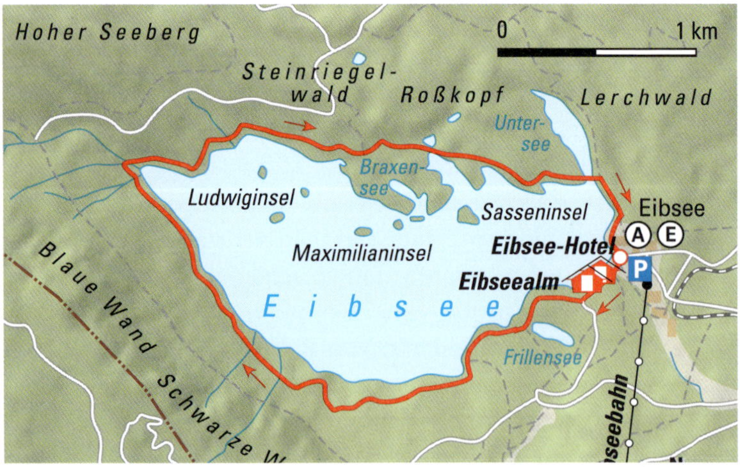

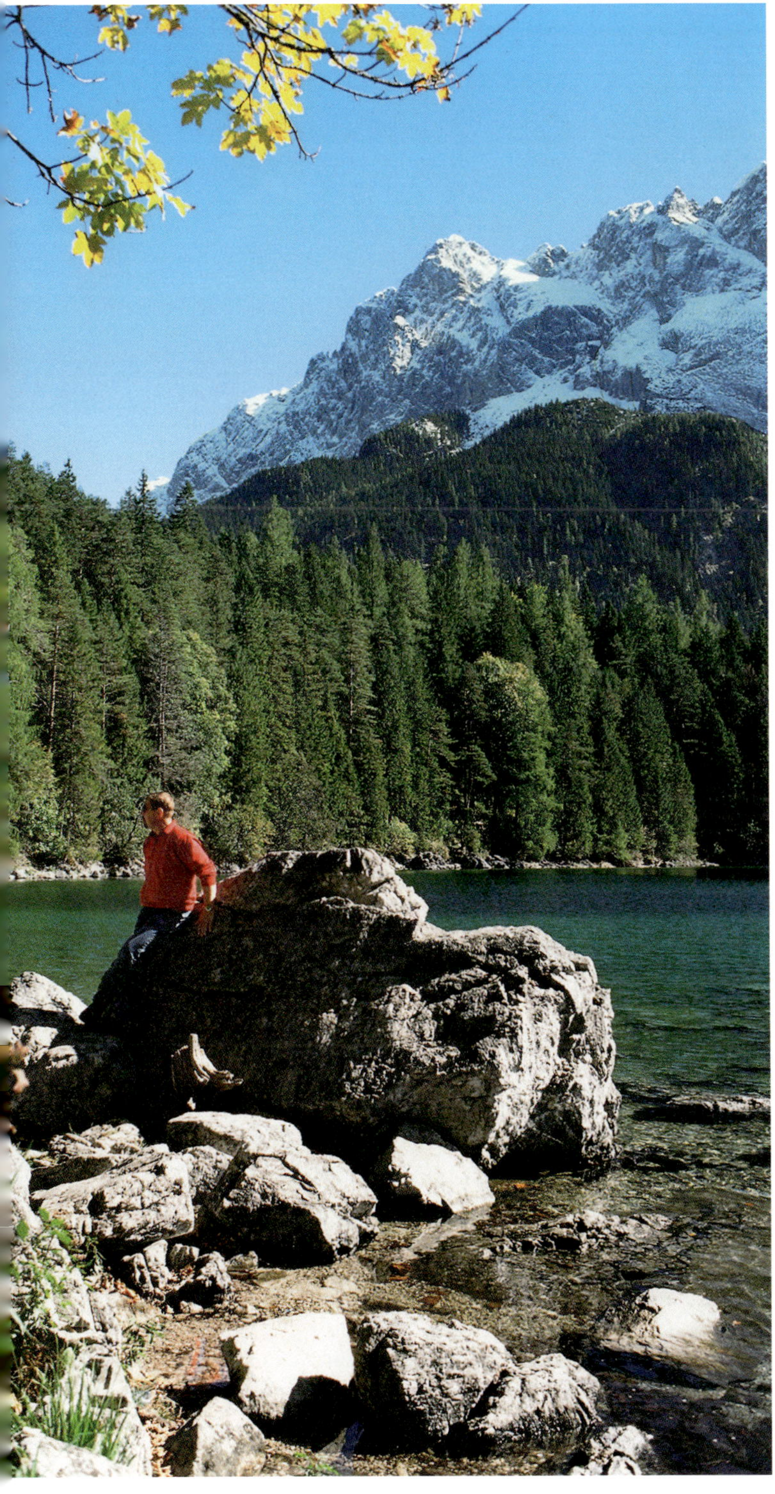

Am Ufer des Eibsees gibt es immer wieder reizvolle kleine Buchten und Lagerplätze zum Baden, zum Brotzeitmachen oder einfach nur für eine kurze Rast.

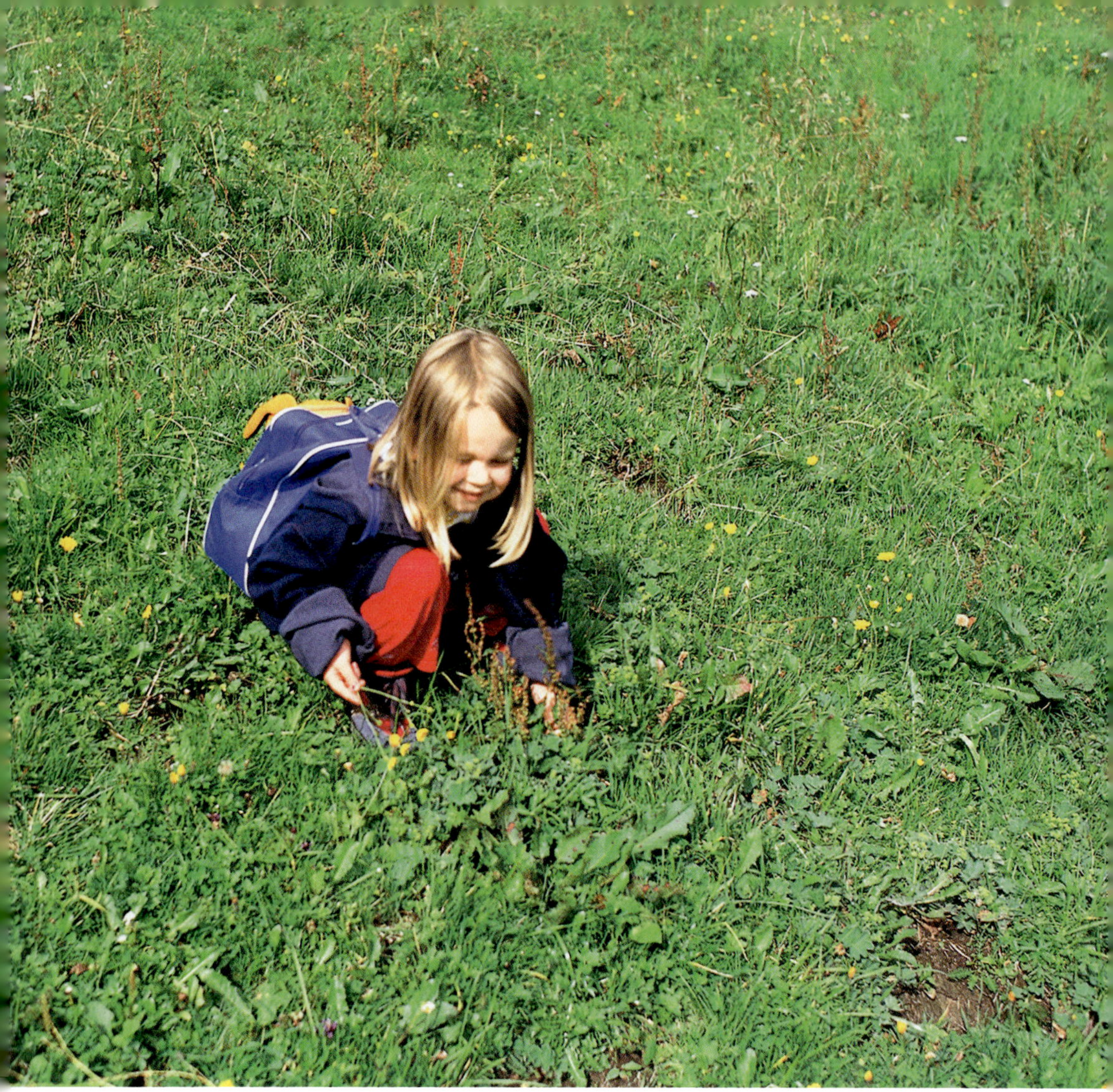

Kinder entdecken auf Wanderungen oft kleine Dinge, an denen wir Erwachsene achtlos vorübergehen würden – z. B. eine schöne Blume oder ein vierblättriges Kleeblatt.

Gipfel. Im 35 Meter tiefen See befinden sich sieben kleine Inseln, die allesamt Namen des bayerischen Königshauses tragen. Anlass genug, diesem Idyll einen Besuch abzustatten.

Vom großen Parkplatz wandern wir die wenigen Meter hinab zum Eibsee mit Eibseehotel und Eibseepavillon und treffen dort auf den ausgeschilderten Seerundweg, der immer wieder auch Ruhebänke aufweist. Wir halten uns links und wandern nun immer am Seeufer bzw. durch Wald im Uhrzeigersinn um den See. Zunächst passieren wir den kleinen Frillensee und die Badeanstalt. Dann verlassen wir den Uferweg und schlendern durch den stillen Nadelwald zum anderen Ende des Sees. Dort befindet sich eine Bedarfshaltestelle des Motorboots, das auf dem

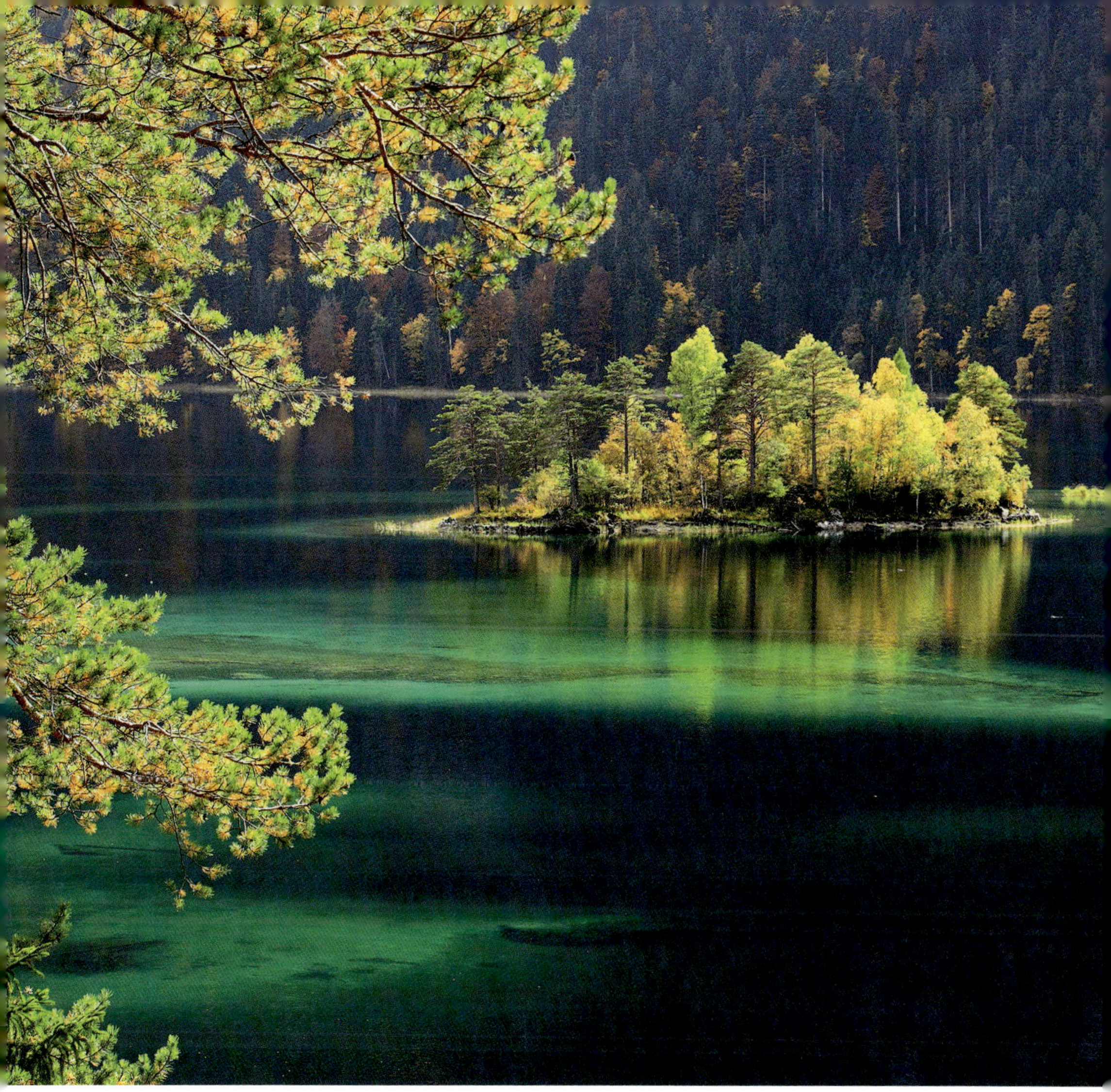

See verkehrt. Immer wieder kommen wir an lauschigen Plätzen vorbei, die zu einem Badeaufenthalt oder einem Picknick einladen. Dort, wo der See eine Ausbuchtung macht, durchstreifen wir den Steinriglwald und treffen bald wieder auf den Eibsee mit den beliebtesten Badeplätzen.

In Kürze ist auch der Steg an der Engstelle zwischen Eibsee und Untersee erreicht und von dort ist es nicht mehr weit zum Ausgangspunkt. Als Abschluss der Tour sollten wir uns eine Fahrt mit dem Ruderboot gönnen, um die ganze Pracht von der Mitte des Sees aus zu betrachten. Sollte uns das Seeufer für einen Sprung ins Wasser zu steinig gewesen sein, nun, dann gibt es ja auch noch die Badeanstalt.

Im Eibsee gibt es mehrere kleine Inseln, zu denen wir mit größeren Kindern – im Hochsommer, wenn das Wasser etwas wärmer ist – durchaus hinüberschwimmen könnten.

80 Ruine Werdenfels

Das Touren-Rundumpaket mit Bach, See, Burgruine und Einkehr

Leicht | 5 km | 200 m | 1.15 Std.

Alter
Ab 4 Jahren

Tourencharakter
Einfache Rundtour

Ausgangs-/Endpunkt
Nach 400 Metern Auffahrt zum ersten Parkplatz auf der rechten Seite der Straße

Anfahrt
A 95 München–Garmisch bis zum Autobahnende in Eschenlohe und weiter über die Bundesstraße nach Garmisch. Nach dem Farchant-Tunnel rechts zum Ortsteil Garmisch Richtung Fernpass. Am Ortsanfang von Garmisch rechts Richtung Pflegersee in die Hörmannstraße abbiegen und leicht rechts bergauf Richtung Pflegersee

Einkehr
Werdenfelser Hütte, Tel. 08821/33 33

Karte
Topografische Karte 1:50 000, Blatt Karwendelgebirge

Information
garmisch-partenkirchen.de

Die Werdenfelser Hütte und die direkt daneben gelegene, teilweise restaurierte Burgruine Werdenfels sind das Ziel dieser Tour. Zugegebenermaßen ist die Ruine das eigentliche Highlight für die Kleinen, die beim Stichwort Ritterburg die Tour bestimmt doppelt so schnell hinter sich bringen würden, wären da nicht der Schmölzersee und der kleine Rastplatz am Bach …

Wir beginnen die Tour am Ende des kleinen Parkplatzes auf dem Fußweg neben der Forststraße in östlicher Richtung. Nach Westen, auf der anderen Seite der Straße, würde der schöne Kramerplateauweg Richtung Berggasthof St. Martin führen, eine längere und vor allem im letzten Drittel anstrengende, weil steile Tour. Schon bald erreichen wir den Schmölzersee und gehen nun auf der breiten Forststraße weiter. Nach einer langgezogenen Linkskurve zweigt im spitzen Winkel ein kleinerer Wanderweg nach rechts Richtung Ruine Werdenfels ab. Diesem folgen wir bis zu einem kleinen Rastplatz mit schattiger Bank und leicht zugänglichem Bächlein. Hat man die Kleinen mit allerlei Rittergeschichten davon überzeugt weiterzugehen, steht zunächst ein etwas anstrengenderes, weil ansteigendes Teilstück an. Wir verkürzen die gefühlte Zeit an der Tafel 7 des Burglehrpfades am alten Burgweg und gehen weiter bergauf. Den rechts abzweigenden Weg ins Tal sowie den Weg wenige Meter weiter oben nach rechts etwas steiler bergauf ignorieren wir und folgen dem Hauptweg, bis wir an eine breite Forststraße stoßen. Hier werden wir später geradeaus bzw. nach links gehen, gehen jetzt aber rechts

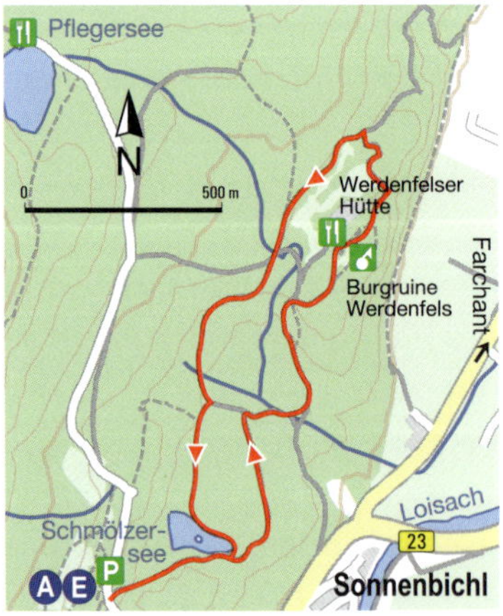

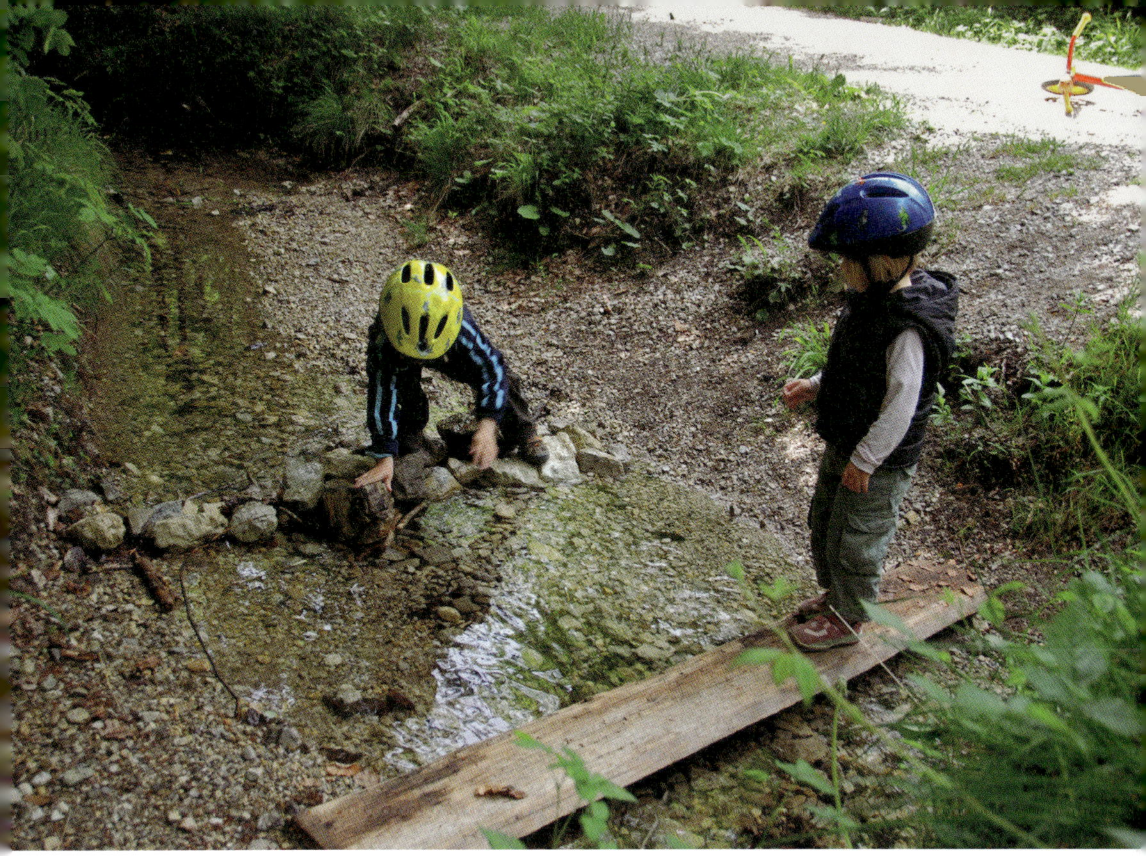

der Beschilderung Werdenfelser Hütte folgend auf der Fahrstraße weiter. Noch ein kurzes Stück und die Hütte ist erreicht. Der nur an Sonntagen angebotene Schweinsbraten samt Extraknödel für die Kleinen ist kaum verzehrt, da drängen die Kinder schon weiter – ein seltenes Ereignis auf einer Hütte und ungelegen obendrein, da dann der sehr leckere Kaiserschmarrn auf der Strecke bleiben würde. Wie auch immer die Abstimmung ausfällt, die um 1220 erbaute Burg Werdenfels, wenn auch nur im Zustand einer teilrestaurierten Ruine, ist zweifelsohne ein Highlight der Tour. Ausnehmend gefährlich ist es hier zwar nicht, aber alleine sollten die Kleinen keinesfalls während der Einkehr hier herumtoben.

Nach der Einkehr geht es zurück zu der bereits erwähnten Einmündung des Anstiegsweges in die Forststraße, der wir weiter folgen. Man erreicht eine weitere Forststraße, geht nach links und wenige Meter gleich wieder links Richtung Schmölzersee. Nach etwa fünf Minuten zweigt man nach rechts auf den Kramerplateauweg ab und geht nach 50 Metern beim hölzernen Wegweiser geradeaus leicht bergab weiter. Schon bald erreichen wir den See und gehen nach rechts zurück zum Parkplatz.

Ein Bach, ein Brett und Kinder – es kann mal wieder länger dauern.

81 An den Kuhfluchtfällen von Farchant

Auf dem Waldlehrpfad zu tobenden Wasserfällen

Mittel | 4,5 km | 200 m | 2 Std.

Alter
Ab 4 Jahren

Tourencharakter
Kleine, unkomplizierte Wanderung mit einem Waldlehrpfad zu den Kuhfluchtwasserfällen; im Sommer am schönsten, denn da kann man baden, planschen oder Dämme bauen, im Frühjahr ist es durch das viele Schmelzwasser am beeindruckendsten

Ausgangs-/Endpunkt
Parkplatz am Warmbad in Farchant

Anfahrt
Auto: Auf der A 95 von München Richtung Garmisch zum Autobahnende, dann vor dem Tunnel rechts nach Farchant, im Ortszentrum links über die Gleise und dann rechts der Beschilderung zum Warmbad folgen. Hier viele kostenlose Parkplätze. Bahn: Farchant ist Haltestelle auf der Zugverbindung München–Garmisch, vom Bahnhof sind es nur wenige Hundert Meter nach Osten über die Gleise, dann geht es rechts zum Warmbadparkplatz

Karte
Topografische Karte 1:50 000, Blatt Karwendelgebirge

Information
farchant.de

Die Kuhfluchtfälle sind ein rauschendes Wasserspiel von beeindruckender Naturgewalt. Hier strömt und fällt das Wasser von mehreren Seiten nach unten, vereinigt sich dann und fließt wild brausend ins Tal.

Nach schweren Regenfällen, die Schutt und Geröll in den Kuhfluchtfällen mit sich reißen, liegt über der Klamm ein leicht fader und stinkender Geruch nach faulen Eiern. Er entweicht dem hier anstehenden Hauptdolomit. Dieser Kalk ist sehr brüchig, in seinen Schichten hat sich vor über 200 Millionen Jahren Faulschlamm gesammelt, der versteinert zutage tritt. Wenn diese Steine brechen, werden schwefelhaltige Dämpfe frei, die diesen Geruch verursachen. Hinweisschilder machen auf die mögliche Gewalt des Wassers aufmerksam. Wir können noch Reste der einstigen Brücke erkennen, die das Pfingsthochwasser 1999 komplett weggespült und verbogen hat. Der damalige Spülsaum an beiden Ufern ist immer noch deutlich zu sehen.

Dieser Ausflug ist wie für Kinder geschaffen. Bis zur Kuhflucht wandern unsere Sprösslinge entlang einem unterhaltsamen und spannenden Waldlehrpfad ganz von selbst. Dann zieht sie das rauschende und schäumende Wasser zu den eigentlichen Fällen. Ab hier wird der Weg steil und ist nur noch für größere Kinder empfehlenswert, kleinere sichert man am besten mit einer Reepschnur. Es lohnt sich aber weiter aufzusteigen. Den Weg benützen sonst nur geübte Bergsteiger, die zum Hohen Fricken aufsteigen wollen. Dafür braucht man aber mindestens sechs Stunden, doch bis zur ersten Aussichts-

Einkehr

Unterwegs keine. In Farchant gibt es den Gasthof Alter Wirt oder Pizzerien. Ein tolles Eis bekommt man im Zentrum im Eiscafé Bella.

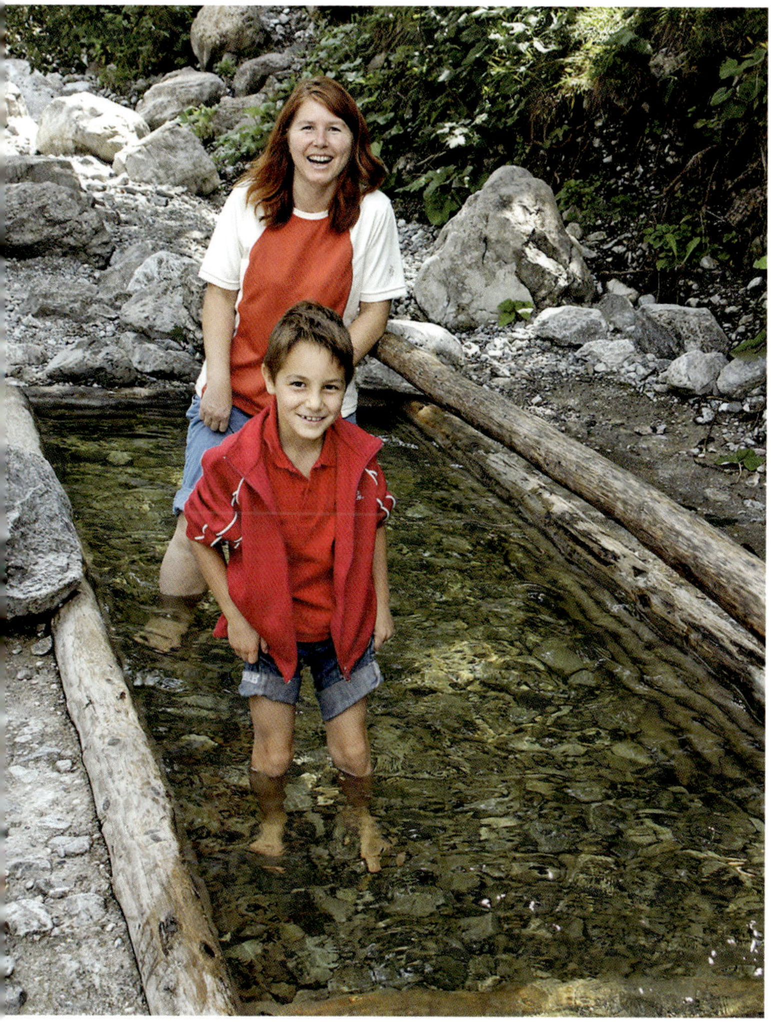

Äußerst erfrischend und überdies gesund ist der Gang durch das Kneippbecken am Ufer der Kuhflucht.

kanzel über das Loisachtal können es alle schaffen. Dort kann man auf einem kleinen Felssporn sitzen, den Blick zur Zugspitze schweifen lassen und zumindest das Gefühl einer richtigen Bergtour genießen.
Von hier aus gehen wir schließlich auf dem gleichen Weg zurück. Nun locken das kühlende Kneippbecken und ein Barfußpfad am Wegrand. Die Kinder können sich im Weitsprung mit Hasen und Rehen vergleichen und weiter die Rätsel des Waldlehrpfades lösen.

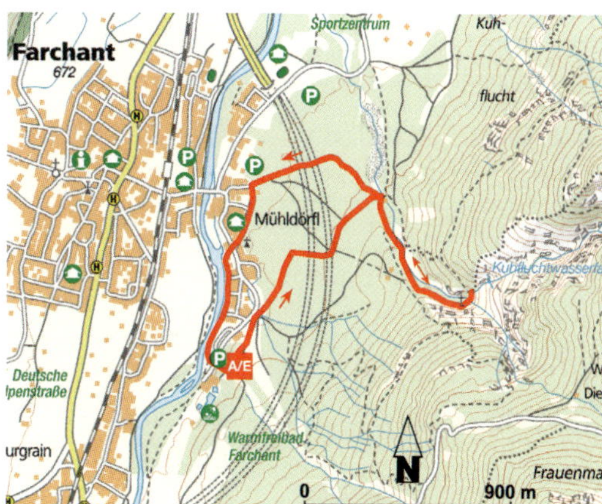

82 Am Ammersee-Ostufer nach Herrsching

Uferwanderung mit schönen Bademöglichkeiten

Leicht | 6,5 km | 0 m | 2.30 Std.

Alter
Ab 6 Jahren

Tourencharakter
Wunderschöne Uferwanderung, auf der ein schöner Buchenwald die meiste Zeit angenehme Frische spendet. Nur das letzte Stück ist zum Teil schattenlos. Es sind keinerlei Höhenunterschiede zu bewältigen.

Ausgangspunkt
Schiffsanlegestelle Breitbrunn

Endpunkt
Schiffsanlegestelle Herrsching

Anfahrt
Auto: Auf der A 96 Richtung Lindau bis zur Ausfahrt Weßling/Oberpfaffenhofen und weiter über Weßling der Beschilderung folgend nach Herrsching und zur Bootsanlegestelle. Parkmöglichkeiten in der Straße Zum Landungssteg. Bahn: Mit der S-Bahn von München Hbf. direkt zum Bahnhof Herrsching und in wenigen Minuten zu Fuß über die Straße Zum Landungssteg und die Seestraße zur Schiffsanlegestelle

Karte
Topografische Karte 1:50 000, Blatt Ammersee – Starnberger See

Information
Tel. 08152/5227

Diese herrliche Uferwanderung beginnt mit einer gemütlichen Bootsfahrt von Herrsching nach Breitbrunn. Herrsching ist ideal mit der S-Bahn von München aus zu erreichen. Außerdem ist es auch zeitlich geschickter, wenn man zu Beginn der Wanderung mit dem Schiff fährt, dann muss man während der Wanderung nicht auf die Uhr schauen und kann an einer der vielen schönen Bademöglichkeiten so richtig die Seele baumeln lassen.

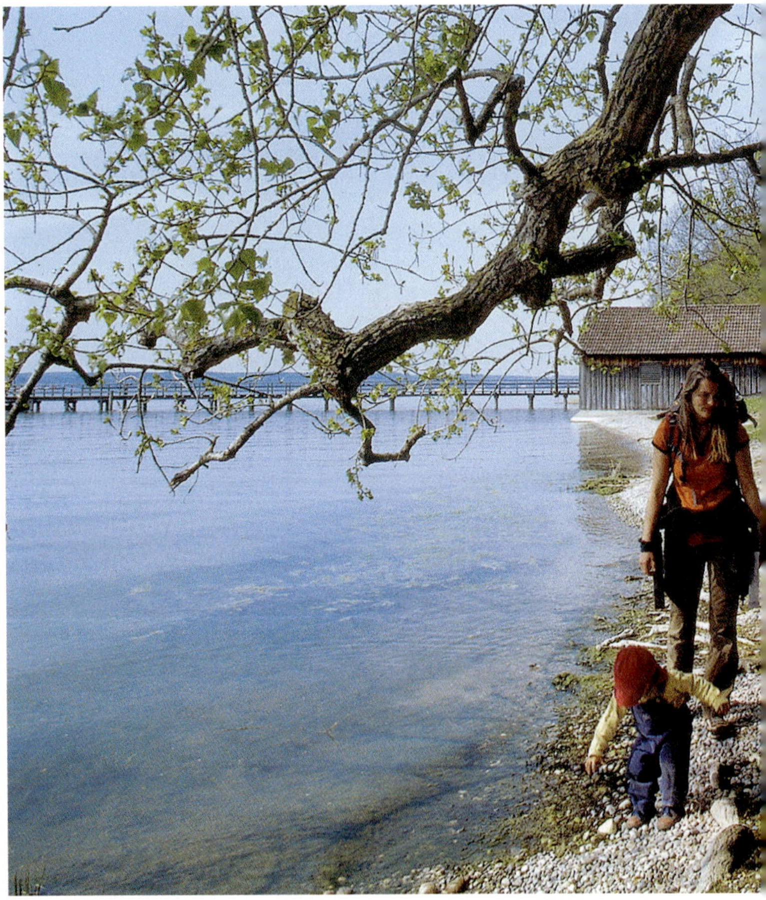

Von Herrsching geht es zunächst mit dem Schiff zum Ausgangspunkt in Breitbrunn. Die aktuellen Fahrpläne und Preise findet man online unter seenschifffahrt.de. Generell fahren die Schiffe von Anfang April bis Mitte Oktober.

In Breitbrunn angekommen, wendet man sich gleich am Ende des Steges nach rechts und folgt dem Kiesufer. Bald ist auch schon ein gut ausgetrampelter Pfad erkennbar, der nun immer parallel zum Ammersee nach Süden führt. Zuerst kommt man an einigen Seegrundstücken vorbei, dann wird der Weg im schönen Buchenwald breiter. Hier findet man bald sehr schöne Badeplätze direkt am See. Wer schon jetzt baden will, sollte es

Einkehr

Strandbad Seewinkel, Insidertreff mit günstigen Longdrinks und kleinen Gerichten, nur im Sommerhalbjahr geöffnet, strandbad-herrsching.de; Hotel Seehof, Biergarten direkt an der Herrschinger Schiffsanlegestelle, kein Ruhetag

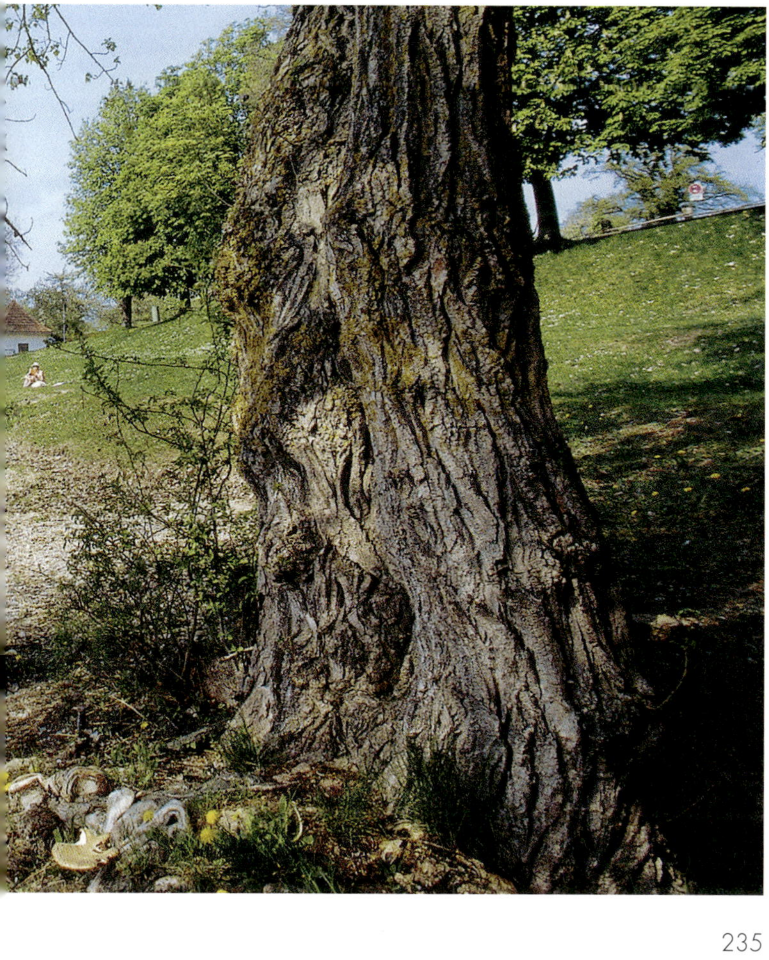

Der Weg führt fast immer am See entlang.

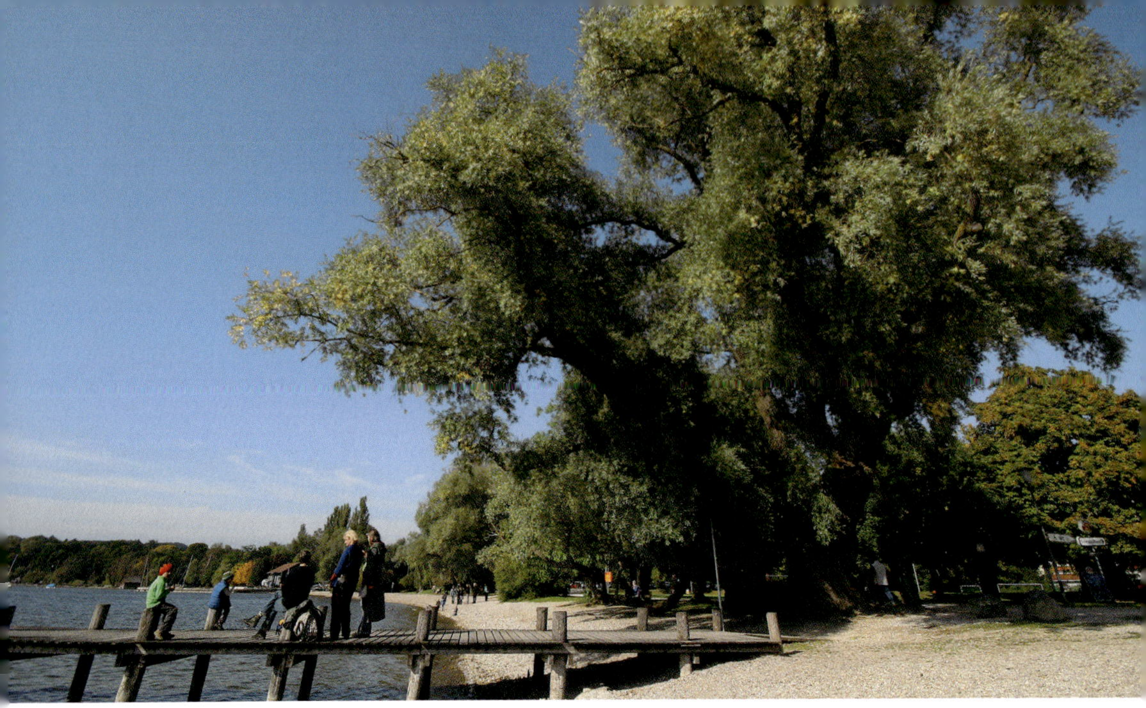

Ziel der Wanderung ist die schöne Uferpromenade von Herrsching.

gleich tun. Denn der Weg führt dann ein wenig vom See weg und Schilder machen darauf aufmerksam, dass man das rechts vom Weg gelegene Schilfgebiet im nächsten Abschnitt von Anfang März bis Ende August nicht betreten darf. Nach einiger Zeit sieht man, nachdem man an zwei Gebäuden vorbeigekommen ist, an einer Weggabelung hoch in einem Baum ein altes Schild »Ende des Uferweges«. Hier geht es links hinauf zur Hauptstraße. Dieser muss man nun etwa 600 Meter bis zum Ortsschild von Herrsching folgen. Dahinter biegen wir wieder nach rechts ab, um über den Parkplatz des Bauernverbandes auf die Seepromenade zu stoßen. Hier wandern wir zunächst nach links, folgen aber nach einigen Hundert Metern rechts einem geteerten Fahrrad- bzw. Fußweg, um dann wieder rechts in den schönen Uferweg einzubiegen. Ganz zum Schluss der Promenade führt der Weg nach links ein Stück vom Ufer weg. Bei der nächsten Möglichkeit gehen wir gleich wieder nach rechts und erreichen, indem wir den Kurpark von Herrsching durchqueren, wieder die Schiffsanlegestelle.

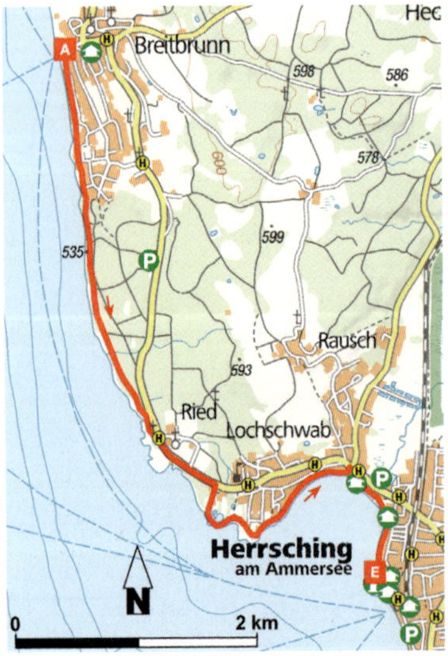

Bei niedrigem Wasserstand kann man an der Gabelung auch geradeaus gehen. Man folgt somit einem schmaleren Pfad und kommt bald direkt an den See. Der Trampelpfad führt ein Stück durch das Schilf und wird zum Teil ziemlich undeutlich. Dann muss man einen einmündenden Bach durchqueren (hier heißt es also Schuhe ausziehen) und geht dann immer direkt am Ufer entlang, bevor man auf die Herrschinger Strandpromenade trifft.

Unten: Wunderschöner Buchenmischwald begleitet den größten Teil der Tour.

Wer diese Ammersee-Uferwanderung verlängern möchte, der kann auch an der weiter entfernten Schiffsanlegestelle Buch oder noch nördlicher in Stegen starten. Diese beiden Anlegestellen werden ebenfalls auf der »Nördlichen Rundfahrt« von den Schiffen bedient. Von Buch aus sind zusätzlich zur beschriebenen Strecke zweieinhalb Kilometer, von Stegen aus zusätzlich fünf Kilometer zurückzulegen. Die Orientierung ist einfach, da der Verlauf immer am Ammersee entlangführt.

Kurparkschlössl

Der Kunstmaler Ludwig Scheuermann ließ Ende des 19. Jahrhunderts das Kurparkschlössl in Herrsching im Stil italienischer Adelspaläste errichten. Der zugereiste Künstler suchte im damals 360 Einwohner zählenden Herrsching Anschluss als Mitbürger und fand große Wertschätzung bei der Bevölkerung. Heute befindet sich hier die Volkshochschule. Außerdem finden Wechselausstellungen statt.

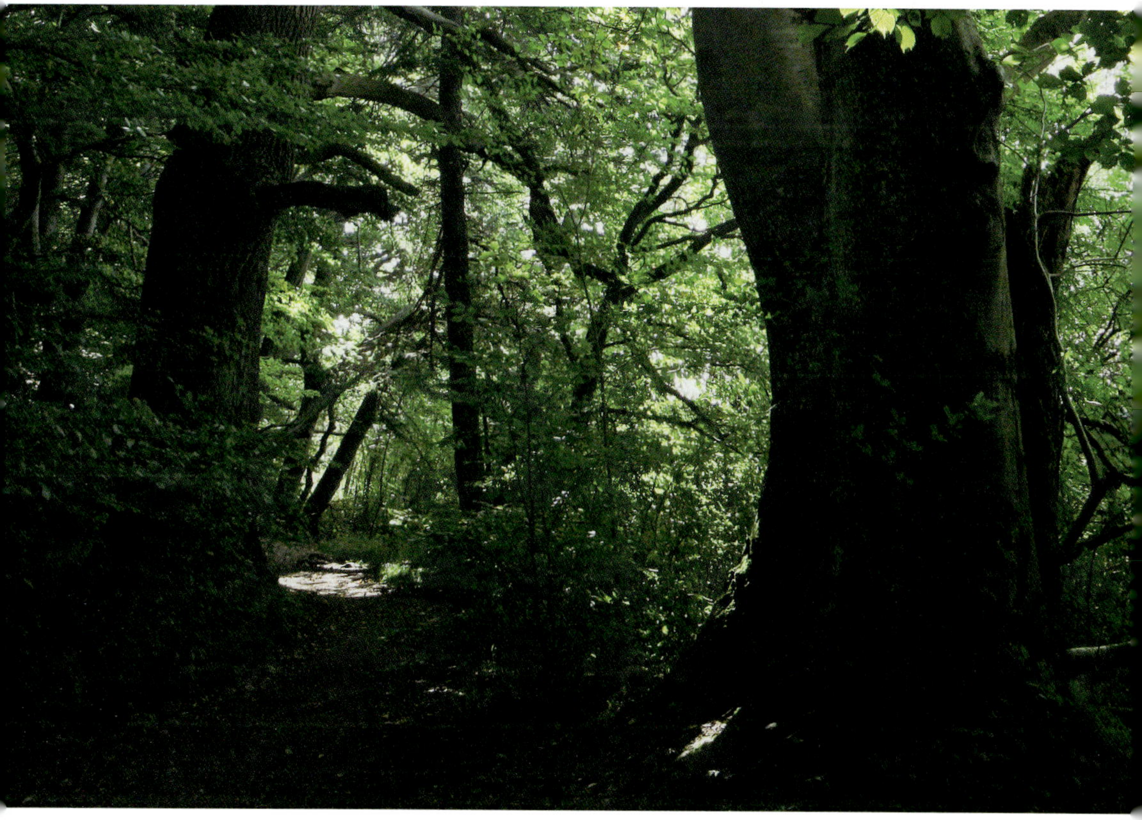

83 Rund um den Wörthsee

Wandern, Baden, Bootfahren

Leicht | 11 km | 70 m | 2.45 Std.

Alter
Ab 5 Jahren

Tourencharakter
Abwechslungsreiche Rundwanderung auf gut befestigten Wanderwegen, teils auf asphaltierten Fußgängerwegen und ein Stück auf der Straße

Ausgangs-/Endpunkt
Bahnhof Steinebach

Anfahrt
Auto: Über die A 96 München–Lindau bis zur Ausfahrt Wörthsee oder über die A 8 Stuttgart–München bis zur Ausfahrt Fürstenfeldbruck und weiter über Etterschlag zum Wörthsee; beim Bahnhof Steinebach parken. Bahn: Je nach Tageszeit verkehrt die S-Bahnlinie S 8 alle 20 bzw. 40 Min. von München nach Steinebach

Karte
Kompass-Wanderkarte 1:50 000, Nr. 180 Starnberger-/Ammersee

Information
sta5.de

Der kleine See etwa 20 Kilometer westlich von München zieht zu jeder Jahreszeit die Erholungssuchenden an. Neben zahlreichen schönen Badeplätzen gibt es bei der Rundwanderung auch einige ursprünglich belassene Naturlandschaften zu entdecken.

Die Rundtour beginnt am Bahnhof von Steinebach. Über eine Treppe gehen wir rechts am Musikclub vorbei, dann führt auf der gegenüberliegenden Seite der Hauptstraße ein schmaler Fußgängerweg am Feuerwehrhaus hinunter zum See. Der Platz heißt Birkenwiese, unschwer zu erkennen an den prächtigen Birken. Hier finden wir gleich die erste Badestelle vor, die aufgrund des großen Kinderspielplatzes bei Familien sehr beliebt ist.
Von der Birkenwiese gehen wir links auf dem Kiesweg am Ufer entlang, wobei der Seezugang durch die Boots- und Badehäuschen weitgehend verhindert ist. Nach etwa 10 Minuten geht es links den Hang hinauf und oben gleich rechts auf der Seitenstraße parallel zum Ufer weiter. Zwischen den Häusern hindurch gibt es einen schönen Blick von oben auf den See. Hinter

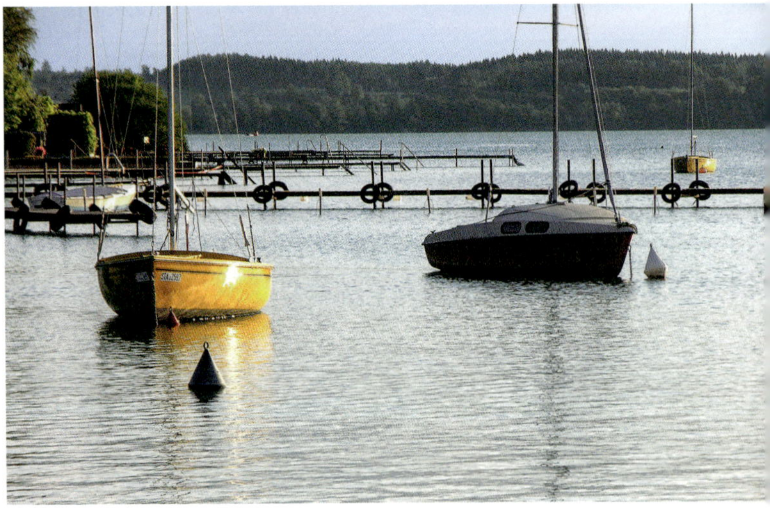

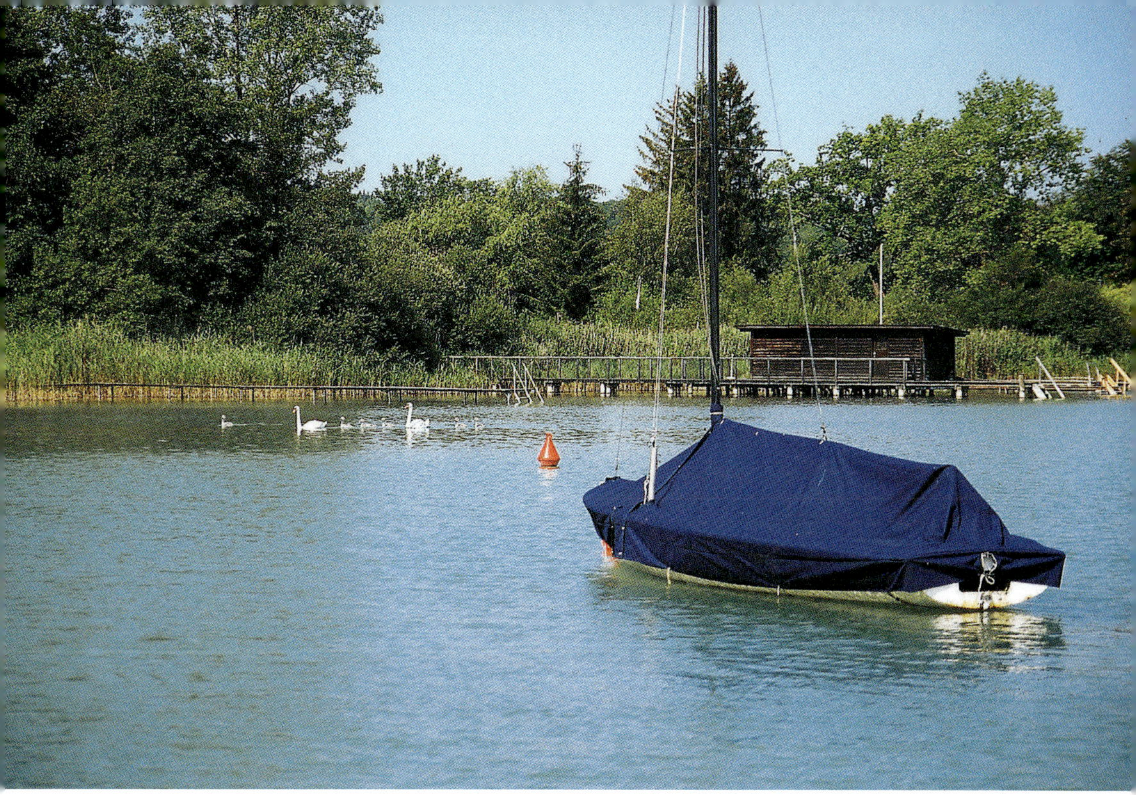

den letzten Grundstücken gelangen wir an ein Waldstück, das wir immer in Sichtweite des Ufers durchqueren. Auf dieser Seeseite können wir die schönsten Sonnenuntergänge erleben.
Am Ende des Waldstücks erreichen wir die Landstraße, der wir auf dem separaten Fußgängerweg folgen. Nach den Campingplätzen können wir wieder rechts die Straße verlassen; ein schmaler Weg führt uns immer in Ufernähe rechts um die Südwestseite des Sees herum. An seinem Ende erreichen wir die Badewiese vom Adriagrill, wo wir links am Restaurant zur Straße hinaufgehen und rechts den asphaltierten Fußgängerweg nehmen. Nach etwa 300 Metern müssen wir ein kurzes Stück an der Straße entlang gehen, können aber schon nach wenigen Hundert Metern rechts auf die Wiese des Badegeländes Bachern abzweigen.
Das weitläufige Strandbad ist besonders wegen seiner hölzernen Stege sehr beliebt. Sie führen ein Stück weit auf den See hinaus und haben am Ende eine Treppe, über die man bequem ins Wasser steigen kann.

Der Wörthsee bei Schlagenhofen

Linke Seite: Boote auf dem Wörthsee

Einkehr

Gasthof Wöhrl, schöne Seeterrasse nach den Campingplätzen, Tel. 08152/76445; Adriagrill, Terrasse und Badewiese am Westende in Schlagenhofen, Tel. 08152/70360; Seehaus Raabe, Terrasse mit Strandbad und Bootsverleih in Steinebach, Tel. 08153/7205; hinzu kommen Kioske bei den Badestellen.

Bootsverleih

Wenn an schönen Sommertagen alle Strände voll belegt sind, kann man auch ein Tretboot mieten und hinaus auf den See fahren. Bootsverleihe gibt es in Steinebach beim Seehaus Raabe und bei der Seegelschule in der Seestr. 63.

Am hinteren Ende der Badewiese führt ein Wurzelsteig direkt am Ufer entlang. Kurze Zeit später kommen wir über eine Nebenstraße nach Walchstadt. Wir folgen der Straße etwa einen Kilometer durch den Ort bis zum Hotel Mutz.

Wer möchte, kann hier rechts einen kleinen Abstecher zum See machen und einen Blick auf die Insel im Wörthsee werfen, die im Volksmund »Mausinsel« heißt. Mitten auf der Insel steht ein herrschaftliches Haus aus dem Jahr 1772, das von den Bewohnern über einen kleinen Steg erreicht wird. Der Name »Mausinsel« geht auf eine Sage zurück, die sich auf dem nahe gelegenen Schloss Seefeld ereignete, zu dessen Besitz der Wörthsee einst zählte. Einer der Schlossherren ließ damals die bei ihm unbeliebten Bettler in eine Scheune sperren und diese anzünden. Höhnisch rief er den Sterbenden zu: »Hört ihr das Wimmern der Ratten und Mäuse?« Kurze Zeit darauf kamen ganze Heerscharen von Ratten und Mäusen auf das Schloss, und er flüchtete voller Panik auf die Insel im Wörthsee. Doch auch dorthin verfolg-

Rechts: Das Schilf ist ideales Brutgebiet für Vögel.

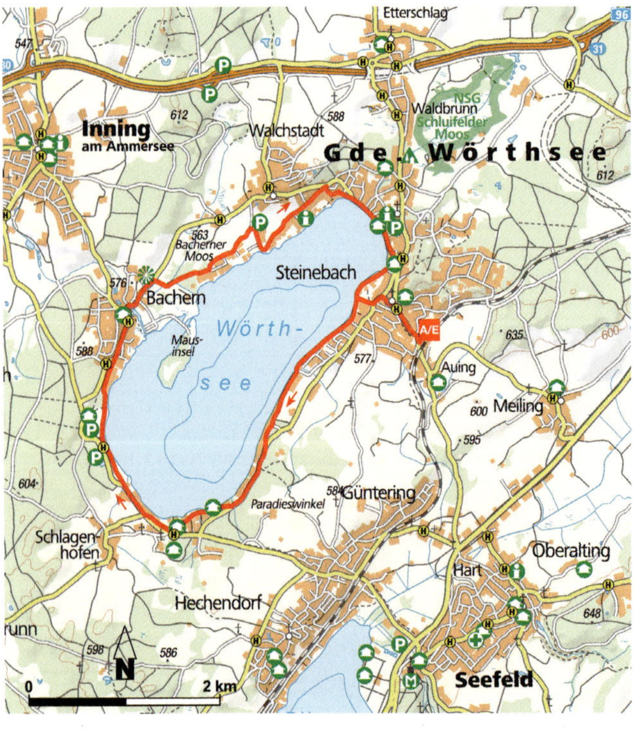

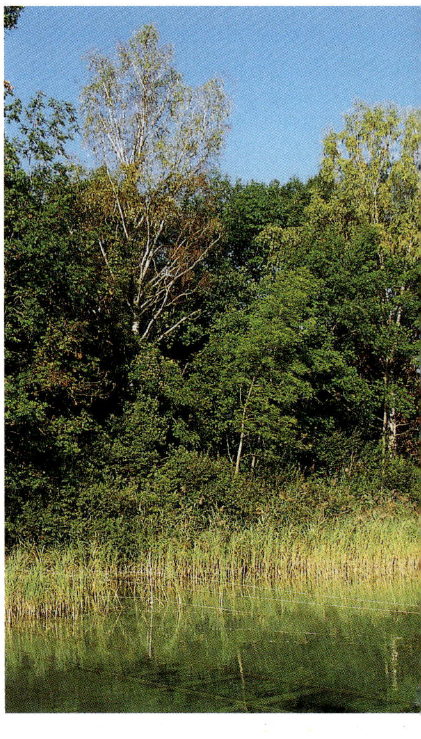

ten ihn die Tiere und ließen ihn erst in Ruhe, als er eine Stiftung für Arme versprach.

Beim Hotel Mutz überqueren wir einen kleinen Zufluss und biegen etwa 600 Meter weiter rechts auf einen geschotterten Weg Richtung See. Nach knapp 100 Metern gehen wir dann links auf einem Trampelpfad auf den Wald zu. Dieser bringt uns durch ein Moorgebiet, das im Frühsommer von unzähligen gelb blühenden Schlüsselblumen übersät ist. Im weiteren Verlauf folgen wir einer leicht befestigten Seitenstraße, bis es rechts auf einem Teerweg hinunter zur Badestelle Rossschwemme geht. Früher wurden hier die Pferde im Wörthsee getränkt und gewaschen.

Von der Rossschwemme geht es über die Wohnstraßen des Ortsteils Walchstadt zurück in Richtung Steinebach. Oberhalb der Straße können wir noch einige der alten Villen sehen, die zu Beginn des 20. Jh. von prominenten Schauspielern, Künstlern, Sängern und reichen Münchner Unternehmern bewohnt wurden. Kurz vor Steinebach erreichen wir wieder den Uferweg, auf dem wir immer am See entlang vorbei an mehreren Restaurants und Badeplätzen wieder zur Birkenwiese kommen und dann links hinauf zurück zum Bahnhof gehen.

In den frühen Morgenstunden ist der Badesteg noch verlassen.

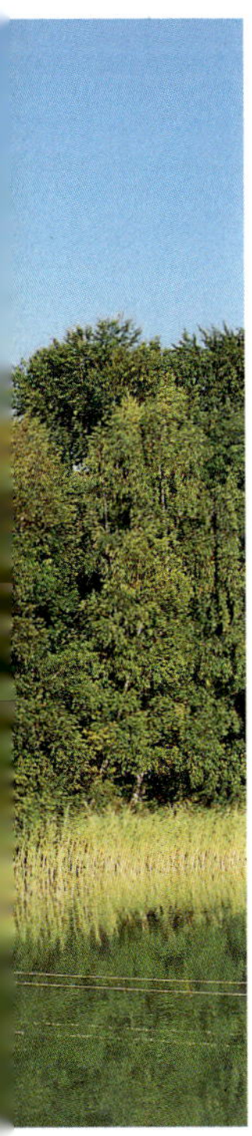

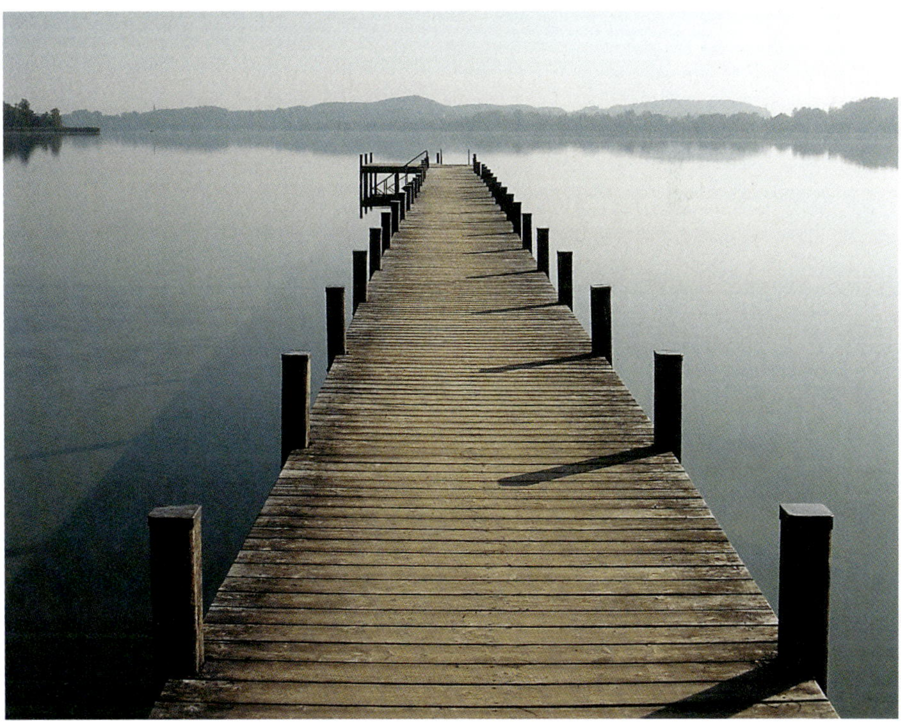

84 Flößerspielplatz Krün

Ein Abenteuerspielplatz, der kleine und große Herzen höherschlagen lässt

Leicht | beliebig | beliebig | beliebig

Alter
Ab 2 Jahren

Tourencharakter
Keine Tour, nur Spielplatz

Ausgangs-/Endpunkt
Parkplatz vor dem Sportplatz

Anfahrt
A95 München–Garmisch bis zum Autobahnende, auf der B2 nach Mittenwald, dort über die B11 bis Krün. Im Ort links abbiegen Richtung Sportplatz

Einkehr
Kiosk am Flößerspielplatz von Mai bis Oktober (an den meisten Tagen) geöffnet

Karte
Wanderkarte 1:50000, WK 6 Alpenwelt Karwendel (Kompass)

Information
alpenwelt-karwendel.de

Unterhalb der Straße von Mittenwald nach Wallgau liegt in Krün ein attraktives Ausflugsziel für die ganze Familie. Der Flößerspielplatz besticht durch die Vielzahl an Spielangeboten, handgefertigten Unikaten aus naturbelassenen Hölzern und viel Liebe zum Detail.

Ein heißer Sommertag, zum Wandern zu warm, die Kinder sind k.o. Was tun? Ein Ausflug nach Krün zum Flößerspielplatz ist ein absolutes Highlight für Groß und Klein. Dieser Abenteuerspielplatz bietet wirklich tolle Kletter-, Schaukel-, Matsch- sowie Wasserspielmöglichkeiten für alle Altersgruppen. Eine der Hauptattraktionen ist sicherlich das bewegliche Floß, das über einen Wellenparcours gezogen werden muss – wofür man durchaus auch einmal Papas starke Arme benötigt. Weitere Spielangebote wie eine Seilbahn, eine Tunnelrutsche, eine Vogelnest-Schaukel, eine Kletterwand, ein Niederseil-Klettergarten, eine Doppelwippe, eine Wackelbrücke, ein Spielfloß oder ein großer Sandbereich mit Wasserpumpe zum ordentlichen »Matschmachen« sorgen für jede Menge Abwechslung. Sogar eine BMX-Bahn für Jugendliche wurde angelegt.

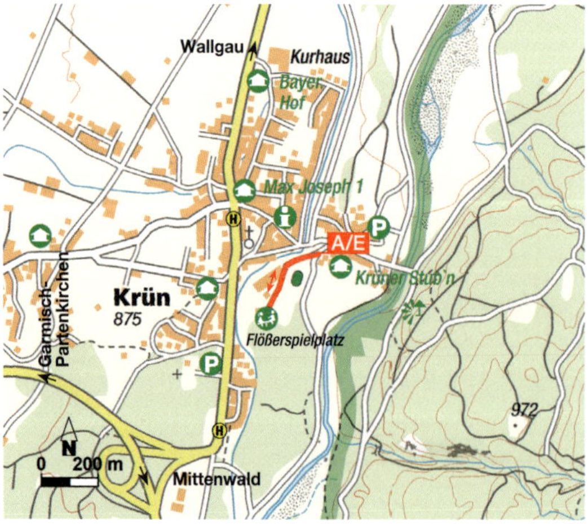

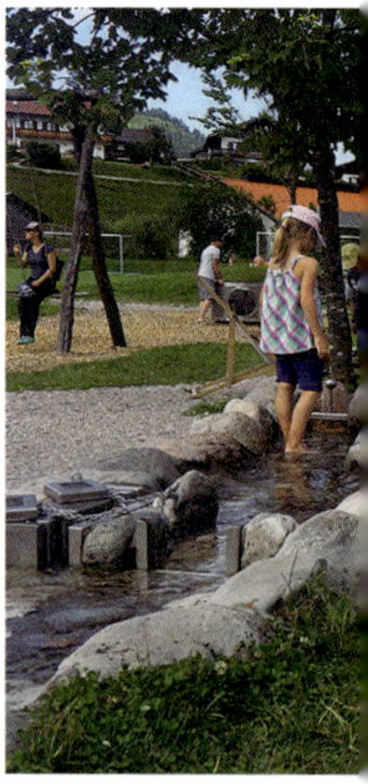

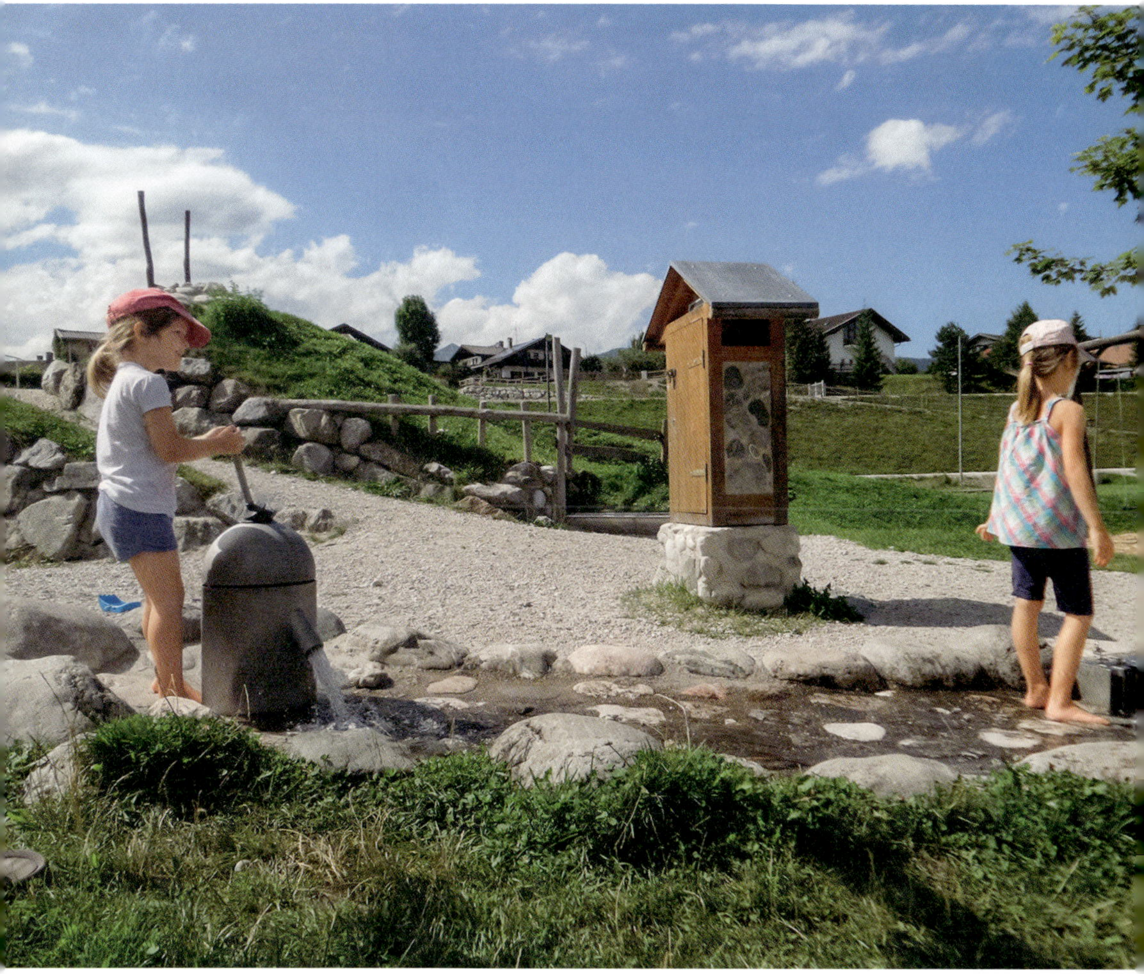

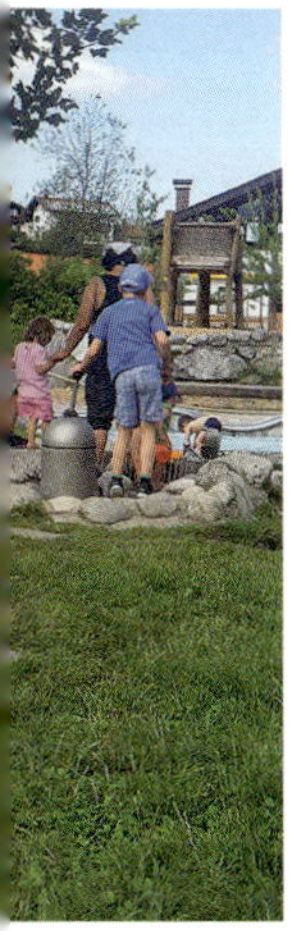

Für eine kühle Erfrischung sorgt ein Bachlauf mit Stauwehr, Wasserpumpen und einem Wasserrad. Zahlreiche Sitzgelegenheiten laden dazu ein, ein Picknick zu machen, einfach zu relaxen oder den Minis beim Spielen zuzusehen. Im Sommer 2016 wurde zudem der direkt angrenzende Kiosk mit Blick auf den Spielplatz eröffnet, der in der Sommersaison alkoholfreie Getränke, Kaffee, Kuchen, Würstchen oder Toasts anbietet, aber auch für Vergessliche Windeln oder Sonnencreme.

Oben und links: Kleine Wasserbauingenieure

Weltmeisterlich

Wandern auf den Spuren einer Weltmeisterin – der Magdalena-Neuner-Panoramaweg auf den Krepelschrofen macht es möglich.

85 Viel Spaß am Kochelsee

Vom Wasser zum Strom

Leicht	6 km	100 m	1.30 Std.

Alter
Ab 6 Jahren

Tourencharakter
Besuch des Kraftwerks und Wanderung auf dem schattigen Felsenweg nach Schlehdorf

Öffnungszeiten
Erlebniskraftwerk Walchensee täglich von 9–18 Uhr, im Winter geschlossen; Kochelseeschifffahrt von Mitte Juni bis Mitte September täglich mehrere Verbindungen, im Mai und Oktober eingeschränkter Fahrbetrieb

Preise
Kraftwerk kostenlos; Schifffahrt: Gesamtrundfahrt Erwachsene 12 €, Kinder von 4 bis 14 Jahren 50 % Rabatt, Familienkarte (2 Erwachsene und 4 Kinder) 28 €, die Fahrt von Schlehdorf zum Altjoch ist günstiger.

Ausgangs-/Endpunkt
Parkplatz am Erlebniskraftwerk Walchensee

Anfahrt
A 95 Richtung Garmisch, Ausfahrt Kochel; das Kraftwerk liegt am Ortsende Richtung Kesselberg im Ortsteil Altjoch.

Karte
Topografische Karte 1:50 000, Blatt Karwendelgebirge

Information
zwei-seen-land.de

Malerisch ist Kochel zwischen Bergen und dem gleichnamigen 6,5 Quadratmeter großen See gebettet. Er ist der Schauplatz unserer heutigen Tour.

Der See ist ein Überbleibsel der Eiszeit. Ursprünglich reichte er über Benediktbeuern hinaus, nach seiner Verlandung bildeten sich daraus die Moore. Über ihre ebene Fläche sehen wir bereits

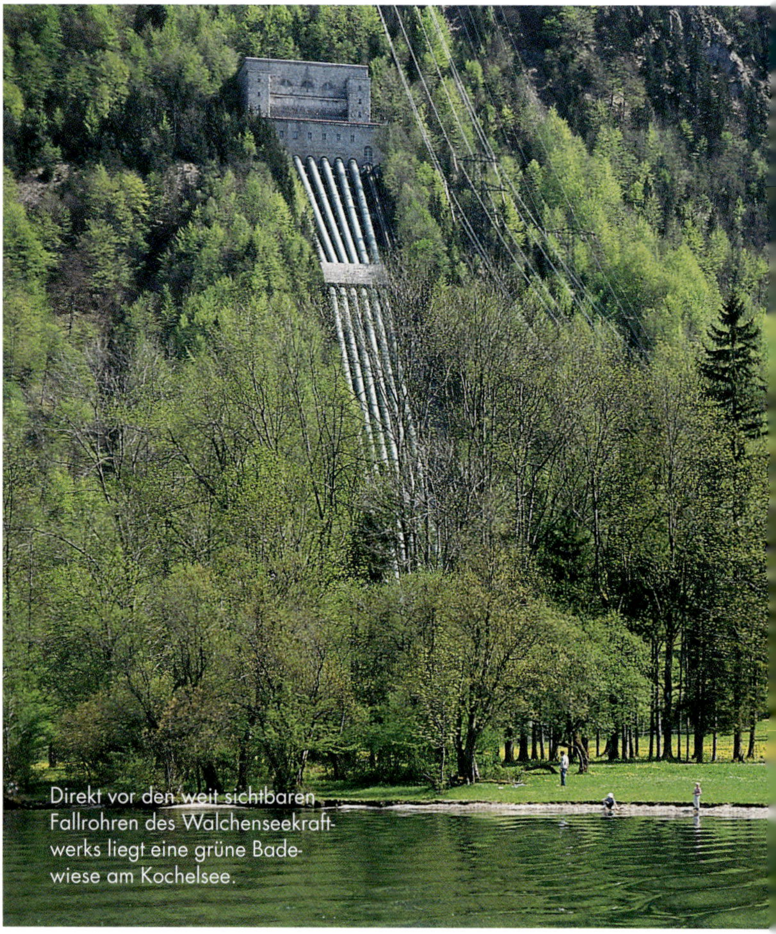

Direkt vor den weit sichtbaren Fallrohren des Walchenseekraftwerks liegt eine grüne Badewiese am Kochelsee.

von Weitem die langen, grünen Fallrohre, die vom Kesselberg herunter in den Kochelsee führen. Sie sind zu einem Wahrzeichen der Gegend um Kochel geworden. Genaueres erfährt man bei einem Besuch im Walchenseekraftwerk. Das hochmoderne Informationszentrum steht direkt neben dem denkmalgeschützten alten Kraftwerk. Mit interaktiven Touch-Screen-Terminals, Schautafeln und Modellen erfahren wir den Weg vom Wasser zum Strom. Über eine Drehtüre können wir in die laute Maschinenhalle gelangen und uns einen Überblick verschaffen. Hier

Einkehr

Direkt am Kraftwerk mit Blick auf die Fallrohre liegt das Oskar-von-Miller-Bistro; in Schlehdorf das Gasthaus Fischerstüberl; in Kochel gibt es viele Möglichkeiten, für Kaffee und Kuchen gehen wir am besten zum Bauerncafé Zum Giggerer in der Klambachstr. 13, dort sitzt man wunderschön im renovierten alten Bauernhaus und genießt leckeren hausgemachten Kuchen.

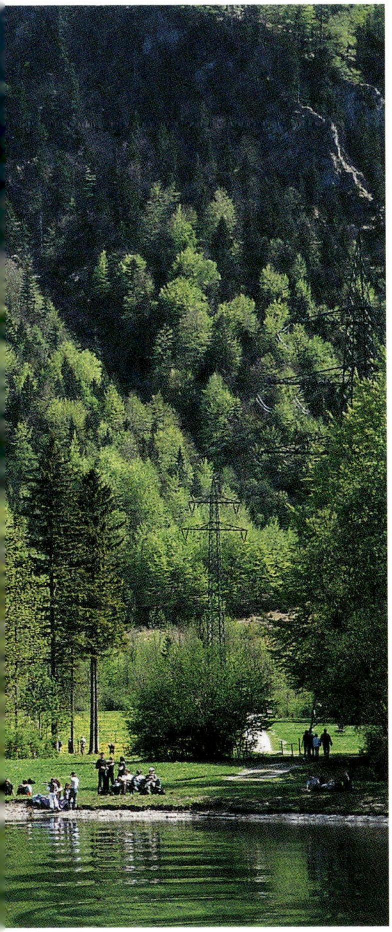

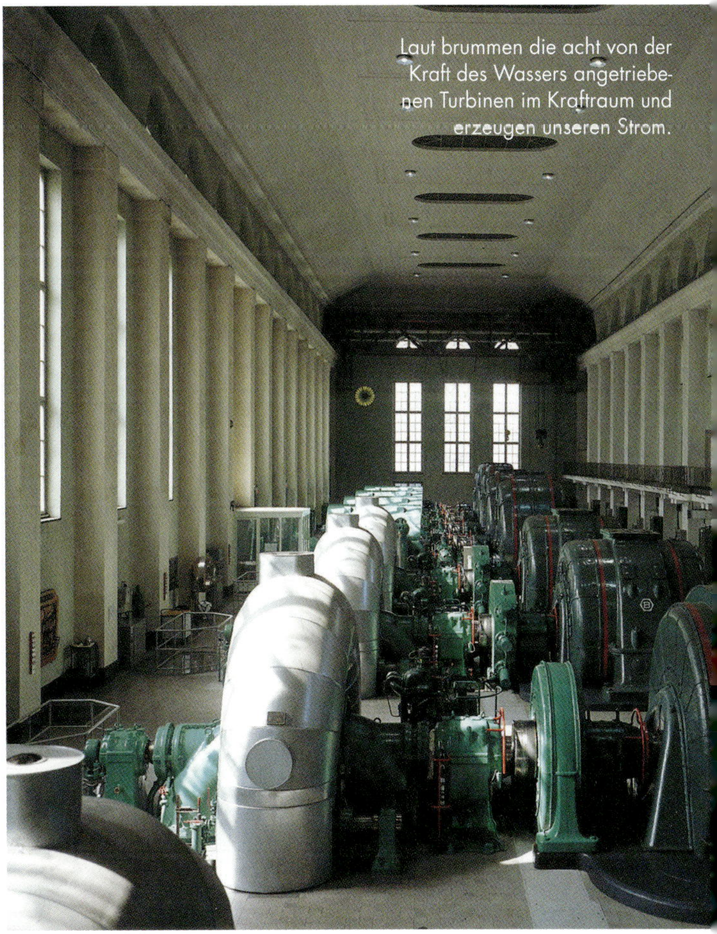

Laut brummen die acht von der Kraft des Wassers angetriebenen Turbinen im Kraftraum und erzeugen unseren Strom.

Rechte Seite oben: Am Kochelsee gibt es tolle Sonnenuntergänge. Unten: In Schlehdorf endet die Wanderung, von dort geht es zur Abwechslung mit dem Schiff zurück. Aber Achtung! Es fährt nicht immer. Info: motorschifffahrt-kochelsee.de

schlägt das Herz des nach 1918 von Oskar von Miller erbauten Kraftwerkes. Damals konnten die Leute überhaupt nicht verstehen, wozu man so viel Strom jemals brauchen könnte. Doch die Zeit sollte dem Visionär von Miller mehr als Recht geben. Acht Turbinen treiben unterschiedliche Stromgeneratoren an. Die einen speisen Strom für den normalen Haushaltsbedarf ein, die anderen beliefern exklusiv die Deutsche Bahn. Viel spannender als hier kann kein Heimat-, Physik- und Sachunterricht gestaltet sein. Nun endlich verstehen wir, wie der Stromkreislauf funktioniert.

Die Blauen Reiter

Wer noch nicht genug Programmpunkte hat, freut sich über einen Besuch im Franz Marc Museum. Der berühmte Künstler Franz Marc aus der Gruppe der Blauen Reiter lebte hier bei Kochel. Im Museum gibt es jeden Sonntag das Offene Atelier mit spannenden und kreativen Mitmach-Workshops. Und im Sommer lockt natürlich noch der Kochelsee zum Baden. Aber Achtung, das Wasser ist meist sehr erfrischend kühl.

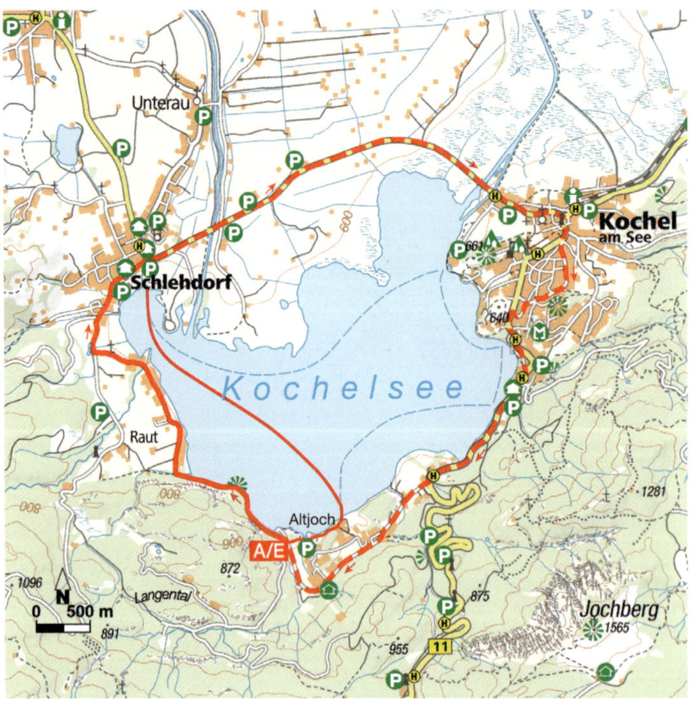

Direkt vom Kraftwerk geht es auf eine wunderschöne und nicht langweilige Wanderung auf dem Felsenweg nach Schlehdorf. Dafür gehen wir über die Fallrohrbrücke und halten uns dann rechts bis fast zum Ufer.

An der Badewiese finden wir links den Beginn des romantischen Uferweges. Er ist an einigen Stellen in eine 300 Meter hohe Felswand gesprengt worden und trotzdem einfach zu wandern. Immer wieder ergeben sich beeindruckende Ausblicke auf den See. Nach eineinhalb Stunden erreichen wir über den Weiler Raut Schlehdorf.

Von hier können wir mit dem Schiff nach Altjoch zurückkehren. Das kleine Schiff hält natürlich auch in Kochel. Wer also nicht wandern möchte, freut sich über eine Seerundfahrt.

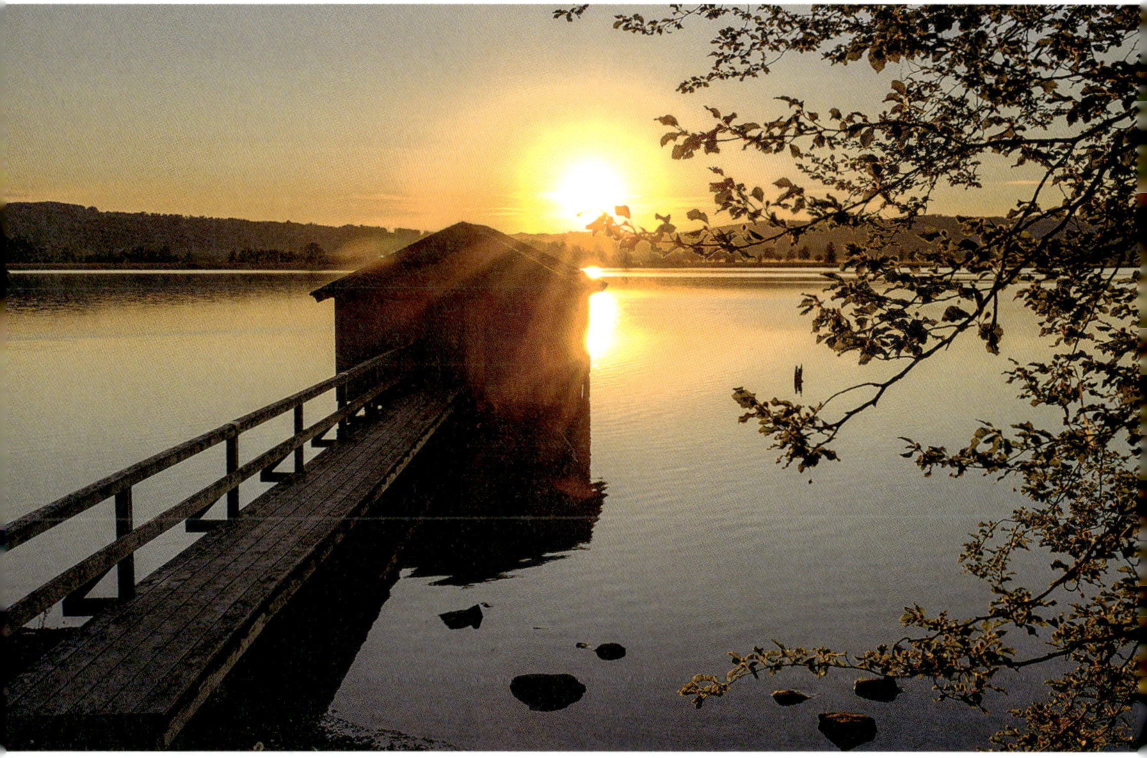

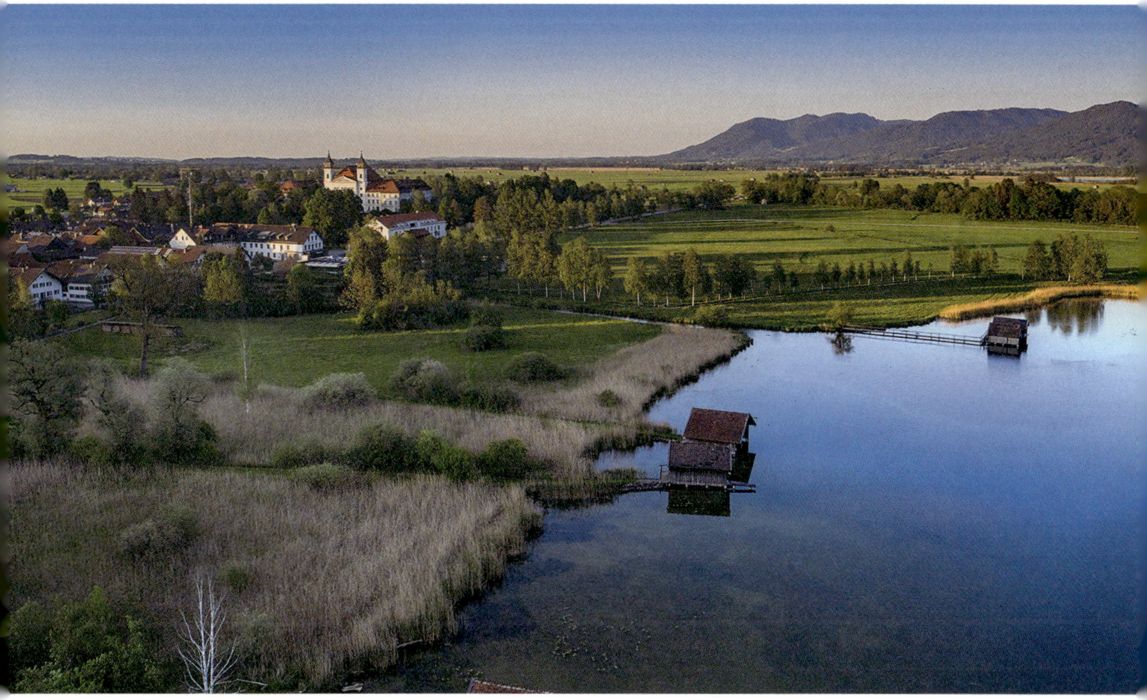

86 Durchs Isartal

Panoramawanderung zu romantischem Badesee

Leicht | 10,5 km | ↓ 110 m | 3.30 Std.

Alter
Ab 6 Jahren

Tourencharakter
Beschauliche Wanderung, teils auf Fahrwegen, mit Bademöglichkeit am Stausee

Ausgangspunkt
S-Bahn-Station Ebenhausen/Schäftlarn

Endpunkt
S-Bahn-Station Wolfratshausen

Anfahrt
Von und nach München zurück mit der S7

Einkehr
Unterwegs keine. Nach der Tour zu empfehlen: Wirtshaus Flößerei in Wolfratshausen direkt an der Loisach.

Karte
Topografische Karte 1:50000, Blatt Tölzer Land – Starnberger See

Information
tourismus.wolfratshausen.de

Auch bei dieser sehr abwechslungsreichen Wanderung sind Ausgangs- und Endpunkt ideal mit öffentlichen Verkehrsmitteln zu erreichen. Dass die Tour in der ersten Hälfte auf breiteren Fahrwegen verläuft, tut dem landschaftlichen Reiz keinen Abbruch. Besonders kurz vor Icking bieten sich bei guter Fernsicht zauberhafte Blicke auf die Alpen.

Wegen der Bademöglichkeit am Ickinger Stausee ist der Ausflug natürlich im Hochsommer besonders empfehlenswert. Im Herbst hat er prächtig bunt gefärbte Alleebäume und einen wunderschönen Bergblick zu bieten.
Vom Bahnhof aus folgen wir einem von Kastanien gesäumten Fußweg zur Hauptstraße und überqueren diese. Am Maibaum orientieren wir uns nicht an der Beschilderung zum Kloster

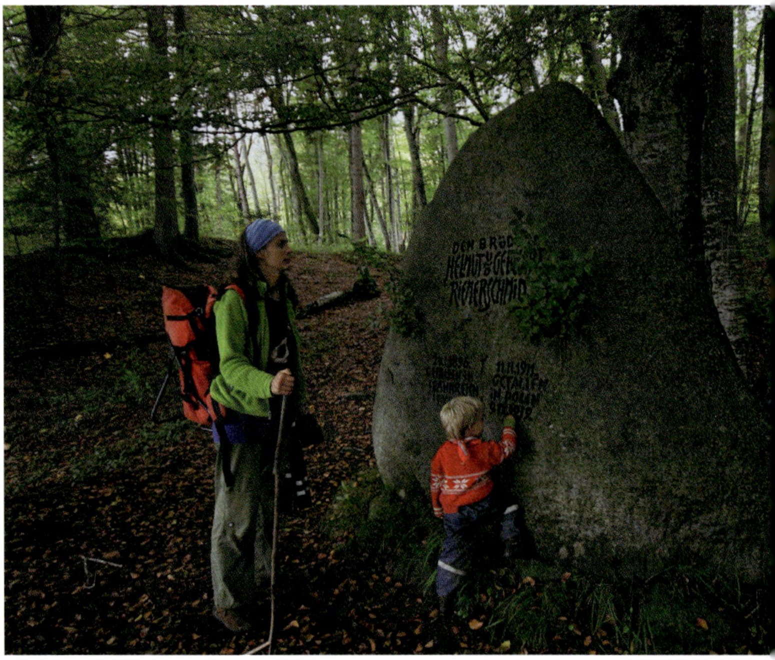

Im Isartal wurde dem Jugendstilkünstler Riemerschmid ein Gedenkstein gesetzt.

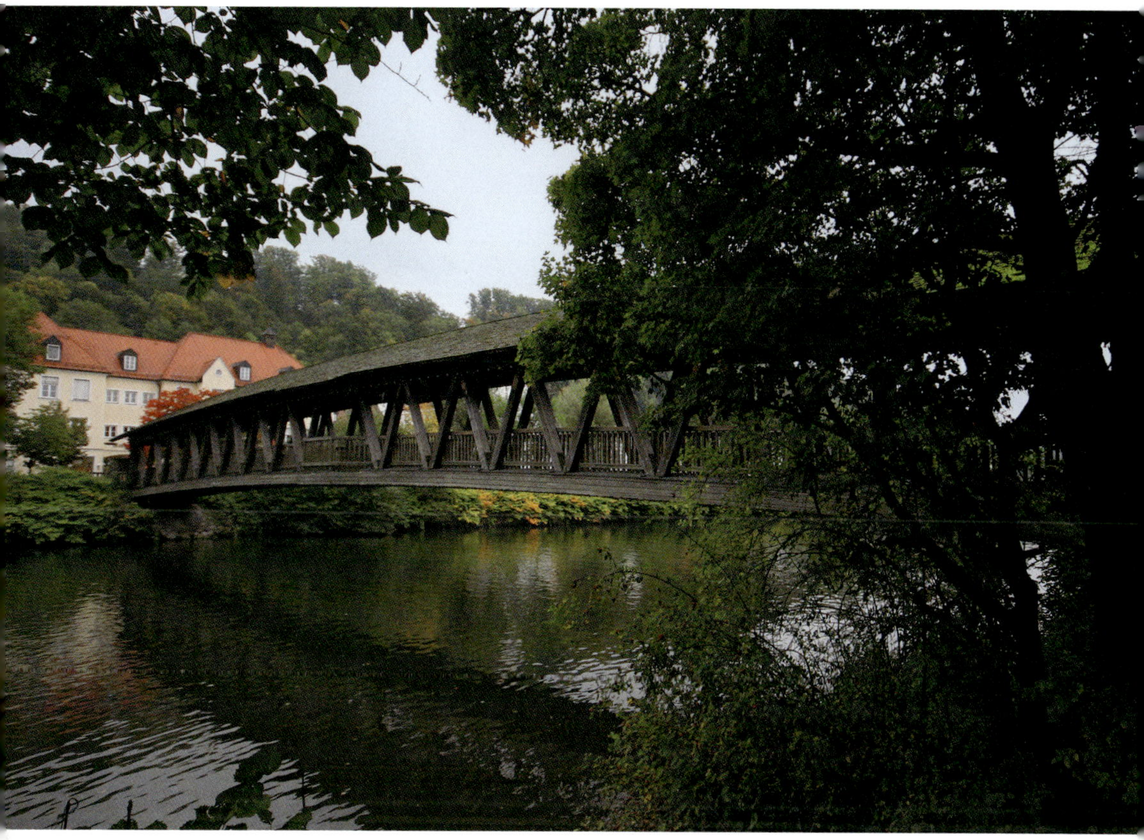

Die Loisach überquert man in Wolfratshausen auf einer schönen Holzbrücke.

Schäftlarn, sondern gehen links am Gasthaus Post und dann rechts an der Kunstschmiede vorbei. Rechts bringt uns nun der Rodelweg zu einer Eichenallee in Richtung Süden. An einer T-Kreuzung (unbeschildert) halten wir uns wieder rechts und nach knapp 500 Metern bei der Gabelung links (also noch vor der Autostraße, »w« an Strommasten).

Auf einem Fahrweg, später auf einem Wiesenweg wandern wir nun zwischen Feldern nach Süden. Auf einer Kastanienallee (Fahrstraße) erreichen wir das Gut Holzen. Hier orientieren wir uns am Schild »Icking 2,5 km« und folgen rechts einem breiten Fahrweg, der eine Linkskurve macht. An der nächsten Gabelung (unbeschildert) gehen wir nach links und kurz danach wiederum nach rechts auf einen Fußweg.

Wir kommen an den Rastbänken am sogenannten Dreispitz vorbei und folgen wieder einem Schild »Icking 1,5 km« auf einem erst schmaleren, dann wieder breiteren Fahrweg immer geradeaus nach Icking. Noch vor einer kleinen Kirche gehen

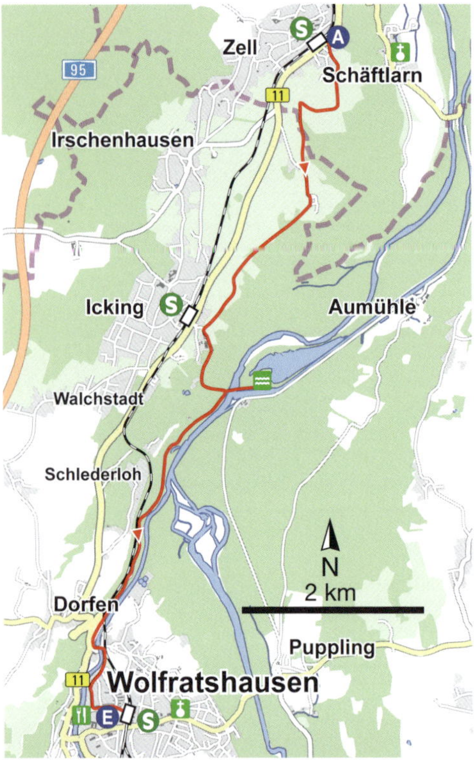

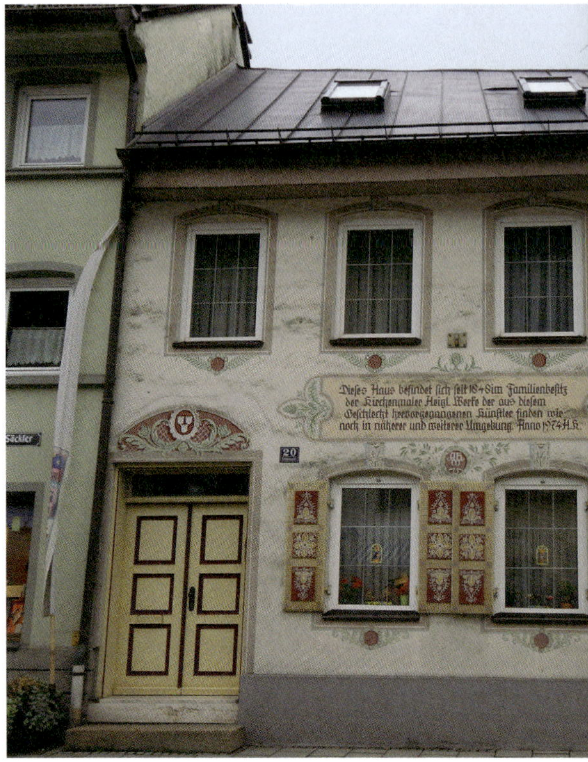

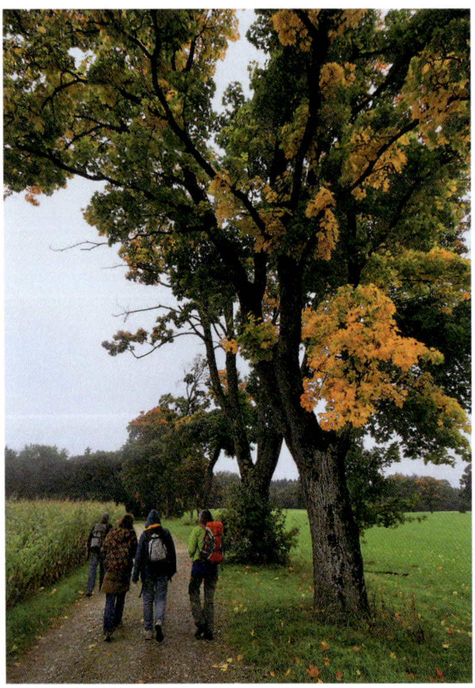

wir bei einer Gabelung nach links bergab (hier nicht geradeaus der Beschilderung Wolfratshausen folgen). Die Teerstraße bringt uns hinab in den Wald auf eine Forststraße, wo wir links auf einen Pfad abzweigen, der unten wieder auf die Forststraße trifft. Schließlich erreichen wir direkt am Ickinger Stauwehr die Isar.

Schön ist nun ein Abstecher zum malerischen Ickinger Stausee. Wir überqueren die Isar, folgen auf der anderen Seite dem Kanal noch ein Stück geradeaus und zweigen nach etwa 200 Metern links in den Wald ab. Ein deutlich erkennbarer Pfad führt zu den einzigen Badeplätzen des überraschend großen Sees. Sie befinden sich an seiner Südostseite, sind allerdings auch bei Anhängern der Freikörperkultur recht beliebt. Nach unserem Badeausflug kehren wir auf die östliche Isarseite zurück und folgen dem Schild »Riemerschmidpark/Aussichts-

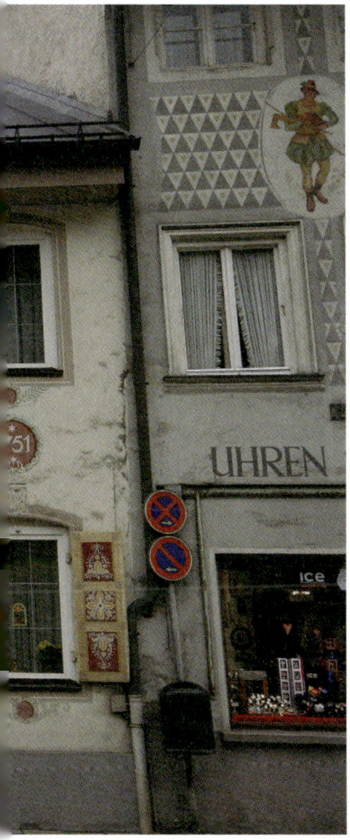

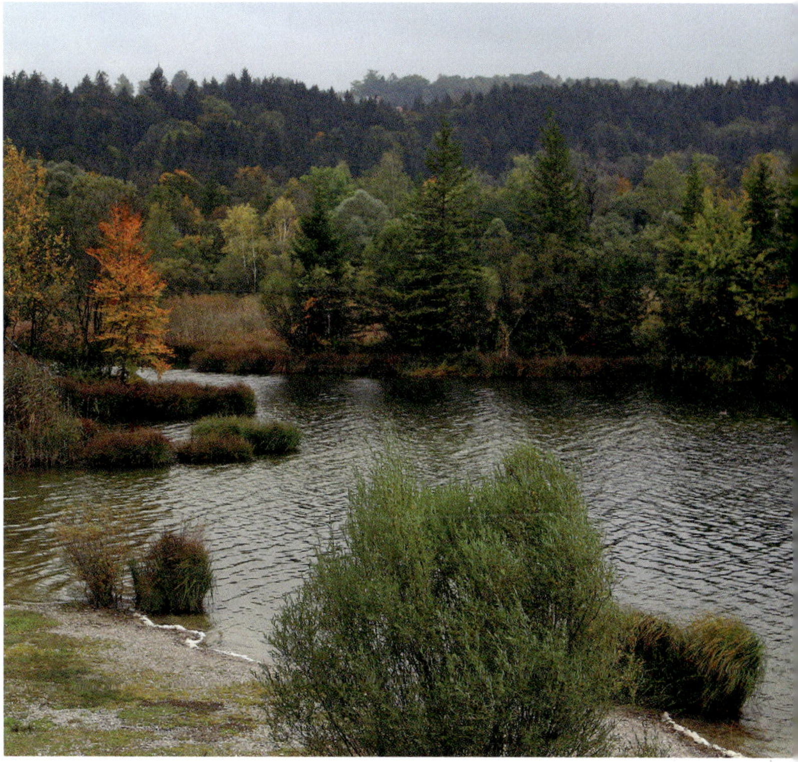

punkt« (nicht der Beschilderung »Wolfratshausen« nach auf die Westseite). Ein schöner Fußweg bringt uns hier direkt am Fluss entlang nach Süden. Ungefähr dort, wo die Loisach in die Isar mündet, zweigt der Weg vom Ufer ab und führt kurz etwas steiler (gute Stufen) rechts den Hang hinauf. Wenn der Weg wieder flacher verläuft, halten wir uns an der nächsten Gabelung links. Bald darauf kommt eine weitere Gabelung, wo wir gemäß der Beschilderung einen kurzen Abstecher zum Riemerschmid-Stein machen können. Dem Weg wieder nach Süden folgend, wird dieser nun immer breiter und schließlich zu einem Fahrweg, der parallel zu den S-Bahn-Gleisen weiterführt. Die Route bringt uns wieder zur Isar auf Höhe der Floßlände hinunter. Kurz danach stehen wir auch schon am Ortsanfang von Wolfratshausen. Hier überqueren wir links die Loisach und gehen am Uferweg entlang bis zur Einmündung der Bahnhofstraße, über die wir links zur S-Bahn kommen.

Zum Abschluss der Tour sei die Einkehr im Wirtshaus Flößerei empfohlen. Dafür folgen wir einfach der Loisach noch ein Stück weiter nach Süden.

Unterwegs lohnt sich der Abstecher zum schönen Ickinger Stausee.

Links: Schöne Altstadthäuser flankieren die Hauptstraße von Wolfratshausen.

Linke Seite: Zu Beginn wandert man an uralten Eichen entlang.

87 Kirchsee

Ein See, ein Kloster und im Hintergrund die Berge

Leicht | 4 km | 70 m | 1 Std.

Alter
Ab 2 Jahren

Tourencharakter
Wander-/Waldweg; für Kinderwagen bedingt geeignet, nicht für Laufrad geeignet

Ausgangs-/Endpunkt
Parkplatz an der Kirchseestraße

Anfahrt
A 8 München–Salzburg, Ausfahrt Holzkirchen, über die B 13 nach Sachsenkam, am Kloster Reutberg vorbei, links in die Kirchseestraße

Einkehr
Kiosk am Kirchsee

Karte
Wanderkarte 1:50 000, WK 182 Isarwinkel (Kompass)

Information
sachsenkam.de

Hinter dem Kloster Reutberg bei Sachsenkam verbirgt sich am Rande des Naturschutzgebietes Elbach- und Kirchseemoor ein Kleinod bayrischer Landschaft und zugleich einer der wärmsten Moorseen Bayerns. Drei Badestellen laden zum Planschen und Schwimmen ein.

Die Entdeckungstour am Kirchsee beginnt beim Parkplatz zum Badesee. Achtung: An schönen, sonnigen Tagen kann es doch schnell überlaufen sein, da sich die Schönheit und Attraktivität des Sees bereits herumgesprochen hat. Aber auch an einem schönen Herbst- bzw. Wintertag kann man das Panorama des Kirchsees sehr gut genießen. Vom Parkplatz aus überqueren wir geradeaus die Straße und nehmen den linken Schotterweg zum See. Dieser Weg führt uns in einem kleinen Kreis am See entlang zum Kiosk, den man bereits vom Parkplatz aus sehen kann. Nach die-

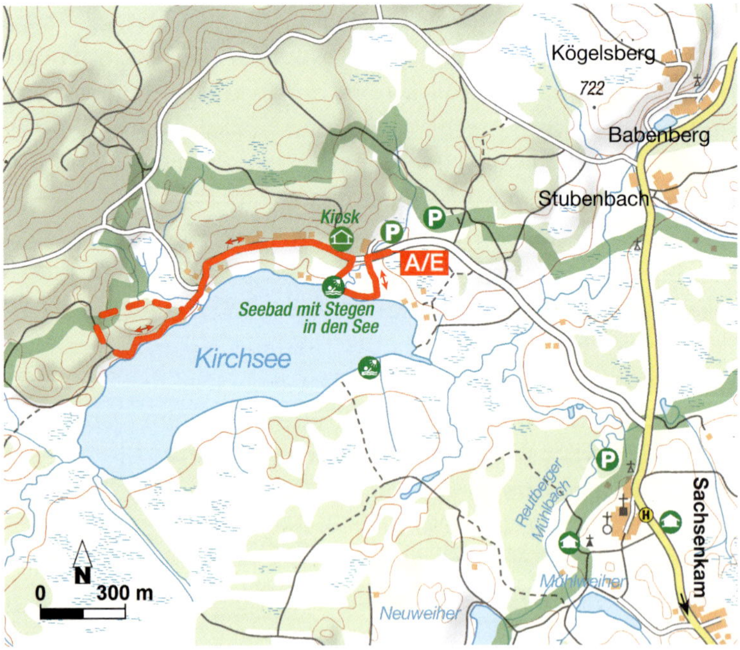

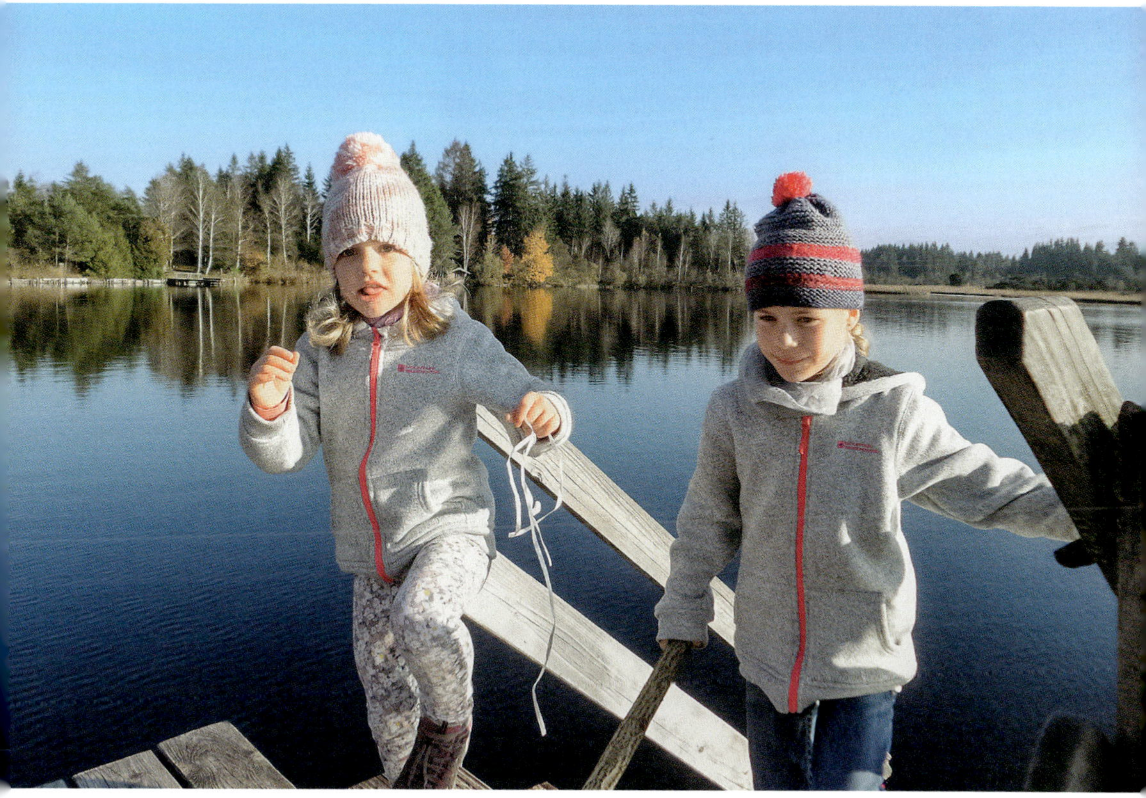

ser kleinen Sightseeingtour am See entlang halten wir uns nach dem Kiosk auf der Schotterstraße links. Hier kommen wir an einigen Häusern vorbei, bis wir an der Abzweigung rechts wieder direkt an den See gelangen. Diesen gut ausgebauten Schotterweg gehen wir weiter, bis er von Bäumen überkront am Ufer entlangführt. Minis oder Eltern, die mit rollenden Gerätschaften (Laufrad, Kinderwagen) unterwegs sind, können nun den Weg beliebig weitergehen, drehen dann nach Bedarf wieder um und gelangen über denselben Weg wieder zurück zum Parkplatz. Wer eine kleine Abenteuertour machen möchte, biegt nach der Wasserwachthütte nach etwa 350 Metern in den zweiten Waldwirtschaftsweg rechts in den Wald ein. Dieser führt steinig und steil in den Wald hinein. Nach etwa 50 Metern teilt sich der Weg. Wir nehmen hier den rechts abbiegenden und folgen dem Waldweg, der den Ameisenberg (er heißt wirklich so) umrundet. So kommen wir bei der Wasserwachtshütte wieder ans Ufer und auf dem bekannten Rückweg zum Kiosk bzw. Ausgangspunkt zurück.

»Wie jetzt, wir dürfen nicht in den See?«

88 Rund um den Hackensee

Wanderung um einen Filmstar

Mittel	4 km	140 m	1 Std.

Alter
Ab 2 Jahren

Tourencharakter
Wander- bzw. Waldwege, teilweise stark verwurzelt

Ausgangs-/Endpunkt
Parkplatz Hackensee

Anfahrt
A 8 München–Salzburg, Ausfahrt Holzkirchen. In Holzkirchen links Richtung Bad Tölz (B 13). In Großhartpenning gegenüber der Kirche rechts nach Kleinhartpenning abbiegen. Die Hackenseestraße führt direkt zum Parkplatz.

Einkehr
Unterwegs keine

Karte
Topografische Karte 1:50 000, Blatt Mangfallgebirge (BLVA)

Wickelmöglichkeit
In der Natur

Information
holzkirchen-tourismus.de

Eine schöne, schattige Waldtour um einen idyllisch gelegenen, nahezu verwunschenen See, der sogar schon als Kulisse für Filme genutzt wurde.

Nach dem Parkplatz laufen wir die Straße in den Wald hinein und folgen dieser, bis wir den See sehen. Wir halten uns links und gehen am östlichen Ende des Sees vorbei. Kurz danach biegen wir rechts in einen Waldweg ein. Dieser ist am Anfang noch eben, wird aber mit der Zeit immer wurzeliger. Ab hier sind dann nur noch Kinderwagen mit großen Luftreifen geeignet. Von diesem schön gelegenen Waldweg aus können die Minis immer wieder kleine Wege ans Seeufer und auch kleine Stege entdecken. Am westlichen Ende des Sees folgt man weiter dem Weg, bis er an der Forststraße endet. Hier biegt man rechts in eine Forststraße und überquert den Kirchseebach. Nach der Brücke biegt rechts

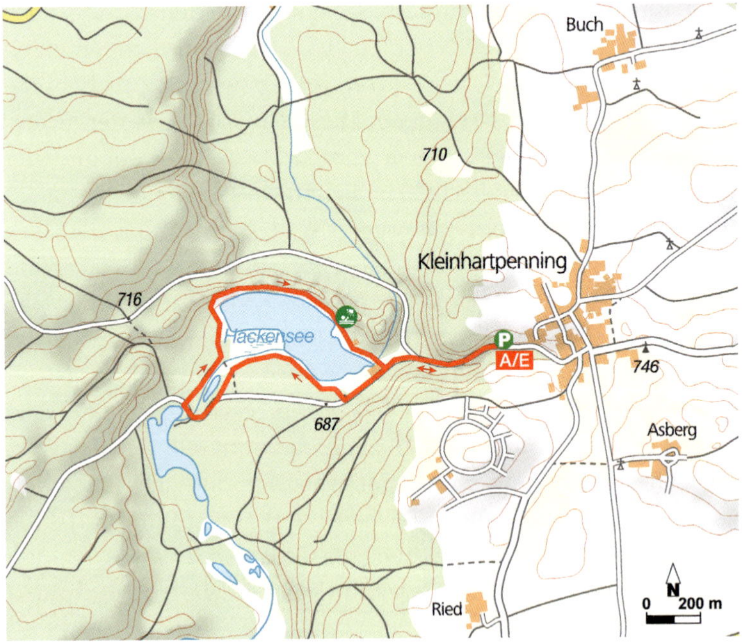

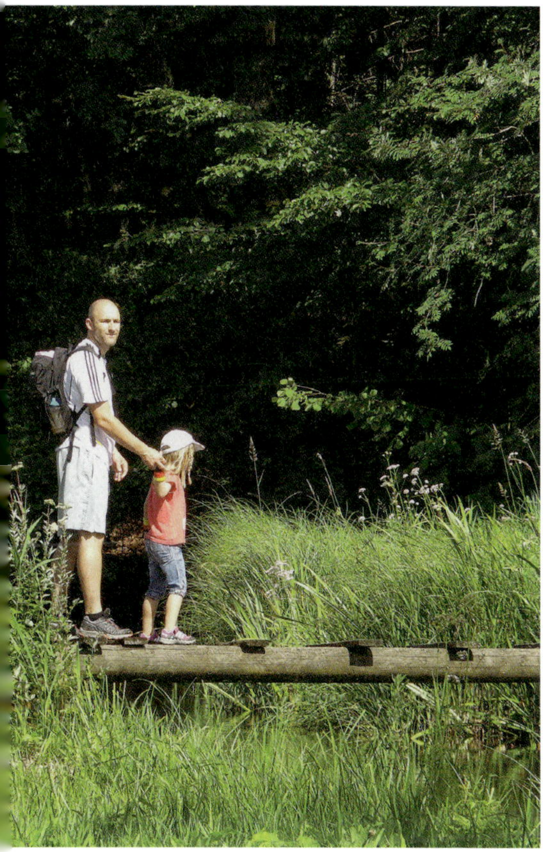

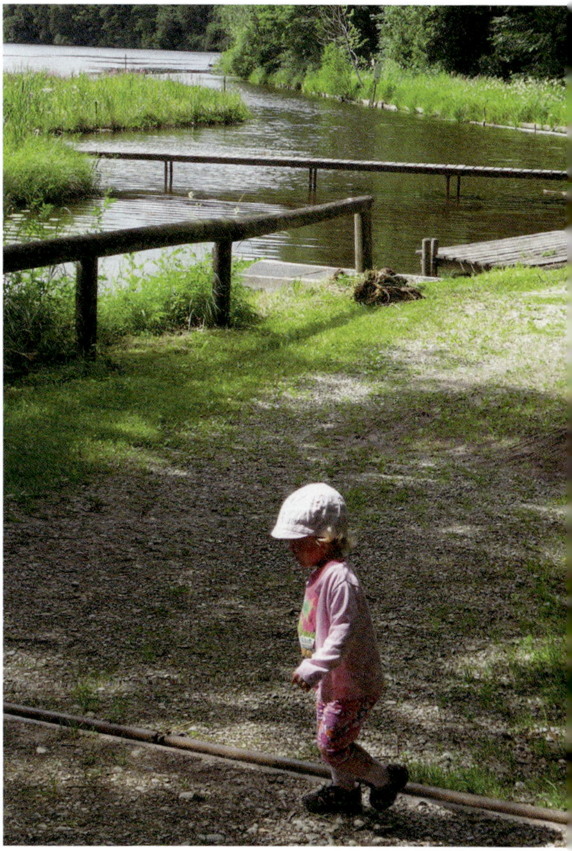

Links: Mit dem Papa beim Balancieren
Rechts: Hüpfen über Wasserrinnen

ein Weg ein, der uns wieder zurück zum See führt. Bis zum See ist dieser Weg noch kinderwagentauglich. Das letzte Stück um den See ist mit einem Kinderwagen, jedoch nur ohne Insassen und viel Muskelkraft, befahrbar. Sobald wir nämlich beim ersten Steg angelangt sind, verengt sich der Weg zu einem wurzeldurchzogenen Steig.

Dieser Weg ist aber für die Kleinen sehr spannend, da er herrliche Gelegenheiten zum Kraxeln bietet. Hier sind auch einige schön gelegene Bänke und Liegeplätze, die sich, sofern nicht belegt, hervorragend als Rast- und Badeplatz anbieten. Am Ende des Weges, kurz nach der Wasserwachtstation, führt eine Brücke rechts über den Ausfluss des Sees wieder zurück auf die Forststraße und zum Parkplatz.

Shopping für Mama und Papa

Falls Sie ein Trachtengewand benötigen, besuchen Sie in Kleinhartpenning das Trachtengeschäft Redl, Dorfstr. 6. Hier finden Sie eine riesige Auswahl an Dirndln, Lederhosen und weiterer Trachtenmode.

89 Valley – an der Mangfall entlang

Kamele in einem oberbayerischen Wald

Mittel | 3,8 km | 100 m | 1.30 Std.

Alter
Ab 3 Jahren

Tourencharakter
Forststraße oder Waldweg; nicht für Kinderwagen und Laufrad geeignet

Ausgangs-/Endpunkt
Parkplatz an der Kirche Hohendilching

Anfahrt
A 8 München–Salzburg, Ausfahrt Weyarn, Richtung Weyarn/Miesbach, beim ersten Kreisel erste Ausfahrt Richtung Valley, an Valley vorbei Richtung Hohendilching und dort in den Ort fahren

Einkehr
Gasthof Vordermaier, Hohendilching 12, 83636 Valley, Tel. 08024/3037 60

Karte
Wanderkarte 1:50 000, WK 8 Tegernsee–Schliersee–Wendelstein (Kompass)

Information
gemeinde-valley.de

Es gibt noch unentdeckte Orte im Voralpenland: Valley mit dem Mangfallknie ist einer davon. Dieser Ort hat sich vor allem auch wegen seiner Unzugänglichkeit seine Ursprünglichkeit bewahrt. Der Skulpturenpark ist noch ein Sahnehäubchen am Schluss der Tour.

Diese Tour beginnen wir an der Kirche oder am Gasthaus in Hohendilching. Wir gehen am Gasthaus vorbei Richtung Norden geradeaus zwischen den Häusern in den Wald. Die Straße wird bereits im Dorf zu einer Schotterstraße. Dieser folgen wir nun immer weiter in den Wald. Wo sich der Weg aufteilt, halten wir uns rechts und gehen diesen Weg nun immer weiter. Hier entdecken wir nun bereits Hinweise, dass auf dieser Strecke öfters Kamele entlanggehen. Mit etwas Glück begegnen wir

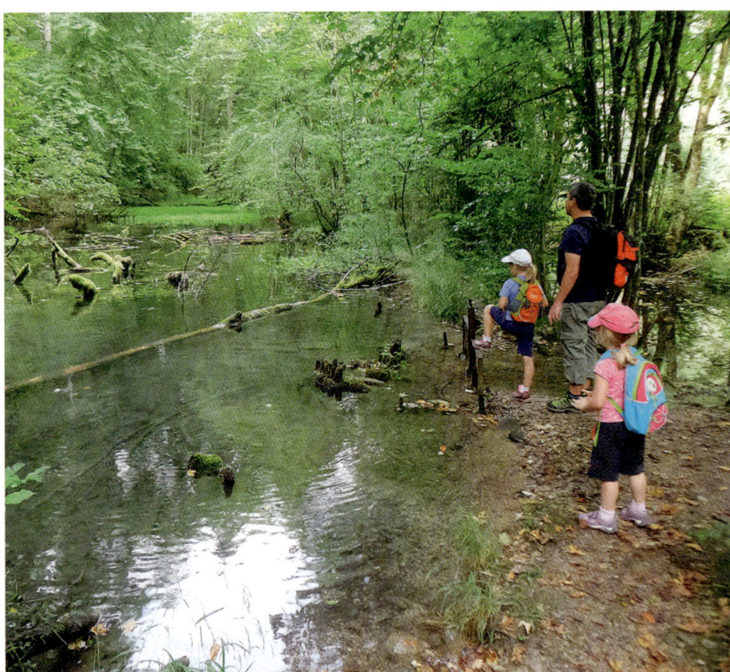

Feenweiher im Mangfalltal

diesen Tieren auch, da hier die Ausrittstrecke entlangführt (bayern-kamele.de). Dem Waldweg folgen wir nun, bis er zwischen zwei kleinen Weihern auf eine T-Kreuzung trifft. Hier wenden wir uns nach rechts, bis dieser Weg an diversen Kamelhaltestellen vorbei in einer Teerstraße endet. Dieser folgen wir rechts bergab bis zur Mangfallbrücke. Nach der Brücke wandern wir rechts die Straße entlang. Im Talgrund laufen wir weiter und wenden uns rechts, wenn sich die Teerstraße erneut aufteilt. Nach einem kurzen Stück erreichen wir einen Weiler, an dem wir links auf den Waldweg wechseln. Auf diesem halten wir uns immer rechts, möglichst nahe an der Mangfall. Dieser Waldweg ist teilweise sehr matschig, daher sollte man feste Schuhe anziehen. Bald geht der Weg auch ganz runter an die Mangfall, und wir erreichen schließlich eine Brücke, die wir wieder rechts überqueren. Direkt nach der Brücke beginnt die Skulpturenlichtung, die zum Verweilen, Staunen und Spielen einlädt. Nachdem man hier alle Skulpturen ausgiebig gewürdigt hat, geht man nun die Straße steil bergan, biegt bei der Kreuzung rechts ab und ist schon wieder fast am Ausgangspunkt zurück.

Einkehr

Besuchen Sie doch die Mangfalltal-Alm in Kleinhöhenkirchen!

Links: Auf der Mangfallbrücke

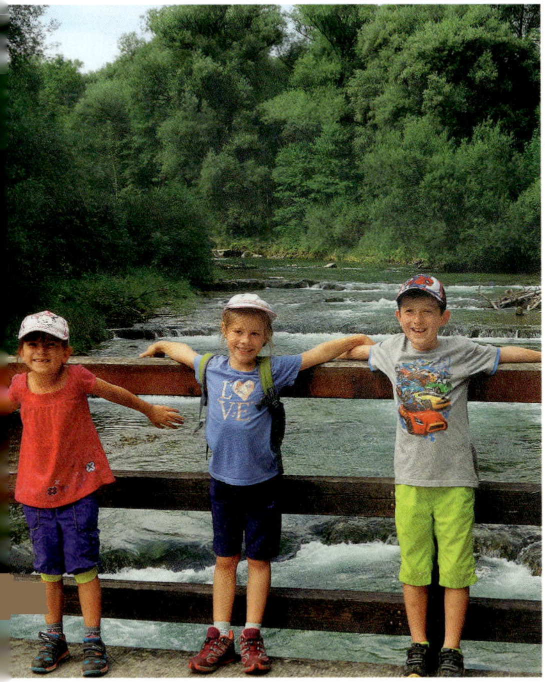

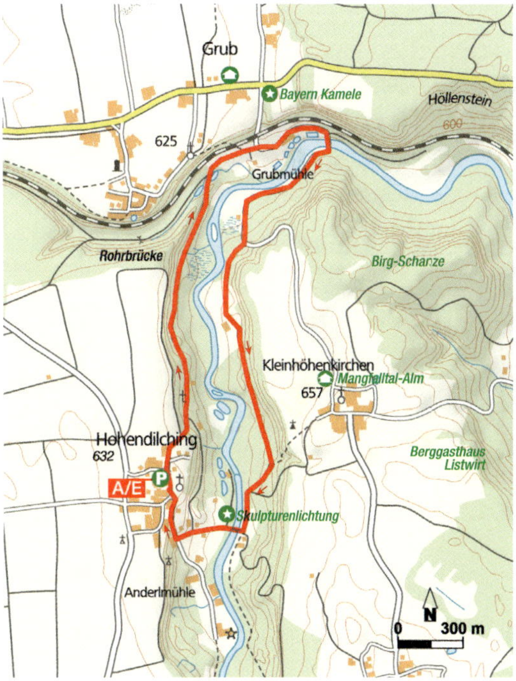

90 Goldbach in Vagen

Fische zählen an einem idyllischen Bach im Wald

Leicht | 2 km | 200 m | 0.45 Std.

Alter
Ab 2 Jahren

Tourencharakter
Wander- bzw. Waldweg, später Teerstraße durch den Ort, anfangs ein moderater Anstieg

Ausgangs-/Endpunkt
Parkplatz Wallner Alm in Vagen nach dem Wald, vor Ortseinfahrt sofort links

Anfahrt
A 8 München–Salzburg, Ausfahrt Irschenberg. Über Loiderding nach Vagen.

Einkehr
Pizzeria Castel del Monte, Hauptstr. 1, 83620 Feldkirchen-Westerham, Di Ruhetag, Tel. 08062/91 58

Karte
Topografische Karte 1:50 000, Blatt Mangfallgebirge (BLVA)

Information
feldkirchen-westerham.de

Gerade an heißen Sommertagen ist diese Tour durch den Wald eine erfrischende Abwechslung. Steine werfen, Fische zählen, Füße ins Wasser halten – das macht den Kleinen Spaß. Zudem informiert ein Lehrpfad über die heimische Vogelwelt.

Vom Parkplatz aus gehen wir den kurzen Anstieg, an der Wallner Alm vorbei, Richtung Wald. Im Wald halten wir uns zunächst rechts, bevor wir an einem kleinen Häuschen links in den Weg einbiegen. Diesem folgen wir und laufen stets auf einer Höhenlinie direkt am Goldbach entlang. Der Bach ist so klar, dass die Kinder auch immer wieder Fische beobachten bzw. zählen können.

Bei der Bank Nr. 26 vom Ortsverschönerungsverein Vagen besteht die Möglichkeit, die Tour abzukürzen bzw. kann man hier,

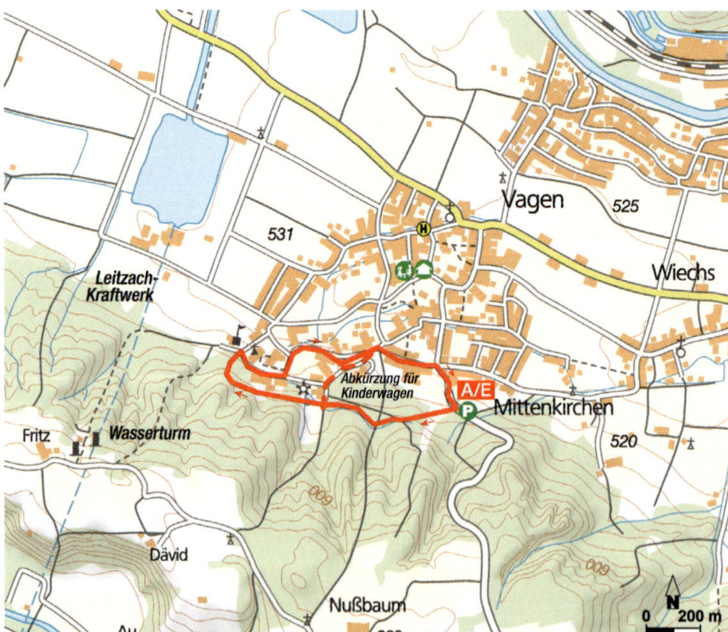

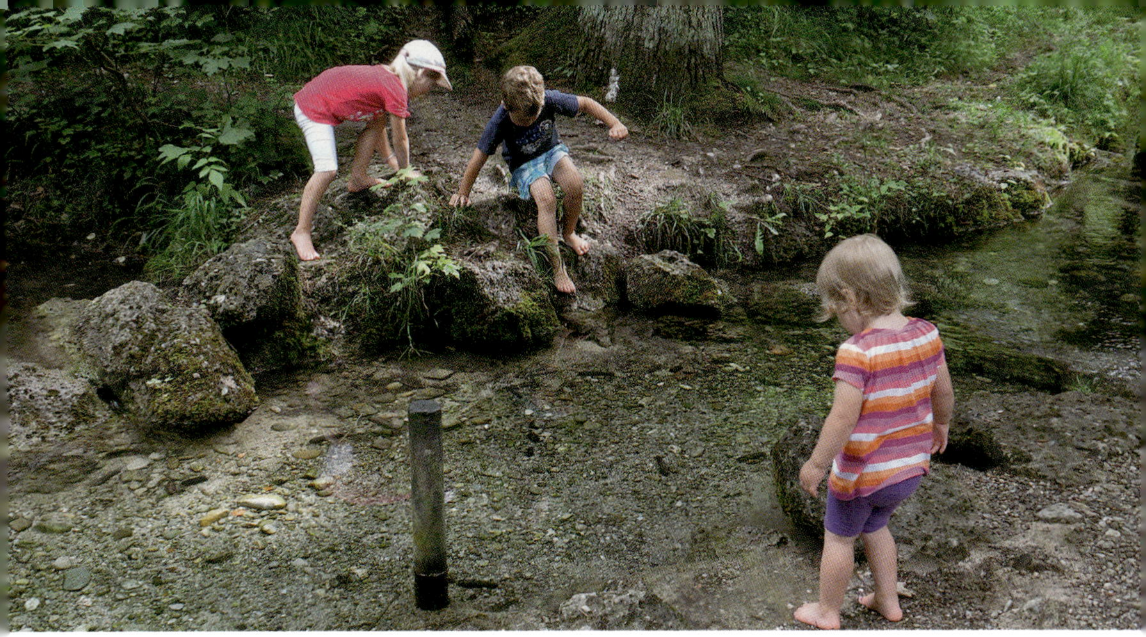

Wer traut sich mit ins kalte Nass?

wenn man mit dem Kinderwagen unterwegs ist, die folgenden nicht kinderwagentauglichen Wegstrecken umfahren. Hierzu folgt man an dieser Stelle einfach dem Weg bergab Richtung Dorf. Ansonsten folgt man weiterhin dem Bach, bis der Fluss langsam verlandet. Hier geht ein etwas steiler, unbefestigter Waldweg bergab, welcher eine gewisse Trittsicherheit erfordert. Dieser Waldweg endet hinter dem Vagener Schloss, das als Kulisse für eine bekannte Telenovela dient. Hier biegen wir rechts in einen kleinen Fußweg ab und gehen am Schloss vorbei. Wir halten uns rechts und folgen der Straße ein kurzes Stück bergan. Bei der scharfen Linkskurve treffen wir wieder auf den Weg für die Kinderwagenfahrer und laufen bergab ins Dorf hinein.

Manche mögen's heiß

Eine tolle Tour an heißen Sommertagen. Man kann die Wallner Alm aber auch im Winter besuchen und dort den präparierten Hang hinunterrodeln.

Im Dorf folgt man dem Seehamer Weg, bis dieser in der Goldbachstraße endet. Wir folgen der Goldbachstraße und biegen gegenüber einem unbebauten Grundstück in einen etwas versteckten Vagener Fußweg ein. Das Fußwegerl führt direkt am Vagener Kindergarten vorbei, ab hier kann man auch zur Pizzeria an der Hauptstraße abbiegen. Anschließend halten wir uns rechts und laufen an der Wiese vorbei bis zur Neuburgstraße. Dieser folgen wir in Richtung Irschenberg bergan bis zum Ausgangspunkt. An der Neuburgstraße gehen wir direkt an der Straße, weshalb wir hier etwas achtgeben müssen.

91 Vom Spitzingsee zum Blecksteinhaus

Viele Touren, schöne Hütte

Leicht | 9,2 km | 100 m | 3 Std.

Alter
Ab 6 Jahren, Rotwand-Tour erst ab 9 Jahren

Tourencharakter
Einfache Wanderung auf Spazier- und Schotterwegen

Ausgangs-/Endpunkt
Parkplatz und Haltestelle Taubensteinbahn

Anfahrt
Auto: A 8 München–Salzburg bis Ausfahrt Weyarn; über Miesbach, Schliersee nach Fischhausen-Neuhaus; hinter Fischhausen-Neuhaus über die Spitzingstraße zur Taubensteinbahn, dort gebührenpflichtige Parkplätze; Bahn/Bus: München–Bayrischzell bis Fischhausen-Neuhaus; in Fischhausen-Neuhaus mit RVO-Bus 9562 bis Taubensteinbahn

Einkehr
Blecksteinhaus, Di Ruhetag, Tel. 08026/71204, blecksteinhaus.com

Karte
AV-Karte 1:25 000, Blatt Nr. BY 15, Mangfallgebirge Mitte, Spitzingsee, Rotwand

Information
schliersee.de

Vom See zur Hütte geht es auf dieser Tour. Den Spitzingsee umrunden wir zum Beginn der Tour auf dem Seerundweg, bevor uns dann der Weg über die weiten Valepper Almen zum Blecksteinhaus führt. Man nennt ihn auch den Bockerlweg. Denn um 1920 fuhr hier eine Dampfeisenbahn, die das Holz nach einem Föhnsturm abtransportierte.

Vom unteren Parkplatz an der Taubensteinbahn folgen wir rechts dem Uferweg um den Spitzingsee mit den Wegweisern »Seerundweg« bis zu seinem Ende. An der Fahrstraße gehen wir links wenige Meter, dann biegen wir rechts in den Roßkopfweg ein und folgen dem Wegweiser Richtung Blecksteinhaus. In Höhe der Valepper Almen gehen wir an einer Wegkreuzung geradeaus mit dem Wegweiser Blecksteinhaus, der in den Wald führt. An der nächsten Wegkreuzung folgen wir wieder links dem Wegweiser zum Blecksteinhaus, bis der Weg noch einmal scharf rechts abzweigt und zur Hütte führt.
Im Blecksteinhaus finden wir uns in liebevoll eingerichteten Gasträumen wieder. Die Speisen aus bayerischer Küche sind

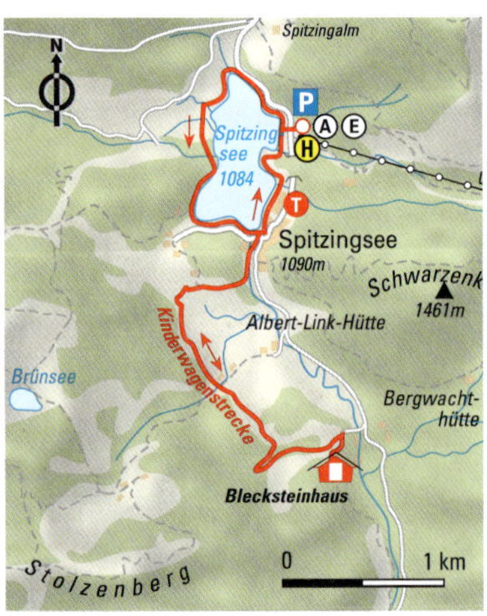

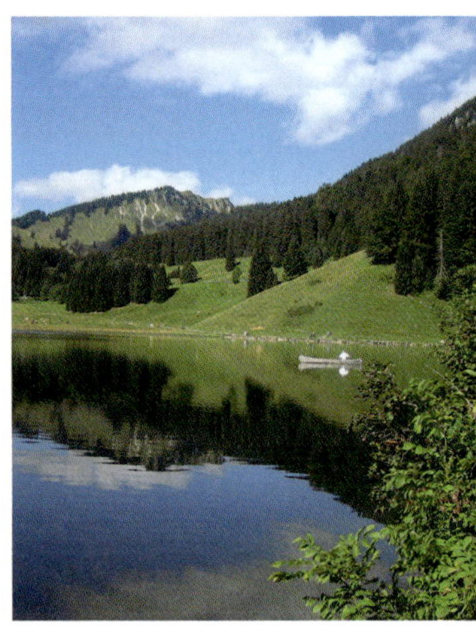

Blick über den Spitzingsee hinüber zur Bodenschneid

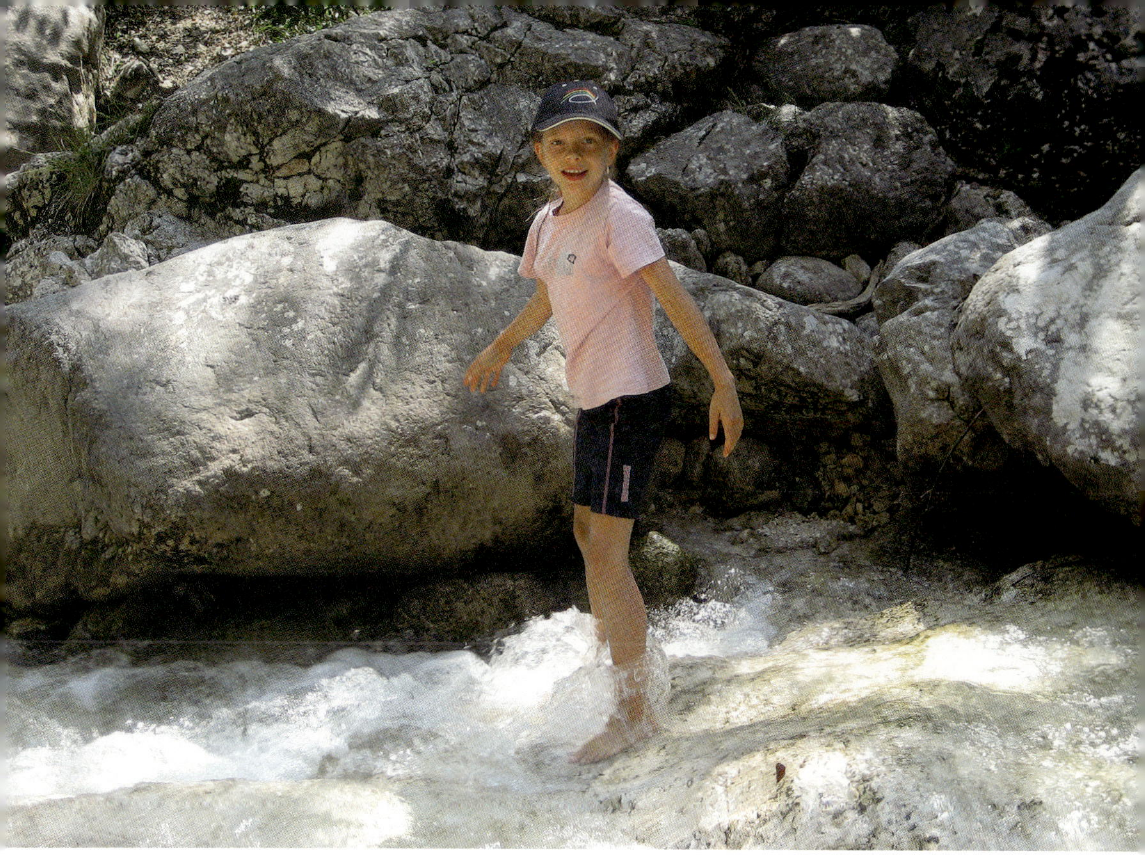

Kühles Nass im Pfanngraben

hervorragend und reichlich. Wenn es warm genug ist, kann man auch im Gastgarten verweilen, während sich die Kinder daneben am Boulderfelsen noch austoben können, falls die Tour zu kurz war. Wer im Blecksteinhaus übernachtet, kann sich am nächsten Morgen dann eine Tour aussuchen. Wie wäre es mit einem Abstecher zum Pfanngraben, Richtung Rotwand? An warmen Tagen laden hier wunderschöne Gumpen zum Planschen und Verweilen ein. Wir empfehlen Ihnen, dann zu den Gumpen abzusteigen, wenn der Weg auf fast gleicher Höhe ist. Somit vermeiden Sie gefährliche Abstiege am Beginn der Pfanngräben. Wer will, kann dann noch den Anstieg zur Rotwand in Angriff nehmen oder zum beschaulichen Grünsee wandern. Er befindet sich auf dem Weg zum Rosskopf und liegt etwas versteckt in einer Senke.

Für den Rückweg vom Blecksteinhaus folgen wir dem Hinweg zurück bis zur Wurzhütte in der Ortschaft Spitzingsee. Dort gehen wir nun auf der anderen Seeseite auf dem Uferweg vorbei am Arabella-Hotel (Bademöglichkeit) bis zum Parkplatz der Taubensteinbahn.

Baden

An heißen Tagen bietet der Spitzingsee Abkühlung. In Höhe des Arabella-Hotels am Ostufer des Sees stehen ein öffentlicher Strand sowie ein Kiosk zur Verfügung.

92 Bergcafé Siglhof

Wasserfall und Spielplatz unter dem Wendelstein

Mittel | 4 km | 245 m | 2.30 Std.

Alter
Ab 6 Jahren

Tourencharakter
Wanderung mit Wasserfall

Ausgangs-/Endpunkt
Bayrischzell, Parkplatz am Bahnhof

Anfahrt
Auto: Über die A 8 München–Salzburg bis Ausfahrt Weyarn; weiter über Miesbach und Schliersee nach Bayrischzell; in Bayrischzell zum Bahnhof.
Bahn: München–Bayrischzell mit der BOB

Einkehr
Bergcafé Siglhof, 1. Mai bis 30. Oktober bewirtschaftet, kein Ruhetag, sigl-hof.com

Karte
Topografische Karte 1:50 000, Blatt Mangfallgebirge

Information
bayrischzell.de

Der Wendelstein – einerseits ersehntes Ziel, wenn die Kinder denn endlich mal vier Stunden am Stück ordentlich bergauf gehen können, andererseits ähnlich der Zugspitze total enttäuschendes Gipfelerlebnis angesichts der täglich zu Tausenden hinaufgebrachten »Kurgäste« und »Bayern-Touristen«. Das Glück auf Erden liegt insbesondere am Wendelstein in der Mitte. Auf fast exakt 1000 Meter über dem Meeresspiegel, um genau zu sein.

Die Tour startet am Bahnhof in Bayrischzell. Am Ende des Sackbahnhofes, auf Höhe des Bahnhofsgebäudes, welches überraschenderweise noch über eine echte Wartehalle samt Ticketschalter verfügt, überqueren wir die stillgelegten Gleise und erreichen so eine Teerstraße, welcher wir nach links bergauf folgen. Den Wegweisern Richtung Wasserfall folgend, zweigen wir schon bald rechts auf einen Schotterweg ab und gehen gleich nach den Häusern auf einem schmalen Bergweg nach wenigen Metern rechts in Richtung Wasserfall. Nach wenigen Stufen ist die Brücke beim Wasserfall auch schon erreicht und wir bewundern die grünen Gumpen, die wie fürs Canyoning gemacht scheinen. Wir folgen dem Weg weiter bis zu einer Bank, nach der wir links abbiegen und nun ein paar Höhenmeter überwinden. Beim Zaun gehen wir nicht geradeaus steil bergauf weiter, sondern biegen rechts ab und folgen der Beschilderung »Parapluie«. Der Lateiner lässt sich an dieser Stelle aufklären, dass dieses Wort »Regenschirm« bedeutet, wundert sich kurz und freut sich über den schönen Höhenweg. Schon bald erreichen wir einen kreisrunden

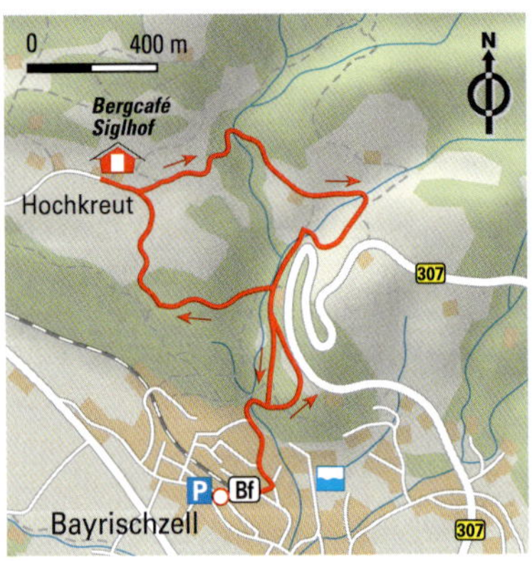

Rechte Seite: Malerisches Naturschauspiel am Anfang der Tour

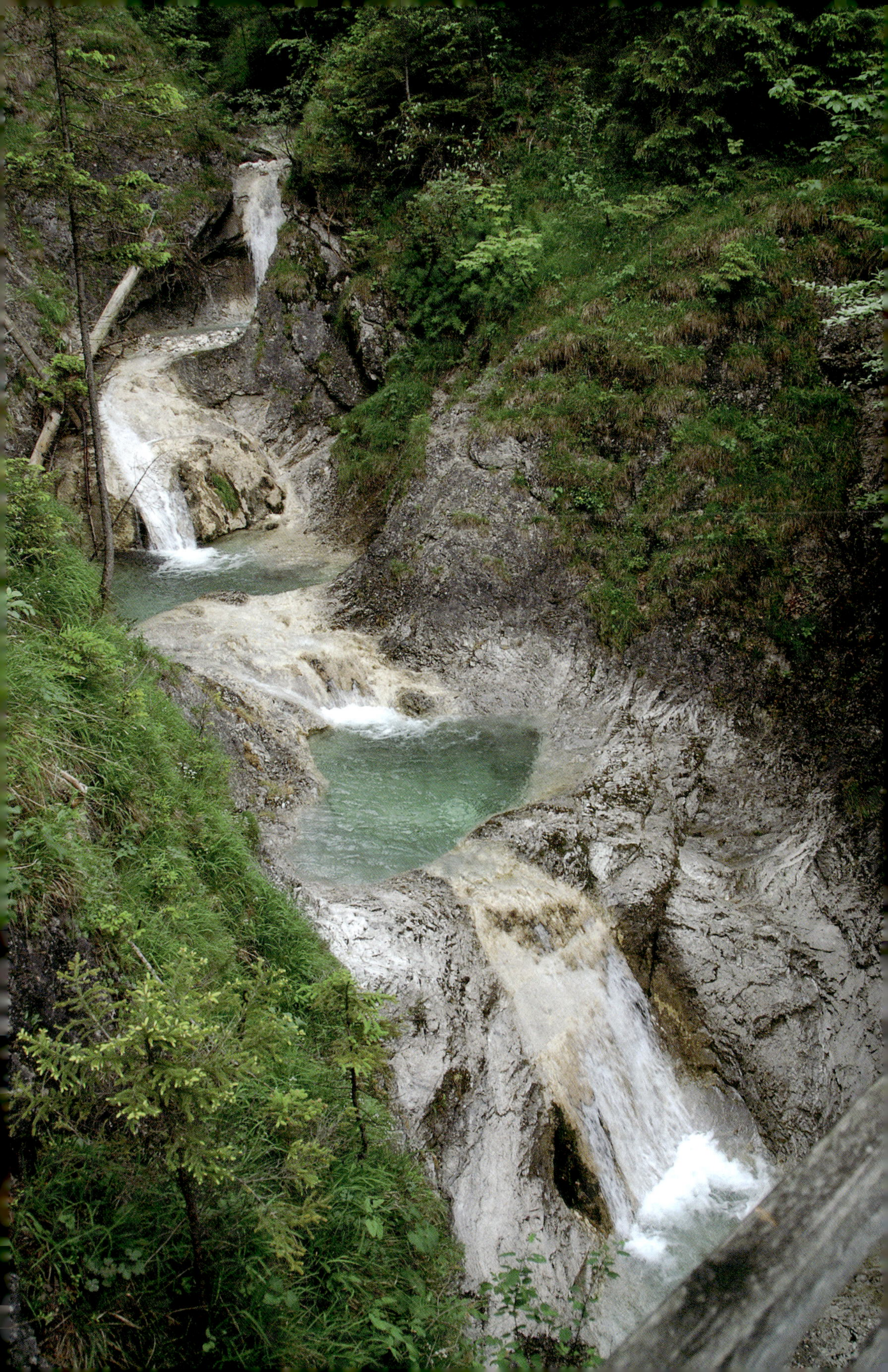

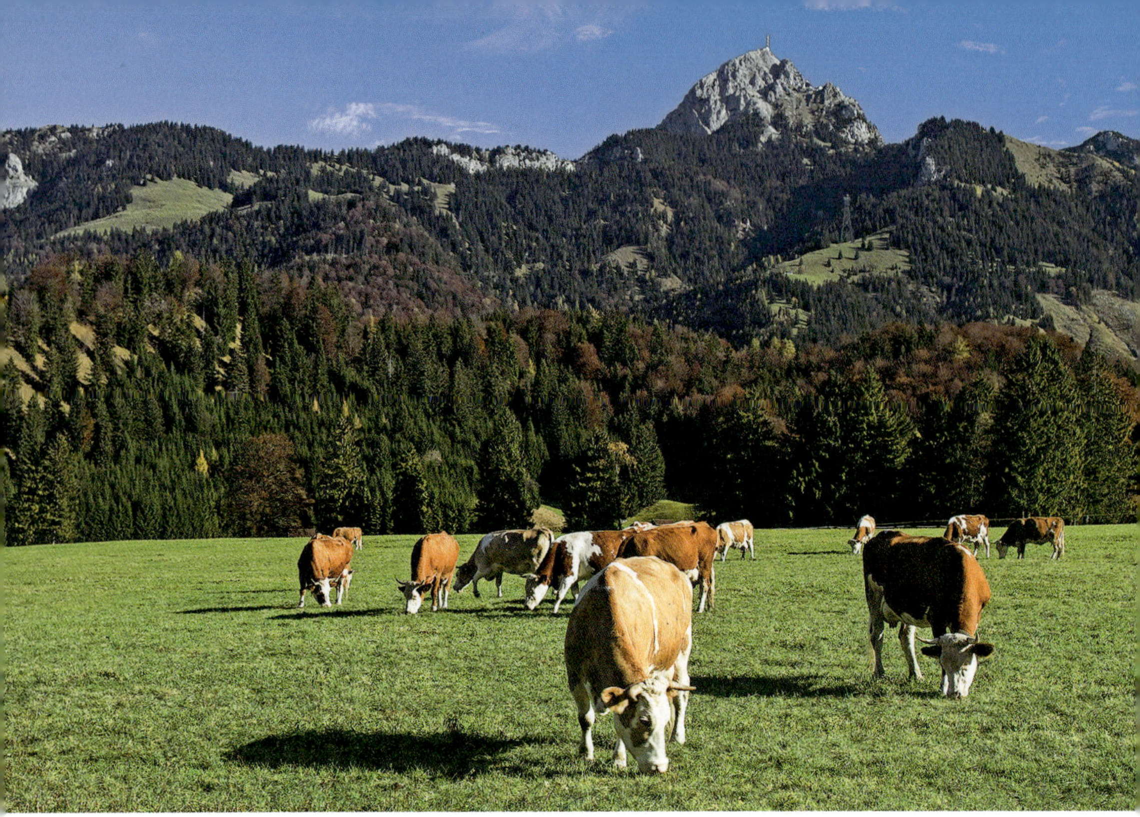

Der Wendelstein als Ziel zieht zahlreiche Ausflügler an.

Unterstand mit Brotzeittisch und verstehen nun den Zusammenhang, wundern uns aber immer noch, warum auf dem Schild nicht schlicht »Brotzeithäusl« oder »Jausenpavillon« stand. Wir folgen dem Weg weiter bergan, lassen den nach rechts bergabführenden Weg also unbeachtet und erreichen schon bald einen breiteren Weg, der uns nach links zu einer Forststraße nahe des Tatzelwurmes (es handelt sich hierbei um die insbesondere bei Motorradfahrern beliebte B 307 von Bayrischzell ins Inntal) führt. Dieser folgen wir nach links und geradeaus weiter. »Hochkreuth/ Grüne Gumpe« lautet nun die Beschilderung, der wir folgen. Ein kleiner Weg kreuzt unseren sanft bergabführenden Weg, der uns wieder zu dem Bach führt, den wir über- oder durchqueren können. Weiter geht es auf der anderen Seite des Baches auf den bergaufführenden Weg »Osterhofen über Hochkreuth«. Auch wenn es den Anschein haben mag, so kann man sich nun kaum mehr verlaufen und passiert schon bald das erste Schild des Bergcafés Siglhof. Dieses hat man nach einem letzten Mini-Kraftakt schon vor Augen, sobald man die weiten Almwiesen mit Wendelsteinblick unterhalb des Bergcafés erreicht hat. Wir überqueren die Almwiesen und entlassen die Kinder in den Almspielplatz (Schaukel, Rutsche, Schlitten, Jägerstand, ausran-

gierte Gondel, alter Traktor), während wir uns an der großen Kuchenauswahl erfreuen.
Nach der Rast, bei der uns der stolze Hahn mitsamt seiner Gefolgschaft zwei-, dreimal bei seinem Patrouillengang inspiziert hatte, gehen wir auf dem Wiesenweg zurück bis zur Scheune, nun aber nicht rechts auf dem Anstiegsweg, sondern geradeaus weiter Richtung Bayrischzell über Peterbaueralm. An der Kuppe durchschreiten wir ein Gatter und gehen leicht bergan über die Wiesen der Pferdekoppel und schon nach der Kurve etwas steiler bergab zum Bach. Abermals überqueren wir diesen und erreichen nach einem kurzen Anstieg eine breitere Schotterstraße, welcher wir nach rechts bergab folgen. So passieren wir kurz darauf die unbewirtschaftete Peterbaueralm und gehen beim nächsten Wegweiser rechts auf den kleinen, steiler bergabführenden Pfad. Dieser bringt uns bis an die Mauern der Tatzelwurmstraße. Schon bald überqueren wir den Weg, der uns beim Aufstieg zur Brücke bei der Grünen Gumpe geführt hatte, steigen rasch bergab und erreichen den Zaun bei der Abzweigung zum Parapluie. Wir gehen weiter geradeaus bergab und erreichen wieder den querverlaufenden Weg bei der Ruhebank. Nun gehen wir rechts zum Wasserfall und zurück zum Parkplatz.

Tipp

Im Sommer unbedingt Handtuch und Wechselkleidung mitnehmen.

Links: Auf 1800 Meter Höhe am Gipfel des Wendelsteins steht eine kleine Kapelle.

Krokusse am Weg

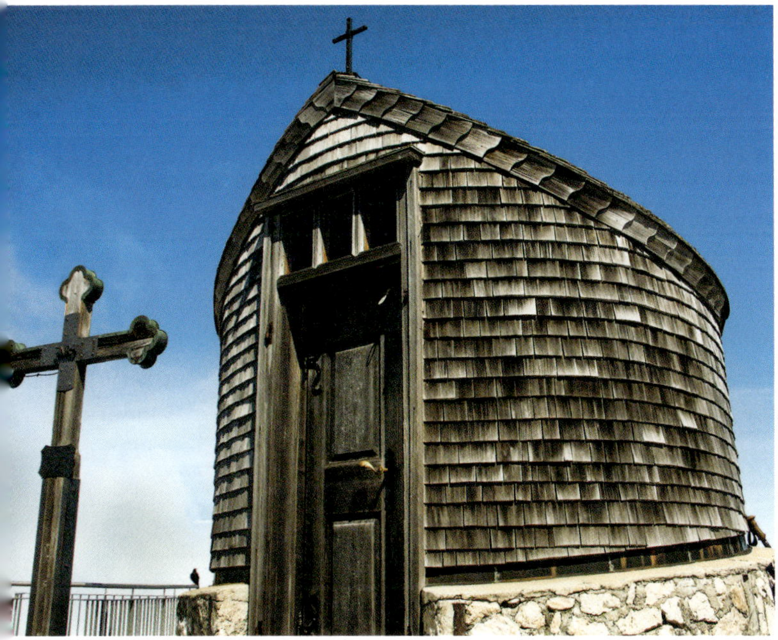

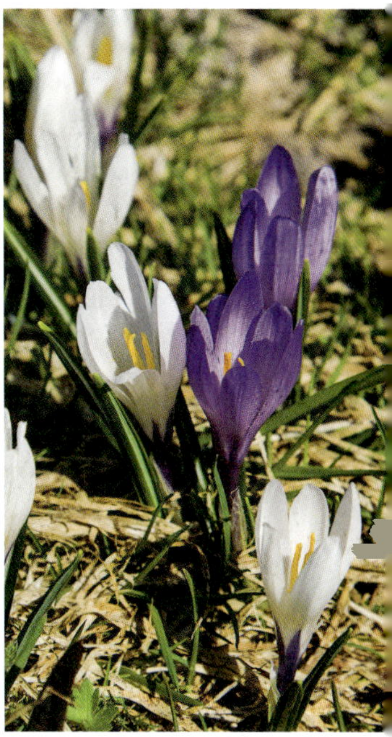

93 Bichlersee

Idyllischer Bergsee zwischen hohen Tannen

Mittel | 4,3 km | 210 m | 1 Std.

Alter
Ab 2 Jahren

Tourencharakter
Forststraße und/oder Waldweg

Ausgangs-/Endpunkt
Wanderparkplatz nach dem Berggasthof Bichlersee

Anfahrt
A 8 München–Salzburg bis zum Inntaldreieck. Dort auf die A 93 Richtung Innsbruck, Ausfahrt Oberaudorf. An die Beschilderung Richtung Sudelfeld halten. Beim Schild Richtung Berggasthof Bichlersee rechts abbiegen und dem Straßenverlauf folgen. Beim Berggasthof fährt man oberhalb des Gasthofs vorbei, nach etwa 300 Metern kommt der Parkplatz.

Einkehr
Berggasthof Bichlersee, Regau 2, 83080 Oberaudorf, Tel. 08033/1597

Karte
Topografische Karte 1:50 000, Blatt Mangfallgebirge (BLVA)

Information
oberaudorf.de

Ein wunderschöner stiller Waldsee, der zwischen den Gipfeln liegt und mit Ausblicken auf das Sudelfeld überrascht.

Vom Wanderparkplatz aus geht man an der Schranke vorbei bergan in den Wald hinein. Auf dem Weg durch den Wald wird man mit einem wunderschönen Blick auf das Sudelfeld belohnt. Wir folgen der Waldstraße weiter bis zur ersten größeren Abzweigung nach links. Hier biegen wir ab. Der Weg wird jetzt etwas steiler. Erst steigt er ein bisschen an, danach geht es bergab. In einem Talkessel treffen wir auf eine Kreuzung, hier biegen wir rechts ab und stehen nach einem kurzen Stück bereits vor dem Bichlersee. Hier werden die Kleinen als Erstes auf den Schwimmsteg laufen wollen, an dem der Weg den See trifft. Der See hat aber noch weitere Schwimmstellen. Um den See zu umrunden,

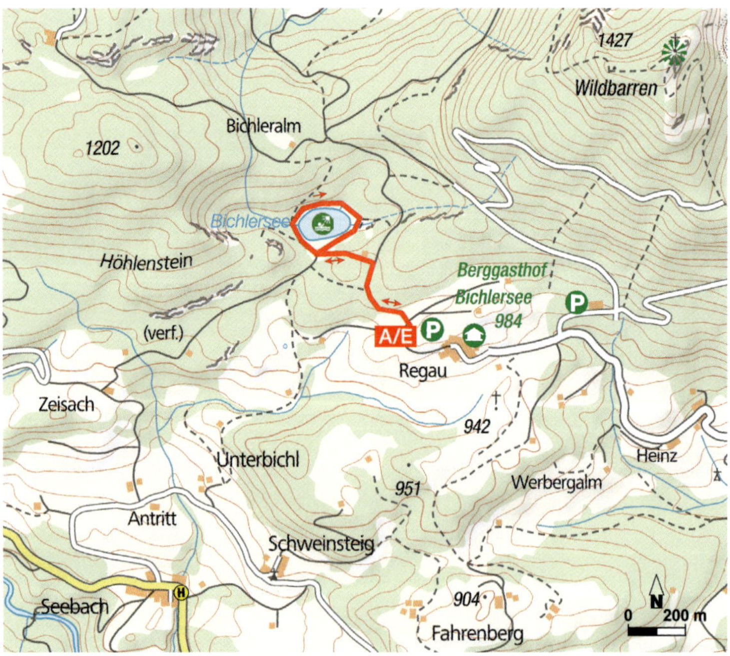

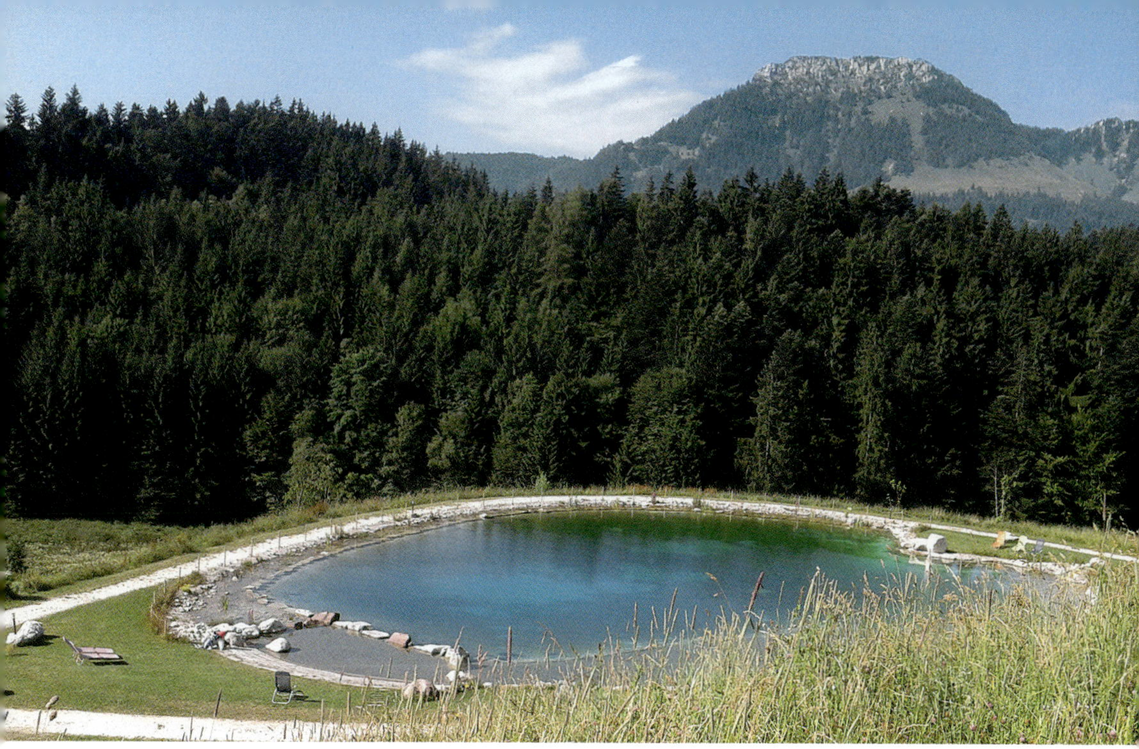

Schwimmteich am Berggasthof Bichlersee

hält man sich links am See vorbei auf der Forststraße. Von dieser führt nach einem kurzen Stück ein Weg links direkt am See. Diesem Weg folgen wir nun durch den Wald am Ufer entlang. Teilweise ist der Weg sehr wurzelig. Man wird jedoch immer wieder mit einigen schönen Blicken auf den See belohnt und entdeckt auch einige kleine sehr private Buchten, die zum Planschen einladen. Diesem Weg folgen wir nun immer weiter, er ist auch sehr gut zu erkennen. Nur ein kleines Stück am Nordosteck des Sees beim Zulauf ist etwas verwildert, mit etwas Suchen findet man aber auch hier ohne Weiteres weiter. Danach geht es durch ein kurzes baumfreies Stück, dann biegt der Weg nach Süden wieder in den Wald hinein. Hier ist der Wald richtig mystisch und unsere Kinder haben mit Begeisterung nach Trollen und Elfen gesucht. Sie sind mit einer Erdkröte, die über den Weg hüpfte, und einer Schlange belohnt worden. Hier bitte unbedingt auf dem Weg bleiben, um die Tiere nicht mehr zu stören als unbedingt nötig. Nach diesem Teilstück kommt man wieder am Schwimmsteg heraus. Zum Auto zurück nehmen wir wieder den Weg, auf dem wir zum See gelaufen sind. Die Wanderung kann man auf der Sonnenterrasse des Berggasthofs ausklingen lassen, von wo man den Ausblick in das Inntal genießt.

An heißen Tagen

Schwimmsachen einpacken für eine Abkühlung im See

94 Am Chiemsee

Zwei Inseln und königlicher Prunk

Leicht | 5 km | 20 m | 3 Std.

Alter
Fraueninsel ab 4 Jahren, Wandertour und Herreninsel ab 8 Jahren

Abfahrtszeiten
Schifffahrt: Das ganze Jahr täglich halbstündlich Rundtour; von Gstadt zurück nach Prien tagsüber etwa alle 30 Min., im Winter weniger. Chiemseebahn: Nur im Sommer.

Tourencharakter
Wanderung am Seeufer, in den Sommermonaten mit Bademöglichkeiten an ausgewiesenen Stellen am Chiemsee und Schifffahrt zu den Chiemseeinseln

Ausgangs-/Endpunkt
Prien, Seehafen Stock

Anfahrt
Auto: Von München auf der A 8 Richtung Salzburg, Ausfahrt Prien/Bernau; weiter zum Zentrum, Parkplätze gegen Gebühr im Ortsteil Stock am See. Bahn: Zug bis Prien, von dort mit der dampfbetriebenen Schmalspurbahn die zwei Kilometer bis zum Seehafen Stock

Karte
Topografische Karte 1:50 000, Blatt Chiemsee

Information
tourismus.prien.de, chiemsee-schifffahrt.de, herren-chiemsee.de

Heute müssen wir uns zwischen vielen Attraktionen entscheiden. Wer genügend Kondition hat, sollte unbedingt am Seeufer entlang nach Gstadt wandern. Ansonsten ist die Schifffahrt auf dem bayerischen Meer zu den beiden Inseln schon spannend genug.

Wer mit der Bahn am Priener Hauptbahnhof ankommt, darf sich für den Weiterweg zum Seehafen in die alte dampfbetrie-

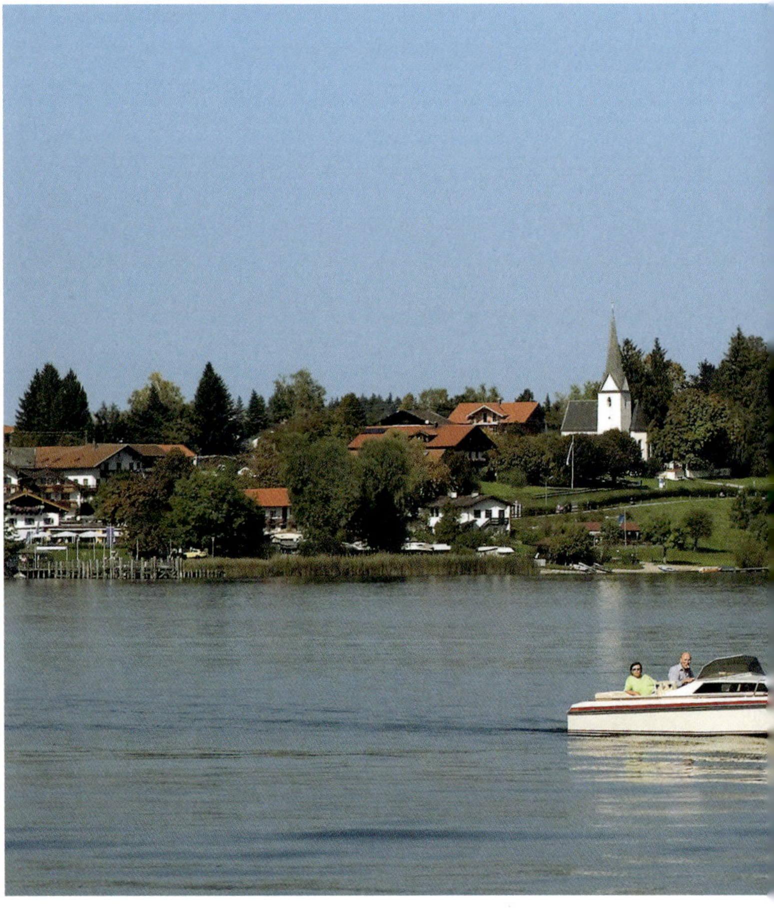

bene Chiemseebahn, die Bockerlbahn, setzen. Sie wurde bereits 1887 in Betrieb genommen. Schon damals war der »Run« zur Besichtigung des Königsschlosses auf der Herreninsel so groß, dass Prien im Kutschen- und Droschkenverkehr zu ersticken drohte. Gerade erst ein Jahr zuvor war der Märchenkönig Ludwig II. auf mysteriöse Weise umgekommen. Da war die Bautätigkeit um Herrenchiemsee noch in vollem Gange. Sein Nachfolger Prinzregent Luitpold ließ den Bau einstellen und gab ihn der Öffentlichkeit zur Besichtigung frei. Damit war der Grundstein für den bis heute anhaltenden Besucherstrom gelegt. Rund um den See gibt es wunderbare Wanderwege. Ein schöner Streckenabschnitt führt von Prien Richtung Norden, vorbei an leckeren Räucherfischbuden, durchs Schilf der Schafwaschener Bucht nach Gstadt, wo wir mit dem Schiff über die beiden Inseln mit Zwischenstopps zurück nach Prien kommen. Aber auch vom Priener Seehafen Stock aus fahren den ganzen Tag Schiffe zur Herren- und Fraueninsel.

Beide Inseln sind eine Besichtigung wert. Wer mit kleineren Kindern unterwegs ist, sollte sich auf eine der beiden beschränken. Die Herreninsel ist sehr weitläufig und unbewohnt. Es gibt zwar Kutschen, welche die Gäste bequem vom Anlegesteg zum Schloss bringen, aber auch dessen Besichtigung dauert seine Zeit und ist mit kleineren Kindern, die lieber sausen

Einkehr

Viele Restaurants, Cafés und Biergärten sowohl auf den beiden Inseln als auch in Prien. Direkt an der Schiffsanlegestelle gibt es das Restaurant Luitpold am See, mit einer leckeren Kuchenauswahl und einem Logenplatz mit Blick zum See, Dampfer und der Bockerlbahn.

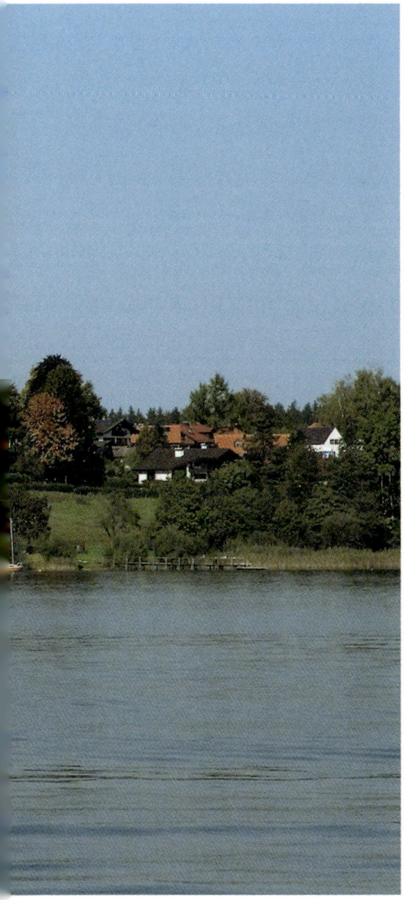

Ruhig liegt der Chiemsee in der sommerlichen Hitze vor dem Ort Gstadt.

Preise

Schifffahrt zur Herreninsel hin und zurück Erwachsene 9 €, Kinder 6 bis 15 Jahre 4,50 €, Familienkarte 24,80 €; Schloss Herreninsel, Führungen täglich und laufend, Erwachsene 10 €, Kinder bis 18 Jahre frei; Bockerlbahn hin und zurück Erwachsene 4 €, Kinder von 2 bis 15 Jahren 2 €

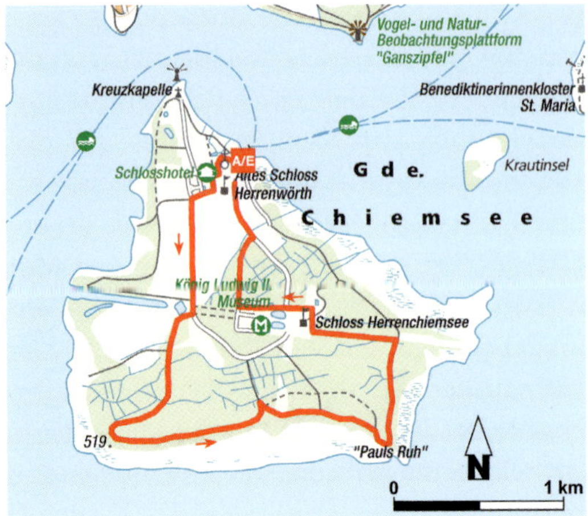

wollen, anstrengend. Das prachtvolle, repräsentative Schloss mit all seinem Gold, Samt, Kristallen und Kostbarkeiten bringt jedoch die Kinderaugen von Größeren zum Leuchten. Dagegen

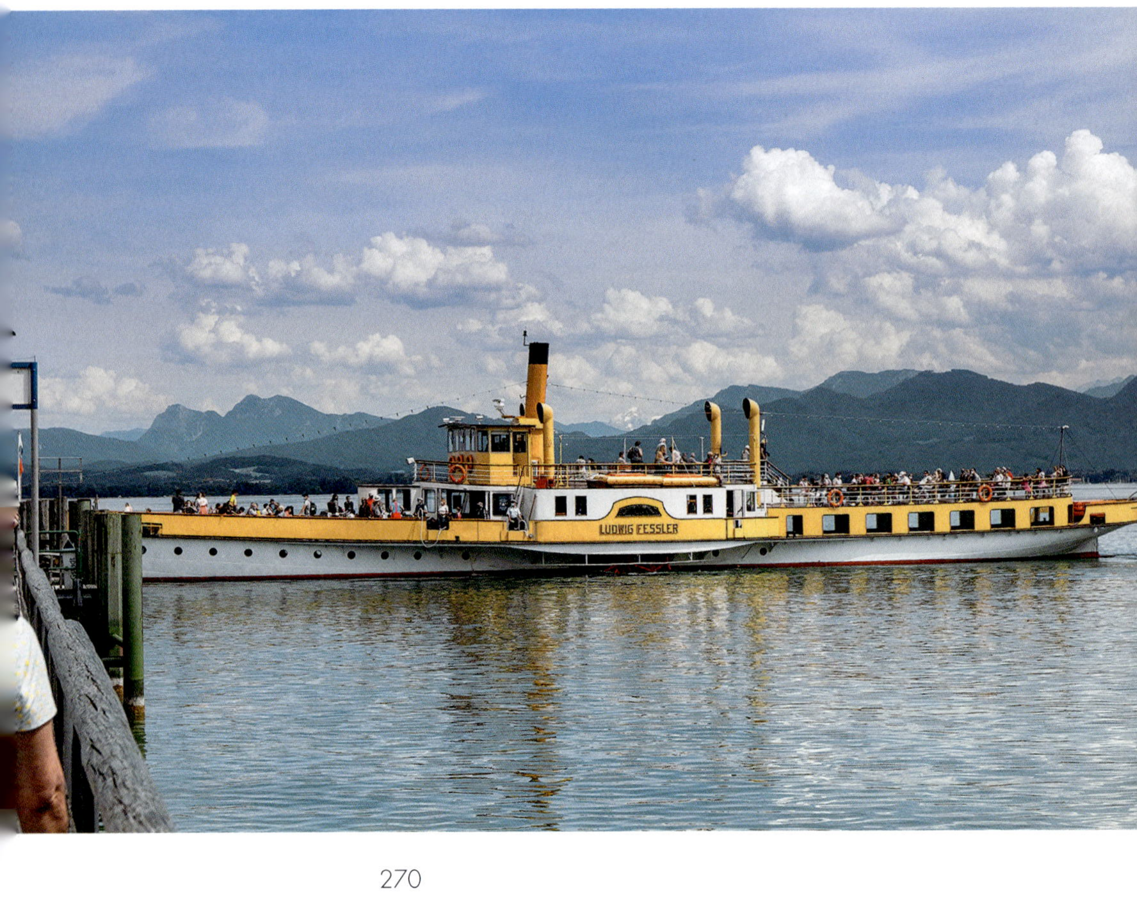

Der historische Schaufelraddampfer Ludwig Fessler ist immer ein Hingucker und für Kinder besonders spannend.

ist ein Rundgang über die Fraueninsel mit ihrem alten Kloster für die Kleineren gerade richtig. Hier ist es autofrei und man kann sich eigentlich nicht verlaufen. Entlang des Ufers liegen die vielen kleinen, romantischen Fischerhäuser mit ihren schönen Gärten. Dazwischen gibt es Cafés, Restaurants und dazu die Fischräuchereien. In der Mitte der Insel liegt ein Spielplatz. Das Herz und die Seele der Insel ist jedoch das Kloster Frauenchiemsee mit der Münster-Kirche. Das Kloster stammt aus dem 8. Jh. und überall auf der Insel findet man Hinweise aus dieser alten Zeit. Die Kirche mit ihren ausgetretenen Türschwellen und den Löwenköpfen am Portal, die alten Fresken im Inneren der Kirche oder die karolingische Torhalle verströmen den mystischen Hauch der Vergangenheit. Vielleicht ist das ein Grund, warum so viele Künstler sich von der Insel magisch angezogen fühlen. Immer wieder entdecken wir auf unserem Rundgang Skulpturen, Töpfereien und Malerateliers. Da wird einem bestimmt nicht langweilig.

Die Wasserspiele am Schloss Herrenchiemsee sind herrlich.

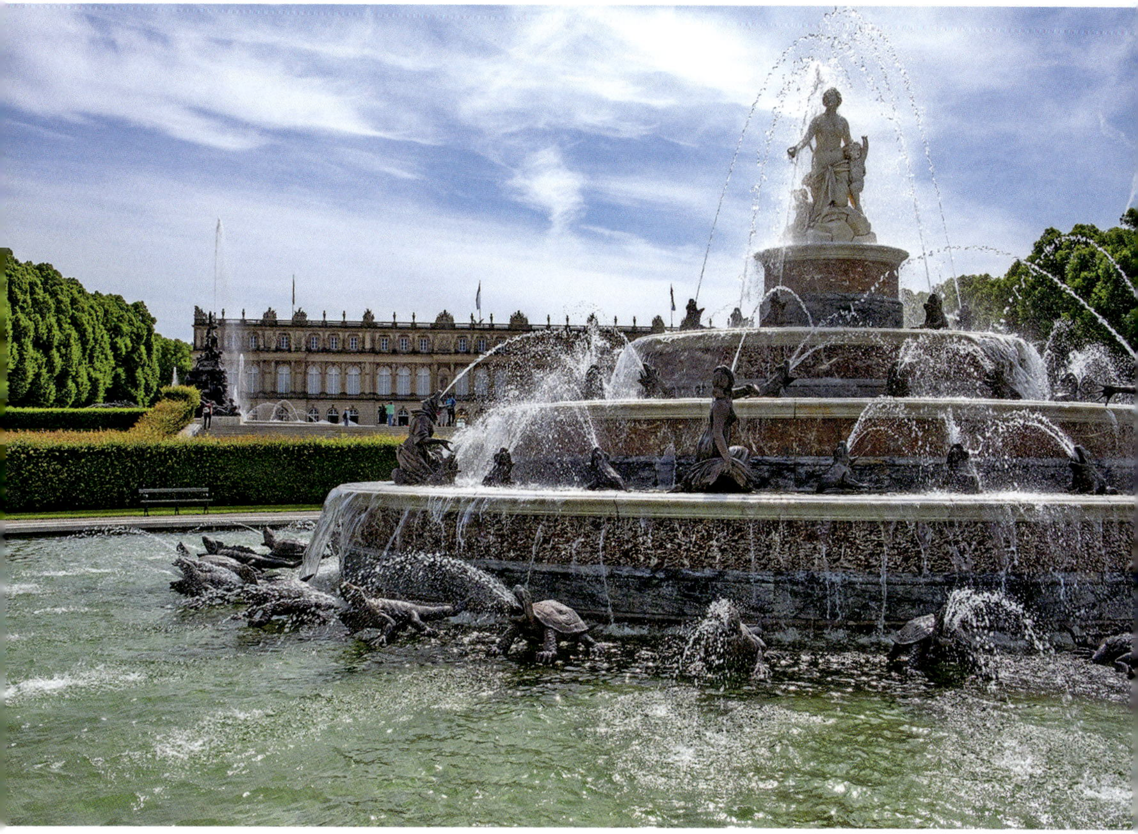

95 Höhenweg Gstadt am Chiemsee

Gemütlicher Rundweg entlang des Chiemsees

Mittel | 6,8 km | 60 m | 1.30 Std.

Alter
Ab 3 Jahren

Tourencharakter
Wanderweg und Teerstraße; für Kinderwagen und Laufrad geeignet

Ausgangs-/Endpunkt
Parkplatz in Gstadt am Chiemsee

Anfahrt
Autobahn München–Salzburg (A 8), Ausfahrt Bernau, St 2092 Richtung Prien/Rimsting, in Rimsting nach Gstadt am Chiemsee abbiegen (St 2093), in Gstadt mehrere kostenpflichtige Parkmöglichkeiten

Einkehr
In Gstadt am Chiemsee

Karte
Topografische Karte 1:50 000, Nr. 95 Grenzenlos zwischen Chiemsee und Kaisergebirge (Fritsch)

Information
gstadt.de

Vom Beobachtungsturm »Ganszipfel« bietet sich ein grandioser Blick auf Frauen-, Herren- und die unbewohnte Krautinsel sowie auf die umliegende Berglandschaft. Ein Teil der Strecke führt entlang des Fahrradrundweges um den Chiemsee.

Los geht unsere Runde gegenüber dem großen Parkplatz an der Breitbrunner Straße. Hier startet zwischen zwei Häusern, an der Abzweigung in die Reiterstraße, der sogenannte Gangsteig, der Fahrrad- bzw. Fußweg nach Breitbrunn. Diesen gehen wir mäßig bergan, bis wir zur ersten Kreuzung kommen, wo wir links in die Höhenstraße einbiegen. Auf der Höhenstraße bleiben wir und halten uns bei diversen Abzweigungen immer rechts. So folgen wir dem Höhenweg parallel zum Ufer des Chiemsees und können die Aussicht auf den See mit den Bergen im Hintergrund genießen.
Bevor der Weg weiter in einen größeren Weiler führt, nehmen wir links den Plötzinger Höhenweg und steigen wieder ab auf die Höhe des Chiemsees. Sobald der Weg scharf rechts in die Badstraße einbiegt, wenden wir uns nach links zwischen zwei Gäste-

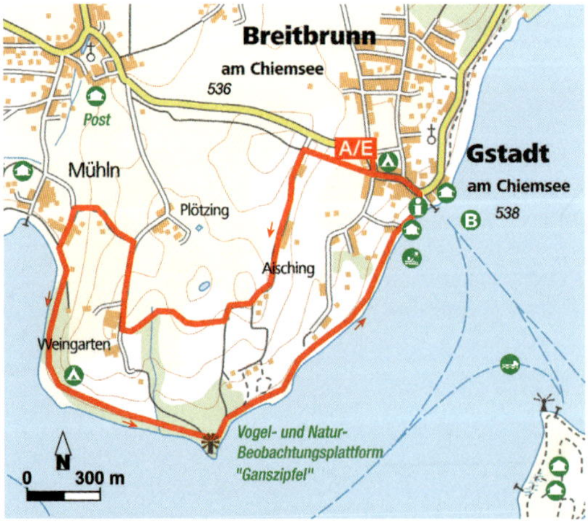

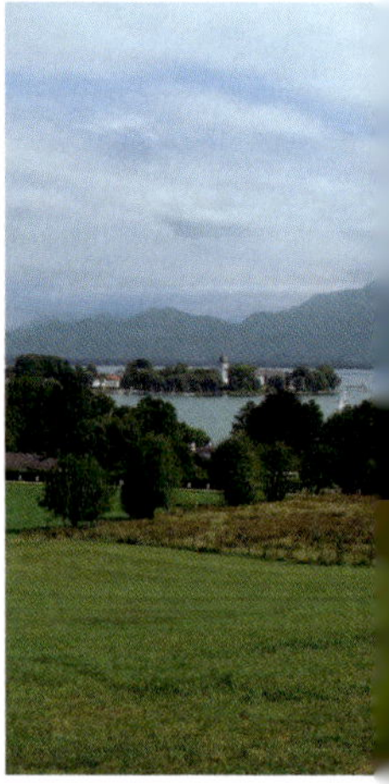

Ausblick vom Höhenweg auf den Chiemsee

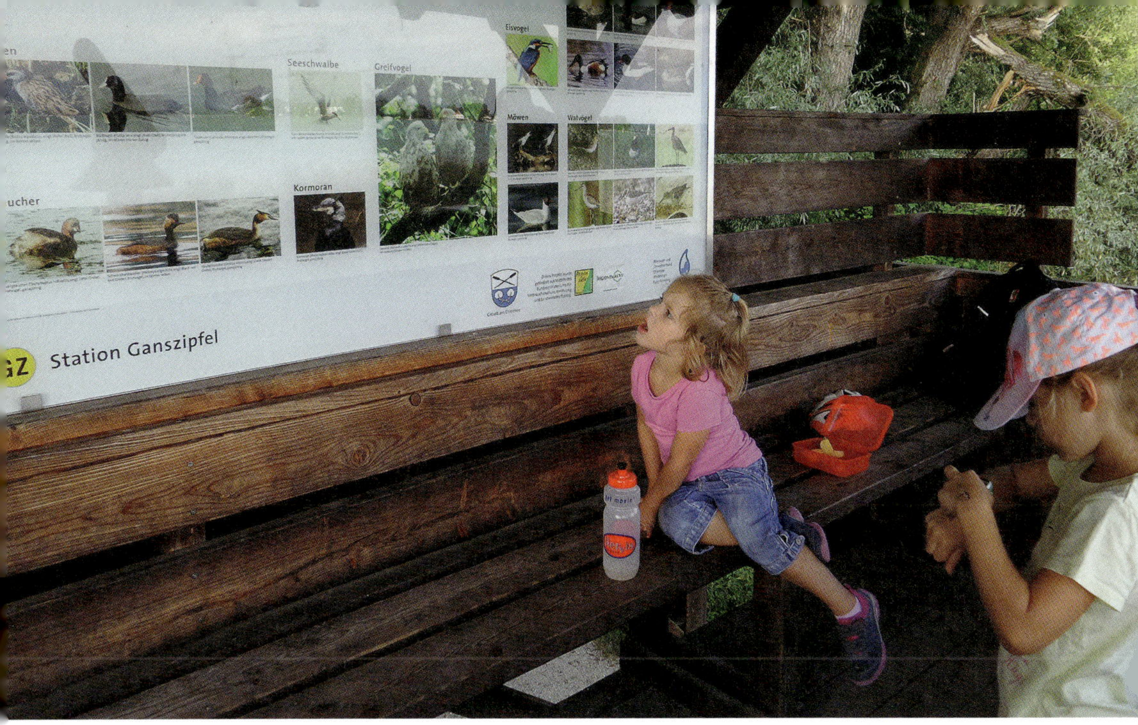

Welche Vögel leben am Chiemsee?

häusern hindurch zum Seeufer. Nun haben wir den Fahrradrundweg um den Chiemsee erreicht, dem wir wieder bis nach Gstadt hinein folgen. Immer wieder geht es an kleinen Buchten vorbei, wo man hervorragend baden und planschen kann. Vielleicht lassen die Kids auch Kiesel übers Wasser springen oder spielen im angrenzenden Wald Verstecken. Eine besondere Attraktion dieses Höhenweges ist der Beobachtungsturm »Ganszipfel«, der einen umwerfenden Blick auf die Inseln des Chiemsees sowie die Alpenkette im Hintergrund bietet. Hier können die Minis viele einheimische Vögel und auch Bootfahrer aus nächster Nähe beobachten.

Der Fahrradrundweg ist teilweise stark von Fahrradfahrern frequentiert. Die meisten haben viel Rücksicht auf unsere Laufradfahrerin genommen, sodass kaum gefährliche Situationen entstanden. Dennoch sollten Sie auf dem Weg Vorsicht walten lassen – auch, da manche Leute die Geschwindigkeit ihrer E-Bikes doch unterschätzen. Der Weg ist übrigens relativ breit, sodass hier auch ein Kinderwagen ganz gemütlich geschoben werden kann.

In Gstadt biegen wir am Bootsableger zur Fraueninsel rechts wieder in die Breitbrunner Straße ein und sind nach einem kurzen Stück bergan an unserem Ausgangspunkt.

Bootstour

Wenn noch Zeit übrig ist – wie wäre es mit einem kurzweiligen Schiffsausflug zur Fraueninsel?

96 Höpfling-Runde Siegsdorf

Entlang der Traun

Leicht	4,2 km	35 m	1 Std.

Alter
Ab 2 Jahren

Tourencharakter
Wanderweg und Teerstraße; für Kinderwagen und Laufrad geeignet

Ausgangs-/Endpunkt
Parkplatz am Naturkundemuseum

Anfahrt
Autobahn München–Salzburg (A 8), Ausfahrt Schweinbach, Richtung Siegsdorf fahren und der Ausschilderung »Naturkundemuseum« folgen

Einkehr
Im Sommer im Café im Kurpark der Generationen oder in Siegsdorf

Karte
Topografische Karte 1:50 000, Nr. 77 Chiemgauer Alpen–Berchtesgadener Land (Fritsch)

Information
siegsdorf.de

Unsere gemächliche Route folgt auf schattigem Weg den Ufern der Traun. Hinter dem Mammut »Rudi« beginnt der Kurpark mit zahlreichen Unterhaltungsangeboten für Groß und Klein.

Wir starten bei Mammut Rudi und Eiszeit-Höhlenbärin Bärta am Naturkundemuseum Siegsdorf. Sobald die Minis von den beiden Eiszeit-Tieren wegzulotsen sind, überqueren wir die Traunbrücke und laufen rechter Hand an der Traun entlang. Die Wanderung ist auch hervorragend für heiße Sommertage geeignet, denn der Weg führt durch einen schönen Mischwald.
Kurz hinter der Wehranlage überqueren wir wieder eine kleine Brücke und marschieren weiterhin rechts am Fluss entlang. Bald

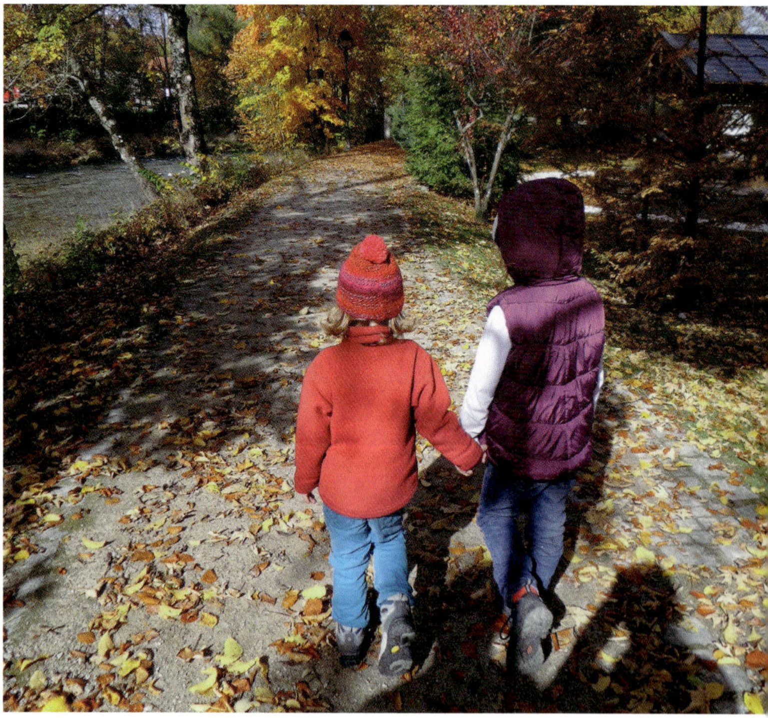

So einträchtig!

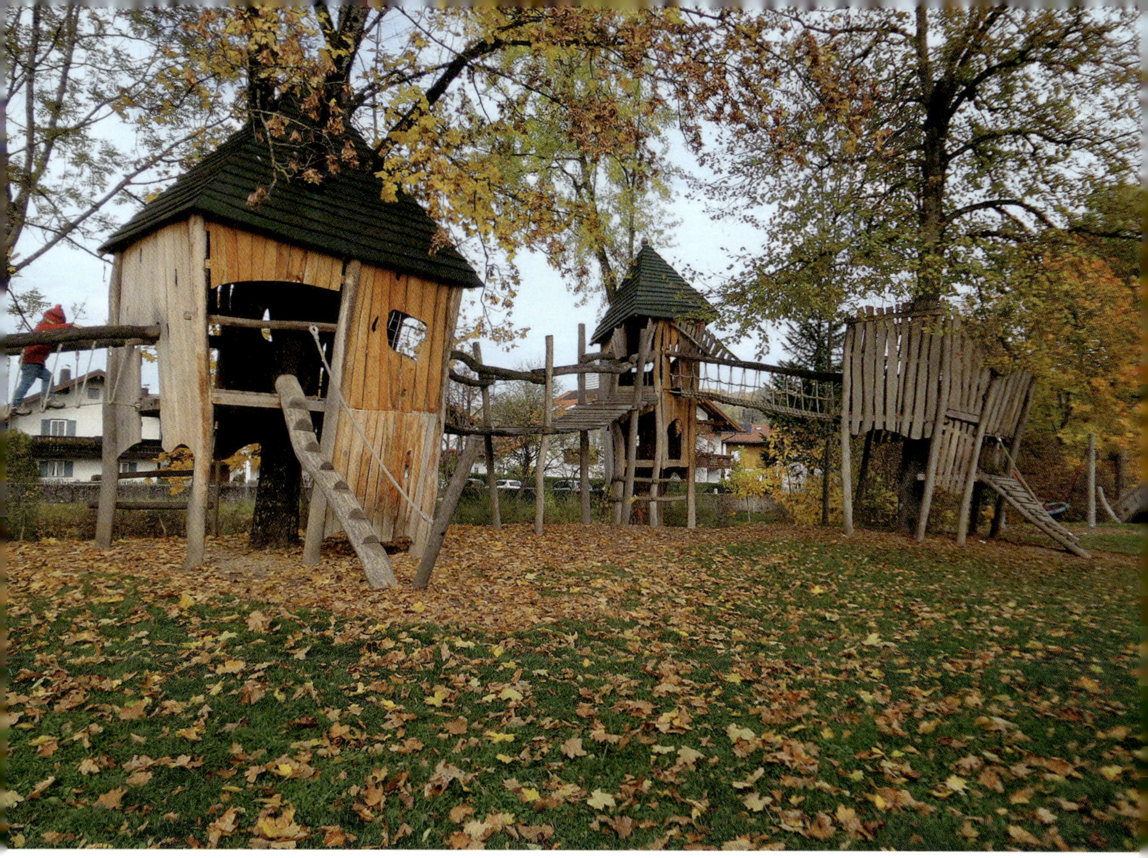

entdecken die Minis eine hervorragende Möglichkeit, um direkt an die Traun zu kommen. Dort sollten Sie auf jeden Fall eine Pause einlegen, denn sicher wollen die Minis Fische und Enten füttern, Steine werfen, Steintürme bauen, Boote fahren lassen usw.

Kletterhäuser – da kann kein Kind widerstehen!

Von diesem schönen Uferplatz aus sehen wir bereits die Traunbrücke, die wir nach reichlicher Rast überqueren, bevor wir links entlang der Traun zurück nach Siegsdorf gehen. An der Wehranlage angekommen, können die Minis den »Wasserfall« bestaunen und auch riesige Forellen entdecken.
Den Bahnhof in Sicht, überqueren wir die Ruhpoldinger Straße und erreichen die Bahnhofstraße. Hier beginnt nun eine kleine »Schnitzeljagd«. Um zum Ausgangspunkt zurückzufinden, müssen die Minis gelbe Mammut-Fußstapfen suchen (Achtung, Laufradfahrer: Der Weg führt direkt an der Straße entlang). Zurück am Naturkundemuseum, machen wir zum Abschluss einen Abstecher in den Kurpark für alle Generationen. Es warten dort ein toller Kinderspielplatz, eine Slackline, ein Kletterfelsen und sogar Übungsgeräte für Omas und Opas.

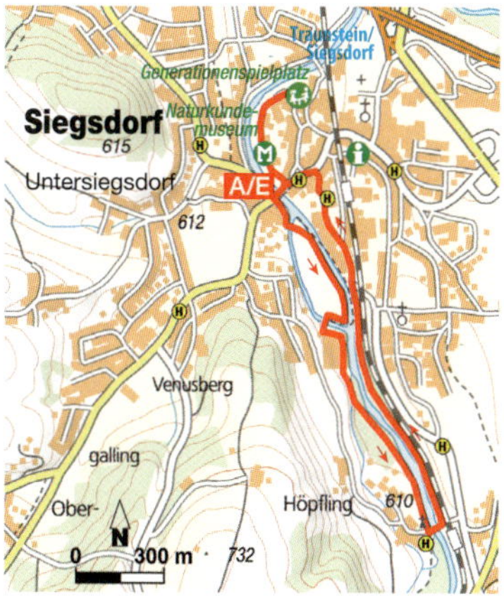

97 Falkensee Inzell

Wanderung zu einem fast mystischen See

Leicht	3,2 km	50 m	0.45 Std.

Alter
Ab 3 Jahren

Tourencharakter
Forststraße; für Kinderwagen und Laufrad geeignet

Ausgangs-/Endpunkt
Parkplatz gegenüber Gasthof Zwing

Anfahrt
Autobahn München–Salzburg (A 8), Ausfahrt Traunstein/ Siegsdorf, B 306 Richtung Inzell und weiter nach Bad Reichenhall. Nach der Max-Aicher-Arena ca. 2 km der B 306 folgen, bis rechter Hand der Wanderparkplatz Zwing erscheint

Einkehr
In Inzell

Karte
Topografische Karte 1:50 000, Nr. 77 Chiemgauer Alpen–Berchtesgadener Land (Fritsch)

Information
inzell.de

Südlich von Inzell liegt versteckt im Wald der Falkensee. Moosbewachsene Baumstämme, Äste und Wurzeln ragen aus dem See heraus. Direkt zum See geht es auf einem breiten Holzbohlensteg. Ein ideales Ziel für einen kurzen Familienspaziergang.

Die Tour startet am Wanderparkplatz Zwing oder kurz davor auf der gegenüberliegenden Seite der B 305, wo auch ein kleinerer Parkplatz ist. Wer am Wanderparkplatz Zwing parkt, unterquert die Bundesstraße und geht nach der Unterführung rechts zuerst ein kurzes Stück am Wald entlang, bis sich der Waldweg nochmals teilt und links in den Wald hineinführt.
Diesem Waldweg folgen wir nun, indem wir uns immer links halten, bis zum Falkensee. Der Weg dorthin gestaltet sich sehr malerisch und führt auch an Kuhweiden entlang. Kurz bevor wir den See erreichen, begleitet ein lustiges Bächlein den Weg, auf dem unsere Minis Blätterboote um die Wette segeln ließen. Direkt am See sind eine kleine Schutzhütte sowie Bänke, die zum Rasten einladen. Jetzt ist auch Gelegenheit, den wunderschön gelegenen See zu erkunden: Ein breiter Holzsteg führt direkt bis zum Ufer. Empfehlenswert ist diese Tour vor allem im Herbst.

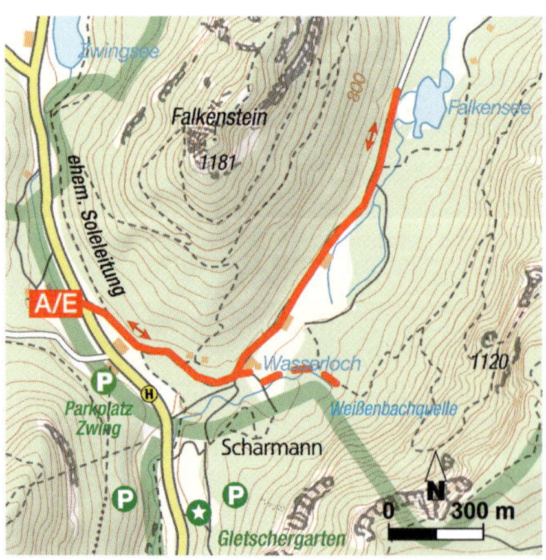

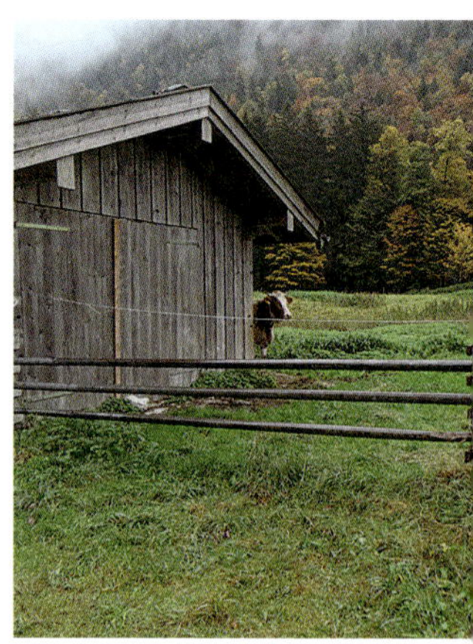

Rechte Seite: Der Falkensee

Rechts: Wo ist die Kuh?

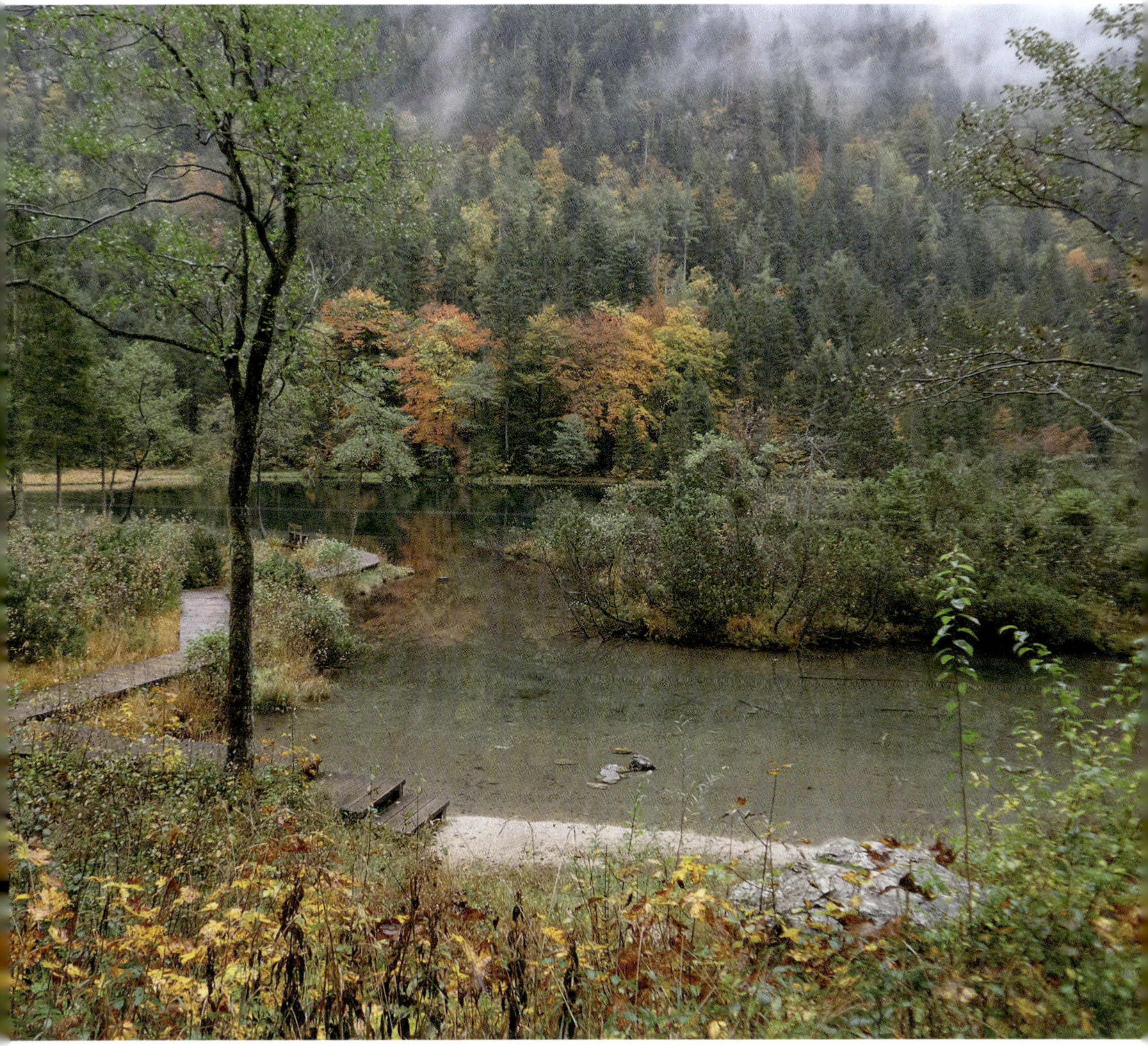

Durch den dann bunt gefärbten Mischwald sowie die umliegenden Felswände wirkt der See doppelt mystisch. Und wenn man Glück hat, sieht man, wie sich im See das Grubenhörndl spiegelt.
Nach ausgiebiger Pause drehen wir um und kehren auf gleichem Weg zurück zum Wanderparkplatz Zwing. Wem diese Wanderung zu kurz ist, der kann noch einen Abstecher zur Weißbachquelle machen, die hier in der Nähe entspringt.

Auf zum Tretbootfahren

Am Zwingsee neben dem Eisstadion in Inzell gibt es einen Tretbootverleih. Wie wäre es mit einer kleinen Runde?

98 Zauberwald am Hintersee

Über Drachenfüße und Baumbrücken

Mittel	2,4 km	60 m	1 Std.

Alter
Ab 3 Jahren

Tourencharakter
Waldweg

Ausgangs-/Endpunkt
Wanderparkplatz Seeklause

Anfahrt
Autobahn München–Salzburg (A 8), Ausfahrt Traunstein/ Siegsdorf, auf der B 305 über Inzell und Schneizlreuth bis Ramsau fahren, in Ramsau der Ausschilderung »Hintersee« folgen

Einkehr
Unterwegs keine; Wirtshaus im Zauberwald, Im Zauberwald 5, 83486 Ramsau, Mi Ruhetag, ramsau-zauberwald.de; in Hintersee

Karte
Topografische Karte 1:50 000, Nr. 77 Chiemgauer Alpen–Berchtesgadener Land (Fritsch)

Information
ramsau.de

Diese Wanderung erschließt uns einen wahrhaft märchenhaften Wald. Überall ragen kleine und große Felsbrocken hervor, es gibt versteckte Höhlen und die unterschiedlichsten Baumgebilde. Die tosende Ramsauer Ache trägt zum romantischen Zauber bei.

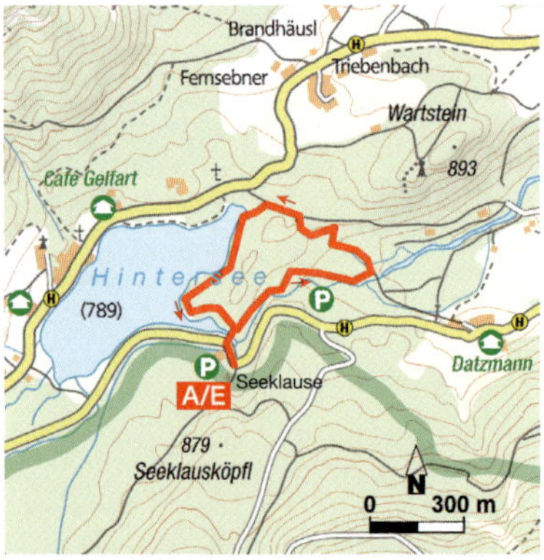

Direkt am Parkplatz Seeklause queren wir über eine Brücke den Klausbach. Bereits hier haben wir einen spektakulären Ausblick auf den Hintersee und die umliegenden Berge. Nach einigen Metern kündigt ein Schild den Naturlehrpfad Zauberwald an. Unsere Töchter waren gespannt, weshalb der

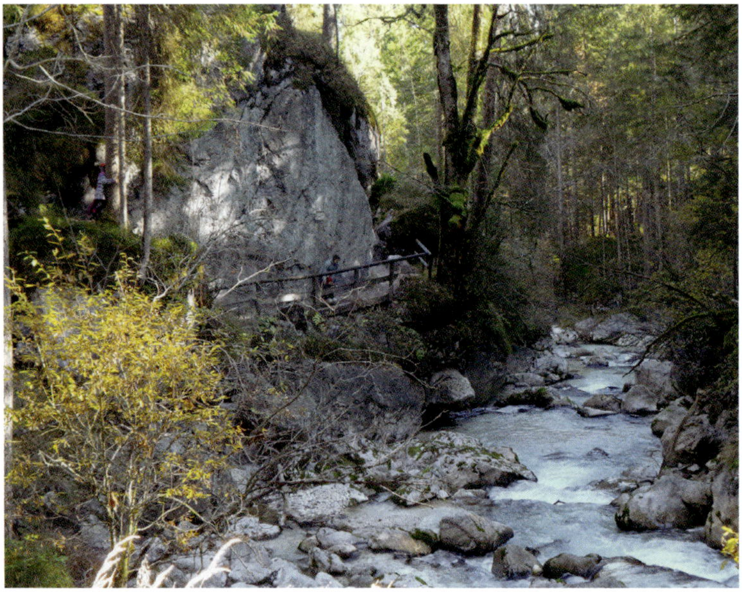

Blick auf die Ramsauer Ache

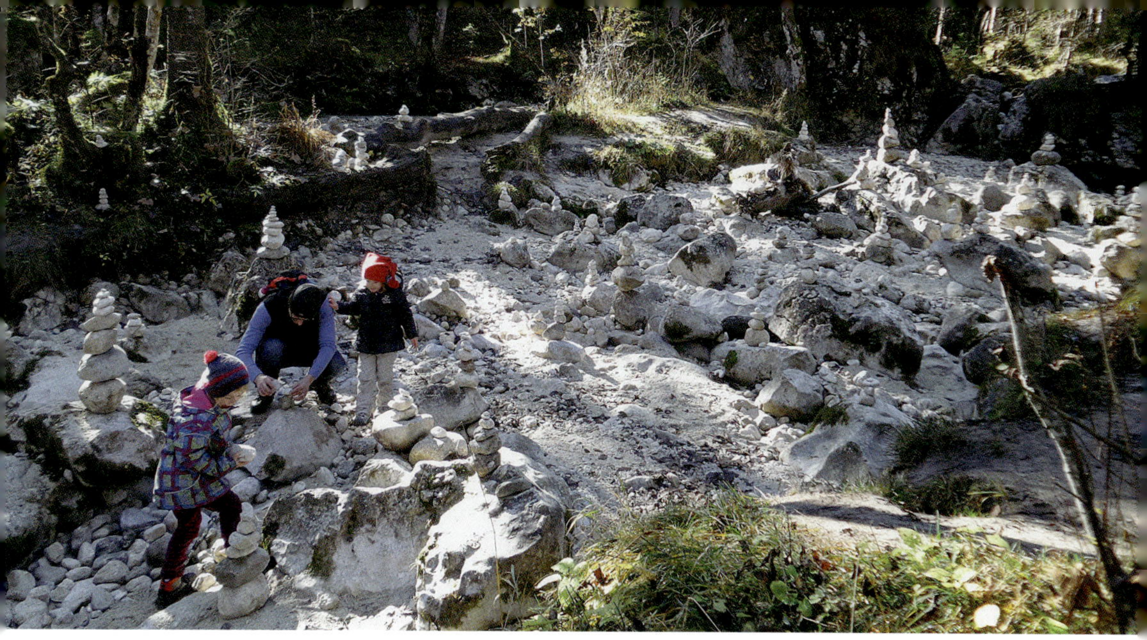

Beim Steinmandlbauen

Wald »Zauberwald« heißt. Schon bald haben wir eine Antwort darauf bekommen. Der Wald wirkt beinahe mystisch mit seinen herumliegenden, riesigen Felsbrocken, den moosbewachsenen Bäumen und Sträuchern. Auch das Lichtspiel und der wilde Gebirgsbach, die Ramsauer Ache, lassen den Wald magisch wirken. Man fühlt sich direkt an »Herr der Ringe« erinnert.

Auf dem Weg gibt es viel zu entdecken – Wurzeln, die wie Drachenfüße aussehen, eine »Baumbrücke« und sogar eine kleine Höhle. Die Minis haben Spaß daran, immer wieder ein kleines Stück vorauszugehen und sich zu verstecken. Nach etwa 800 Metern können sie sogar direkt an die Ramsauer Ache gelangen. Dort ist eine wahre »Steintürme-Landschaft« zu bestaunen und lädt natürlich dazu ein, ebenfalls einen Steinturm zu bauen.

An der nächsten Abzweigung biegen wir links ab und der Weg führt ein kurzes Stück steil bergan.

Oben angekommen, weist uns ein Schild »Zum Hintersee« den Weg nach rechts. Nur einige Meter gilt es zu bewältigen und wir haben den Hintersee vor Augen. Am See gibt es einige Felsen und Bänke zum Verweilen und Brotzeitmachen. Auch Enten kann man hier füttern.

Zurück zum Parkplatz geht es nach links. Nach etwa zehn Minuten, vorbei an zwei abgesägten Bäumen, erreichen wir wieder die Brücke und somit den Parkplatz Seeklause.

Bootsfahrt gefällig?

Wie wäre es mit einer Bootsfahrt auf dem Hintersee? Man kann Tret- und Ruderboote leihen.

99 Vom Nord- zum Südende des Königssees

Wanderung durch eine Bilderbuchlandschaft

Schwer | 12,2 km | 1190 m | 6.30 Std.

Alter
Ab 10 Jahren

Tourencharakter
Wanderklassiker – eine der schönsten Unternehmungen im gesamten Berchtesgadener Tourenbereich; fabelhafte Aus- und Tiefblicke; der Abstieg über den Kaunersteig setzt Trittsicherheit und Schwindelfreiheit voraus; wegen der Länge der Tour sollte man unbedingt eine Übernachtung auf der Gotzenalm einplanen.

Ausgangspunkt
Königssee/Schiffsanlegestelle Kessel

Endpunkt
Königssee/Schiffsanlegestelle Saletalm

Anfahrt
Auto: A 8 Richtung Salzburg bis Bad Reichenhall, weiter zum Königssee, dann mit dem Schiff nach Kessel. Bahn/Bus: Richtung Salzburg bis Freilassing, weiter nach Berchtesgaden, dort mit RVO-Bus 841 zum Königssee und mit dem Schiff nach Kessel

Einkehr
Gotzenalm, Saletalm

Karte
Topografische Karte 1:50 000, Blatt Berchtesgadener Alpen

Information
berchtesgaden.de

Der Königssee und der nahezu senkrecht darüber aufragende Watzmann gehören zu den großen Attraktionen der Berchtesgadener Alpen. Auf unserer Tour über die Hochfläche der Gotzenalm haben wir diese nicht nur immer im Blick, sondern lernen dabei auch die größte Berchtesgadener Alm kennen. Krönender Abschluss ist dann die Bootsfahrt über die gesamte Länge des Königssees.

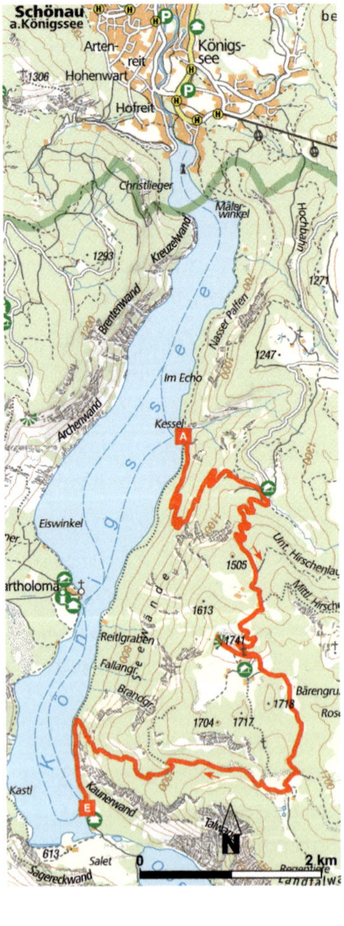

Eine viel gewählte Rundwanderung beginnt bei der Schiffsanlegestelle Kessel am Königssee-Nordostufer. Von hier geht es zuerst auf dem breiten Reitweg König Max II. zügig bergan zu den Gotzentalalmen empor. Hier schwenkt die Route in die südliche Richtung und bringt uns mit einigen Steilserpentinen, dann maßvoller ansteigend zur Seeaualm, die verfallen ist. Nach 45 Minuten trifft man auf die weiten Wiesenböden der Gotzenalm – das größte Almgelände im Berchtesgadener Land –, womit an sich das Anstiegspensum geschafft wäre. Den Abstecher übers Warteck zum einzigartigen Aussichtspunkt Feuerpalfen wird sich jedoch keiner entgehen lassen. Nahezu senkrecht fällt der Blick auf den Königssee hinab. Am anderen Ufer deutlich erkennbar – und

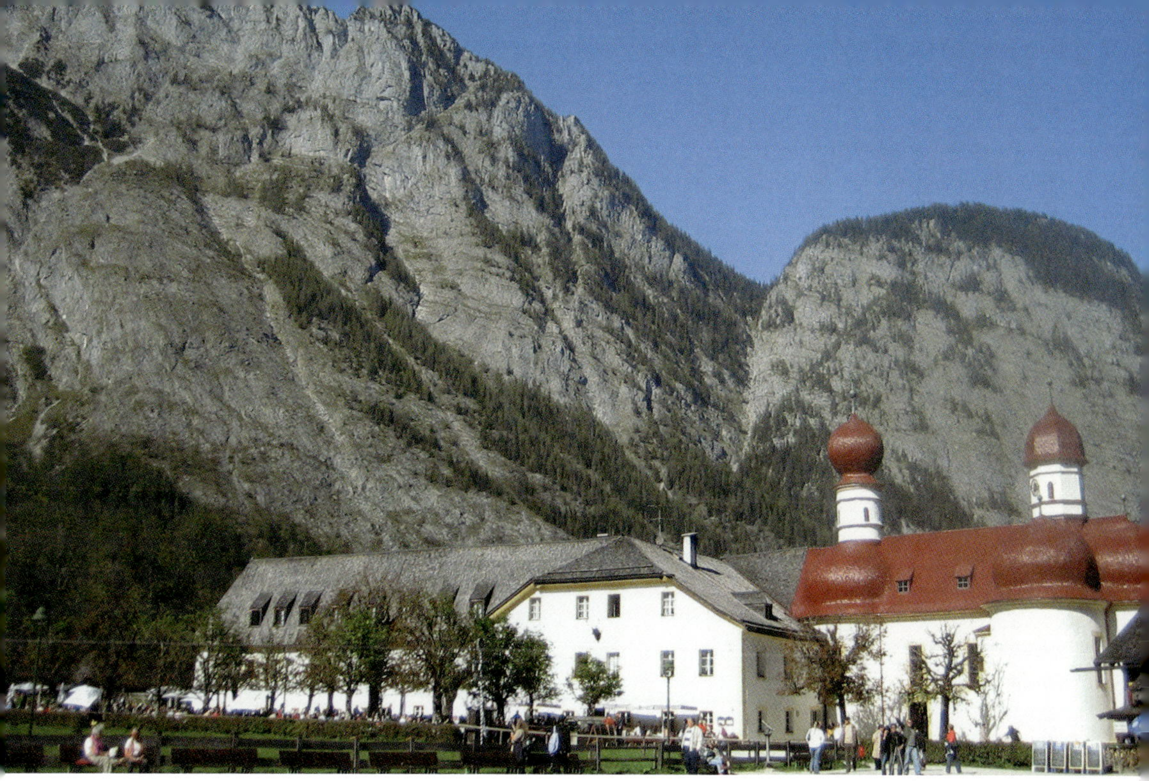

Das malerische Kirchlein von St. Bartholomä

wie aus einer Spielzeugkiste – die Kirche St. Bartholomä mit dem Gasthaus. Für den Abstieg empfiehlt sich die Route zur Saletalm am Südostende des Königssees. Achtung: Bei Drucklegung des Buches war noch nicht zu klären, ob der Weg über den Kaunersteig, der aufgrund eines Murenabgangs 2019 gesperrt wurde, in der aktuellen Saison wieder begehbar sein wird. Alternativ zum nachfolgend beschriebenen Weg kann man über den schwierigen, Trittsicherheit und Kondition erfordernden Landtalsteig in 4,5 bis 5,5 Stunden über die Fischunkelalm zur Saltetalm wandern oder man kehrt auf dem Hinweg zurück zur Schiffsanlegestelle Kessel. Sollte der Weg über den Kaunersteig wieder freigegeben sein, wandert man von der Gotzenalm kurz südwärts, anschließend in östlicher und dann wieder in südlicher Richtung auf dem Reitweg zur Regenalm. Hier rechts und westwärts zwischen Gotzenwand und Kleinem Regenbergl und dann auf dem Kaunersteig zum Königssee-Ostufer hinab. Oberhalb des Ufers gehen wir schließlich links zur Schiffshaltestelle beim schönen Gasthaus Saletalm.

Almabtrieb

Ein ungewöhnliches Spektakel ist der Almabtrieb von der Fischunkel- und der Saletalm im September; die Kühe und Jungrinder werden zunächst mit Booten zum Nordufer des Königssees gebracht, dann erst geschmückt und zurück in den heimatlichen Stall getrieben.

100 Zur Fischunkel-Alm

Zu einem der schönsten Plätze der Berchtesgadener Alpen

Leicht | 6,5 km | 100 m | 2.30 Std.

Alter
Ab 5 Jahren

Tourencharakter
Landschaftlich einzigartige Talwanderung

Ausgangs-/Endpunkt
Schiffsanlegestelle Königssee

Anfahrt
Auto: Auf der A 8 bis Ausfahrt Bad Reichenhall und weiter auf der B 20 über Bad Reichenhall nach Berchtesgaden; von dort der Beschilderung folgend zum Großparkplatz (gebührenpflichtig) am Königssee. Bahn/Bus: Mit Umsteigen in Freilassing nach Berchtesgaden und mit lokalem Bus zur Schiffsanlegestelle

Einkehr
Fischunkel-Alm, von Mitte Mai bis Mitte Oktober bewirtschaftet

Karte
Topografische Karte 1:50 000, Blatt Berchtesgadener Alpen

Information
berchtesgaden.de

Diese Tour ist eine Wanderung für besonders heiße Tage. Die Strecke ist flach, nicht allzu lang und größtenteils bewaldet und führt zu zwei Gewässern, die auch im Hochsommer eine wirkliche Erfrischung bieten. Denn sowohl der Königssee, an dem die Tour beginnt, als auch der Obersee sind vergleichsweise kühle Bergseen.

Und auch für Wasserscheue ist die Tour ein Muss: Die Fischunkel-Alm ist sowohl von der Lage als auch von ihrem Charakter her eine der urigsten Almen in den Bayerischen Alpen.
Wir beginnen unseren Ausflug mit einer gemütlichen Schifffahrt von Königssee über St. Bartholomä zur Anlegestelle Salet. Von dort folgen wir dem breiten Uferweg, gehen an der Einkehrmöglichkeit Saletalm vorbei und weiter in südöstliche Richtung auf den Talschluss zu. Bei einer Wegabzweigung geht es weiter geradeaus. Wir wandern leicht ansteigend in den Wald hinein und bis zum Obersee. Hier wenden wir uns nach rechts und folgen dem Ufer weiter nach Südosten. Einmal geht es steiler über Stufen bergauf (hier sollte man Kinder an die Hand nehmen) und

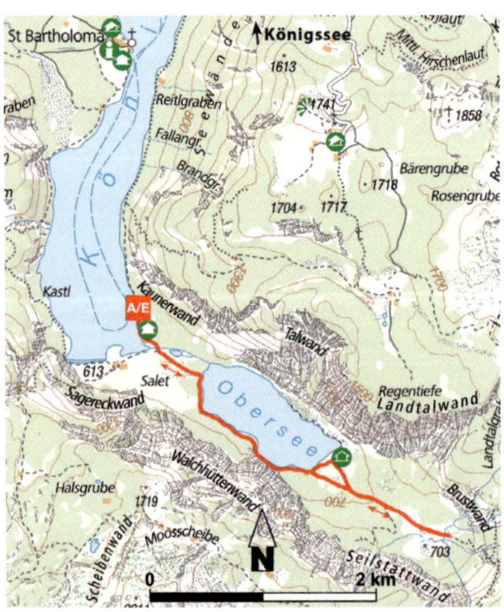

dann wieder absteigend zum Südende des Obersees, wo die wunderschöne Fischunkel-Alm liegt. Diese ist nach wie vor eine herrliche, unkommerzielle Almwirtschaft. Auf der 500 Jahre alten Fischunkel-Alm trinkt man Buttermilch, Limo oder Bier. Zum Essen gibt es leckere Schinken- oder Käsebrote. Bevor man hier einkehrt, lohnt sich

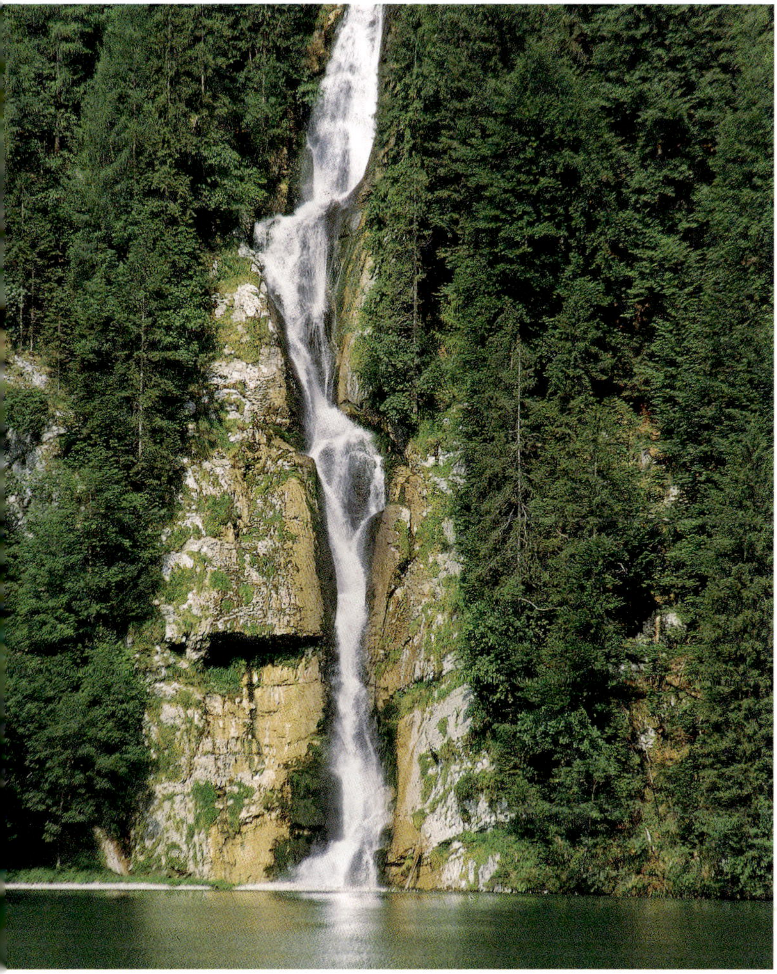

Schon bei der Bootsfahrt auf dem Königssee kommt man an einem beeindruckenden Wasserfall vorbei.

der Weiterweg zum Talschluss mit dem 470 Meter hohen Röthbach-Wasserfall. Man geht direkt vor der Alm nach rechts und die Almweiden bergauf. Weiter ansteigend geht es durch den Wald.
Sobald man diesen wieder verlässt, wird das Gelände flach und man hat einen wunderschönen Ausblick auf das zu Tal stürzende Wasser des Röthbaches. Zurück zum Ausgangspunkt geht es schließlich wieder auf demselben Weg.

Tipp

Der Königssee ist bei Touristen sehr beliebt. Wenn man an Wochenenden oder zu Ferienzeiten unterwegs ist, sollte man sich möglichst antizyklisch verhalten. Also ein ganz frühes Schiff ins Auge fassen (bevor die Reisebusse kommen) oder aber so spät wie möglich starten. Außerdem sollte man im Sommer unbedingt Badesachen mitnehmen. Fahrpläne unter seenschifffahrt.de.

Register

Impressum

Verantwortlich: Sabine Klingan
Redaktion: Christian Schneider
Layout und Illustrationen: Eva-Maria Klaffenböck
Repro: LUDWIG:media
Kartografie: Bruckmann Verlag, Heidi Schmalfuß; Heike Boschmann, Huber Medien, Kompass
Herstellung: Alexander Knoll/Bettina Schippel
Printed in Slovenia by Florjancic

★★★★★

Sind Sie mit diesem Titel zufrieden? Dann würden wir uns über Ihre Weiterempfehlung freuen. Erzählen Sie es im Freundeskreis, berichten Sie Ihrem Buchhändler, oder bewerten Sie bei Onlinekauf. Und wenn Sie Kritik, Korrekturen, Aktualisierungen haben, freuen wir uns über Ihre Nachricht an J. Berg Verlag, Postfach 40 02 09, D-80702 München oder per E-Mail an lektorat@verlagshaus.de.

Unser komplettes Programm finden Sie unter www.j-berg-verlag.de

Alle Angaben dieses Werkes wurden vom Autor sorgfältig recherchiert und auf den neuesten Stand gebracht sowie vom Verlag geprüft. Für die Richtigkeit der Angaben kann jedoch keine Haftung übernommen werden, weshalb die Nutzung auf eigene Gefahr erfolgt. Insbesondere bei GPS-Daten können Abweichungen nicht ausgeschlossen werden. Sollte dieses Werk Links auf Webseiten Dritter enthalten, so machen wir uns die Inhalte nicht zu eigen und übernehmen für die Inhalte keine Haftung.

Autorenempfehlung
Sie sind auf der Suche nach weiterführender Literatur? Dann empfehlen wir Ihnen den Titel »Die schönsten Wanderungen mit dem Kinderwagen in den Bayerischen Hausbergen« von Robert Theml. Oder Sie werfen einen Blick in die Zeitschrift »Der Bergsteiger«. Hier werden Sie bestimmt fündig.
Ihre Dominique und Martin Lurz

Tourennachweis: Die Touren stammen von folgenden Autoren: Touren 1, 22, 24, 30, 32, 42, 53, 57, 61, 62, 63, 70, 75, 80, 92: Robert Theml; Touren 2, 5, 7, 15, 29, 64, 82, 86, 100: Michael Pröttel; Touren 3, 21, 25, 34, 35, 46, 54, 60, 81, 85, 94: Wilfried und Lisa Bahnmüller; Touren 4, 6, 8, 10, 11, 12, 13, 14, 17, 18, 19, 26, 28, 56, 58, 91: Michael Kleemann; Touren 9, 20, 23, 27, 99: Bernd Riffler/Michael Kleemann; Touren 16, 31, 33, 36, 37, 38, 41, 43, 44, 45, 47, 48, 49, 50, 51, 52, 55, 59, 65, 66, 67, 68, 69, 71, 72, 73, 74, 76, 77, 78, 84, 87, 88, 89, 90, 93, 95, 96, 97, 98: Dominique und Martin Lurz; Touren 39, 40: Gertraud Beck; Tour 83: Wolfgang Taschner/Michael Reimer; Tour 79: Heinrich Bauregger
Bildnachweis: Alle Bilder im Innenteil stammen von den Autoren der jeweiligen Touren, mit Ausnahme von: Shutterstock: S. 16/17 (haraldmuc), S. 24 (Kristin Speed), S. 25 (clearlens), S. 28/29 (SusaZoom), S. 70 (Wolfgang Zwanzger), S. 116, 264 (Eder), S. 102/103 (Matt Jeppson), S. 146/147 (goran cakmazovic), S. 166/167 (photobank.ch), S. 216 (Fotokostic), S. 222/223 (Eric Cote), S. 265 l. (TruNorth Images), S. 265 r. (R.S.Jegg); Fotolia: S. 60 (Christa Eder), S. 147 (Svenni), S. 238 (Ramona Ortiz); S. 46: By Rufus46 (Own work) [CC-BY-SA-3.0 (http://creativecommons.org/ licenses/by-sa/3.0) or GFDL (gnu.org/copyleft/fdl.html)], via Wikimedia Commons; S. 100: von Alupus (Eigenes Werk) [CC-BY-SA-3.0 (http://creativecommons.org/licenses/by-sa/3.0)], via Wikimedia Commons; S. 83: Bbb at wikivoyage shared [GFDL (gnu.org/copyleft/fdl.html) or CC-BY-SA-3.0-2.5-2.0-1.0 (http://creativecommons.org/licenses/by-sa/3.0)], via Wikimedia Commons; S. 93: By Rufus46 (Own work) [CC-BY-SA-3.0 (http://creativecommons.org/licenses/by-sa/3.0) or GFDL (gnu.org/copyleft/fdl.html)], via Wikimedia Commons; S. 101: von Alupus (Eigenes Werk) [CC-BY-SA-3.0 (http://creativecommons.org/licenses/bysa/3.0)], via Wikimedia Commons; S. 188: WEZ Grünwald; S. 39, 281: Marianne Rösler; S, 177: Bhavanna B. Franke, artebhavana.de; huber-images.de/Schmid Reinhard: S. 229; picture alliance/SZ Photo: S. 21; mauritius images/Bernd Römmelt: S. 78/79
Kartografie: Übersichtskarte: Bruckmann Verlag GmbH, Heidi Schmalfuß; Touren 1, 10-14, 22, 24, 26, 28, 32, 64, 80: Huber Medien; Touren 2, 5, 7, 9, 15, 20, 21, 23, 27, 29, 35, 57, 58, 61, 70, 79, 81-83, 94, 99, 100: Kompass; Touren 4, 6, 8, 17-19, 39, 40, 42, 53, 56, 63, 75, 86, 91, 92: Heike Boschmann; Touren 3, 16, 25, 31, 33, 34, 36-38, 41, 43-52, 54, 55, 59, 60, 62, 65-69, 71-74, 76-78, 84, 85, 87-90, 93, 95-98: Bruckmann Verlag GmbH, Heidi Schmalfuß

Umschlagvorderseite: Mädchen beim Wandern (Shutterstock/JGA)
Umschlagrückseite: Zeit zum Tanz auf der Bergwiese (M. Kleemann); Steinmandlbau (L. u. W. Bahnmüller)

Die Deutsche Nationalbibliothek verzeichnet diese Publikation in der Deutschen Nationalbibliografie; detaillierte bibliografische Daten sind im Internet über http://dnb.d-nb.de abrufbar.

2. aktualisierte Auflage 2022

ISBN 978-3-86246-777-8